Egbert Kieser
»Unternehmen Seelöwe«

Egbert Kieser

»Unternehmen Seelöwe«

Die geplante Invasion in England 1940

Bechtle

Sonderproduktion 2000
(unveränderte Neuauflage)

Umschlaggestaltung: Christel Aumann
Karten: Werner Eckhardt, München
Fotos: Bilderdienst Süddeutscher Verlag
Satz: FotoSatz Pfeifer, Germering
Gesetzt aus 10/11˙ Sabon auf CRTronic
Druck: Jos. C. Huber KG, Dießen
Binden: R. Oldenbourg, München
ISBN 3-7628-0457-5

Inhalt

Dieses Buch
ist jenen Deutschen und
Briten gewidmet,
die im Sommer 1940
ihr Leben verloren

Vorwort

Ich hatte lange keine Ahnung davon, daß es im Sommer 1940 ein »Unternehmen Seelöwe« gegeben hatte, und schon gar nicht, daß damals deutsche Truppen in England landen sollten. Auf den Britischen Inseln aber hat man diese vermeintliche Episode nicht vergessen, wie ich bei meinen vielen Aufenthalten in Kent feststellen mußte. Für die Briten ist die damalige Bedrohung so lebendig wie eh und je. Ein Freund zeigte mir die Stelle bei Dover, wo die Briten Öl in den Ärmelkanal pumpen und anzünden wollten. Zufällig standen wir dabei auf einem Betonklotz, der zur Verankerung der Sperrballone gedient hatte. Die vielen spanischen Reiter, die die Küste damals zierten, sind verschwunden, doch die Betonhöcker, die die Panzer aufhalten sollten, gibt es noch: Sie schützen jetzt Einfahrten und Parkplätze vor wilden Parkern. Noch immer werden aus den Marschen abgeschossene deutsche Flugzeuge ausgegraben, und die Kinder der dritten Generation sammeln nun die Mementos, Blechfetzen und Abzeichen. Noch immer gibt es Bomben und Granatsplitter, zieren die Pill Boxes (Einmannbunker) Gemüsefelder, ragen die Martellotürme an der Küste auf und drohen nach Frankreich hin.

Im britischen Fernsehen hält eine bei allen Zuschauern sehr beliebte Lustspielserie über die Heimwehr die Erinnerung nach schon fast fünfzig Jahren wach. Selbst kleine Kinder wissen, daß deutsche Fallschirmspringer als Nonnen verkleidet vom Himmel fallen, und daß sie selber nicht auf der Welt wären, wenn es nach den deutschen U-Booten gegangen wäre.

Der Sommer 1940 war für die Briten ein Alptraum. Warum ist er auf der deutschen Seite vergessen? Dieser Frage nachzugehen war natürlich reizvoll. Das Resultat der Nachforschungen war verblüffend: Die Operation »Seelöwe« war eine der gewaltigsten deutschen Kriegsanstrengungen, mit der Großbritannien auf die Knie gezwungen werden sollte. Das gelang nicht. Hitler verlor den Zweiten Weltkrieg bereits im Sommer 1940. Nach »Seelöwe« gab es für die deutsche Kriegführung nur noch Niederlagen. Warum hat also Hitler

England nicht besetzt? Ganz England war überzeugt, daß die Deutschen kommen würden – die Briten hatten den deutschen Panzern nichts entgegenzusetzen.

Zu Beginn des Westfeldzuges, am 10. Mai 1940, hatte Hitler seine Truppen ermahnt: Die Briten und die Franzosen wollten Deutschland nie hoch kommen lassen. Sie wollten es seiner Lebensgrundlage berauben und in viele kleine Staaten aufteilen. »Die Stunde ist nun für euch gekommen. Der heute beginnende Kampf entscheidet das Schicksal der deutschen Nation für die nächsten tausend Jahre. Tut eure Pflicht!«

Und die Soldaten hatten ihre Pflicht getan. In nur fünf Wochen hatten sie für Hitler Frankreich niedergeworfen, und nun standen sie am Kanal und warteten darauf, daß Hitler sie nach England schickte. Schon hatte die Kriegsmarine in einem beispiellosen Beschaffungsunternehmen sämtlichen verfügbaren Schiffsraum für den Truppentransport umrüsten und an die Kanalküste bringen lassen. Tag und Nacht flogen deutsche Bomber- und Jagdverbände in England ein, um den Widerstand der Briten zu brechen. Die Luftwaffe sollte die Grundvoraussetzung für das »Unternehmen Seelöwe« schaffen: die Erringung der Luftherrschaft, ohne die eine Landung an der englischen Küste nicht möglich war. Der Kampf entwickelte sich zur Luftschlacht über England, in der es praktisch um die Existenz Großbritanniens ging. Gelang es den deutschen Verbänden, nicht nur in Luftkämpfen die Oberhand zu behalten, sondern auch die Einsatzhäfen zu zerstören und die britische Flugzeugindustrie entscheidend zu treffen, stand einer Invasion nichts mehr entgegen.

Dem Ringen um die Luftherrschaft wurde in dieser Darstellung mehr Raum gegeben als ursprünglich beabsichtigt. Die Luftwaffe war der einzige Wehrmachtsteil, der mit dem »Unternehmen Seelöwe« verbundene massive Kampfhandlungen durchführte. An den einzelnen Phasen des Kampfes – »Kanalkampf«, »Adlertag« und Großangriff auf London – lassen sich die Chancen für ein Gelingen des »Unternehmens Seelöwe« ablesen sowie die mangelnde Koordination zwischen den Wehrmachtsteilen und die Flexibilität und Entschlossenheit des britischen Widerstands erkennen. Weniger die Vorbereitungen der Kriegsmarine und des Heeres als der Ausgang der Luftschlacht würden den Beginn der Invasion bestimmen. Anfang September war die Royal Air Force schwer angeschlagen, und stündlich konnte Hitler den Befehl zum Übersetzen der Truppen geben.

Nur, es gibt keinen einzigen Anhaltspunkt dafür, daß Hitler die Britischen Inseln wirklich besetzen wollte. Vieles spricht dafür, daß er von Anfang bis Ende, in völliger Verkennung der Lage, die Briten durch massive Bedrohung zu einem Friedensschluß bewegen wollte, um den Rücken für seinen Rußlandfeldzug freizubekommen. Starben also die vielen deutschen Piloten, die englischen Zivilisten nur für einen Bluff? Das dürfte nach allen zur Verfügung stehenden Materialien gesichert sein. Aber es gibt noch eine andere Frage im Zusammenhang mit dem »Unternehmen Seelöwe«, die geklärt werden muß. Waren die deutschen Generäle und Admiräle so naiv, Hitlers Weisung nicht zu durchschauen? Wieso stellten sie sich trotz aller Bedenken schließlich völlig hinter Hitler?

Die Dokumente, die seit Kriegsende, und vor allem in jüngster Zeit zugänglich geworden sind, geben die Antwort. Im Sommer 1940 gab es für die Generäle und Admiräle tatsächlich keinen Grund an der Ernsthaftigkeit von Hitlers Absichten zu zweifeln. Sie durchschauten Hitlers Weisung nicht als Bluff, hatten allerdings eine ganze Reihe von Gründen, den Erfolg eines solchen Unternehmens in Frage zu stellen. Noch im Juni hielten es die Befehlshaber der drei Wehrmachtteile für undurchführbar. Aber als Hitler sie mit seiner Weisung Nr.16 konfrontierte, war in den Stäben auf einmal alles möglich, brauchte man doch nur noch einen Plan zu erfüllen. Das geschah dann mit solcher Präzision, Geschwindigkeit und Gründlichkeit, daß die Wehrmacht zur Vorbereitung der Kanalüberquerung nur zwei Monate benötigte, wogegen die Alliierten bei der Vorbereitung ihrer Offensive, der gleichen Landung in umgekehrter Richtung, mehr als zwei Jahre brauchten.

Mit seinem Befehl hatte Hitler seine Generäle und Admiräle aus der Verantwortung entlassen. Hier wird das »Unternehmen Seelöwe« zum Paradigma des ganzen Zweiten Weltkriegs. Auf ein Wort des Führers wurde eine enorme Militärbürokratie in Bewegung gesetzt, die, ohne Rücksicht auf Menschen und Material, erfaßte, beschaffte, befahl und fremdes Land wie eigenes verwaltete. Raeder, von Brauchitsch, Halder, Jeschonnek, brauchten nicht zu fragen, warum England zu zerstören und zu besetzen war. Sie brauchten nicht zu fragen, warum Hunderttausende von Haus und Hof vertrieben, Tausende getötet, Städte und ganze Landstriche verwüstet werden sollten. Hitlers Befehl war Alibi genug, der »Kampf für das Vaterland« genügte als Motiv, die Hybris als Motor, um Massen in Bewegung zu setzen, die den Engländer nicht haßten, so wenig sie den Franzosen gehaßt hatten oder den Russen hassen würden.

Die Kriegsmaschinerie hatte sich selbständig gemacht, war zum Selbstzweck geworden. Hier tut sich ein Abgrund auf, der auch heute noch nichts von seiner Gefährlichkeit verloren hat: Das Zusammenspiel zwischen politischer Macht und militärischem Potential. Für seinen Traum vom Großdeutschen Reich und der Versklavung seiner Nachbarn stand Hitler die hochgradige Professionalität seiner Generalität uneingeschränkt zur Verfügung. Auf unbedingten Gehorsam eingeschworen, tat die Generalität alles in ihrer Macht stehende, diese hybriden politischen Vorstellungen mit militärischen Mitteln zu erfüllen, jenseits von Moralität und zivilisatorischer Verantwortung.

Es sind immer Minoritäten, nicht Völker, die einen Krieg anzetteln, sagte Bismarck. Er meinte damit Politiker und Militärs – und er meinte damit nicht nur die in Deutschland. Die Geschichte wie die Gegenwart haben viele Beispiele dafür, wie eine aufgeblähte Ideologie ihren nackten politischen Machtanspruch mit einem militärischen Apparat durchsetzt und wie die Militärs Politikern zu größerer Machtfülle verhelfen können. Die Rechnung wird immer ohne die Majorität, das Volk gemacht, das sie willig mit seinem Blut bezahlt, weil ihm eingebleut wurde, daß es für eine große Sache leidet.

Für seinen Traum vom Großdeutschen Reich und der Versklavung seiner Nachbarn stand Hitler die hochgradige Professionalität seiner Generalität uneingeschränkt zur Verfügung. Nachdem er in der »Generalskrise« vom Novenber 1939 jeden Widerstand aus ihren Reihen brutal gebrochen hatte, tat sie alles in ihrer Macht stehende, diese hybriden politischen Vorstellungen mit militärischen Mitteln zu erfüllen. Jenseits von Moralität und zivilisatorischer Verantwortung folgte sie nur den Gesetzen der militärischen Logik, die eine Besetzung der Britischen Inseln unumgänglich machte.

Hitler selbst hatte die Invasion als politisch sinnlos apostrophiert, aber hätte er sie aufgehalten, wenn die Luftwaffe obsiegt und die Briten dann immer noch nicht das Handtuch geworfen hätten? Das »Unternehmen Seelöwe« ist ein Paradebeispiel dafür, wie eine übermächtige Kriegsmaschinerie eigene Gesetzmäßigkeiten entwickelt und auch ohne geistiges Regulativ funktioniert. Wäre das Unternehmen gelungen – und sehr wenig spricht dagegen, wenn Hitler nur den Angriffsbefehl gegeben hätte –, sähe die Welt heute sicher anders aus. Zu vermuten ist allerdings, daß die Operation an der höheren Kampfmoral der Briten gescheitert wäre, wenn auch der Schrecken davor noch heute an den Küsten von Kent und Sussex lebendig ist. Warum das so ist, soll das vorliegende Werk erklären helfen – und zugleich als Mahnung dienen, über der Maschine den Menschen nicht zu vergessen. Auch die Kriegsmaschine ist eine Maschine, die nur dann gut ist, wenn sie dem Menschen dient und nicht zum Selbstzweck wird, der nur die Vernichtung anderer zum Inhalt hat.

I.
Der Sitzkrieg
Noch hat der Frieden eine Chance

Nach dem Einfall der deutschen Truppen in Polen und der Teilung des Landes zwischen dem Großdeutschen Reich und der Sowjetunion im September 1939 herrschte in Europa eine trügerische Ruhe. Großbritannien und Frankreich hatten Deutschland am 3. September nur zögernd den Krieg erklärt – und es dabei belassen. Die deutschen Wehrmachtberichte sprachen stereotyp von Spähtrupptätigkeit und leichtem Artilleriefeuer im Westen und von der Aufklärungstätigkeit der Luftwaffe. Im Reich war man mit den Verordnungen über die Lebensmittelrationierung nach der Einführung der Reichskleiderkarte beschäftigt. Im Generalgouvernement Polen fanden die ersten Massenexekutionen polnischer Juden statt. Hin und wieder flogen britische Flugzeuge über der Deutschen Bucht ein und warfen Bomben auf Borkum und Sylt, ohne größeren Schaden anzurichten.

In Paris notierte Simone de Beauvoir im Dezember 1939 in ihrem Tagebuch: »So zieht sich dieser merkwürdige Krieg hin. An der Front wie im Hinterland besteht das Hauptproblem darin, die Zeit totzuschlagen, geduldig diese Periode auszusitzen, für die man nur schwer einen Begriff finden kann – ist es Furcht oder ist es Hoffnung?«

Die Hoffnung war eher der Wunsch, daß dieser Krieg von selbst wieder vergehen würde, daß die Deutschen sich mit ihren bisherigen Eroberungen zufriedengeben würden. Das entsprach auch der Grundstimmung in der deutschen Bevölkerung, in der sich schon bei der Beendigung des Polenfeldzuges wenig Begeisterung gezeigt hatte. Niemand hatte sein Haus beflaggt. Die Kohlen und die Kartoffeln wurden knapp und man erwartete den Frieden. Jetzt, da man Danzig und den Korridor wieder hatte, bestand keine Veranlassung, weiter Krieg zu führen.

Die Widerstandsgruppe um Carl Goerdeler nutzte die Pause, um Kontakte mit der britischen Regierung aufzunehmen. Sie wollte die Möglichkeit eines Friedensschlusses unter einer demokratischen deutschen Regierung sondieren. Chamberlain mochte jedoch keine

Zusagen machen, weil Mitglieder der Gruppe auf der Beibehaltung der einmal erreichten neuen Grenzen bestanden. Ähnlich erfolglos war auch ein Vorstoß der Amerikaner. Roosevelt schickte den Staatssekretär Sumner Welles als persönlichen Abgesandten nach Rom und Berlin, um die Achsenmächte zu einer Beendigung des militärischen Konflikts zu bewegen. Er stieß damit auf keine Gegenliebe. Auch Franzosen und Briten winkten ab, da Hitler keine Anstalten machte, sich aus Polen zurückzuziehen.

Viel ausgeprägter als die schwachen Hoffnungsschimmer waren die Befürchtungen, die im alliierten Lager herrschten. Besonders die Franzosen, die Hauptleidtragenden des Ersten Weltkrieges, sahen die Deutschen wieder dort stehen, wo sie vor fünfundzwanzig Jahren schon einmal gestanden hatten: An der Somme, an der Marne und in den Vogesen. Die Erinnerung an den Blutzoll war noch viel zu frisch. Auch der Krieg von 1870/71 war noch nicht vergessen. Viele Franzosen waren überzeugt, es läge im Charakter der Deutschen, der Ideologie der Gewalt zu folgen – ganz gleich, ob die Führer Friedrich, Wilhelm oder Hitler hießen. In ihren Augen waren die Deutschen nicht nur gefährlich, sie waren schlechthin unverbesserlich. »Il faut en finir«, sagten sie und meinten nicht den Krieg, sondern Deutschland, das von neuem ihr Land zu verwüsten drohte.

Die Briten dagegen hatten ausdrücklich erklärt, daß sie diesen Krieg nicht gegen das deutsche Volk, sondern nur gegen Hitler und den Nazismus zu führen gedächten. Die Emissäre Goerdelers hatten doch einige Eindrücke hinterlassen, vor allem den, daß man zwischen Deutschen und Nazis unterscheiden müsse. Die konservativen Briten im Außenministerium zum Beispiel hielten nichts von der französischen – und vom britischen Gesandten in Paris kolportierten – Vorstellung von den Deutschen als einer aggressiven Rasse. John Colville, der spätere Privatsekretär Churchills, machte sich damals Gedanken darüber, was aus Deutschland nach dem Krieg werden sollte. Das »Il faut en finir« – die Ausrottung nämlich – hielt er für unchristlich und unzivilisiert. Man solle dem deutschen Volk gegenüber äußerste Großmut zeigen und nach Kriegsende einen Strich unter die Vergangenheit ziehen. Deutschland müsse wirtschaftlich wieder auf die Beine gestellt und es müsse entwaffnet werden, wie übrigens die Alliierten auch. Die Deutschen sollten sich nicht als Parias fühlen müssen. Keines der rechtlich ihnen gehörenden Gebiete sollte ihnen fortgenommen, noch sollte es geteilt werden.

Selbst als die ersten Berichte aus den Konzentrationslagern, die ersten Bilder vom Abtransport der polnischen Juden um die Welt gingen und das britische Weißbuch über deutsche Konzentrationslager vor der Veröffentlichung stand, mochten Männer wie Colville die Deutschen nicht pauschal verdammen. Lord Halifax dagegen soll sich für die Veröffentlichung des Weißbuches eingesetzt haben, als dessen spiritus rector der »fanatisch antideutsche« Kirkpatrick galt (Sir Ivone Kirkpatrick war Erster Sekretär der Britischen Botschaft in Berlin von 1933 bis 1938 und British High Commissioner in Deutschland von 1950 bis 1953).

In Paris wurden die Greuelnachrichten ebenfalls mit Skepsis aufgenommen. Simone de Beauvoir hielt das im April 1940 in ihrem Tagebuch fest. »Hitler verkündete Anfang April, daß er am 15. Juni in Paris einziehen werde. Niemand nahm ... das ernst. Scheußliche Geschichten waren über die Besetzung Polens im Umlauf: Die Deutschen trieben alle Patrioten zusammen, steckten sie in Konzentrationslager und ließen sie dort mit voller Absicht verhungern. Einige erwähnten abgedichtete Waggons, die mit Gefangenen gefüllt und in die dann erstickende Gase geleitet werden. Man zögert, solchen Gerüchten zu glauben, wenn man sich an die Märchen erinnert, die während des Ersten Weltkrieges verbreitet wurden. Aber auch dem optimistischen Gerede mag man keinen Glauben schenken.«

Die Furcht vor den Deutschen überwog. Während die Briten ihr Expeditionskorps und Luftwaffenverbände nach Frankreich verlegten, verstärkten die Franzosen die Maginot-Linie und zogen den Kern ihrer Streitkräfte an der belgischen Grenze zusammen. Sie hatten keinen Zweifel: wenn die Deutschen kamen, würden sie wieder dem Schlieffenplan folgen und von Norden kommen.

Die Furcht war mehr als begründet. Hitler wollte schon am 12. November 1939 mit dem Westfeldzug beginnen, verschob ihn aber auf Grund der Einwände seiner Generäle. Goebbels hatte seine Propagandisten angewiesen, den Neutralitätsbegriff im Sinne der Nazis neu zu interpretieren, nachdem zwei britische Agenten an die holländische Grenze gelockt und gekidnappt worden waren. Goebbels konstruierte daraus eine Neutralitätsverletzung Hollands. Nach außen hin blieb alles ruhig. Der Tenor der Wehrmachtberichte blieb weiterhin: Im Westen nichts Neues.

Den Stein brachten die Russen ins Rollen. Am 30. November 1939 fielen die Sowjets über Finnland her. Entrüstet nahm die Weltöffentlichkeit die Völkerrechtsverletzung zur Kenntnis. Keine Regierung bot dem kleinen Land offiziell seine Hilfe an, denn einen offenen Konflikt mit Rußland wollte niemand riskieren. Die Alarmmeldung des britischen Botschafters in Moskau, Sir W. Seeds, daß die Sowjets vermutlich ganz Skandinavien überrennen würden und eine Kriegserklärung Großbritanniens an Sowjetrußland möglicherweise bald erforderlich sei, wurden im Londoner Außenministerium stillschweigend ad acta gelegt. Auch in Berlin rührte man sich nicht. Inoffiziell ging jedoch eine Welle der Sympathie durch Europa. Bei den konsularischen Vertretungen Finnlands in Skandinavien meldeten sich viele Norweger, Schweden und Dänen freiwillig für einen Einsatz gegen die Sowjets. Aus Italien, Ungarn, Schweden und Großbritannien trafen heimliche Waffenlieferungen ein. Die Finnen wehrten sich so tapfer, daß innerhalb kurzer Zeit vier sowjetische Divisionen aufgerieben oder zum Stillstand gebracht wurden.

In der Öffentlichkeit Englands war von dem Drama am Polarkreis kaum etwas zu spüren. Nur dem Ersten Lord im Londoner Admiralty House, Marineminister Winston Spencer Churchill, kam der Angriff der Sowjetunion auf Finnland sehr gelegen. Ihm war die Versorgung der deutschen Rüstungsindustrie mit schwedischem Eisenerz über norwegische Häfen schon lange ein Dorn im Auge. Beharrlich hatte er auf die Zustimmung seiner Kabinettskollegen hingearbeitet, die norwegischen Häfen zu verminen und Erzfrachter aufzubringen. Jetzt lieferten ihm die Sowjets einen Vorwand für den direkten Zugriff auf das schwedische Erzgebiet von Gallivare und den damit verbundenen norwegischen Erzhafen Narvik.

Der Plan war einfach: Die Finnen sollten Norwegen und Schweden offiziell bitten, militärische Hilfsgüter und Truppen anderer Nationen durch ihr Gebiet transportieren zu lassen. Großbritannien sollte dann »Freiwillige« (nach der bewährten »Nichteinmischungsmethode«) in Narvik und Trondheim für Finnland landen, einen Großteil davon aber zur Verteidigung Norwegens und Schwedens in diesen Ländern stationieren.

Am 7. Februar 1940 wurde der Plan im Kabinett seiner Majestät gutgeheißen. Die Franzosen waren schon lange vorher von dem Vorhaben informiert worden und hatten ihre Bereitschaft zur Mitwirkung erklärt. Die Vorbereitungen liefen an und wurden auch fortgesetzt, als die Sowjets mit den Finnen am 12. März den Frieden von Moskau schlossen. Am 20. März standen die Truppen zur Einschiffung in französischen und schottischen Häfen bereit: drei britische Divisionen, ein Kontingent französischer Chasseurs Alpins und mehrere Bataillone polnischer Freiwilliger. Unter britischem Kommando sollten sie sich der Erzfelder von Gallivare bemächtigen, zumindest aber die Förderanlagen unbrauchbar machen und die Eisenbahnlinie Gallivare – Narvik unterbrechen. Die geplante Aktion hatte nur einen kleinen Schönheitsfehler: Schon im Februar kursierten in Stockholm Gerüchte über die französisch-britische Expedition. Die undichte Stelle vermutete man in Paris. Die Folgen dieser Indiskretion waren für das Unternehmen katastrophal. Am 5. April meldete der Korrespondent des »Daily Telegraph« aus Stockholm, daß die Nazis Norwegen besetzen wollten, falls die britische Seeblockade sich auf den Transport schwedischen Eisenerzes auswirken sollte.

Am Sonntag, dem 7. April – die britischen Truppen waren zum Teil bereits verladen –, meldete die britische Seeaufklärung starke deutsche Flotteneinheiten am Eingang des Skagerraks mit Kurs nach Norden. In den Häfen der britischen Home Fleet schrillten die Alarmglocken. Um 20.30 Uhr lief der erste Verband mit drei Schlachtschiffen, zwei Kreuzern und zehn Zerstörern aus Scapa Flow aus, um die Deutschen zu stellen und ihnen den Weg nach Norden zu verlegen. Um 22.00 Uhr folgte ein zweiter Verband mit zwei Kreuzern und fünfzehn Zerstörern. Damit waren fast alle verfügbaren Einheiten der britischen Home Fleet aufgeboten, um einer großangelegten Operation des Gegners gegen Skandinavien zuvorzukommen und den Einsatz der eigenen Truppen zu schützen.

Vor Narvik lagen zu dieser Zeit bereits vier britische Zerstörer, die die küstennahen Gewässer verminten. Der Schlachtkreuzer »Renown«, der Kreuzer »Birmingham« und acht weitere Zerstörer waren zu ihrem Schutz kommandiert. Am Montagmorgen hatten die Minenleger ihre Arbeit vor dem Westfjord beendet und liefen mit den Begleitschiffen nach Süden, um dort das Minenfeld »Wilfred« zu legen. Nur der Zerstörer »Glowworm« hatte umkehren müssen, um einen Matrosen zu suchen, der in der Nacht zuvor über Bord gegangen war.

Die See war unruhig, graue Regenwolken fegten über den Himmel. Die Sicht war schlecht. Kapitän Gerard Roope war im Begriff, die Suche aufzugeben und umzukehren, als vor ihm zwei deutsche Zerstörer auftauchten und sofort das Feuer eröffneten. Die »Glowworm« schoß aus allen Rohren zurück, doch der schwere Seegang machte ein Zielen fast unmöglich. Mitten im Gefecht erschien der deutsche Kreuzer »Hipper« und belegte die »Glowworm« mit Salven aus seinen schweren Geschützen. Die Briten nebelten sich ein. Die »Hipper« stieß in den Nebel nach, und Sekunden später barst die Bordwand des Kreuzers unter einem fürchterlichen Rammstoß. Kapitän Roope hatte mit Volldampf gegen die »Hipper« gesteuert, als er einsehen mußte, daß er nicht entkommen konnte. Brennend blieb die »Glowworm« im Kielwasser der »Hipper« liegen und flog kurz darauf in die Luft. Vierzig Überlebende konnte der deutsche Kreuzer bergen – Kapitän Gerard Roope war nicht dabei.

Noch am Abend desselben Tages lief die schwerbeschädigte »Hipper« in Trondheim ein und blieb dort monatelang zur Reparatur des riesigen Loches in der Bordwand im Dock. In der britischen Admiralität schrieb man die »Glowworm« ab, ohne die Ursache des Verlustes zu kennen. Zu spät erfuhren die Briten, daß die »Hipper« deutsche Truppentransporte nach Norwegen geleitet hatte.

Am Morgen des 9. April hatten deutsche Truppen nicht nur Trondheim, Bergen und Narvik besetzt, auch Oslo und das Hinterland befanden sich bald in deutscher Hand. Die Briten waren zu spät gekommen. Sie landeten zwar noch das britisch-französische Expeditionskorps, mußten es aber nach wenigen Wochen schwerer Kämpfe wieder zurückziehen.

Auch die britische Flotte konnte ihren Widersacher nicht bezwingen. Im Verlauf des zweimonatigen Kampfes um Norwegen verloren die Briten einen Flugzeugträger, zwei Kreuzer, neun Zerstörer und sechs U-Boote, die sie bei der Größe ihrer Flotte allerdings verschmerzen konnten. Anders die deutsche Kriegsmarine: Sie büßte vier Kreuzer, zehn Zerstörer, drei U-Boote und ein Torpedoboot ein. Das war fast die Hälfte aller einsatzbereiten Einheiten. So verblieben ihr nach diesem Abenteuer nur noch vier Zerstörer, gegenüber 184 britischen.

Im britischen Parlament überschüttete die Opposition Premierminister Chamberlain mit schwersten Vorwürfen und machte ihn in der Norwegen-Debatte, die am 7. und 8. Mai tobte, für die Niederlage verantwortlich. Die alte Animosität gegen den Appeasement-Politiker Chamberlain brach wieder auf. Lloyd George, der große alte Mann der Liberal Party, warf ihm vor, daß seinetwegen die Beistandserklärungen an die Tschechei, Polen, Finnland und Norwegen nur noch Makulatur seien.

Marineminister Churchill, der seinem Premier diese Suppe mit eingebrockt hatte, lieferte eine leidenschaftliche Verteidigungsrede, mußte aber eingestehen: »Wir waren völlig überrascht und wurden von den Deutschen ausgespielt.« Churchill selber hatte keinen leichten Stand. Es war nicht das erstemal, daß er als Marineminister ein selbstverschuldetes Debakel eingestehen mußte. Am 25. April 1915 hatte er gegen den Willen des Ersten Seelord Admiral Fisher hauptsächlich australische und neuseeländische Truppen völlig unvorbereitet mit zur Abwrackung anstehenden alten Kriegsschiffen an der Steilküste der Halbinsel Gallipoli landen lassen, um den Bosporus in die Hand zu bekommen. Die an den schmalen Stränden so gut wie wehrlosen Einheiten wurden von türkischen Truppen unter der Führung des deutschen Generals Liman von Sanders nach und nach niedergemacht. Als der kärgliche Rest nach Monaten endlich nach Saloniki evakuiert wurde, hatten 213 000 Australier, Neuseeländer und auch eine Anzahl Briten ihr Leben verloren. Churchill war damals nichts anderes übriggeblieben, als zurückzutreten und sich freiwillig an die Front in Frankreich zu melden, wo er ein ganzes Jahr ein Bataillon der 6th Royal Fusiliers führte, ehe er sich als einfacher Abgeordneter wieder ins Parlament zurückwagte. Viele haben ihm diese sinnlose Opferung nie vergessen, die ausschließlich seiner maßlosen Impulsivität zuzuschreiben war. Dieses charakterliche Manko glich Churchill jedoch mit einer außerordentlichen Willensstärke aus, mit einer beharrlichen, manchmal sogar rücksichtslosen Zielstrebigkeit, einem unerhörten Arbeitswillen, Durchsetzungsvermögen und einem unwiderstehlichen persönlichen Charme.

Sein Ansehen war so groß, daß Lloyd George dem Premierminister zurufen konnte, er möge sich nicht hinter Churchill verstecken.

Das Vertrauen in Chamberlains Regierung war schwer erschüttert, zumal auch die Presse in dieselbe Kerbe hieb wie die Opposition. Spekulationen über eine Regierungsneubildung, Rücktrittsgerüchte erfülten die Luft in den Gängen des Parlaments und der Regierungsgebäude. Chamberlain verbrachte den ganzen 9. Mai mit Unterredungen. Er konsultierte nicht nur die Mitglieder seines Kabinetts, sondern zog auch die Oppositionsführer hinzu. Das Wort Koalition, das in britischen Ohren schon fast wie ein Aufgeben der Demokratie klingt, war immer öfter zu hören. Es wurde immer klarer, daß in der ernsten Situation, in der sich England befand, Regierung und Parlament nur mit einem geeinten Willen der Lage Herr werden konnten. Der 9. Mai ging zu Ende, ohne daß sich irgendeine Entscheidung abgezeichnet hätte.

Der 10. Mai war ein Freitag, und strahlender Sonnenschein versprach ein schönes Wochenende. Die Londoner waren in Gedanken schon bei ihrem Pfingstausflug. In den Vororten summten die elektrischen Milchkarren von Haus zu Haus, die ersten Pendler drängten sich in den Vorortszügen der U-Bahnen, um bald darauf die Straßen der Innenstadt mit ihrem geschäftigen Trubel zu erfüllen. Gesprächsgegenstand waren überall die jüngsten innenpolitischen Entwicklungen, soweit die Leute überhaupt an Politik interessiert waren.

In den Morgennachrichten der BBC um sieben Uhr verkündete der Sprecher mit dürren Worten, daß deutsche Truppen an diesem Morgen die deutsche Westgrenze überschritten und die Verteidiger in schwere Kämpfe verwickelt hätten. Eine Stunde später wurden die ersten Sonderausgaben der Tageszeitungen auf den Straßen ausgerufen und den Händlern aus der Hand gerissen. Sie wiederholten, was das Oberkommando der Wehrmacht über den deutschen Rundfunk bekanntgemacht hatte: »Die deutschen Truppen haben heute um

5.30 Uhr die holländische, luxemburgische und belgische Grenze überschritten. Feindlicher Widerstand in Grenznähe wurde überall in scharfem Zugriff, vielfach in engstem Zusammenwirken mit der Luftwaffe gebrochen.« Hitlers fadenscheinige Begründung wurde den Engländern erst später bekanntgemacht: »England und Frankreich versuchen unter Anwendung eines gigantischen Ablenkungsmanövers im Südosten über Holland und Belgien zum Ruhrgebiet vorzustoßen.« Tatsächlich hatten die Franzosen so wenig wie die Briten die Absicht gehabt, zur Ruhr vorzudringen. Das »gigantische Ablenkungsmanöver« war ein britisches Kommandounternehmen gewesen, bei dem mehrere Agenten vergeblich versucht hatten, die Donau – und damit die Erdöltransporte aus Rumänien – am Eisernen Tor durch versenkte Kähne und Minen zu sperren. Niemand maß Hitlers Begründung irgendwelche Bedeutung bei. Was zählte, war die Tatsache, daß er innerhalb eines Monats – vom 9. April bis 10. Mai – fünf neutrale Länder überfallen hatte.

Die Aufregung über den Beginn des Westfeldzuges legte sich sehr bald. Das Wochenende vor sich, war die Mehrzahl der Briten zuversichtlich: So leicht wie in Polen würde es Hitler diesmal nicht haben. Die alliierten Armeen waren auf den Angriff vorbereitet, und das kampfstarke Britische Expeditionskorps stand den Franzosen und Belgiern zur Seite. Kaum waren die Sonderausgaben der Tageszeitungen verkauft, war auch das Straßenbild in London wieder normal. Die Briten bewahrten Ruhe. Allen voran Premierminister Neville Chamberlain, der mit seiner Frau im St. James' Park spazierenging, ehe er um zehn Uhr in die Downing-Street 10 zurückkehrte. Auch Außenminister Lord Halifax ging um diese Zeit mit Frau und Hund spazieren.

In den Büros der Admiralität, des Kriegsministeriums, des Außenministeriums und in der Kanzlei des Premiers herrschte allerdings an diesem Morgen Hektik. Seit sechs Uhr früh war eine Flut von Depeschen und Alarmmeldungen über die Schreibtische hereingebrochen. Die Verantwortlichen schaufelten diese Flut möglichst rasch weiter, denn niemand wollte sich das Pfingstwochenende verderben lassen.

In den Amtsräumen des Ersten Lords der Admiralität warteten mehrere holländische Minister, die von Amsterdam nach London geflogen waren, um die Briten um Hilfe zu bitten. Der Erste Lord war zu einer wichtigen Besprechung in die Downing Street 10 gerufen worden. Er saß zusammen mit dem Außenminister Lord Halifax im Arbeitszimmer des Premierministers dem einundsiebzigjährigen Chamberlain gegenüber. Gegenstand der Besprechung war die mißliche Lage der Regierung Chamberlain. Kühl referierte der Premier die neue Situation. Der deutsche Angriff machte ein Zusammenrücken aller Parteien zum Gebot der Stunde, auch wenn das jedem von ihnen zutiefst widerstrebte. Nur eine Allparteienregierung konnte die erforderlichen Kriegsanstrengungen durchsetzen.

Chamberlain sah sich gezwungen, die Regierungsgewalt an einen Mann abzugeben, der im Gegensatz zu ihm auch das Vertrauen der anderen Parteien hatte. Lord Halifax, damals 59 Jahre alt, und Winston Churchill, 65, waren die beiden einzigen Politiker der Konservativen, die für das Amt des Premierministers in Frage kamen.

Chamberlain gab offenbar Lord Halifax, dem Grandseigneur, der schon so viel Erfahrung mit den Deutschen und ihrem Führer gesammelt hatte, den Vorzug vor dem unberechenbaren, impulsiven Churchill. Er fragte seine Gegenüber, wen er dem König als neuen Premier vorschlagen solle. Das, wie es Churchill schien, unendlich lange Schweigen auf diese gewichtige Frage brach Lord Halifax. Umständlich führte er aus, daß er als Mitglied des Oberhauses im Unterhaus weder über den nötigen Rückhalt noch über das volle Vertrauen verfüge, um das Volk in einem solchen Krieg zu führen. Damit waren die Würfel gefallen: Chamberlain würde Georg VI. den Ersten Lord der Admiralität als seinen Nachfolger vorschlagen.

Churchill kam gegen elf Uhr morgens in die Admiralität zurück, wo er sich sofort den Holländern widmete. Seine Besucher schilderten ihm die verzweifelte Lage ihres Landes und berichteten, daß die Deutschen schon zu den Ufern des Rheins vorgestoßen seien und die Dämme der Zuidersee bedrohten. Churchill versuchte, sie zu beruhigen, so gut er konnte, und befahl einer vor der holländischen Küste kreuzenden Flottille, in die Zuidersee zu laufen und die Dämme unter Beschuß zu nehmen. Zugleich ließ er Verbindung mit den auf See befindlichen Einheiten der niederländischen Flotte aufnehmen, um gemeinsame Aktionen einzuleiten. Mehr konnte er in dieser Stunde nicht tun.

Am Nachmittag schon beauftragte König Georg VI. Churchill mit der Bildung einer Regierung. Bis 22.00 Uhr hatte der neue Premier sich nicht nur mit den Führern der Labour Party und mit den Liberalen geeinigt und sich deren Unterstützung gesichert, sondern auch dem König seine Kabinettsliste vorgelegt. Gegen drei Uhr morgens ging Winston Churchill in seiner Wohnung in der Admiralität zu Bett: »Ich schlief fest und brauchte keine ermunternden Träume. Tatsachen sind besser als Träume!« Und es war eine Tatsache, daß der Enkel des Herzogs von Marlborough nun der mächtigste Mann im britischen Weltreich war und sein Volk gegen die Deutschen führen würde.

So ernst die Lage war, große Sorgen machte sich Churchill nicht. Der Gedanke an eine mögliche Invasion der Britischen Inseln von Norwegen aus hatte sehr nahegelegen und Regierungs- wie Militärkreise beunruhigt. Mit dem Angriff an der Westfront war diese Gefahr nicht mehr so groß, denn Hitler würde alle seine Kräfte für diesen Feldzug benötigen. Auf der anderen Seite standen die Chancen, Hitler auf dem Kontinent zu besiegen, nicht schlecht. Etwa 135 deutschen standen 156 alliierte Divisionen gegenüber. Den 2800 deutschen Panzern konnte man mit 4000 hauptsächlich französischen Panzern begegnen, den Vorteil der gut befestigten Verteidigungsstellungen nicht eingerechnet. Doch Churchill sollte sehr bald eine böse Überraschung erleben: Am 14. Mai ergaben sich die Holländer, vierzehn Tage später kapitulierte der König Leopold von Belgien, worauf auch die französische Front zusammenbrach. Die Deutschen standen an der Kanalküste.

II.
Deutsche Panzer am Ärmelkanal
Für die Insel ein Alptraum

Zu unserem Leidwesen ist Deutschland als Kriegsmaschine organisiert, England hat sich dagegen gerade erst auf die Mittel der modernen Kriegführung besonnen.« Diese Einsicht General Thornes, des Kommandeurs der britischen Truppen in Kent, entsprach der Wahrheit. Den Briten sollte die erste Konfrontation mit der deutschen »Kriegsmaschine« einen solchen Schock versetzen, daß sich niemand vorstellen konnte, die perfekte Wehrmacht könne jemals versagen und vor England haltmachen. Nur daraus läßt sich die später fast zur Hysterie gesteigerte Invasionsfurcht der Briten verstehen. Der gloriose Westfeldzug Hitlers war ihnen Beweis genug, daß den Deutschen militärisch nichts unmöglich war.

Der Schock war um so größer, als man die deutsche Wehrmacht bis in die ersten Maitage 1940 sträflich unterschätzt hatte. Die britische Heeresführung hatte sich zusammen mit den Franzosen arglos auf einen Stellungskrieg nach dem Muster des Ersten Weltkrieges vorbereitet und sich darauf verlassen, daß die Franzosen, wie schon 1914–18, um jeden Quadratmeter ihres Bodens hart kämpfen würden. Das Bunkersystem der Maginotlinie war zu einem imposanten Festungsgürtel ausgebaut worden, der von der Schweizer Grenze bis an die belgische bei Charleroi reichte. In vielen kilometerlangen unterirdischen Gängen und Kasematten, teils bis zu hundert Meter unter der Erde, hausten ganze Armeen französischer Soldaten. Tausende von Bunkern, deren Panzertürme überall aus dem Boden ragten wie überdimensionierte Baumstümpfe mit breiten Schießscharten, beherbergten die Artillerie, deren Kanoniere zusammen mit den Infanteristen in den zahllosen MG-Ständen monatelang darauf gewartet hatten, daß der deutsche Angriff losbrach. Ein furioser Feuerhagel würde die Angreifer empfangen. Churchill war von einem Besuch der Festungsanlagen so beeindruckt, daß er konstatierte: »Hier kommen die Deutschen nie durch!«

Im Anschluß an die Maginotlinie, entlang der belgischen Grenze, waren die französischen Nord-Armeen bereit, einem Angriff von

Norden auf den Schlachtfeldern des Ersten Weltkrieges entgegenzutreten. Mit ihnen warteten die Divisionen des britischen Expeditionskorps, dessen Soldaten den ganzen Winter und den Frühling hindurch Tag um Tag den Grabenkampf geübt hatten, in den alten, halbverschütteten Gräben des Ersten Weltkrieges. Die Marschgeschwindigkeit der Infanterie war hier noch das Maß aller Dinge. Die französischen wie die britischen Panzer – nur erstere waren den deutschen bis auf die geringere Geschwindigkeit gleichwertig – waren in kleine Einheiten auf die Infanteriedivision verteilt. Im französischen Heer gab es nur vier Panzerdivisionen. Eine dieser Divisionen unterstand General de Gaulle, der sich vergeblich für eine beweglichere Kriegführung und größere Panzerverbände eingesetzt hatte.

Die Stäbe der Alliierten hatten sich die strategische Planung zu einfach gemacht und ohne Alternativen damit gerechnet, daß die Deutschen wie im Ersten Weltkrieg dem Schlieffenplan, dem Stoß durch Belgien und dann nach Süden auf Paris zu, folgen würden. General Gamelin, der französische Oberbefehlshaber, hatte sich bis zuletzt durch die deutschen Truppenmassierungen an der belgischen und holländischen Grenze täuschen lassen. Auch Hitlers Memoranden an die belgische und die holländische Regierung, daß die deutschen Truppen in ihre Territorien einmarschierten, um die Neutralität der beiden Länder zu schützen, mag zur Bestärkung der Täuschung beigetragen haben.

Der spanische Bürgerkrieg, der Polenfeldzug und die Besetzung Norwegens hätten die Alliierten eines Besseren belehren sollen. Die deutsche Wehrmacht verfügte über kampferprobte Panzerverbände, die mit bisher nicht gekannter Geschwindigkeit ganze Landstriche erobern und feindliche Heeresverbände abschneiden und einkesseln konnten, sowie über motorisierte Infanterie, die imstande war, mit diesen Verbänden Schritt zu halten. Schon in den frühen zwanziger Jahren hatte die Reichswehr aus der Not eine Tugend gemacht und den Bewegungskrieg geübt, weil das im Vertrag von Versailles auf 1 000000 Mann begrenzte Heer für einen Stellungskrieg zu schwach war. Für alle sichtbar war auch die Rolle der deutschen Luftwaffe seit dem spanischen Bürgerkrieg gewesen. Ihre Sturzkampfbomber, Bomber und Jäger hatten gezeigt, wie man Bodenstreitkräfte des Gegners vor den eigenen Panzerspitzen vernichtet und die feindliche Luftwaffe durch Bombardierung der Flugplätze ausschaltet. Und Deutschland verfügte über die beweglichste Infanterie, die modernste Waffengattung jener Zeit: Fallschirmspringer und Luftlandetruppen, die in Norwegen ihr Debüt gegeben hatten.

Diese Tatsachen waren eigentlich schon genug, um das vermeintliche Gleichgewicht der Kräfte zugunsten der deutschen Wehrmacht zu verschieben. Doch den entscheidenden Vorteil verschaffte sich die Wehrmacht durch einen brillanten strategischen Schachzug, den der Stabschef der Heeresgruppe A, General von Manstein, entwickelt hatte. Aus dem alten Schlieffenplan war eine kühne Zangenbewegung geworden, die darauf angelegt war, das Gros der französischen Nordarmeen einzukesseln und zu vernichten.

Schon am ersten Kampftag des Westfeldzuges waren die Panzer der Heeresgruppe B etwa 120 Kilometer nach Holland hineingeprescht und fuhren auf Rotterdam zu. Mehrere tausend Fallschirmspringer waren an wichtigen Brücken abgesprungen und hielten sie bis zum Eintreffen der motorisierten Infanterie besetzt, um ihre Sprengung zu verhindern und zugleich gegnerische Kräfte abzulenken. Das Zentrum Rotterdams fiel am 14. Mai unter deutschen Bomben in Schutt und Asche – nach Warschau war das der zweite Schlag gegen eine offene Stadt. 78 000 Menschen wurden obdachlos, 1 000 Zivilisten fanden den Tod. Am 15. Mai war der Widerstand der holländischen Streitkräfte gebrochen, und ihr Oberbefehlshaber bot die Kapitulation an.

An der Südflanke der Heeresgruppe B war mit Hilfe von Luftlandetruppen die als uneinnehmbar geltende Festung Eben Emael bei Lüttich innerhalb weniger Stunden eingenommen worden. Damit war der Weg in Richtung Lille frei. Im königlichen Schloß Laeken entkam die Königinmutter Elisabeth nur knapp der Gefangennahme durch deutsche Fallschirmjäger, die im Schloßpark gelandet waren und von belgischen Wachmannschaften überwältigt werden konnten. Königin Elisabeth, eine Wittelsbacherin, sah dem Kampf von einem Fenster im ersten Stock des Schlosses zu. Sie tat ihn als einen »Vorfall« ab und ging zur Tagesordnung über – bis deutsche Truppen die Residenz besetzten. Doch der Widerstand der Alliierten Kräfte in Belgien war noch nicht gebrochen, wenn sie sich auch unter schweren Verlusten ständig zurückziehen mußten.

Drei Tage lang hatte es für die Verbündeten so ausgesehen, als folgten die deutschen Truppen tatsächlich dem alten Schlieffenplan, und General Gamelin war in die Falle getappt: französische und britische Truppen hatten sich nach Norden in Marsch gesetzt, um sich mit den Belgiern zu vereinigen. Inzwischen hatten jedoch im Süden der deutschen Front die Panzerverbände der Heeresgruppe A Luxemburg durchquert und waren in Lothringen eingedrungen. Sie nahmen Sedan am 12. Mai ein und überquerten am nächsten Tag die Meuse, nachdem die Luftwaffe mit Bombern und Stukas die Stellungen der verlängerten Maginotlinie sturmreif gemacht hatte. Nur bei

Monthermé leisteten die sonst durch das Heulen der Stukas völlig demoralisierten Franzosen noch erbitterten Widerstand. Zwei MG-Brigaden mit Kolonialtruppen aus Madagaskar und Indochina hielten trotz Stukas und der rechts und links von ihnen ausgebrochenen Panik unter den Verteidigern zwei ganze Tage gegen Teile des Panzerkorps Reinhardt aus. Erst am Morgen des 15. Mai wurden sie mit Flammenwerfern ausgeräuchert und ihre Bunker überrannt. Von den 5 000 Mann der beiden Brigaden überlebten nur 1 000, von den 150 Offizieren nur 20.

Am 16. Mai war auch die erste Bastion der verlängerten Maginotlinie durchbrochen. In breiter Front rollten 1 500 deutsche Panzer, dicht gefolgt von der motorisierten Infanterie, hinter der französisch-belgischen Front nach Westen auf die Kanalküste zu. Am 17. Mai erreichte General Rommel mit den 218 Panzern der 7. Panzerdivision Le Cateau. Auf fast gleicher Höhe, etwa 30 Kilometer südlich, fuhren die Panzer des Panzerkorps Guderian, dazwischen das Panzerkorps Reinhardt.

Rommels Panzer waren 4.00 Uhr morgens bei völliger Dunkelheit losgefahren, eine Waghalsigkeit, die ihm einen großen Vorsprung vor den unmittelbaren Nachbareinheiten eingetragen hatte. »Die Straßen voll von französischen Truppen und Flüchtlingen«, schrieb er in sein Tagebuch. »Unsere Rufe ›a droit!‹ hatten wenig Wirkung und wir kamen nur langsam voran.« Die französischen Soldaten ergaben sich beim Anblick der deutschen Panzer, widerstandslos warfen sie ihre Waffen weg und folgten ihren Offizieren auf dem Marsch nach Osten in die Gefangenschaft. Nirgendwo waren die völlig überraschten Franzosen in der Lage, eine improvisierte Widerstandslinie aufzubauen. Und wo immer französische Panzer auftauchten, wurden sie von den deutschen zusammengeschossen.

Am Abend des 20. Mai erreichte die Panzerdivision Guderians an der Sommemündung die Küste des Ärmelkanals. Die französischen Nordarmeen und das Britische Expeditionskorps waren vom Süden und damit von ihrem Nachschub abgeschnitten. Angesichts der sich anbahnenden Katastrophe hatte Marschall Pétain am Tag zuvor Oberbefehlshaber Gamelin abgelöst und durch General Weygand ersetzt. Gamelin hatte noch einen verzweifelten Appell an die Truppen gerichtet, der seine ganze Hilflosigkeit verriet: »Sieg oder Tod!« und »Stoppt die Flut der Panzer!«

Aber es waren nicht nur die Panzer, die unter den Verteidigern lähmendes Entsetzen verbreiteten und Hunderttausende verstörter Zivilisten mit ihren Habseligkeiten zur Flucht nach Süden trieben. Die Schläge der deutschen Luftwaffe zeitigten eine gleich verheerende

Wirkung. 1 400 Maschinen – Bomber von Typ DO 17, Ju 88 und He 111, die Ju 87 Stukas und die Jäger Me 109 und 110 – griffen Tag und Nacht die gegnerischen Flugplätze und Stellungen an. Besonders die Stukas, die sich im heulenden Sturzflug auf Truppenkolonnen und Artilleriestellungen stürzten, trugen zur Demoralisierung des Gegners bei. Die holländische und die belgische Luftwaffe waren innerhalb weniger Stunden fast vollständig vernichtet. Viele der 275 Tagjäger und 70 Bomber der französischen Luftwaffe wurden schon am ersten Tag am Boden zerstört. Geblieben waren 400 Bomber, 69 Hurricanes und etwa ein Dutzend der überholten Gladiator Jagdflugzeuge der Briten, die als Advanced Air Striking Force in Frankreich stationiert waren. Sie hatten gegen die zahlenmäßige Übermacht und gegen die Kampferfahrung der deutschen Piloten keine Chance. Nach fünf Tagen hatten sie schon 105 Flugzeuge verloren, und mit jedem weiteren Tag stiegen die Verluste.

In London stand man dem Debakel fassungslos gegenüber. Churchill meinte wütend, in der ganzen Kriegsgeschichte sei ihm noch keine solche Mißwirtschaft begegnet wie jetzt bei den Franzosen. »Die Franzosen kämpfen nicht richtig!« sagte Lord Ismay, Churchills Stabschef, und sprach damit nur aus, was alle dachten. Die Briten fühlten sich von den Franzosen schmählich im Stich gelassen, als sei der beispiellose deutsche Siegeszug nur durch die vermeintliche Feigheit der Franzosen ermöglicht worden. Auf dem Kontinent stand aber auch die Elite des britischen Heeres, der es nicht besser erging als den geschmähten Verbündeten.

Den Briten fiel es schwer, den Umfang der militärischen Katastrophe zu begreifen, zu groß war der Schock, um die tatsächlichen Gründe und die Unausweichlichkeit des Geschehens zu erkennen. Churchill und sein Kriegskabinett gaben sich der Hoffnung hin, daß sich das B. E. F. halten könnte und die Franzosen sich endlich zu einer wirkungsvollen Verteidigung aufraffen würden.

Churchill flog am 22. Mai nach Paris, begleitet von Feldmarschall Sir John Dill und General Lord Ismay. Er wollte Reynaud und Weygand davon überzeugen, daß es wenig Wert hatte, gegen die deutschen Panzerkolonnen zu operieren. Die Franzosen sollten endlich zum Angriff gegen das nachdrängende Gros der deutschen Armeen vorgehen. Nach einer kurzen Besprechung in Paris flogen Churchill und seine Begleiter mit Reynaud ins französische Hauptquartier nach Vincennes, wo sie General Weygand trafen. Im Gegensatz zu seinem Vorgänger Gamelin machte der 73jährige Weygand einen »jugendlichen und kraftvollen Eindruck« auf die Briten. Er dachte ähnlich wie sie und hatte bereits einen Angriffsplan für die französischen Truppen und das B. E. F. entwickelt. Ein konzentrierter Stoß in die deutsche Flanke sollte die Panzerkolonne abschneiden, den deutschen Vormarsch zum Stehen bringen und die Verbindung nach Süden wieder herstellen. An der Somme waren 20 französische Divisionen angetreten, um den Nordarmeen zu Hilfe zu kommen.

Jetzt hing alles von der Initiative der Franzosen ab und davon, wie schnell sie ihrem Plan die Tat folgen lassen würden. Doch es geschah so gut wie nichts. Die Nachrichtenverbindungen zu den eingeschlossenen Nordarmeen funktionierten kaum noch. General Billotte, der den Weygand-Plan durchführen sollte, war am Abend des 21. Mai bei einem Autounfall tödlich verunglückt. Sein Nachfolger, General Blanchard, brauchte Tage, um die Situation einigermaßen in Griff zu bekommen. London drängte Paris vergeblich, endlich den Angriffsbefehl zu geben.

Das Britische Expeditionskorps wäre dem Durcheinander und der Apathie in der französischen Führung zum Opfer gefallen, hätte sein Befehlshaber nicht einen kühlen Kopf behalten und sich am Ende nur auf sein eigenes Urteil verlassen. Der 54jährige Lord Gort war einer der höchstdekorierten Offiziere des Ersten Weltkrieges. Wegen seiner brüsken Art und seiner Pedanterie war er nicht sonderlich beliebt. Als Protegé des Kriegsministers Hore-Belisha war er bis 1930 Chef des Großen Generalstabes gewesen, eine Stellung, die seinem ausgeprägten Sinn für das Detail und für das Praktische nicht entsprochen hatte. Sein erstes Hauptquartier in Frankreich war Chateau Harbacq gewesen, über das er nach Hause geschrieben hatte: »Ein Schloß ohne Wasser, Licht und Klo.« Dann hatte er seine Zelte in Arras aufgeschlagen, um später nach De Panne, sechzehn Kilometer küstenaufwärts von Dünkirchen zu ziehen, von wo das Seekabel, seine »Nabelschnur«, durch den Ärmelkanal nach London führte.

Wie seine Generäle hatte auch Lord Gort geglaubt, gegen einen Angriff der Deutschen auf das Beste gewappnet zu sein, und war um so mehr überrascht, als sich seine Truppe unter dem Ansturm der Wehrmacht ständig zurückziehen mußten. Als Guderians Panzer die Kanalküste erreichten, waren Lord Gorts Divisionen nicht nur von den restlichen Einheiten des B. E. F. im Pas de Calais und der Normandie abgeschnitten, er hatte auch jeden Kontakt mit den Franzosen an seiner Südflanke verloren. Gorts operativer Vorgesetzter war General Billotte gewesen, dessen Truppen unter den Schlägen der Heeresgruppe A zusammengeschmolzen waren. Billotte hatte von Anfang an wenig Neigung gezeigt, mit dem Stab der Briten enge Verbindung zu halten, und sie zumeist über seine Operationen im unklaren gelassen. Das änderte sich erst mit der Ernennung Blanchards.

Da die verbliebenen Belgier und Franzosen auf den beiden Flügeln der Briten zurückwichen, gab es für Lord Gort nur noch zwei Möglichkeiten, seine Soldaten zu retten: entweder einen Stoß nach Süden, um sich mit den Franzosen jenseits des deutschen Keiles zu vereinigen, oder den Rückzug auf die Küste. Gort versuchte Ersteres und griff am 21. Mai bei Arras an. Seine Truppen brachten die SS-Totenkopf-Division ins Wanken, doch die 7. Panzerdivision Rommels fing im Verein mit zwei weiteren Panzerdivisionen Reinhardts den Stoß ab. Gort mußte Arras aufgeben und sich zurückziehen.

Es sah schlecht aus um das britische Kontingent. Das Panzerkorps Guderians hatte sich inzwischen nach Norden gewandt, an Boulogne und Calais vorbei war es auf dem Marsch direkt nach Dünkirchen. Wenn es den Deutschen gelang, in Dünkirchen einzudringen, saßen die Briten in der Falle, und fast 200 000 Mannschaften und Offiziere würden in deutsche Gefangenschaft geraten. Lord Gort hatte nur noch wenig Hoffnung. Am 23. Mai mußte er seine Truppen auf halbe Rationen setzen, da sein Nachschub über die Häfen der Normandie gelaufen war. Noch war die Kampfkraft gut, aber er glaubte, daß keine Aussicht mehr bestand, seine Truppen und ihre Ausrüstung zu retten.

Am 24. Mai geschah jedoch etwas völlig Unerwartetes: Nach einer Besprechung mit Hitler ordnete der Befehlshaber der Heeresgruppe A, Generaloberst von Rundstedt, an, den Vormarsch der Panzer einzustellen und am Aa-Kanal auf der Linie Gravelines – Bethune anzuhalten. Hitler selbst vergewisserte sich in mehreren Telefonaten aus seinem Hauptquartier in Bruly, daß der Befehl auch ausgeführt wurde.

Die Truppenführer waren wie vom Schlag gerührt: Jetzt, da das Ziel greifbar vor ihnen lag, der Kessel fast geschlossen war, sollten sie Pause machen? Zu Recht fühlten sie sich um einen großen Sieg betrogen. »Wir waren sprachlos«, sagte Guderian später, »aber da wir den Grund für den Befehl nicht kannten, war es schwierig, ihm zu widersprechen.« Das tat allerdings Oberst Warlimont im OKW, dessen Operationspläne damit über den Haufen geworfen wurden. Sein Protest wie auch der der Armeeführer scheiterte. Keitel und Jodl standen diesmal hinter Hitler. Einen anderen unsinnigen Befehl hatten sie mit Erfolg sabotiert, als bei der Besetzung Norwegens ein in Panik geratener Hitler verlangte, daß sich General Dietl mit seinen Truppen in Schweden internieren lassen solle. Damals hatten sie das Fernschreiben einfach unterschlagen. Das ging diesmal nicht so einfach, denn von Rundstedt war Hitlers Liebling und auf von Rundstedt ging der Befehl zurück.

General Jodl machte sich zum Interpreten von Hitlers Absichten: Die kostbaren Panzertruppen sollten nicht in der von Kanälen und Sümpfen durchzogenen flandrischen Niederung verschlissen werden. Tatsächlich waren die Schleusen bereits geöffnet worden und das Hinterland war zum Teil überflutet. Einen weiteren Vormarsch der Panzer hätte das nicht ernstlich aufgehalten, aber sie sollten vor dem letzten Schlag gegen die Franzosen im Süden, der »Studie Rot«, eine dringend nötige Ruhepause einlegen. Auf Guderian wartete auch schon der Auftrag, in den Ardennen eine neue Panzergruppe aus Teilen seines und des Panzerkorps Reinhardt aufzustellen und mit einem Vormarsch auf die Schweizer Grenze die Maginotlinie lahmzulegen.

Der Haltbefehl ist später viel diskutiert worden, denn er hat den Engländern das Entkommen aus dem Nadelöhr Dünkirchen ermöglicht. Mancher sah darin einen kriegsentscheidenden Fehler Hitlers. Ihm wurde unterstellt, daß er nicht die Panzer, sondern die Briten schonen wollte, um eine Verständigung mit der britischen Regierung nicht zu gefährden. Dem widerspricht die Tatsache, daß er sich eines gewichtigen Faustpfandes begab: Er hätte sich gegenüber Churchill kein besseres Druckmittel wünschen können als die Gefangennahme der Elite der britischen Armee. Ob er damit Erfolg gehabt hätte steht allerdings auf einem anderen Blatt.

Der Wunsch, die Panzer aufzuhalten, ging zweifelsohne von Generaloberst von Rundstedt und Guderians vorgesetztem General von Kleist aus. General von Kleist hatte schon am 17. Mai bei Ribemont an der Oise den Panzern eine Pause verordnet, woraufhin Guderian sein Kommando zurückgeben wollte und nur auf von Rundstedts Befehl auf seinem Posten blieb. Wenige Tage später griff von Kleist – immer in Absprache mit dem Befehlshaber der Heeresgruppe – wieder ein und versetzte eine der drei Panzerdivisionen Guderians in die Reserve, zog sie also aus dem Gefecht. Man darf dabei nicht vergessen, daß die Kriegführung mit schnellen Panzertruppen damals völlig neu war und mancher altgediente General bei der Geschwindigkeit des Vormarsches Unbehagen verspürte: Die Panzer preschten über die Schlachtfelder des Ersten Weltkriegs, die Schauplätze jahrelangen mörderischen Stellungskrieges, als sei der Krieg ein Kinderspiel. Das konnte nicht gutgehen, meinte man, zumal die lange Südflanke bedrohlich offen lag. Vor diesem militärischen und psychologischen Hintergrund verblassen die vermeintlichen politischen Motive Hitlers.

Den vom Heer verschenkten Sieg über die Briten wollte sich Hermann Göring nicht entgehen lassen. Der Oberbefehlshaber der Luftwaffe verlangte von Hitler, daß Dünkirchen seinen Bombern und Jägern überlassen wurde. Sie würden die Hafenstadt in ein Flammenmeer verwandeln und so das Entkommen der Briten vereiteln. Hitler stimmte zu.

Der Haltbefehl wurde am 26. Mai aufgehoben, doch Dünkirchen blieb für die Luftwaffe ausgespart. Durch die Umgruppierung der Panzerkorps für die »Studie Rot« war der Angriffsschwung jedoch verlorengegangen. Der hinhaltende Widerstand im Kessel hatte sich verstärkt, vor allem das südlich vor Dünkirchen stehende französische 16. Korps wehrte sich verbissen, so daß es an diesem Frontabschnitt kaum noch zu Geländegewinnen kam.

Das Anhalten des deutschen Vormarsches auf der Linie Gravelines – Bethune – Lens hatte keine unmittelbare Wirkung auf die Entscheidungen der Eingeschlossenen. Lord Gort und General Blanchard waren übereingekommen, am 26. Mai dem Weygand-Plan folgend zu einem südwestlich gerichteten Angriff mit acht Divisionen auszubrechen und sich mit den von der Somme vordringenden französischen Divisionen zu vereinigen. Diesen Angriff, der allein die Situation für die Alliierten noch hätte retten können, vereitelte der verstärkte Druck der Heeresgruppe B auf die belgischen Verbände im Norden. Am 24. Mai wurde die belgische Front bei Menin eingedrückt, und am linken Flügel der Briten klaffte nun eine riesige Lücke. Die Verbindung nach Dünkirchen war nun auch von Norden bedroht. Gort und Blanchard mußten sich nach Westen zurückziehen, um zu retten was noch zu retten war. Die letzte Gelegenheit, einen Ausfall nach Süden zu wagen, war verpaßt. Am 26. Mai erhielt Lord Gort ein Telegramm vom Kriegsministerium in London: »Französische Offensive von der Somme kann nach unseren Informationen nicht in ausreichender Stärke gestartet werden.« Für Lord Gort kam es jetzt nur noch darauf an, den Zugang nach Dünkirchen offenzuhalten und seine Truppen an die Küste zu retten.

III.
Mit Besenstielen gegen Fallschirmjäger
Eine Heimwehr wird aufgestellt

Invasion – das Wort signalisierte für die Briten von jeher Schlimmeres als Pest, Feuer, Sturmflut oder Krieg: Es bedeutete schlicht den Anfang vom Ende ihres Insellebens. Angesichts der Geschichte der Britischen Inseln mag man das für eine wenig berechtigte Dramatisierung halten, denn die Phönizier waren gelandet, die Kelten, die Römer hatten mit ihren Heeren den Kanal bezwungen, die Wikinger, die Jüten, die alten Sachsen und die Normannen waren gekommen und hatten gesiegt – nur die Spanier, die Holländer und die Franzosen hatten es versucht und waren gescheitert –, jedoch immer war das Leben auf den Inseln weitergegangen, hatten die Bewohner von den Invasoren profitiert.

Wenn man es recht betrachtet, muß man zu der Überzeugung kommen, daß die Briten viel mehr Glück mit ihren Feinden hatten als die Völker auf dem Kontinent. Aus der spanischen Armada von 1588 ist ein bloßes Schreckgespenst geworden, wie aus den nie gebauten Riesen-Montgolfièren Napoleons, die, scheinbar für ewig, in der Phantasie der Briten drohend am blaßblauen Himmel von Sussex und Kent hängen. Dreitausend Mann sollten damals mit ihnen über den Kanal befördert werden, um London einzunehmen. Jedes Schulkind kennt die Jahreszahl 1797, als während des englisch-französischen Krieges der französische General Hoche 1 200 Söldner, in der Mehrzahl Sträflinge aus französischen Gefängnissen, unter dem Befehl von William Tate, einem 70jährigen amerikanischen Abenteurer, an die Südwestküste von Wales schickte. Die Franzosen wußten nicht, was sie dort sollten, und begannen nach der Landung planlos die Gegend zu brandschatzen. In ganz England und Wales machten sich wehrfähige Männer in Karren, Kutschen, zu Pferd und zu Fuß auf. Die Franzosen waren bald umzingelt und mußten sich ergeben.

Die Zeit überdauert haben viele der sogenannten Martellotürme. Sie waren ab 1805 zur Abwehr Napoleons in Abständen von etwa 500 Metern entlang der Südküste von Kent und Sussex gebaut worden. Als Vorbild dieser kreisrunden Ziegeltürme hatte eine korsische

Rundfestung gedient, die wenige Jahre vorher einem britischen Angriff erfolgreich Widerstand geleistet hatte. Unter großem Aufwand (für einen Turm war eine Viertelmillion Ziegel erforderlich) waren damals 74 dieser Bastionen entstanden, von denen aus britische Soldaten die Küste bewachten. Nach Waterloo waren sie nicht mehr benutzt worden und verfielen. 1914 wurden die 26 verbliebenen Türme wieder besetzt und mit leichten Geschützen und MGs bestückt. Diesmal rechnete man mit einer deutschen Invasion. Noch 1915 erwartete die britische Heeresleitung einen Ansturm von 70 000 bis 160 000 deutschen Soldaten gegen die südenglische Küste. Die Befürchtung war völlig unbegründet, denn im kaiserlichen Generalstab dachte niemand daran, den Ärmelkanal zu überqueren. Doch die Furcht blieb. Sie ist ein Teil der Inselmentalität, Preis für den Schutz, den Neptun seinen Briten gewährt.

Da sie immer unterschwellig vorhanden ist, genügt der geringste Anlaß, sie wieder zu beleben und zu einem Monstrum anwachsen zu lassen. Schon einige Wochen vor dem deutschen Überraschungssieg in Frankreich, der deutsche Divisionen an die Kanalküste brachte, waren in England die ersten Stimmen laut geworden, die vor einer Invasion warnten. Die Besetzung Norwegens hatte gezeigt, daß die deutschen Truppen nicht nur zu Lande und über kurze Entfernungen zu siegen vermochten. Luftwaffe und Kriegsmarine hatten das bisher größte Landungsunternehmen so erfolgreich unterstützt, daß die Briten ihre Überlegenheit in der Nordsee nicht hatten ausspielen können.

Am 7. Mai stellte der Abgeordnete Clement Wedgwood im Britischen Unterhaus fest: »Obwohl die britische Marine imstande ist, die Seewege nach Westen offenzuhalten und Großbritannien dadurch vor dem Verhungern zu schützen, scheint sie doch nicht in der Lage zu sein, die deutschen Besetzer in Norwegen abzuschneiden. Es ist deshalb denkbar, daß sie einem Einfall der Deutschen in Lincolnshire oder im Wash nichts entgegenzusetzen hat.«

Wenige Tage später, am Freitag, dem 10. Mai 1940, erhob sich das Gespenst der Invasion zu voller Größe. Das britische Luftfahrtministerium gab folgende »dringende« Nachricht an die Admiralität, das Kriegsministerium und das Ministerium für Landessicherheit: »Nach Informationen aus Norwegen halten deutsche Fallschirmspringer beim Absprung beide Arme in die Höhe, als ob sie sich ergeben wollten. Sie halten jedoch in jeder Hand eine Granate, die sie auf jeden werfen, der ihnen bei der Landung entgegentreten will. Um diesen Trick zu vereiteln, sollten Fallschirmspringer, wenn ihre Zahl sechs übersteigt (der größte britische Bomber hatte eine Besatzung von sechs Mann), als feindlich angesehen und möglichst noch in der Luft erschossen werden.«

Auch im britischen Luftfahrtministerium mußte man wissen, daß Fallschirmspringer mit beiden Händen über dem Kopf in die Leinen greifen, um ihren Schirm zu steuern. Es ging hier wahrscheinlich nur darum, den Schießbefehl plausibel zu machen. Die Beamten rechneten damit, daß mancher Hemmungen haben würde, auf wehrlos in der Luft schwebende Menschen zu schießen. Diese Hemmschwelle hat später tatsächlich manchem abgeschossenen deutschen Piloten das Leben gerettet.

Fallschirmspringer spielten auch in den nächsten, viel wichtigeren Nachrichten eine große Rolle. Am 10. Mai 1940 um 5.30 Uhr hatten deutsche Truppen die holländische und die belgische Grenze überschritten. Fallschirmjäger waren eine halbe Stunde zuvor im Rücken der Verteidiger gelandet und hatten das für uneinnehmbar geltende Fort Eben Emael besetzt und mehrere wichtige Brücken in ihre Hand gebracht. Wie die Briten darauf reagierten, als sie aus ihrer Überraschung wieder zu sich kamen, konnte man am 12. in der Zeitung »News of the World« lesen, deren erste Seite in großer Aufmachung einen Leserbrief brachte:

> »Laßt sie nur kommen! Die Deutschen setzen Truppen mit Fallschirmen ab. Möglich, daß sie das auch bei uns tun werden! Ich spreche für Tausende, wenn nicht Millionen ehemaliger Soldaten, die alle schießen können. Wir sind zu alt für den aktiven Dienst, aber wir können mit dem Gewehr umgehen! Laßt sie nur kommen!«

In Pubs und Clubs, in Büros und Fabriken, in jedem Haus wurde die Möglichkeit einer Invasion diskutiert – Hauptfrage war: Wie kann man feindliche Fallschirmspringer unschädlich machen? Die vielen ehemaligen Soldaten und Offiziere aller Waffengattungen, die in Indien, Arabien, Afrika, im Burenkrieg und im Ersten Weltkrieg gedient hatten, sahen sich jetzt aus ihren Nostalgien gerissen und aufgerufen, einer völlig neuartigen Gefahr zu begegnen: einem Krieg ohne Front. Fallschirmjäger konnten überall am Himmel auftauchen. Jede Stadt, jedes Dorf, jedes Haus, jeder einzelne war dann »Front«.

Tausende von Briefen wurden an Zeitungen, Parlamentarier und an das Kriegsministerium geschrieben. Jeder wollte dabeisein. In Leeds hatten sich einige ältere Geschäftsleute, alle ehemalige Offiziere, zum Lunch getroffen. »Wir kamen darin überein«, sagte später einer von ihnen, ein Major a. D., »daß man einer solchen Bedrohung unseres Landes nur begegnen kann, indem man alle früheren Soldaten bewaffnet.« Die Gruppe verfaßte einen Brief an ihren Abgeordneten im Unterhaus: »Können Sie das Kriegskabinett veranlassen, freiwillige Ex-Soldaten für eine Landwehr gegen die Fallschirmspringer aufzurufen? Wir hier in Leeds sind willens und bereit, in kürzester Zeit eine solche Einheit auf die Beine zu stellen. Alles was wir brauchen, sind Waffen und eine Ermächtigung. Bis jetzt ist in Leeds nichts dergleichen veranlaßt worden. Jemand muß schnell handeln, daher dieser Appell.«

Noch am Samstag und Sonntag, während sich die Alarmmeldungen aus Holland und Belgien häuften, tagten Vertreter des Kriegsministeriums und des Ministeriums für Landessicherheit mit den Stabschefs der Streitkräfte und besprachen die Bildung einer Heimwehr. Sie einigten sich darauf, daß jeder Brite zwischen siebzehn und fünfundsechzig, der schon einmal eine Waffe in der Hand gehabt hatte und keine körperliche Behinderung aufwies, als Freiwilliger (Local Defence Volunteer - L. D. V.) in einer nach militärischen Prinzipien aufgestellten Heimwehr Dienst tun konnte. Die wöchentliche Dienstleistung wurde auf zehn Stunden festgesetzt, vorerst für die nächsten sechs Monate bei einer gegenseitigen Kündigungsfrist von vierzehn Tagen (die sogenannte Dienstmädchenklausel). Verpflegung sollte jeder Freiwillige selbst mitbringen. Zwanzig Schuß Munition für noch zu beschaffende Gewehre, Tee, ein Strohsack, Zeltplane und drei Decken sollten die von der Armee bereitzustellende Grundausrüstung bilden. Die Aufgabe: Ortung und Bekämpfung feindlicher Fallschirmspringer.

Montag, 13. Mai 1940. Die Briten kamen aus einem unruhigen Wochenende zurück, nur um eine noch unruhigere Wochen anzutreten. Der neue Premier Winston Churchill hielt seine berühmte Rede mit dem kürzesten Regierungsprogramm der Weltgeschichte: »Sieg – Sieg um jeden Preis!« Und der Preis, den er nannte, wurde zum Schlagwort jener dunklen Zeit: »Ich habe nichts zu bieten als Blut, Mühsal, Schweiß und Tränen.«

Auch Churchill glaubte fest an eine kurz bevorstehende Landung der Deutschen. In einem seiner fast regelmäßigen Briefe an den amerikanischen Präsidenten F. D. Roosevelt hieß es: »Wir selbst erwarten hier, aus der Luft (d. h. mit Bomben), von Fallschirmspringern und Luftlandetruppen angegriffen zu werden. Wir bereiten uns auf ihren Empfang vor!« Eine seiner ersten Amtshandlungen als Premierminister hatte die Invasion zum Gegenstand: Von den drei Stabschefs der Streitkräfte verlangte er – für den Fall, daß Frankreich den Kampf auf dem Kontinent verlieren sollte – eine Analyse der militärischen Situation Großbritanniens. Von der falschen Voraussetzung ausgehend, daß Deutschlands Luftwaffe der Royal Air Force in vierfacher Übermacht gegenüberstand, kamen die Militärs zu dem traurigen Schluß, daß sie fast ohnmächtig waren: »Prima facie hat Deutschland die meisten Karten in der Hand; letzten Endes wird es jedoch darauf ankommen, ob die Moral unserer Truppe und der Zivilbevölkerung die zahlenmäßige und materielle Überlegenheit der Deutschen wettmacht. Wir glauben, daß sie das tut.«

Sie sollten recht behalten. Lange bevor Goebbels hysterisch einen »totalen Krieg« verlangte, hatten sich die Briten wie selbstverständlich darauf vorbereitet. Er begann am Abend des 14. Mai, der auch der Tag der Kapitulation der holländischen Streitkräfte vor der deutschen Übermacht war. Der neue Kriegsminister im Kabinett Churchills, Anthony Eden, hielt eine Rundfunkansprache, in der er die Heimwehr ausrief und Freiwillige aufforderte, sich sofort bei der nächsten Polizeidienststelle registrieren zu lassen.

Die Resonanz war überwältigend. Noch während Eden sprach, machten sich die ersten Freiwilligen auf den Weg. In Gillingham, Cranbrook und Folkestone, wie in vielen anderen Gemeinden der Inseln, ließen sie ihr Bier in den Pubs stehen, um nicht zu spät zu kommen. Die Polizeidienststellen waren nicht informiert worden, an die zuständige Dienststelle denkt man in solchen Fällen gewöhnlich nicht, und Fragebögen für die nötigen Angaben waren auch nicht vorhanden. Die verblüfften Polizisten ließen sich jedoch nicht aus der Fassung bringen und notierten bis lange nach Mitternacht Namen und Anschriften.

Am nächsten Morgen setzte ein regelrechter Sturm auf die Polizeireviere ein. In Oxford standen Professoren, Studenten, Geschäftsleute und Arbeiter gemeinsam schon um 6.30 Uhr morgens Schlange, in Canterbury trug sich die Oberstufe der King's School geschlossen ein. Noch nie wurden so viele falsche Geburtsdaten in Listen eingetragen wie jetzt: alte Männer machten sich zehn, zwanzig Jahre jünger, junge Burschen um zwei oder drei Jahre älter – so leicht ließ sich das nicht nachprüfen, da es in Großbritannien kein polizeiliches Melderegister gibt. Innerhalb der ersten vierundzwanzig Stunden nach Edens Rede hatten sich in England, Wales und Schottland sowie in Nordirland mehr als eine Viertelmillion Männer eintragen lassen.

Die Home Guard (wie die L. D. V. später genannt wurde) wurde dem Befehlshaber der Home Forces, zuerst Feldmarschall Sir Edmund Ironside, dann General Sir Walter Kirke, unterstellt und streng militärisch gegliedert: in Regimenter (Zonen), Bataillone, Kompanien und Züge. Waffen waren für die neugegründete Streitmacht nicht vorhanden, und es blieb jedem einzelnen »Parashot«, wie sie sich bald nannten, überlassen, das Problem für sich selbst zu lösen.

Als Truppenführer wurden erfahrene, gediente Offiziere eingesetzt, wobei es vorkam, daß ein Generalleutnant a. D. als Major, ein Oberst a. D. als Hauptmann oder Leutnant Dienst tun mußte. In größter Eile wurden Hunderttausende von Aufnahmeformularen gedruckt und auf schnellstem Weg mit Lastwagen auch in die entlegensten Polizeireviere gebracht. Die Formalitäten wurden vor Ort erledigt, so daß Einheiten oft innerhalb weniger Stunden aufgestellt wurden. Den Bürokraten gab man keine Chance, denn zu groß war die Gefahr, daß plötzlich Tausende schwerbewaffneter Feinde vom Himmel fielen.

Allein in London bildeten sich in diesen Tagen sechzig Bataillone der Home Guard. In der City, in Wohn- und Geschäftshäusern, in den Fabriken und Docks sah man nun Gruppen von Zivilisten, die mit Stöcken, alten Gewehren und Säbeln bewaffnet Streife gingen und Ausweise kontrollierten oder stundenlang in den Himmel starrten. In der Fleet Street hatten sich Setzer und Drucker zu einem Bataillon zusammengetan. Zum Westminster Bataillon, in dem Generalität und Hochadel den Ton angaben, gehörte auch ein Zug des Buckingham Palastes mit den Beamten des Hofes. Die City hatte ihr eigenes Bataillon, wie die beiden Häuser des Parlaments, die Gaswerke, die BBC, die Müllabfuhr und die Taxifahrer. Auf einer 125 Meilen langen Strecke patrouillierte ein Flußbataillon, das die Eigner der auf der Themse liegenden privaten Motor- und Hausboote gebildet hatten.

Sogar unter den in London lebenden Amerikanern war eine Abteilung der Home Guard entstanden. Sie nannte sich »American Squadron«, war sechzig bis siebzig Mann stark und stand unter dem Befehl von General Wade H. Hayes. Ihre Aufstellung rief das Außenministerium auf den Plan: Wenn die Angehörigen einer neutralen Macht auf den Britischen Inseln ein bewaffnetes Kontingent stellten, konnte man dieses Recht anderen neutralen Mächten kaum vorenthalten – und in England gab es unter anderem auch eine beträchtliche Anzahl von Japanern. Diese Bedenken erwiesen sich jedoch als gegenstandslos. Nicht so die des amerikanischen Botschafters Joseph Kennedy, dem die Sache ganz und gar mißfiel: »Das kann dazu führen, daß bei einer Besetzung Londons alle dort lebenden U. S. Bürger als Franktireurs erschossen werden!«

Ähnliche Bedenken hatten auch einige Lord-lieutenants (entspricht etwa dem deutschen Regierungspräsidenten)verschiedener Grafschaften über die Home Guard geäußert. Nach der Haager Landkriegsordnung mußten Freischärler ein Abzeichen haben, ihre Waffen offen tragen und unter einer verantwortlichen Führung stehen. Whitehall reagierte darauf sofort, verschrieb den »Parashots«, Armbinden mit den Buchstaben L. D. V. und begann gleichzeitig mit der Uniformierung der Einheiten: Drillich, Overalls und khaki Käppis.

Das hielt die deutsche Propaganda nicht davon ab, sich auf das gefundene Fressen zu stürzen. Pompös tönte es in einer Volksaufklärungs-Broschüre der Nazis: »Unter keinen Umständen kann es einem Staat erlaubt sein, Zivilisten unter irgendeinem Vorwand oder irgendeiner Tarnung dem Feind mit der Waffe entgegenzustellen. Wer es wie die Regierung Churchill-Eden unternimmt, die Bevölkerung seines eigenen Landes zu solchen völkerrechtlich verbotenen, militärisch zwecklosen und für jeden Einzelnen gefährlichen Kampfmethoden aufzureizen, versündigt sich an seinem Volk und damit an seinem Vaterland. Eine solche unverantwortliche Handlungsweise der Regierung ist Ausdruck einer Hysterie, die aus dem Gefühl der militärischen Schwäche zu jeder Mordmethode ihre Zuflucht nimmt.«

Die Auswertungsabteilung Feindpresse in Goebbels' Propagandaministerium hatte die Entwicklung der »Kunst des Meuchelmordes« in den britischen Tageszeitungen aufmerksam verfolgt. Dort war die Rede von Handgranatenlagern in Dörfern, von Steinhaufen auf den Feldern gegen deutsche Luftlandungen, von Dynamit, mit dem deutsche Soldaten heimtückisch in die Luft gesprengt werden sollten. Jeder Bauer ein Soldat, jede Reiterin eine Amazone, war die Devise der britischen Heimatverteidigung. Die deutschen Kommentare dazu sprechen für sich selbst, wie der folgende: »Aus der Verkennung echten Soldatentums stammt der Ungeist, in dessen Zeichen der Kriegsminister Eden zum Heckenschützenkrieg aufrief. Es ist die Ausgeburt eines hemmungslosen Vernichtungswillen des Gegners, zu dessen Beseitigung jedes Mittel recht und jede Waffe wert ist ... und so kennt er in seinen Rechtsbrüchen, Roheiten und Mordaktionen keine Grenzen und erwartet, daß »Our Lord« selbst den Heckenschützenkrieg segnet ... hier fällt die Hülle der christlichen Zivilisation.«

Den deutschen Propagandisten war die wichtige Rolle nicht entgangen, die ehemalige Spanienkämpfer bei der Home Guard spielten; sie sprachen von Machenschaften der Rotgardisten, von Mordgesindel – es fehlte nicht viel zum »bolschewistischen Untermenschen«. Gemeint war in der Hauptsache Tom Wintringham, der militärische Mitarbeiter des »Daily Mirror« und ehemalige Spanienkämpfer, der seinen Landsleuten den Guerillakrieg beibrachte.

Weder bei den deutschen noch bei den britischen Adressaten erreichte diese Propaganda ihr Ziel. In den nach Großbritannien ausgestrahlten Rundfunksendungen des Reichspropagandaministeriums machte sich »Lord Haw-Haw«, ein Amerikaner irischer Abstammung, über die Home Guard lustig. Er zitierte Leserbriefe aus den Tageszeitungen, in denen die seltsamsten Vorschläge gemacht wurden, wie den deutschen Fallschirmspringern zu begegnen sei. Zum Beispiel hatte jemand im »Daily Mirror« geraten, unter den Sätteln absichtlich stehengelassener Fahrräder Miniaturnähmaschinen anzubringen, mit denen deutsche Soldaten beim Losfahren automatisch ihre Hose am Sattel festnähen würden. Ein anderer schlug vor, die Home Guard mit Lassos auszurüsten, denn das sei die beste Methode, einen Fallschirmjäger zu fangen – auch Bumerangs waren als Waffe im Gespräch.

Die Briten lachten darüber. Die Reihen der Home Guard schwollen weiter an. Die Inselbewohner wußten nur zu gut um ihre Skurrilität. Für einen Ausländer ist es dabei fast unmöglich zu erkennen, wo der Spaß aufhört und der Ernst beginnt. Zum Beispiel bei der Sache mit dem Golfclub.

Hatten sich in den Städten die Einheiten der Heimwehr wie von selbst meist aus den Zusammenhängen des Berufslebens in Fabriken, im öffentlichen Dienst oder in Handelshäusern gebildet, so gab es auf dem Land meist nur die Dorfgemeinschaften, in denen der Local Squire, der Grundbesitzer, seine Pächter, Landarbeiter und kleine Geschäftsleute um sich scharte wie zu Napoleons Zeiten. Daneben gab es auch einige Kirchenchöre, Laienbühnen und Vereine, deren Mitglieder sich zur Heimatverteidigung in der paramilitärischen Einheit zusammenschlossen. So auch der Cobble Hall Golf Club in Leeds, der die Landesverteidigung so typisch englisch improvisierte, daß sie sich genausogut in Indien, Burma oder Afrika hätte abspielen können. An Ex-Offizieren war in dem Club kein Mangel. Die stocksteifen, weißhaarigen Herren mit den Schnauzbärten in den vom Whisky geröteten Gesichtern hatten zum Teil schon im Burenkrieg und in China, alle aber im Ersten Weltkrieg gefochten. Keine Frage, daß der Club geschlossen den 2. Zug der Leeds Kompanie bilden würde. Nach drei Tagen des Rekrutierens – die Club-Bar diente als Einberufungslokal – stand der Club, um einige nützliche Nichtmitglieder vermehrt, zum ersten Wachdienst angetreten. Anzug: Golfkleidung, Bewaffnung: kräftige Spazierstöcke. Wachlokal war die Club-Halle, geschlafen wurde in den dort herumstehenden Ledersesseln.

Die militärische Aufgabe war klar umrissen: Auf erhöhten Punkten waren Beobachtungsposten zu besetzen, Straßensperren waren zu bemannen und auf Streifengängen im Gelände war nach gelandeten Feinden, Spionen und Angehörigen der Fünften Kolonne zu fahnden. Den Ausdruck Fünfte Kolonne hatten die Spanienkämpfer mitgebracht; er umschrieb einen Feind im Innern, von dem man so gut wie keine Vorstellung hatte. Man wußte nur, daß er allgegenwärtig und sehr gefährlich war, er konnte als Verräter oder Saboteur in einem Kirchendiener wie in einem pensionierten Oberst, in einem internierten »feindlichen Ausländer« oder einem Arbeitslosen stecken. Man lebte also gewissermaßen im feindlichen Ausland, jedermann war ein potentieller Feind. Dieses Gefühl kannte man schon vom Leben in den Kolonien, und die Golfspieler von Leeds wußten, wie man sich da verhielt. Wer wollte ihnen jedoch verübeln, daß sie nach einem Streifengang gewöhnlich noch eine Runde Golf spielten?

Zwei Mitglieder brachten ihre Gewehre mit, denn mit einem Spazierstock kann man keinen Spion füsilieren. Leider mußte einer der beiden verwarnt werden, weil er sich auf seinem Beobachtungsposten die Zeit mit Kaninchenjagd vertrieb, statt nach Fallschirmspringern Ausschau zu halten. Die Disziplin und die Kampfmoral besserte sich jedoch, als jeder ein Gewehr bekam und man regelmäßig mit der Waffe exerzierte.

Das Wachlokal wurde in den Tea Room verlegt, wo nun auch Betten aufgestellt wurden. Ein Textilfabrikant, der auch Mitglied des Clubs war, stiftete Matratzen und Decken. Der Trockenraum wurde Waffenkammer. Doch sonst ging das Clubleben weiter wie gewohnt. Eine Symbiose von Heckenschützenkrieg und Golf. Eines Abends machte der Offizier vom Dienst der Leeds Kompanie seine Runde und kam gegen 22.30 Uhr beim 2. Zug vorbei, gerade als eine adrett gekleidete Kellnerin in weißem Spitzenhäubchen und Schürze mit einem Tablett Tee und Sandwiches den Wachraum betrat.

Das sprach sich herum. Die anderen Züge mokierten sich über das Luxusleben dieses Zuges, der einen eigenen Gärtner und Gehilfen hatte, um die Handgranatwurfbahn und die Bajonettpuppen in Ordnung zu halten. »Golfspieler sind ideale Heimatverteidiger, nur manchmal vergessen sie das über dem Golfspiel«, sagte der Zugführer. »Da kommt es schon mal vor, daß einer meldet »Leuchtspur über dem 13. Grün« oder »Scheinwerfer 105 Grad vom 7. Loch!«

Der Golf-Club-Zug hatte solchen Zuspruch, daß bald die ältesten Mitglieder nach Hause geschickt wurden. Manche aber tauchten unter den fadenscheinigsten Vorwänden und mit dem Hinweis auf ihre Unentbehrlichkeit immer wieder auf – und es war nicht nur die Bar oder das Bridgespiel, oder das Billard im Spielzimmer, das sie anzog.

Zur Home Guard zu gehören bedeutete auch, gewisse Machtbefugnisse gegenüber Mitbürgern zu haben. Ob aus übersteigertem

Geltungsbedürfnis oder aus übertriebenem Pflichtbewußtsein, zeigten sich die Männer der Home Guard nicht zimperlich, wenn es darum ging, verdächtige Personen zu kontrollieren. Nach der Devise: »Auch in einer Bobbyuniform kann ein Spion stecken« hielten sie Polizeistreifen an und verlangten deren Ausweise zu sehen. Das führte zu einer heftigen Auseinandersetzung zwischen dem Innenministerium und dem Ministerium für Landessicherheit, die zum Erfolg hatte, daß sich die Polizisten von nun an die Ausweise der Home Guard zeigen ließen.

Als König Georg VI. eine Munitionsfabrik in Südengland besuchte, brachte es ein Mann der Home Guard des Werkes fertig, den Wagen des Königs anzuhalten, um sich die Ausweise zeigen zu lassen. Erst als ihm ein Adjutant erlaubte, einen Blick ins Wageninnere zu werfen, salutierte der Übereifrige und gab den Weg frei.

Schlimm wurde es jedoch, wenn Patrouillen an den Straßensperren oder im Gelände anfingen zu schießen, weil ihnen etwas verdächtig vorkam. Zu oft geschah es, daß harmlose Leute, die sich im Gelände, in einem Fall sogar im eigenen Garten, »verdächtig bewegten«, oder mit ihrem Fahrzeug in Unkenntnis einer Sperre oder aus Angst weiterfuhren, kurzerhand erschossen wurden. In einer Nacht ereigneten sich allein vier solcher Fälle.

Ein Arzt in Kent sagte von der Heimwehr, was viele dachten: sie sei eher von Übel als von Nutzen. Er war eines Nachts um 1.00 Uhr zu einem Hausbesuch in das Internat von Bennenden gerufen worden, das nur drei Meilen von seiner Wohnung entfernt lag. Auf halbem Weg hielt ein ziemlich verwildert aussehender und eine Muskete schwingender Jüngling seinen Wagen an. Der Doktor bekam es mit der Angst zu tun und schrie den Jungen an: »Um Himmels willen, leg' das verdammte Ding weg! Du wirst noch einen von uns erschießen!« Eingeschüchtert folgte der Junge der Aufforderung und legte das Mordinstrument behutsam vor sich auf die Erde. Er verlangte nach den Papieren. Unbekümmert stellte er sich dann vor den Kühler und studierte im schwachen Lichtstrahl des verdunkelten Scheinwerfers die Ausweise des Arztes. Der Motor lief noch. Eine kleine Fußbewegung hätte den »Posten« ins Jenseits befördern können. »Wenn ich ein Deutscher wäre, wärst du nicht mehr am Leben!« sagte der Arzt, als er seine Papiere zurückerhielt. Er verzichtete jedoch auf eine nähere Erklärung, da der Lauf der Muskete sich seinem Gesicht schon wieder bedrohlich näherte, und fuhr schleunigst davon.

Die Home Guard war bei der Bevölkerung nicht populär. Bisweilen wurden ihre Leute ausgelacht, weil sie in Ermangelung von Gewehren mit Besenstielen exerzieren mußten oder weil sie selber Opfer der Fallschirmhysterie wurden. Allzuoft wurde falscher Alarm gegeben und eine große Suchaktion eingeleitet, weil die Phantasie mit den Wächtern durchgegangen war. Da hatte eine Streife im nächtlichen Dunst des Frühsommers das Stampfen weidenden Viehs für den Aufschlag landender Fallschirmspringer gehalten; da hatte ein Pfarrer in einer mondhellen Nacht einen landenden Schwan für einen Fallschirm angesehen oder war ein Home-Guard-Mann durch einen vom Himmel treibenden Fetzen eines Sperrballons genarrt worden. Immerhin war damit auch immer die Gewißheit verbunden, daß über den Britischen Inseln keine Stecknadel vom Himmel hätte fallen können, ohne entdeckt zu werden.

Für die Phantastereien konnte man die Home Guard kaum verantwortlich machen. Sie waren Ausdruck der Inselfurcht, von der auch die Inhaber höchster Ämter nicht frei waren. Sir Edmund Ironside, der Befehlshaber der Heimatstreitkräfte, verstieg sich in einer Konferenz von Kommandeuren der Home Guard zu der Behauptung: »Wir haben definitive Beweise, daß es in diesem Land Leute gibt, die Landeplätze für den Feind vorbereiten.« Der kommandierende Admiral von Dover, Sir Bertram Ramsey, entdeckte »zahlreiche Anzeichen von Sabotageakten und Fünfte-Kolonne-Aktivitäten«, unter anderem, daß »Gebrauchtwagen zu Phantasiepreisen aufgekauft und auf verschiedenen Parkplätzen abgestellt« waren.

Ganz abgesehen davon, daß die deutschen Fallschirm- und Luftlandetruppen erst im Aufbau begriffen und für eine Invasion viel zu schwach waren, gab es auf den Britischen Inseln nicht einen einzigen Nachweis dafür, daß irgend etwas anderes als Blütenstaub vom Himmel gekommen war. Die Beute der Parashots waren in der Regel harmlose Vogelfreunde, die mit dem Feldstecher Vögel beobachteten, Urlauber, die als Hobbymaler Landschaften skizzierten, Flugzeugnarren, die um Flugplätze herumlungerten, oder Liebespaare, die im hohen Gras geortet wurden.

Für die Briten, theaterbesessen wie kaum eine andere Nation, hatte die erste Phase der Invasionsdrohung den Charakter eines patriotischen Melodrams. Jeder versuchte sich ein eigenes, bewegtes Bild von der Invasion zu machen. Nichts war vor der schwarzen Phantasie der Briten sicher – von der Verkleidung der Fallschirmspringer bis hin zu jener Französin, die mit ihren beiden kleinen Kindern über den Kanal geflüchtet war: Als sie an der Küste eintraf, hielt sie an einer Hand ein kleines Kind, mit der anderen umkrampfte sie eine angeblich tote Kinderhand – deutsche Bomber hätten ihr das Kind von der Seite gerissen und dabei seinen Arm abgetrennt.

In dieser Stimmung gaben die Briten sogar geheiligte Vorrechte auf, Opfer, die sie auf dem Altar des Vaterlandes brachten: Willig ließen sie sich in Listen eintragen (was sie sonst nie taten), folgten ohne Murren den Anweisungen der Obrigkeit und trugen sogar den jedem Briten verhaßten Personalausweis stets bei sich. Quer durch die Blumenbeete und gepflegten Rasenflächen ihrer geliebten Gärten hoben sie Gräben und Unterstände aus. Sie gaben ihre Aluminiumkochtöpfe für die Flugzeugproduktion, demontierten die Eisengitter ihrer Vorgärten und strichen die polierten Kotflügel und die Stoßstangen ihrer Autos mit weißer Ölfarbe an.

Sehr bald sollte sich jedoch erweisen, daß die Briten nicht nur Theater spielten. Als die eigentliche Handlung dieses finsteren Stükkes begann, waren sie zumindest moralisch gerüstet. Selbst der deutsche Nachrichtendienst vermeldete am 1. Juni mit Entrüstung: »Die Engländer denken überhaupt nicht an eine Niederlage.«

IV.
Juden und Nazis in einen Topf
Die Briten sperren alle ein

Die Anwesenheit Tausender »enemy aliens« (feindlicher Ausländer), in der Mehrzahl jüdische und andere Flüchtlinge vor dem Naziregime, erwies sich als Störfaktor bei den Verteidigungsanstrengungen der Briten. Das glaubte jedenfalls eine große Anzahl konservativer Politiker, die auch die Spionageangst und die Furcht vor der Fünften Kolonne schürten. So war schon lange vor Kriegsausbruch die Internierung »unzuverlässiger Elemente« geplant und ab September 1939 durchgeführt worden. Dabei sollten sowohl Deutsche und Österreicher als auch Anhänger des Naziregimes und deren Opfer in einen Topf geworfen werden.

Das Los der Flüchtlinge, besonders der Juden, hatte die Öffentlichkeit nicht berührt, obwohl über die Scheußlichkeiten der Kristallnacht oder jene, die beim Anschluß Österreichs und im Polenfeldzug begangen wurden, sehr viel bekannt geworden war. Die Geschichten klangen zu barbarisch, als daß sie glaubhaft gewesen wären.

Das kam sehr deutlich in einem Brief zum Ausdruck, den der bekannte Diplomat und Schriftsteller Harold Nicolson im Juni 1938 aus London an seine Frau schrieb:

»Ich traf gestern auf einen Österreicher, der gerade aus Wien entkommen war; was er erzählte, verursachte mir Übelkeit. In ihrer Grausamkeit steckt ein teuflischer Humor. So nahmen sie am letzten Sonntag alle Spaziergänger im Prater fest und schieden die Juden von den übrigen. Die jüdischen Herren mußten sich nackt ausziehen und auf allen vieren im Gras herumkriechen. Die alten Jüdinnen ließen sie auf Leitern in die Bäume klettern und dort sitzen. Dann sagten sie ihnen, sie sollten wie Vögel zwitschern. Solche Scheußlichkeiten haben die Russen nie begangen. Man kann einen Menschen töten, aber ihm seine ganze Würde zu nehmen, ist viehisch. Dieser Mann erzählte, er habe mit eigenen Augen gesehen, wie die Fürstin Starhemberg auf dem Wiener Bahnhof die Pissoirs scheuerte. Die Selbstmorde sind erschreckend.

Vielleicht hätte ich mir einfach sagen sollen, daß der Mann übertrieb, denn ich zweifelte daran, daß selbst Deutsche sich so benehmen könnten. Ich dinierte jedoch mit Graf Bernstoff (Anm. d. Aut.: 1933 in den Ruhestand versetzter Diplomat, aktiver Widerstandskämpfer, 1945 von der SS ermordet), der sagte, als ich ihm die Geschichten wiederholte: Ja, sie sind wahr. Ein mir befreundeter Nazi war dem Hauptquartier (in Wien) zugeteilt. Er erzählte mir, er habe es nicht aushalten können. Er sagte: ›Ich sah, daß erwachsene Männer sich wie kleine Buben benahmen, welche den Fliegen die Flügel ausreißen.‹«

Nur das britische Innenministerium hatte am Anfang Unterschiede gemacht und die feindlichen Ausländer sorgsam in drei Kategorien eingeteilt. In die Kategorie A fielen Deutsche und Österreicher, von denen zu erwarten war, daß sie ihrem eigenen Land (sic!) helfen oder die Verteidigungsanstrengungen auf der Insel behindern würden. Diese Kategorie war zu internieren.

Kategorie C umfaßte alle Flüchtlinge, die Deutschland aus rassischen, religiösen oder politischen Gründen hatten verlassen müssen. Außerdem fielen in diese Kategorie auch solche, die schon längere Zeit in Großbritannien lebten und sich mit diesem Land identifizierten, wenn sie einen guten Leumund und ihre Loyalität glaubhaft nachweisen konnten. Sie sollten in Freiheit bleiben und so weiterleben können wie bisher.

Wer nicht in Kategorie A oder C fiel, kam automatisch in die Kategorie B und mußte sich einschneidende Beschränkungen seiner persönlichen Freiheit gefallen lassen, d. h. diese Ausländer durften sich zum Beispiel nicht weiter als fünf Meilen von ihrem Wohnsitz entfernen, durften keine Kameras ode Landkarten besitzen und mußten sich regelmäßig bei der Polizei melden.

In England, Schottland und Wales wurden 120 *tribunals* eingerichtet, die jeden einzelnen Fall zu beurteilen und die Zuweisung zu einer der drei Kategorien vorzunehmen hatten, ähnlich den Spruchkammern, die der Entnazifizierung im Nachkriegsdeutschland dienten. Die Vorsitzenden waren jeweils Richter, Anwälte oder Friedensrichter, die Beisitzer kamen zumeist aus den Gemeinderäten. Insgesamt wurden 73 800 Fälle vor diesen Kammern verhandelt. Etwa 64 200 Personen wurden der Kategorie C zugeteilt, so daß am Anfang nur einige Tausend interniert, d. h. in schnell improvisierten Lagern gefangengehalten wurden.

Dabei hätte es bleiben können. Mit Beginn des deutschen Westfeldzuges änderte sich die Situation jedoch schlagartig. Die überraschenden Aktionen der deutschen Fallschirmjäger und Luftlandetruppen in Holland, der schnelle Vorstoß der deutschen Panzerdivisionen und das Zusammenbrechen jeglichen Widerstandes auf dem Kontinent nährten in England die Angst vor einer Invasion und vor der Fünften Kolonne. Aus Unterhaltungen mit den holländischen Flüchtlingen, unter denen sich Angehörige der holländischen Regierung befanden, bildete sich zum Beispiel der Direktor der Propaganda in feindlichen Ländern, Sir Campbell Stuart, eine groteske und furchterregende Vorstellung von der Besetzung Hollands, die ihren Niederschlag in einem weitverbreiteten Memorandum fand. Darin hieß es, daß die deutschen Fallschirmtruppen allein 35 000 bis 40 000 holländische Soldaten getötet hätten; sie seien in den mannigfachsten Verkleidungen vom Himmel gefallen – in holländischen, belgischen, französischen und britischen Uniformen, als gewöhnliche Zivilisten, als Priester, als Schuljungen, die »teilweise als Mädchen verkleidet waren«. Alle hatten automatische Waffen und Handgranaten bei sich und verteilten giftige Zigaretten und Schokolade an vorbeiziehende Truppen und Zivilisten.

Sir Neville Bland, der britische Botschafter in Den Haag, der mit anderen Flüchtlingen aus Holland auf einem britischen Zerstörer die englische Küste am 14. Mai erreichte, berichtete Lord Halifax von seinen Erfahrungen und entwarf ebenfalls ein Schauergemälde von der Überwältigung der Niederlande durch die Deutschen, wobei sich kämpfende Truppen und Fünfte Kolonne eindrucksvoll vermischten: »Die Fallschirmjäger sind Jungen von sechzehn bis achtzehn Jahren, die, durch und durch von Hitlers Ideengut durchtränkt, nichts anderes im Sinn haben als so viel Tod und Verderben zu bringen wie sie können, ehe sie selbst getötet werden. Sie landeten auf Dächern, im offenen Gelände, sogar in privaten Gärten.« Nach Sir Neville Bland kannten sie sich in Holland sehr gut aus und wußten, wo welche Einheiten der holländischen Armee lagen und wo sich ihre Flugplätze befanden. Woher? Von den Holländern selbst, die sich vor ihrem deutschen oder österreichischen Hauspersonal oder ihren Angestellten nicht in acht genommen hatten. »Das armseligste Küchenmädchen«, behauptete er, »kann nicht nur eine Bedrohung der Sicherheit unseres Landes sein, sondern gewöhnlich ist sie es auch.« Gemeint waren damit auch die vielen ärmeren jüdischen Flüchtlingsfrauen und -mädchen, die in englischen Haushalten als Dienstpersonal untergekommen waren. Bland schloß daraus, daß in dem Augenblick, in dem Hitler das Signal dazu geben würde, die »Vasallen des Ungeheuers« im ganzen Land eine Welle von Sabotageakten gegen zivile und militärische Anlagen auslösen würden, und er forderte: »Alle Deutschen und Österreicher sollten sofort mindestens interniert werden.«

Man mag in Rechnung stellen, daß Bland, wie die geflüchteten

Holländer, noch unter einem Schock stand; er hatte deutsche Fallschirmjäger leibhaftig gesehen, ihre Schüsse gehört, und der Zerstörer, der ihn zurückbrachte, war mehrmals von Maschinen der deutschen Luftwaffe angegriffen worden. Aber seine übertriebenen Schilderungen fielen auf fruchtbaren Boden. Von rechts und links wurden die »feindlichen Ausländer« allesamt plötzlich als gefährliche Agenten angesehen.

Die extreme Rechte hatte schon lange Stimmung gegen die Ausländer gemacht, sie als Handlanger der kommunistischen Internationale bezeichnet, die der Bolschewisierung Englands Vorschub leisten wollten. In Lord Rothermeres Zeitung »Sunday Dispatch« hatte man im Februar lesen können: Hier (Anm. in Glasgow) gibt es mehr als 2 000 subversive Agenten mit Anweisungen aus Moskau. Sie tarnen sich als Friedensgesellschaften oder aufrichtige Organisationen der Arbeiterklasse. Es ist an der Zeit, daß aufgezeigt wird, wer sie wirklich sind.« Im April wurde die Zeitung deutlicher: »Der Große Ausländerskandal« lautete die Schlagzeile. Tschechische Kommunisten hatten zwei Millionen Pfund als Unterstützung erhalten und damit Rote Zellen gegründet und kommunistische Broschüren drucken lassen.

Nach Einnahme Hollands durch die deutschen Truppen im Mai ging es jedoch nicht mehr nur um Kommunisten, sondern um alle Deutschen ohne Unterschied. So kam der Nachrichtenstab der Streitkräfte unter Sir William Cavendish-Bentinck nach einer eigenen Analyse der Vorgänge in Holland zu dem Schluß, daß alle feindlichen Ausländer, männliche wie weibliche, zwischen 16 und 70 Jahren interniert werden sollten.

Innenminister Sir John Anderson, der für eine liberale Haltung gegenüber den Flüchtlingen eingetreten war, weil er rechtliche Bedenken hatte, konnte sich gegen die nun einsetzende Ausländerhysterie nicht durchsetzen. Die Internierung fiel unter die »Royal Prerogative«, das Vorrecht des Königs in Kriegszeiten, das der jeweiligen Regierung erlaubte, die ihr nötig erscheinenden außergesetzlichen Maßnahmen zu ergreifen. Noch im Mai hatte das Innenministerium widerstrebend den Generalstab ersucht, alle Fremden im Alter von 16 bis 60 Jahren, die in den küstennahen Grafschaften wohnten, zu internieren – einschließlich der Kategorie B. So wurden bei zwei Polizeiaktionen 5 000 Deutsche und Österreicher zusammengetrieben.

Unter den Verhafteten befanden sich Männer wie der 43jährige Journalist Richard Broh. Teilnehmer am Ersten Weltkrieg, war er später Angestellter im Reichskriegsministerium und Mitglied des Bürger- und Soldatenrates von Berlin geworden. Seit 1926 war er dann gewerkschaftlich orientierter Journalist – bis Goebbels 1935 entdeckte, daß in der Reichspressekammer noch zwölf jüdische Journalisten gemeldet waren. Broh war einer von ihnen. Goebbels ordnete ihren Ausschluß an, was einem Berufsverbot gleichkam. Die zwölf gingen daraufhin vor Gericht. Durch die Olympischen Spiele wurde das Verfahren verzögert, denn Goebbels wollte zu diesem Zeitpunkt keinen Skandal. Doch 1937 bestätigte das Gericht den Ausschluß. Broh erkannte die Gefahr, in der er nun schwebte, rechtzeitig und entkam nach England. Die elf anderen wurden verhaftet und kamen in ein KZ. Von England aus hatte Broh seine Zeitung weiterbeliefert, bis der Kriegsausbruch auch dem ein Ende setzte. Die Spruchkammer hatte ihn in Kategorie B eingestuft. Daß er nun auch in ein – wenn auch menschlicheres – Lager kam und dort auf seine Erzfeinde stieß, dürfte für ihn kaum eine Genugtuung bedeutet haben.

Der Kriegseintritt Italiens am 10. Juni heizte die ausländerfeindliche Stimmung noch an, und es kam in London zu anti-italienischen Ausschreitungen. Bis zum 14. Juni waren schon 1687 Italiener verhaftet, ohne daß man sie vor eines der Tribunale gestellt hätte. Sie waren keineswegs alle überzeugte Faschisten, oder aus politischen, rassischen oder religiösen Gründen nach England geflohen, vielmehr waren sie als Lehrer, Geschäftsleute oder Küchenchefs nach England gekommen und hatten sich zum größten Teil längst assimiliert.

Andersons Kategorien waren nun endgültig beseite geschoben worden. Im Juni wurden die ersten Deutschen und Österreicher der Kategorie C verhaftet und in die Lager eingeliefert. Eines der bekanntesten war das »Olympia«, eine alte Ausstellungshalle in London, die anfangs nur mit 40 Mann belegt war, von denen 17 erklärte Antinazis und ein sehr hoher Prozentsatz Juden waren, die sich in die Schlafgelegenheiten mit aktiven Parteimitgliedern teilen mußten.

Allein im Lager Onchan auf der Isle of Man befanden sich neben strammen Nazis 121 geflüchtete Künstler und Literaten, 113 Wissenschaftler und Hochschullehrer, 67 Diplomingenieure, 38 Physiker, 22 Chemiker, 19 Geistliche und zwölf Zahnärzte – bei einer Belegung von 1491 Insassen, von denen 82 Prozent Juden waren.

In den Lagern kam es zu vehementen Auseinandersetzungen zwischen Hitlers Gefolgsleuten und denen, die vor dem Terror des Naziregimes geflohen waren. Erstere versuchten sich als Lagerführer und Kapos aufzuspielen und das Kommando zu übernehmen. Sie wollten den Briten zeigen, was deutsche Disziplin und Ordnung ist, und als »Deutsche im Ausland« die braune Macht demonstrieren – am liebsten hätten sie im Lager Parteitage veranstaltet.

Die Lebensbedingungen in den Lagern und das Desinteresse der

Briten förderten solche Auswüchse, denn immer ging es auch um die besseren Plätze, einen größeren Anteil an der kargen Verpflegung und um die Kontrolle des blühenden Schwarzen Marktes. Zu essen gab es oft nur Biskuits und Tee, wässeriges Gemüse und Kartoffeln.

Die Unterbringung war katastrophal. Wer nicht das Glück hatte, in ein Lager mit den bei der britischen Armee üblichen Nissen-Hütten (Wellblechtunneln auf einem Betonsockel) zu kommen, konnte zum Beispiel in den Umkleidekabinen unter den Tribünen eines Pferderennplatzes, wie in Linfield, oder in den Badehütten eines Seebades, wie in Seaton-on-the-sea, landen. Die Badehütten hatten den Vorteil, daß man durch ein Loch im Holzfußboden Aale fangen und damit einen schwunghaften Handel treiben konnte.

Die Verhaftungen dauerten bis Juli an. Am Ende waren 27 200 Deutsche, Österreicher und Italiener in Lagern versammelt. Viele Männer mit Rang und Namen, deren Loyalität dem Gastland gegenüber außer Zweifel stand, waren den Schikanen zum Opfer gefallen: Max Braun, der SPD-Vorsitzende des Saarlandes, Dr. Martin Freud, der Sohn Sigmund Freuds, der Dirigent Hans Oppenheim, der Pianist Frank Osborne, der bekannte Jurist Prof. Fritz Pringsheim, der Maler Kurt Schwitters (er war erst im Mai aus Norwegen vor den Nazis geflohen), die Journalisten Robert Neumann und Sebastian Haffner, der Romancier und Herausgeber von Knaurs Enzyklopädie Richard Friedenthal. Auch Ernst »Putzi« Hanfstaengl, einstiger Intimus und Beschützer Hitlers, befand sich unter den Internierten. Den ehemaligen »Hofnarren« des Führers, der vor Goebbels' Eifersucht geflohen war, nahm in England niemand ernst – außer den Beamten des Home Office, die ihn als einen der ersten auf die Verhaftungsliste gesetzt hatten und schleunigst nach Kanada abschoben.

Wie ein drohendes, überdimensionales Gespenst stand Hitler am Ärmelkanal, und in fast panischer Angst versuchte man der Schatten habhaft zu werden, die er auf die englische Landschaft zu werfen schien. Nach den Deutschen, Österreichern und Italienern lenkte die Presse nun die Aufmerksamkeit auf jene Gruppierung, die in manchen Zeitungen offen als »Quislinge« und »Hitlers künftige Gauleiter in Großbritannien« angesprochen wurde: die British Union of Fascists (BFU) des Sir Oswald Mosley. Diese Nachahmer Hitlers, etwa 5 000 eingeschriebene Mitglieder, waren politisch längst bedeutungslos geworden. Nach Straßenkämpfen in der Cable Street in London 1936 war ihnen das Uniformtragen verboten worden und wegen ihrer antisemitischen Schlägertrupps hatten sie in der Bevölkerung fast jede Unterstützung verloren. Bei Nach- und Neuwahlen hatten sie in den letzten Jahren nie einen Sitz erhalten.

Sir John Anderson wehrte sich gegen eine Internierung der Mosley-Anhänger mehr noch als gegen die der Ausländer und führte diesmal auch politische Bedenken an, nachdem eine Berufung auf die Bill of Rights (habeas corpus) nichts gefruchtet hatte: »Obgleich es zu den politischen Zielen der BFU gehört, sich den Kriegsanstrengungen zu widersetzen und die Regierung anzugreifen, gibt es keinen Beweis dafür, daß sie den Feind unterstützt. Ihre Propaganda schlägt sogar patriotische Töne an. In meinen Augen wäre ein Schlag gegen diese Organisation durch eine Internierung ihrer Anführer zu diesem Zeitpunkt verfehlt.« Die Regierung beugte sich jedoch dem Druck der öffentlichen Meinung. Am 29. Juni legte Anderson Premier Winston Churchill eine Liste von 150 Leuten vor, die er am Tag zuvor hatte verhaften lassen. Churchill war pikiert, denn unter den ersten drei auf der Liste waren auch zwei seiner Verwandten. Seine Cousine Lady Mosley (besser bekannt als Diana Mitford, Tochter von Lord Redesdale und Schwester von Unity Mitford) und sein Cousin Geo Pitt-Rivers, Mosleys Stellvertreter.

Die Lager füllten sich – und jeden Tag konnte der Feind an den Küsten der Insel landen. Was lag da näher, als diesen gewaltigen Unsicherheitsfaktor, diese geballte Fünfte Kolonne im Rücken der Verteidiger, möglichst weit fortzuschicken? Nach geheimen Abmachungen mit Kanada und Australien begann noch im Juni die Verschiffung von Internierten in den sicheren Gewahrsam der kanadischen und der australischen Regierungen.

Im Hafen von Liverpool lag die »Duchess of York«, ein 20 000 BRT Passagierschiff, das bis zum Ausbruch des Krieges im Dienst der Canadian-Pacific regelmäßig die Nordatlantikroute gefahren war. Auch jetzt, am 20. Juni 1940, ging eine lange Reihe von Passagieren für eine Fahrt nach Kanada an Bord. Männer in schlecht sitzenden, zerknitterten Anzügen und abzeichenlosen Uniformen schleppten Koffer und Pappkartons vorbei an britischen Soldaten, die Gewehr bei Fuß, den Weg säumten. Die Passagiere waren 500 deutsche Kriegsgefangene und 1 600 Internierte der Kategorien A und B. Etwa 1 100 von ihnen waren Angehörige der deutschen Handelsmarine, deren Schiffe aufgebracht worden waren, oder deutsche Seeleute, die entgegen allen Konventionen von Bord neutraler Schiffe geholt worden waren. Während die anderen Zivilisten eher gesenkten Kopfes verbittert oder resigniert ihrem unbestimmten Schicksal entgegengingen, zeigten die Seeleute unverhohlen ihre Abneigung gegen die Briten, einige von ihnen versuchten die Soldaten zu provozieren, wo sie nur konnten. Sie hatten keine Ahnung davon, daß die deutsche Kriegsmarine ein gleiches getan hatte und Churchill erst daraufhin die Anweisung an die Admiralität gegeben hatte, für jeden gefangenen Briten drei Deutsche festzusetzen.

Churchill brachte damit das Ansehen der Briten in Übersee ernsthaft in Gefahr und verspielte viel von der Sympathie, die man in der neutralen Welt dem Kampf der Briten entgegenbrachte. Denn die Royal Navy war nicht zimperlich und kümmerte sich nicht um das vorgegebene Zahlenverhältnis. Am 2. Dezember 1939 hatte ein britisches Kriegsschiff 22 deutsche Passagiere von Bord der brasilianischen »Itape« geholt und, ohne die brasilianischen Proteste zu beachten, nach England verfrachtet. Auch Vorhaltungen aus dem State Department der USA schlugen die Briten in den Wind.

Am 21. Januar 1940 war es dann zu einem Eklat gekommen. Nur 35 Seemeilen vor der japanischen Küste hatte ein britischer Kreuzer das japanische Schiff »Asama Mahu« angehalten und 21 Deutsche, darunter einige Seeleute, in seinen Gewahrsam gebracht. In die wütende Reaktion der Japaner stimmte das amerikanische Außenministerium ein, nachdem die amerikanische Botschaft in Tokio darauf hingewiesen hatte, daß durch den Vorfall auch die japanisch-amerikanischen Beziehungen ernsthaft gefährdet waren.

Die Briten hatten sich schließlich bequemt, neun der gefangenen Deutschen an die Japaner zurückzugeben. Das deutsche Außenministerium hatte diese Gelegenheit nicht ungenutzt verstreichen lassen und den Briten über die amerikanische Regierung angeboten, jedem britischen Staatsbürger, der darum ersuche, die Ausreise aus Deutschland zu gestatten – vorausgesetzt, die Maßnahme beruhe auf Gegenseitigkeit. Aber Churchill war nicht bereit gewesen, nachzugeben. Zwar waren auf US-Druck hin etwa einhundert Personen ausgetauscht und von deutscher Seite noch etwa 400 Laskaren freigegeben worden, doch die Zahl der in Großbritannien internierten deutschen Seeleute war weiter gewachsen. Jetzt versuchte man, sie an die Dominions loszuwerden.

Die Internierten wußten nichts von diesem Gerangel. Für sie war die grau angestrichene »Duchess of York« nur ein neues Gefängnis auf dem Weg in ein neues Lager. Die Bewacher bekamen dafür manchen haßerfüllten Blick. An Bord spitzte sich die Lage zu. Nur mit Widerwillen folgten die deutschen Seeleute den Befehlen der Briten, die zunehmend nervöser wurden.

Die »Duchess of York« hatte Liverpool verlassen und das Leuchtfeuer von New Brighton längst passiert, als es zu einem ernsten Zwischenfall kam. Ein Leutnant des Wachkommandos befahl den an Deck herumsitzenden deutschen Seeleuten, das Deck zu räumen und die Schlafräume in den Zwischendecks aufzusuchen. Niemand rührte sich. Ein Sergeant wiederholte den Befehl lautstark. Darauf rief einer »sprechen Sie deutsch«. Da verlor der Leutnant die Nerven und befahl dem Sergeant zu schießen. Der hob seine Waffe und wollte über die Köpfe der Internierten in die Luft schießen, als ihm der Leutnant die Waffe herunterdrückte. Der Schuß tötete einen Mann, verwundete zwei andere. Unter Protest räumten die Deutschen das Deck, wobei sie ihren Toten und die zwei verwundeten Kameraden mitnahmen.

Der Kapitän kabelte den Vorfall sofort seiner Reederei und schloß seinen Bericht damit, daß er mit einem Aufstand der Internierten rechne. Die Wachmannschaften an Bord blieben in ständiger Alarmbereitschaft. Eine übertriebene Besorgnis, wie sich bald herausstellte, denn die Gefangenen fügten sich in ihr Schicksal und wurden wohlbehalten in Kanada abgeliefert. Der Leutnant wurde später vor ein Kriegsgericht gestellt und verurteilt.

Weit dramatischer verlief ein anderer Interniertentransport, der Hunderte von Internierten das Leben kosten sollte. Am 1. Juli 1940 verließ der frühere 15 000 BRT Luxusdampfer »Arandora Star« den Hafen von Liverpool. An Bord befanden sich 712 italienische und 478 deutsche Internierte, 200 britische Soldaten als Bewachung und eine Besatzung von 174 britischen Seeleuten. Unter den Deutschen befanden sich 242 Seeleute: Offiziere und Mannschaften der »Adolph Woermann« unter ihrem Kapitän Burfeind. Ihr Schiff war Monate zuvor von den Briten aufgebracht worden. Jettz sollten auch sie die Reise nach Kanada antreten.

Die »Arandora Star« war 1927 für die Blue Star Line gebaut worden. Wie bei vielen anderen Schiffen spiegelt ihre Verwendung Zeitgeschichte. Ursprünglich als Passagier- und Frachtschiff auf der Südamerikaroute eingesetzt, kam sie 1928 zu größeren Ehren. Die Weltwirtschaftskrise warf ihre Schatten voraus, das Frachtgeschäft stagnierte, so daß sich die Reeder entschlossen, aus dem Schiff den »vergnüglichsten Kreuzdampfer der Welt« zu machen – ausschließlich für Passagiere erster Klasse, denen jeder erdenkliche Komfort geboten wurde. Sie diente fortan dem trügerischen Optimismus der Reichen, die sorglos an allen Krisen der dreißiger Jahre vorbeidampften.

Frühlings-Kreuzfahrten in das Mittelmeer und entlang der Atlantikküste Nordafrikas, im Sommer nach Stockholm und Oslo, im Winter in den Pazifik und in die Karibik. Auf den Passagierlisten tauchten so illustre Namen auf wie König Carol von Rumänien, Lord Nuffield, der Autoindustrielle, und George Bernard Shaw, der große Bühnenautor.

Kapitän des schönen Schiffes war seit 1927 der 50jährige Edgar

W. Moulton, ein hochgewachsener, höflicher Mann, der bei den Passagieren wie bei der Besatzung gleich beliebt und geachtet war. Moulton verstand sein Handwerk. Lange Zeit war er auf großen Segelschiffen gefahren, und sein Vater war Kapitän des berühmten Viermastseglers »Pegasus« gewesen. Es gab kein Meer, das er nicht wie seine Westentasche kannte.

Für 1939 hatten 12 Kreuzfahrten auf dem Programm der »Arandora Star« gestanden. Die Sommerfahrt schloß die Färöer, Island, die norwegischen Fjorde, Dänemark und Schweden ein. Über Danzig und den Nordost-Seekanal sollte sie am 31. August 1939 wieder in Southampton einlaufen. Doch von der Reederei gewarnt, brach Moulton die Reise in Schweden ab und fuhr ohne Halt in Danzig über das Skagerrak nach Southampton, wo das Schiff am 26. August eintraf. Bereits am 1. September war sie mit 441 Amerikanern, denen der Boden in Europa zu heiß wurde, auf der Fahrt nach New York. Bei Kriegsausbruch am 3. September befand sich das Schiff noch auf hoher See, und die Mannschaft verbrachte den Rest der Reise damit, Schornsteine und Aufbauten grau anzustreichen und die Fenster und Bullaugen zu verdunkeln, indem sie sie einfach mit marineblauer Farbe überpinselten.

Nach ihrer Rückkehr kamen Ingenieure der Royal Navy an Bord. Sie stellten enttäuscht fest, daß der Umbau in ein Kreuzschiff die »Arandora Star« decklastig gemacht hatte, weshalb sie für eine Verwendung als Hilfskreuzer nicht mehr in Frage kam. Immerhin, als Zielschiff bei der Erprobung von Abwehrmethoden im U-Bootkrieg mochte sie herhalten. Bis dahin hatten die deutschen U-Boote bereits mehr als hundert britische Handelsschiffe versenkt, ohne daß die Royal Navy über ein wirksames Abwehrmittel verfügte. Lediglich Fangnetze gegen Torpedos vor Hafeneinfahrten hatten sich bisher bewährt. Es lag deshalb nahe, solche Netze auch an Schiffen anzubringen. Die »Arandora Star« wurde eines dieser Versuchsschiffe: mit um den mächtigen Rumpf drapierten Fangnetzen mußte sie sich im Ärmelkanal von britischen U-Booten torpedieren lassen. Die Versuche verliefen erfolgreich: alle abgeschossenen Torpedos verfingen sich in den Netzen. Trotzdem wurden die Netze später nur vereinzelt angewendet, obwohl sie die Geschwindigkeit eines großen Schiffes nur um etwa einen Knoten verringerten. Auch die »Arandora Star« mußte die Netze wieder abgeben.

Die nächste Order, die Kapitän Moulton erhielt, versprach einen weit weniger aufregenden Einsatz: Die »Arandora Star« wurde Zensurschiff in der Straße von Gibraltar. Den Spätwinter und das Frühjahr 1940 verbrachte die Besatzung damit, von italienischen Schiffen mitgeführte Post auf deutsche Sendungen zu untersuchen. Die meiste Zeit verbrachten Moulton und seine Leute mit Warten; es war der *phoney war* zur See.

Als sich die Kriegsereignisse im Mai überstürzten, wurde das Schiff wieder nach Norden befohlen, um 10 000 Mann des Britischen Expeditionskorps von Norwegen nach Glasgow zu bringen. Sie lief dabei einem deutschen Flottenverband mit der »Scharnhorst« an der Spitze beinahe vor die Geschütze. Der britische Begleitzerstörer »Acaste« wagte ein todesmutiges Ablenkungsmanöver. Mit Volldampf ließ der Kapitän sein Schiff auf die deutsche schwimmende Festung zulaufen, und sobald er in Schußweite war, aus allen Rohren das Feuer eröffnen. Die »Scharnhorst« hatte keine Mühe, das kleine Kriegsschiff in wenigen Minuten mit ihrer überlegenen Feuerkraft zusammenzuschießen. Doch noch im Sinken gelang es der »Acaste«, die »Scharnhorst« zu beschädigen. Das Opfer der »Acaste« rettete die »Arandora Star«, die entkam, ohne daß ihr die Deutschen nachsetzten. Wohlbehalten lieferte sie die Truppen aus Norwegen in Glasgow ab.

Nur Tage später machte sie in mehreren französischen Häfen der Bretagne fest, wo sie von den Deutschen eingeschlossene britische und polnische Truppen rettete. Inzwischen prangten auf ihren Decks eine 4.7 Zoll Kanone und ein 12 Pfünder Flakgeschütz. So gerüstet legte sie in den letzten Junitagen in Liverpool an, um die Internierten aufzunehmen.

Von der alten Pracht des Luxusliners war nichts mehr zu sehen. Das wertvolle Mobiliar war verschwunden. Der große Speisesaal war in eine primitive Kantine mit angeschraubten Sitzbänken und groben Holztischen verwandelt worden. Einen Kapitänstisch gab es nicht mehr. Für Kapitän Moulton, wie für alle Briten, hatte jetzt der Kampf ums nackte Dasein begonnen.

Das galt in einem anderen Sinn auch für die Internierten, die nun in langen Reihen an Bord kamen. Besonders die Besatzung der »Adolph Woermann« war sich dessen bewußt – in richtiger Einschätzung der U-Boot-Gefahr. Kapitän Burfeind hatte mit seinen Offizieren an Bord als erstes die Rettungsboote einer genauen Inspektion unterzogen und sich jene gemerkt, die in gutem Zustand waren. Heimlich teilte er seine 241 Leute in diese sechs Boote ein.

Die restlichen knapp 1 000 Internierten hatten kaum eine Vorstellung von der Gefahr, in der sie während der Fahrt über den Atlantik schwebten. Unter den Italienern waren die Küchenchefs des Ritz, des Savoy in London, des Café des Anglais in Paris und vieler anderer renommierter Restaurants. Auch Anzanis, der Generalsekretär der italienischen Liga für Menschenrechte, befand sich in ihren Reihen. Unter den Deutschen waren der Sozialist Karl Olbrich, der Gewerkschaftler Louis Weber, viele sehr angesehene jüdische Geschäftsleute, unter den Österreichern fanden sich elf antinationalsozialistische Politiker, die beim Anschluß ihr Land hatten verlassen müssen. Die wenigsten von ihnen hatten je eine Seereise unternommen, Rettungsboote waren für sie kein Thema. Auch nicht für Kapitän Moulton, der seltsamerweise auf den üblichen Bootsdrill verzichtete.

Am Morgen des 2. Juli befand sich die »Arandora Star« zweihundert Seemeilen westlich der Küste von Schottland und 125 nordwestlich der irischen Küste. Sie war nicht allein in der Wasserwüste des Atlantik. Ein deutsches U-Boot kreuzte den Kurs des Passagierschiffes. U-47 unter Kapitänleutnant Günther Prien war auf dem Heimweg von einer dreiwöchigen Feindfahrt. Prien und seine Mannschaft hatten bereits acht Schiffe, darunter den 5 000 BRT Frachter »Balmoral Wood« und mehrere Öltanker, versenkt. Ein einziger Torpedo wartete noch darauf, verschossen zu werden.

Die Situation war für einen Angriff günstig. Ein leichter Wind wehte von Südwest, die See war ruhig, bis auf eine leichte Dünung, der Himmel war bewölkt, doch die Sicht war ausgezeichnet. Prien ging auf Angriffstiefe, als sie auf 2 500 Meter an das große Schiff herangekommen waren. 6.58 Uhr zischte das mächtige Geschoß aus dem Torpedorohr. U-47 ging auf Sehrohrtiefe. Scheinbar bewegungslos lag die »Arandora Star« im Fadenkreuz. Sechzig, siebzig Sekunden vergingen. Die Entfernung war vielleicht doch zu groß gewesen. Prien wollte sich abwenden, als an der »Arandora Star« mittschiffs eine gewaltige Wasserfontäne aufstieg – genau siebenundneunzig Sekunden waren vergangen.

Als die Explosion des Torpedos die Stille auf der Brücke der »Arandora Star« zerriß, sahen sich die Offiziere nur stumm an. Automatisch drückte Kapitän Moulton den Maschinentelegraphen auf Halt, aber das Maschinengeräusch war schon verstummt. Dann rief er in den Maschinenraum, ohne Antwort zu erhalten. Mit ruhiger, knapper Stimme gab er die Anweisung, die Schotts mittschiffs soweit wie möglich zu schließen und die vierzehn Rettungsboote zum Wegfieren fertigzumachen. Wenige Minuten später wußte er, daß es für sein Schiff keine Chance mehr gab: Die »Arandora Star« legte sich merklich zur Seite. Moulton befahl alle Mann an Deck. Es war der letzte Befehl des Kapitäns, eine letzte Geste der Autorität, ehe das Chaos über sie alle hereinbrach.

Die Explosion im Maschinenraum hatte bei den Internierten unter Deck eine Panik ausgelöst. Schreiend hatten sie die Wachen in den

Gängen überwältigt und sich der Waffen bemächtigt. Verbissen drängten sie, kaum bekleidet, nach oben. Dort versuchten die Wachmannschaften die sich wie wahnsinnig Gebärdenden in Schach zu halten. Mit aufgepflanztem Bajonett gingen sie gegen die Menschentrauben an den Booten vor, um sie in geordnete Reihen zu zwingen. Schüsse fielen, einige Italiener wurden getötet. An einer Stelle schlug ein Sergeant der Wache widerspenstige Internierte mit dem Kolben nieder, um sie dann in die Boote werfen zu lassen.

Die Offiziere und Mannschaften der »Adolph Woermann« hatten sich der sechs vorher ausgesuchten Rettungsboote bemächtigt, die im Handumdrehen überladen zu Wasser gelassen wurden. Obwohl die Wachmannschaften die Oberhand behielten, tobte der Kampf um die übrigen Rettungsboote, Rettungsflöße und Leinen, die von der Bordwand ins Wasser hingen, unvermindert weiter. Die meist älteren Männer schlugen sich, zerrten aneinander, kletterten in nackter Todesangst übereinander. In einem der für siebzig Personen ausgelegten Rettungsboote drängten sich über hundert Internierte und fünf Besatzungsmitglieder. Andere hingen verzweifelt außen an der Reling und warteten auf das Ende.

Von der Brücke aus versuchte Kapitän Moulton unablässig, Ordnung in das Chaos zu bringen. Ihm stand der deutsche Kapitän Burfeind zur Seite. Doch ihre Kommandos und Zurufe gingen in der Panik unter. Moulton warf einem Italiener seine Schwimmweste zu, Major Bethel, der Kommandant der Wachmannschaft, gab seine einem Besatzungsmitglied. Nach zwanzig Minuten war alles vorüber. 85 000 Seemeilen hatte Moulton mit seiner »Arandora Star« zurückgelegt – er blieb auf der Brücke, als sie gurgelnd versank. Neben ihm standen Kapitän Burfeind und Major Bethel, während das Wasser über ihnen zusammenschlug. Auch der Funker starb. Er hatte SOS gefunkt, bis das Wasser im Funkraum stand und er nicht mehr entkommen konnte. Ebenso starb jener Kanonier, der bis zuletzt sein Geschütz feuerbereit auf einen Punkt in der Wasserwüste gerichtet hatte, an dem er das U-Boot vermutete.

Die See war mit Wrackteilen, Planken, Booten, Flößen, schwimmenden Menschen bedeckt. Noch immer tobte der Kampf unter den Schiffbrüchigen. Ein überlebender Matrose, James Hunt, berichtete: »Ich war in der Geschirrküche. Die Explosion hat mich unter einem Berg von Porzellan begraben. Die Tür war verklemmt; ich habe sie eintreten müssen, um da herauszukommen. Wir haben dann die Flöße an der Reling losgemacht und sind nachgesprungen. Ich war kaum auf dem Floß, als ich von schreienden Deutschen und Italienern umringt war, die uns zum Kentern brachten. Ein Italiener drückte mich unter Wasser und schlug mir ins Gesicht. Ich habe beim Zurückschlagen meine Handknöchel gebrochen. Wir waren zu acht auf unserem Floß.«

Ein Deutscher behielt in dem Chaos die Nerven. Als ein überfülltes Rettungsboot kenterte, übernahm er das Kommando und beorderte Helfer an seine Seite. Obwohl sich andere in Panik immer wieder dazwischenwarfen, gelang es, das Boot wieder aufzurichten, woraufhin er begann, Herumschwimmende und Ertrinkende zu retten. Eine halbe Stunde später waren an der Untergangsstelle auch die letzten Schreie und Rufe verhallt. Stumm und verbissen sich über Wasser haltend oder in die Boote gequetscht warteten die Überlebenden auf ein rettendes Schiff.

Vier Stunden später überflog ein RAF Sunderland Flugboot die Unglücksstelle und warf Kanister mit Biskuits und Bouillondosen ab. Doch die Überlebenden mußten noch bis 13.30 Uhr warten, ehe der kanadische Zerstörer »St. Laurent« eintraf. Sein Kommandant, Kapitänleutnant de Wolf, berichtete später, daß nur zehn der vierzehn Rettungsboote auf dem Wasser waren, vier also entweder gar nicht zu Wasser gelassen worden oder im Sog des sinkenden Schiffes untergegangen waren.

Die Rettungsarbeiten dauerten bis vier Uhr nachmittags. Die »St. Laurent« nahm Kurs auf Schottland und traf am nächsten Morgen 6.30 Uhr in Glasgow ein. Außer 79 Briten der Besatzung und der Wachmannschaft hatten 689 internierte Deutsche und Italiener den Tod gefunden.

Die Nachricht von der Versenkung des Interniertenschiffes löste in der westlichen Welt helle Empörung aus, weil der Angriff bei Tageslicht und ohne Warnung erfolgt war. Die Empörung richtete sich aber auch gegen die Briten, die wehrlose Gefangene auf diese Reise geschickt hatten. In London fiel die Meldung der Zensur zum Opfer: Der britischen Regierung hatte der Vorfall und die weltweite Reaktion darauf demonstriert, wie sinnlos die pauschale Internierung und Deportation von Nazi-Opfern und längst assimilierten »feindlichen« Ausländern zusammen mit erwiesenen Anhängern Hitlers war. Die Verschiffung wurde eingestellt, die Internierungsbestimmungen gelockert, und nach und nach wurden die meisten der Internierten wieder freigelassen.

V.
Wohin auf einer Insel fliehen? Das Trauma der Evakuierung

Seit 1938 hatte der Luftschutz und der Luftschutzdienst (A. R. P.) das Leben der Briten beherrscht. Mehr noch als in Deutschland versuchte man sich – hauptsächlich in Ost-, Südostengland und in London vor Angriffen aus der Luft zu schützen. Die Bombenabwürfe aus den Zeppelinungetümen im Ersten Weltkrieg waren vielen noch im Gedächtnis. Die Bombenangriffe der Legion Condor auf Madrid und Guernica hatten die Gefährlichkeit der deutschen Luftwaffe noch einmal bewiesen.

Zu den Luftschutzmaßnahmen gehörte die Registrierung von Kindern, Müttern, Körperbehinderten und Blinden, die für eine Evakuierung aus den gefährdeten Städten auf das Land in Frage kamen. Das geschah weder systematisch, noch war es obligatorisch; Eltern war es zum Beispiel freigestellt, ob sie ihre Kinder in Evakuierungslisten eintragen lassen oder lieber privat aufs Land schicken oder bei sich behalten wollten.

Im Großraum London waren 136 502 Kinder und Erwachsene auf diesen Listen erfaßt. Drei Tage vor Kriegsausbruch begannen die Behörden mit der Evakuierung von mehr als 39 000 Personen aus den Städten am Medway (wie Rochester und Chatham), der angenommenen Anflugschneise feindlicher Bomber mit dem Ziel London, in die weiter östlich liegenden Bezirke zwischen Sittingbourne und Herne Bay. Ab 5. September 1939 waren 97 320 Londoner an der Reihe, von denen allein 12 999 nach Folkestone an die Kanalküste und jeweils 5 000 bis 7 000 nach Ashford, Tunbridge Wells, Maidstone und in andere, kleinere Städte Kents gebracht werden sollten. Sonderzüge und eine ganze Armada von Bussen wurden zu diesem Zweck auf die Reise geschickt, und innerhalb von drei Tagen war die Aktion abgeschlossen.

Die Geschwindigkeit, mit der die Evakuierung ablief, rührte nicht von einer besonders guten Organisation her, sondern hatte ihren Grund in der einfachen Tatsache, daß die meisten zu Hause geblieben waren. Am Ende stellte sich heraus, daß nur etwa 47 000 von dem Angebot der Evakuierung Gebrauch gemacht hatten. Die meisten Eltern hatten sich nicht von ihren Kindern trennen können. Und im Verlauf des Phoney War, in dem nichts geschah und die Maßnahme immer sinnloser erschien, kehrten die meisten der Evakuierten nach London und an den Medway zurück.

Die Regierung, besorgt um das Schicksal der Kinder und in der Überzeugung, daß früher oder später Luftangriffe einsetzen würden, ließ die Vorbereitungen zu einer neuerlichen Evakuierung im Februar 1940 wieder anlaufen. Neue Listen wurden aufgelegt, doch nur 2,6 Prozent der betroffenen Eltern trugen ihre Kinder für eine Verschickung ein. Die Pläne verschwanden wieder in den Schubladen des Home Office.

Mit dem Einfall der deutschen Truppen in den Niederlanden änderte sich auch in dieser Hinsicht die Situation innerhalb weniger Wochen völlig. Diesmal brauchte man keine Listen. Aufrufe in Presse und Rundfunk brachten Tausende von Kindern, Müttern, Kranken und alten Leuten auf die Bahnsteige und Busbahnhöfe in London, am Medway, in den bedrohtesten Orten Kents, wie Ramsgate, Dover, Folkestone, Canterbury.

Zum ersten Mal, noch bevor die Bomben fielen, zeigte der Krieg sein wahres Gesicht. In den Tagen der Räumung Dünkirchens durch das Britische Expeditionskorps lief die Evakuierung der Kinder und von Teilen der Zivilbevölkerung in Kent auf vollen Touren. Der Bahnhof von Ramsgate hatte vier Bahnsteige; zwei davon wurden für die Rückführung der Truppen aus Frankreich benutzt, die in Bussen von den Schiffen zum Bahnhof gebracht wurden. Auf dem dritten Bahnsteig standen Verwundetenzüge und die Züge für die Evakuierten, während der vierte dem normalen Zugverkehr diente.

Der Anblick der geschlagenen Armee, die schmutzigen, zerrissenen Uniformen der völlig erschöpften Soldaten, von denen viele leicht verwundet waren, viele barfuß gingen und nur mit Hemd und Hose bekleidet waren, die langen Reihen von Tragbahren, das Stöhnen der Verwundeten, waren für die geduldig wartenden Evakuierten ein Schock, über dem sie den eigenen Trennungsschmerz vergaßen. Sie winkten den Soldaten fröhlich zu und freuten sich auf die große Reise, die manche nach Wales, andere in die Midlands bringen sollte.

Die Kinder waren selbst beladen wie Soldaten mit vollem Marschgepäck. Über der Schuluniform trugen sie eine weiße Blechbüchse, in der Gasmaske, Heftpflaster, Brandsalbe und eine Flasche Jod verstaut waren; vom Gürtel hingen wie Handgranaten braune Packpapierpäckchen mit Butterbroten, Socken, Regenumhang. In den Taschen Zettel mit Namen, Schule, Heimatanschrift und eine von der Mutter vorgeschriebene – schon schokoladenverschmierte – Postkarte zum Einwerfen bei der Ankunft. In der linken trugen die meisten einen kleinen Koffer oder Karton mit Kleidung, die rechte umklammerte einen Packen mit Comic-Heftchen, eine Puppe oder ein anderes besonders geliebtes Spielzeug, das im Gedränge und Geschubse um einen Fensterplatz zur wildgeschwungenen Waffe wurde.

Die Waggons stammten noch aus Königin Victorias Zeiten, mit Goldbuchstaben an den Abteilen erster, zweiter und dritter Klasse; die Bänke waren hart, die Fensterscheiben hatten eine gelbe Patina, und über den Sitzen hingen holzgerahmte Bilder von Seepromenaden, auf denen sich Mädchen mit Strohhüten und Jünglinge in hellen Flanellanzügen ergingen.

Der damals achtjährige Stephen aus Dover erinnerte sich vierzig Jahre später daran, wie er in jenen Tagen in Blackwood, Monmouthshire, an der Grenze von Wales bei einer Bergarbeiterfamilie landete. Obwohl die Gastgeber alles taten, um ihm ein Zuhause zu geben, ihn wie ihr eigenes Kind behandelten und ihm manchen Penny für Näschereien zusteckten, den sie sich selber absparten – der Reiz der neuen Eindrücke war bald dahin und das Heimweh gewann die Oberhand.

Das lag nicht nur an den unterschiedlichen Lebensgewohnheiten und dem anderen Dialekt, sondern auch am Essen. Die Kinder aus den armen Gegenden Ost-Londons zum Beispiel konnten sich nur selten mit den bürgerlichen Essensgewohnheiten auf dem Land anfreunden. Sie waren gewohnt, ausschließlich Margarinebrot, Fisch und Chips sowie Süßigkeiten zu essen. Fleisch, Gemüse und Puddings waren ihnen so unbekannt wie Eintöpfe und Suppen. Manche hatten zu Hause noch nie eine warme Mahlzeit gegessen; mit ein paar Scheiben Margarinebrot, auf den Stufen eines Hauseinganges gemampft, waren sie zufrieden. Im besten Fall hatten sie von der Mutter ein paar Pennies bekommen, um sich selbst eine »Mahlzeit« zu kaufen. Jetzt bekamen sie »jeden Tag ein Sonntagsdinner«, und das war ihnen zu viel. Eine Fünfjährige verlangte von ihren Ersatzeltern zum Abendessen »Bier und Käse«, andere versuchten Suppe mit Messer und Gabel zu essen. Milch kannten die Stadtkinder nur in Flaschen, die ihrer Meinung nach in Fabriken abgefüllt wurden. Kühe, die sie bis dahin nie gesehen hatten, flößten ihnen Angst ein, und angeekelt weigerten sie sich, die frischgemolkene Milch zu trinken.

Es gab viele Tränen bei den Kindern. Manche hielten es bei den fremden Leuten nicht mehr aus und machten sich einfach wie ausgesetzte Katzen auf den Heimweg. Auch Stephen riß aus. Er kam an dem Tag in sein Elternhaus zurück, an dem Dover zum erstenmal unter Artilleriebeschuß von der anderen Seite des Kanals lag. Das war entschieden aufregender, zumal alle Schulen an der Küste geschlossen und mit Truppen belegt waren.

In London und in allen anderen Städten ging der Unterricht weiter – auch für die beiden Töchter König Georgs VI. und Königin Elizabeths, die vierzehnjährige Prinzessin Elizabeth und ihre neunjährige Schwester Margaret. Mit Lehrern und Hofdamen waren die beiden Königskinder im Mai in Schloß Windsor einquartiert worden, wo sie ihre Zimmer im Lancaster Tower bewohnten.

Windsor liegt nur 35 Kilometer westlich von Zentrum Londons und war daher der gleichen Bombendrohung ausgesetzt wie die Hauptstadt. Vorsorglich hatte man alle Kostbarkeiten, wie Bilder, Kristall-Lüster und das Porzellan entfernt, die hohen Glasvitrinen und Schränke standen mit den Türen zur Wand, die meisten anderen Möbel waren abgedeckt. Schule und Reitunterricht waren ihre Hauptbeschäftigungen, nur Prinzessin Elizabeth hatte schon eine umfangreiche Korrespondenz zu beantworten. Bei den immer zahlreicher werdenden Fliegeralarmen packten sie gehorsam ihre Siebensachen und zogen in die tiefen Gewölbe des Schlosses um. Ihre Eltern sahen sie nur an den Wochenenden, die König Georg und Königin Elizabeth wie üblich auf Schloß Windsor verbrachten.

Im Oktober überraschte Prinzessin Elizabeth alle Welt mit einer Rundfunkbotschaft, in der sie für alle Kinder der Britischen Inseln sprach. Den ersten Text hatte sie schon Wochen zuvor selbst entworfen, als ihr Vetter gefallen war. Derek McCulloch, der »Onkel Mac« der BBC Kinderstunde, half ihr bei der richtigen Aussprache und Atemtechnik, die sie tagelang unermüdlich geübt hatte. Die BBC nahm die Sendung im Arbeitszimmer des Königs auf. Mit ernsten Mienen saßen Elizabeth und Margaret vor zwei Mikrofonen, und die ältere las mit fester Stimme:

> »Ich kann aufrichtig sagen, daß wir Kinder zu Hause voller Zuversicht und frohen Mutes sind. Wir wollen alles tun, was in unseren Kräften steht, um unseren tapferen Soldaten zu Lande, zu Wasser und in der Luft zu helfen, und wir wollen versuchen, auch unseren Teil an der Gefahr und der Traurigkeit des Krieges zu tragen. Jeder von uns weiß, daß am Ende alles gut sein wird ...«

Am Schluß sagte sie: »Komm Margaret, sag Hallo zu den Kindern«, als ob es sich wirklich nur um eine Kinderstunde handelte.

Prinzessin Elizabeth hatte damals, ohne es direkt zu wollen, einen

Platz im Herzen der britischen Bevölkerung erobert. Im Ausland bewunderte man den Kampfgeist der kleinen Britin und die Natürlichkeit ihrer Geste. »Wenn es für die heranwachsende Generation in dieser Welt noch Königinnen geben wird, dann wird dieses Kind eine gute Königin sein«, sagte eine bekannte Schriftstellerin, die die Ansprache in Südafrika gehört hatte.

Unter derlei patriotischer Ermunterung machte die Evakuierung große Fortschritte. Bis zum Ende des Jahres waren weit über eine Million Kinder evakuiert worden. Aus den Küstenorten von Kent waren jedoch auch viele Erwachsene, die nicht für die Verteidigung oder in einer anderen lebensnotwendigen Funktion gebraucht wurden, den Aufrufen der Regierung gefolgt und waren nach Westen und Norden abgewandert.

Alle Seebadeorte wurden im Laufe weniger Monate entvölkert. Die Strandpromenaden waren gesperrt, die Strände waren vermint, mit Tankhindernissen und Stacheldraht überzogen. Viele Häuser waren mit Brettern vernagelt. In Margate sank die Bevölkerung von 40 000 auf 10 000, 7 208 Wohn- und Geschäftsgebäude waren verlassen worden, und in den Straßen schien alles Leben erstorben. Die Stadt war bankrott, weil keine Feriengäste mehr kamen und das Geschäftsleben stillstand. Die Regierung in London mußte einspringen, damit die laufenden Kosten bezahlt werden konnten. Ähnlich verhielt es sich in Dover, wo von 36 000 Einwohnern nur noch 16 000 in der Stadt lebten, oder in Folkestone, wo nur 6 000 von 40 000 übriggeblieben waren.

Der bekannte Schriftsteller J. B. Priestley, der Margate im Juni 1940 besuchte, bezeichnete die fast leere Stadt als »unwirklich und gespenstisch«. Der Eindruck wurde durch die Abwesenheit der sonst die Straßen bevölkernden Haustiere verstärkt: weit und breit war kein Hund und keine Katze zu sehen. Andy Thompson, Tierarzt in Dover, hatte schon am Tag nach der Kriegserklärung alle Hände voll zu tun gehabt: Vor seiner Praxis standen die Leute mit ihren Tieren Schlange, um ihre vierbeinigen Hausgenossen einschläfern zu lassen – und je mehr Leute in der Folgezeit die Stadt verließen, desto beschäftigter war Thompson. Zeitweise mußte er einen Gemeindelastwagen zum Abtransport der vielen Kadaver benutzen und den Gesundheitsinspektor bemühen, wenn die Beseitigung ins Stocken kam. »Es war traurig und abscheulich zugleich«, sagte Thompson später.

Seiner Frau, die in der Hauptstraße ein Zoogeschäft unterhielt und auch unter Bomben und Granaten in Dover ausharrte, gelang es, eine ganze Anzahl Tiere in Pflege zu nehmen und so über den Krieg zu retten. Sie brachte es auch fertig, trotz der Lebensmittelrationierung genügend Futter für die wenigen in der Stadt verbleibenden Tiere zu besorgen. So brachte ihr ein Seemann der Handelsmarine einmal 28 Pfund weiße Hirse aus Spanien mit und rettete damit die Wellensittiche der Stadt.

Eine andere Rettungsaktion war bedeutungsvoller, zumindest von größerem Nährwert für die Bevölkerung. Als die deutschen Panzer an der anderen Seite des Kanals auftauchten, griff die Invasionsfurcht auch in der Romney Marsh um sich, einem ausgedehnten Marschgebiet mit fetten Weiden zwischen Hastings und Folkestone. Die Gegend ist berühmt für die Aufzucht einer Schafrasse, die zugleich hervorragende Wolle und ausgezeichnetes Fleisch liefert. Die Schafzüchter fürchteten um ihre Herden und organisierten einen Umzug in die sicheren Gebiete der Grafschaften Bedfordshire, Hertfordshire, Middlesex und Wiltshire. Die Schafe wurden geschoren, sortiert und pro Tag verließen bis zu 2 000 Tiere auf Lastwagen die Romney Marsh nach Norden und Westen. Nach 19 Tagen waren 125 000 Schafe in Sicherheit gebracht. Die Züchter und ihre Helfer gingen zusammen mit ihren Familien als letzte mit. Vielleicht war ein besonderer Instinkt bei dieser Evakuierung im Spiel, denn die Romney Marsh war in den deutschen Invasionsplänen als Operationsgebiet ausgewiesen.

Die Evakuierungsappelle des Home Office an die Bevölkerung in den möglichen Landungsgebieten und in London entstammten nicht nur humanitären Überlegungen. Sie waren auch eine Folge der Ereignisse in Belgien und Nordfrankreich, wo die von den Kampfhandlungen überraschte Zivilbevölkerung in ihrer panikartigen Flucht nach Süden sämtliche Straßen verstopft und die Bewegungen französischer und britischer Truppen zum Teil unmöglich gemacht hatte. Das sollte sich in England nicht wiederholen.

Trotzdem sah man in gewissen Kreisen der Bevölkerung, wohl auch angestachelt durch die kämpferischen Reden Churchills, mit einiger Verachtung auf die Evakuierten herab. Sie hatten sich von der Front gedrückt, ihre Dörfer und Städte im Stich gelassen. Selbst Kinder ließ man diese Verachtung spüren. Ein zwölfjähriges Londoner Mädchen, das im September 1939 nach Brighton evakuiert worden war, kehrte im Juli 1940 zu seinen Eltern zurück. Als es sich in seiner alten Schule wieder anmelden wollte, nahm es die Headmistress nicht wieder auf: »Feiglinge können wir an unserer Schule nicht brauchen«, sagte sie – und dabei blieb es, so daß die Kleine eine andere Schule besuchen mußte, in der man sie nicht kannte.

Auch wohlhabende ältere Leute, die sich in entlegenen Hotels auf dem Land als Dauergäste einmieteten, wurden schief angesehen. Die

Anzeigen der meist luxuriösen Fluchtherbergen in Schottland und Wales waren deshalb in euphorischen Umschreibungen abgefaßt. »Heute mehr denn je«, hieß es in einer Anzeige des Aviemore Hotels in Inverness, »ist Aviemore ein Hort des Friedens und der Ruhe. Hier in der frischen Luft der Kiefernwälder werden Sie eine Zuflucht finden vor der Hetze und nervlichen Belastung der Außenwelt.«

Die Regierung hatte Königin Elizabeth über Hofbeamte nahegelegt, sich mit ihrem Mann aus dem gefährdeten London wenigstens für eine Zeit auf eines der entlegenen Schlösser zurückzuziehen. Die Königin hatte lakonisch geantwortet: »Mein Platz ist an der Seite Seiner Majestät, und der König wird London nicht verlassen. Er wird das Los seines Volkes teilen.« Damit war dieses Thema für das Königshaus ein für allemal vom Tisch.

Im Buckingham Palast, in dem es übrigens keine Luftschutzkeller gab, waren jedoch auch König Haakon von Norwegen und Königin Wilhelmina der Niederlande eingezogen. Für die britische Regierung, die mit einem Coup feindlicher Fallschirmjäger ähnlich dem von Den Haag rechnen mußte, bedeutete das eine dreifache Verantwortung, von der sie auch das Wort der Königin nicht so ohne weiteres befreien konnte. Deshalb wurden mit dem Einverständnis des Königs Oberstleutnant J. S. Coats mit einer Kompanie der Coldstream Guards und vier gepanzerte Schützenwagen der 12th Lancers und der Northamptonshire Yeomanry im Buckingham Palast stationiert. Sie hatten die Aufgabe, im Ernstfall den König und die Königin sowie die beiden ausländischen Monarchen in Sicherheit zu bringen. Vier weit entfernte Landsitze waren als alternative Fluchtorte vorgesehen. Erst als die Invasionsgefahr gebannt war, wurde das Kontingent wieder abgezogen.

Beinahe hätte sich den gekrönten Häuptern im Buckingham Palast noch ein anderes zugesellt. Am 21. Mai besprach das Kabinett die Möglichkeit, dem deutschen Kaiser Wilhelm II. Asyl zu gewähren, der seit 1918 in Holland im Exil lebte und dessen Sitz in Doorn von deutschen Truppen überrannt worden war. Nach einigem Zögern kam man überein, dem Kaiser ein entsprechendes Angebot zu machen, falls er darum ersuche. Doch Wilhelm II. wollte bleiben, wo er war. Er starb im folgenden Jahr in Holland.

Am schlimmsten hing das Odium der Flucht vor dem Feind jenen prominenten Künstlern und Literaten an, die es sich leisten konnten, sich über den Atlantik abzusetzen, auf Schiffen, die auch viele Kinder in die Vereinigten Staaten und in die Dominions brachten.

Die Nachrichten vom Kriegsschauplatz in Holland, Belgien und Nordfrankreich hatten in aller Welt Sympathie für die Kinder ausgelöst, die in die Kriegsmaschinerie geraten waren. Anfang Juni hatten australische Frauenvereinigungen Plätze für holländische, belgische und britische Kriegswaisen zur Verfügung gestellt und die australische Regierung gebeten, die Transporte zu veranlassen und zu finanzieren. Nicht ohne Erfolg: Am 2. Juli verlautbarte das australische Innenministerium, daß die erste Gruppe britischer Kinder in zwei Monaten zu erwarten war. Bis dahin waren 17 000 Angebote zur Aufnahme oder Adoption der Kinder aus Übersee eingegangen.

Ähnliche Bemühungen waren in Kanada und in den Vereinigten Staaten im Gange. Der australische Premier R. G. Menzies teilte am 4. Juni dem Parlament mit, daß seine Regierung in London wegen der Aufnahme von Kindern angefragt habe. Zur gleichen Zeit fühlten die Amerikaner auf halboffiziellem Weg bei den Deutschen vor, ob US-Schiffe für den Transport von Kindern freies Geleit bekommen könnten. Die Britische Regierung sah sich nun veranlaßt, von sich aus aktiv zu werden. Am 19. Juni erklärte Lordsiegelbewahrer Clement Attlee vor dem Unterhaus, daß man die nötigen Mittel für die Verschiffung von Kindern nach den USA und in die Dominions bereitstellen werde und daß diese Angelegenheit von äußerster Dringlichkeit sei.

Das Programm lief an. Bald waren 200 000 Meldungen eingegangen, viel mehr als je berücksichtigt werden konnten, so daß die Regierungsaktion nach wenigen Tagen eingestellt wurde. Churchill war von dieser Entwicklung wenig angetan, die »stampede« schmeckte ihm zu sehr nach Defaitismus.

Doch sehr bald setzten die deutschen U-Boote der Kinderverschiffung ein trauriges Ende. Die deutsche Seekriegsleitung hatte sich »gegen jede Ausnahmebehandlung irgendwelcher Transporte« verwahrt, »da andernfalls die Vorteile der neuen politisch militärischen Lage für unsere Streitkräfte hinfällig werden«. Das Auswärtige Amt hatte Ende August diese Antwort auf die Anfrage der Amerikaner nach Washington weitergeleitet.

Am 21. 9. 40 versenkte ein deutsches U-Boot nordwestlich des Nordkanals, der Irland von Schottland trennt, den britischen Dampfer »City of Simla« (10138 BRT), auf dem sich 320 Kinder befanden. Sie konnten von dem herbeieilenden Dampfer »Guinan« gerettet werden und am Morgen des 22. September nach Greenock in Schottland zurückgebracht werden.

Drei Tage zuvor, am 18. 9., hatte sich mitten auf dem Atlantik auf der Höhe von Irland eine Katastrophe ereignet, die in der westlichen und neutralen Presse große Empörung auslöste. U-48 hatte einen Geleitzug angegriffen und die Dampfer »City of Benares«, »Marina«

und »Magdalena« torpediert. Von der sinkenden 11100 BRT »City of Benares« konnten nur elf der neunzig an Bord befindlichen Kinder gerettet werden.

Das offizielle Programm wurde sofort eingestellt. 2666 Kinder hatten bis dahin auf diesem Weg England verlassen. Mehr als doppelt soviele waren von ihren Eltern privat nach Übersee geschickt worden (unter ihnen auch die kleine Elizabeth Taylor). Insgesamt nahmen Australien und Kanada 5 000 und die Vereinigten Staaten 2 000 Kinder auf. Auf die Situation in Großbritannien hatten diese Verschiffungen keinen Einfluß.

VI.
Dünkirchen, eine Niederlage, die keine war
Für die Briten war es ein Wunder

Auf dem europäischen Festland spielte sich inzwischen das Drama von Dünkirchen ab, das die Invasionsfurcht auf den Britischen Inseln auf einen Höhepunkt trieb. Für die deutsche Wehrmacht zeitigte es mehrere für das ›Unternehmen Seelöwe‹ wichtige Einsichten: Das britische Landheer war schlagbar, ein Übersetzen großer Truppenmengen über den Ärmelkanal war in kurzer Zeit möglich, und die Luftwaffe bewies bei ihren Einsätzen gegen Truppen und Evakuierungsschiffe, daß für eine geordnete militärische Aktion feindliche Luftangriffe ausgeschaltet werden mußten. Was viele Engländer damals ernsthaft befüchteten, wurde auf deutscher Seite nicht erwogen: In den letzten Mai- und ersten Junitagen hätte ein Angriff auf die britische Küste, mitten in die Evakuierungsbewegung hinein, den wichtigsten Hafen von Dover und die umliegenden Flugplätze unter geringen Verlusten in deutsche Hand gebracht. Zu keinem späteren Zeitpunkt waren die Briten so hilflos und verwundbar. Eher als die Stäbe in London hatte Lord Gort, der Befehlshaber der britischen Truppen in Frankreich und Belgien, die verzweifelte Situation dort erkannt. Während Churchill ihn ermunterte, wenigstens das eingeschlossene Calais zu entsetzen, das am 26. Mai fiel, hatte Lord Gort mit seinem militärischen Vorgesetzten, dem französischen General Blanchard, schon einen Rückzugsplan auf den Raum Dünkirchen ausgearbeitet. Seine Truppen hatten nur noch für zwei Tage Verpflegung, waren abgekämpft und hatten gegen die überlegenen deutschen Verbände nicht die geringste Chance, das Blatt noch zu ihren Gunsten zu wenden.

Der hochgewachsene und etwas korpulente Lord Gort war zwar für seine persönliche Tapferkeit bekannt, darüber hinaus traute man ihm jedoch nicht viel zu. General Montgomery, damals als neuernannter Korpskommandeur sein Untergebener, mokierte sich noch in seinen Memoiren über ihn: »Seine erste Bemerkung (nach der Ernennung, d. Verf.) war: ›Vergewissern Sie sich, daß Ihre Front heute Nacht durch Stoßtrupps gut abgesichert wird.‹ Selbst Montgomery mußte jedoch zugeben, daß Lord Gort, »wenn auch nur auf kurze Entfernung, sehr deutlich sah, daß er zumindest die Männer des B. E. F. mit ihren Handfeuerwaffen zurück nach England bringen mußte.« Und das gelang dem so unterschätzten Gort meisterhaft. Seine bis ins kleinste ausgearbeitete Rückzugsbewegung gelang ohne große Verluste und in aller Disziplin und rettete England den Kern seiner Armee. Sie war ein wesentlicher Teil des »Wunders von Dünkirchen«.

Am 27. Mai gab Lord Gort den Befehl zum Rückzug in einen etwa 35 Kilometer breiten Brückenkopf um Dünkirchen, der auf der Linie Gravelines – Bergues – Nieuport verteidigt werden sollte. Gort verlegte sein Hauptquartier nach De Panne an der Küste, 16 Kilometer nordöstlich von Dünkirchen. Schon in der Nacht auf den 28. Mai zogen sich die Briten auf die Linie Poperinge – Cassel zurück, etwa vierzig Kilometer östlich von Dünkirchen, das sie am nächsten Tag erreichen sollten.

Poperinge, eine kleine belgische Stadt dicht an der Grenze, war schon im Ersten Weltkrieg schwer verwüstet worden. Mit der Ankunft britischer Truppen in Nordfrankreich im Herbst 1939 war Leben in das verschlafene Städtchen gekommen; Poperinge wurde zum Ausflugsort für die Tommies. Eigentlich durften sie den Boden des neutralen Belgien nicht betreten, aber niemand nahm das so genau. Aber nach dem 10. Mai änderte sich das, denn nun bezogen französische und britische Soldaten Stellung in Belgien, um die deutsche Dampfwalze zum Stehen zu bringen.

In dem kleinen Café nahe der Kirche St. Bertinus herrschte ständig Hochbetrieb. Die beiden Bedienungen, die siebzehnjährige Elaine Madden und die neunzehnjährige Simone Duponselle, schleppten bis spät in die Nacht Bier und Kaffee an die kleinen Tische, um die sich lärmend junge britische Soldaten drängten. Das machte Spaß – besonders für Elaine, die fließend Englisch sprach. Ihr Vater war ein Australier, der am Ersten Weltkrieg teilgenommen und dann Elaines Mutter geheiratet hatte. Er war bis 1932 als Mitglied einer Kriegsgräberkommission in Europa geblieben, ehe es ihn wieder nach Australien zog.

Am 24. Mai fielen die ersten Bomben auf Poperinge. Bald krepierten auch die ersten Artilleriegrananten in den Straßen, und Stukas heulten über die Dächer. In den engen Häuserzeilen brachen Brände aus. Die Wasserversorgung war unterbrochen, und Soldaten ließen sich in dem Café nicht mehr sehen. Elaine und Simone beschlossen, sich ebenfalls nach Westen abzusetzen. Den Deutschen wollten sie nicht in die Hände fallen.

In den frühen Morgenstunden des 30. Mai marschierten die beiden Mädchen durch die brennenden Straßen von Poperinge in Richtung Dünkirchen. Jede trug eine Decke über den Rücken geschlungen, wie es ihnen die Soldaten geraten hatten. Sie hatten ihre wenigen Habseligkeiten in ein paar Tragtaschen verstaut. Sie kamen gut voran. Die Straße war leer. Über ihren Köpfen driftete eine breite schwarze Rauchwolke hoch am Himmel von Westen nach Osten: Die brennenden Öltanks von Dünkirchen wiesen den beiden Flüchtenden die Richtung. Ohne es zu wissen, hatten sie den Weg durch das Niemandsland gewählt. Stundenlang hörten sie links ständiges Artilleriefeuer. Nachmittags gerieten sie in ein Gefecht. Deutsche Panzer mit dem schwarzweißen Balkenkreuz waren plötzlich hinter einem Wäldchen aufgetaucht und schossen über sie hinweg nach Norden, von wo französische oder britische Artillerie das Feuer erwiderte. Die Mädchen liefen um ihr Leben, bis sie eine Scheune fanden, in der sie sich versteckten und aus Angst vor den Panzern die Nacht verbrachten.

Am nächsten Tag erreichten sie die nach Dünkirchen führende Hauptstraße, auf der Kolonne um Kolonne Briten und Franzosen nach Westen zogen. Nur vereinzelt waren Zivilisten zu sehen. Ein britischer Lastwagen nahm die beiden mit. Nach wenigen Kilometern war die Flucht jedoch schon wieder zu Ende: Die Brücken über den Yser waren zerstört. Soldaten brachten sie über einen Notsteg ans andere Ufer und gaben ihnen für den weiteren Weg Khaki-Jacken und englische Stahlhelme, denn als Zivilisten wären sie kaum weitergekommen.

Mit jedem Kilometer wuchs das Durcheinander. Soldaten, wohin man sah. Die Straße gesäumt von weggeworfenen Ausrüstungsgegenständen. Immer wieder schlugen irgendwo Artilleriegranaten ein, ein Maschinengewehrfeuer tackerte dazwischen. Und als der Himmel aufklarte, kamen die deutschen Flugzeuge im Tiefflug heran. Weit voraus heulten Stukas über dem Kanal. Englische Jagdflieger kurvten dazwischen, und die Rauchfahnen abgeschossener Maschinen standen in der Luft wie schwarzbraune Pinselstriche.

Die Luftwaffe versuchte jetzt mit Macht, die Einschiffung zu verhindern. Doch Göring hatte wieder einmal den Mund zu voll genommen. Die deutschen Bomberverbände mußten tief aus dem Hinterland herangeführt werden, und ihre Zahl reichte bei weitem nicht aus, um die durch Schlechtwetterperioden bedingten Zwangspausen auszugleichen. Während der ganzen »Operation Dynamo« gab es nur dreieinhalb Tage, an denen die Luftwaffe eingesetzt werden konnte.

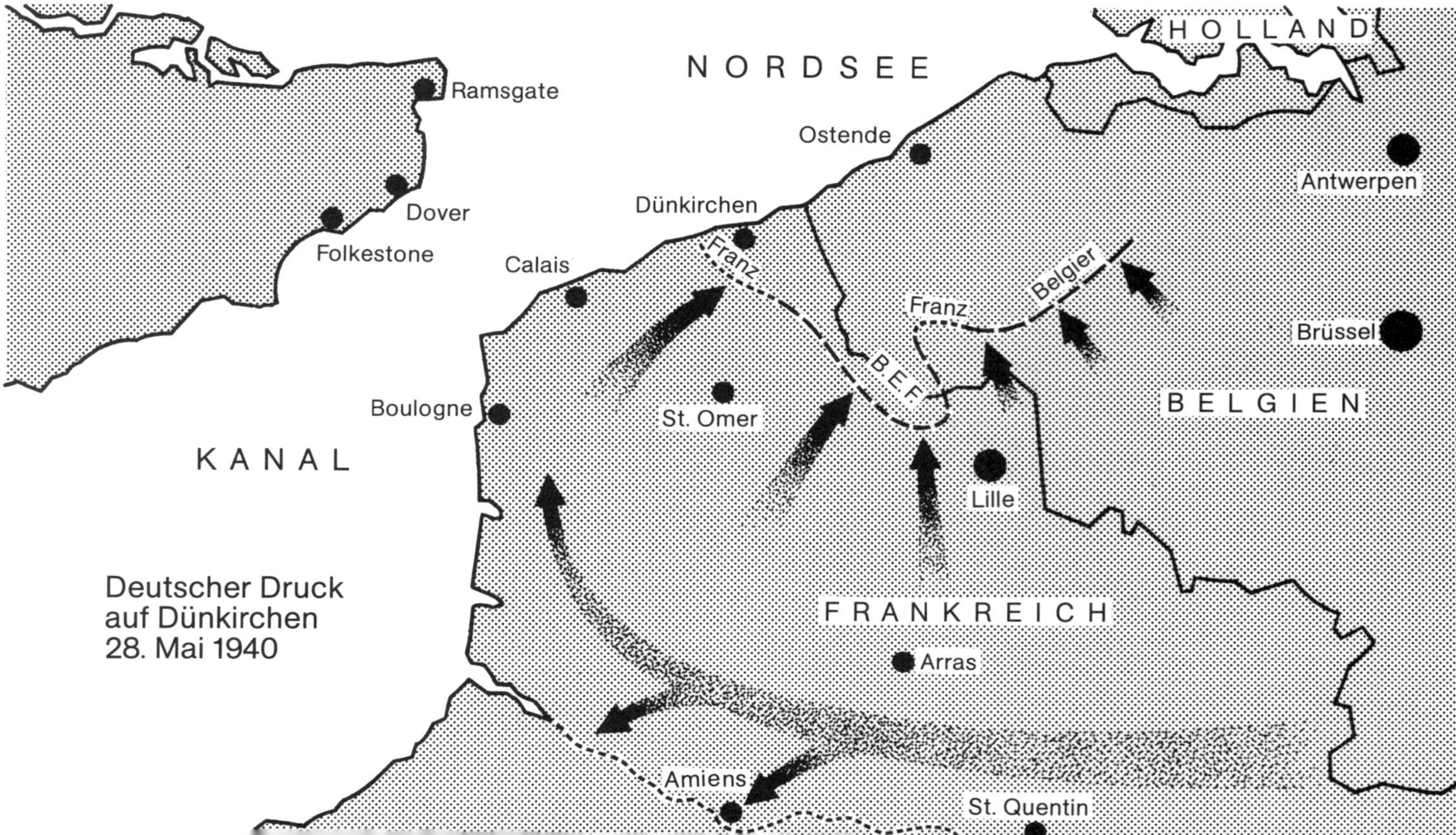

Deutscher Druck
auf Dünkirchen
28. Mai 1940

Der 31. Mai war einer dieser Tage. Mehrere hundert Maschinen aller Typen waren von den Flugplätzen der Luftflotte 3 zur Kanalküste gestartet. Anders als bei den Einsätzen gegen französische Ziele während des Vormarsches gegen einen völlig überraschten Feind, schlugen ihnen hier pausenlos die Salven leichter und schwerer Flak entgegen. Neben den Zerstörern hatte die britische Admiralität vor Dünkirchen einen Flak-Kreuzer eingesetzt. Hinzu kamen die Spitfires und Hurricanes des Fighter Command, die von Flugplätzen in Essex den Deutschen entgegenflogen und sie schon im Hinterland in Luftkämpfe verwickelten. Eingesetzt war die 11. Jägergruppe unter Keith Park. »Jedesmal wenn wir mit unserer Staffel hinüberflogen«, erinnerte sich Leutnant Bartley, »sind wir auf fünfzig bis sechzig deutsche Maschinen gestoßen, mit denen unsere zwölf Spitfires fertigwerden mußten. Wir haben sie angegriffen und geschossen, bis unsere Munition ausging. Und während wir uns mit ihnen in 3 000 Meter Höhe herumschlugen, richteten die Stukas unter uns verheerenden Schaden an.«

Zwischen dem 10. Mai und dem 4. Juni flogen die Piloten der 11. Gruppe 213 Einsätze mit 7154 Flugstunden. Sie schossen dabei 402 deutsche Maschinen ab und beschädigten 201 weitere gegenüber 141 eigenen Verlusten. Einige der abgeschossenen britischen Piloten konnen sich retten, wie Al Deere, das neuseeländische Fliegeras.

Deere wurde am 29. Mai von Heckenschützen einer Do 17 erwischt und mußte 25 Kilometer nördlich von Dünkirchen am Strand notlanden. Ein Stück fuhr er per Anhalter, den Rest auf einem Fahrrad, das er sich organisiert hatte. Mühsam bahnte er sich einen Weg durch die zum Strand flutenden Kolonnen, kam schließlich zu Fuß bei einem Zerstörer an und mußte eine merkwürdige Erfahrung machen. »Was wollen Sie hier?!« herrschte ihn ein Major des Heeres an. »Ich bin Offizier der R. A. F. und will zu meiner Staffel zurück!« »Es ist mir scheißegal, wer Sie sind«, sagte der Major wütend. »Bei all den Taten, die ihr hier vollbringt, könnt ihr ebensogut am Boden bleiben!«

Der Major sprach nur aus, was fast alle Angehörigen des B. E. F. dachten: In ihren Augen hatte die R. A. F. versagt, denn zu sehr hatten sie unter den Angriffen der Luftwaffe leiden müssen. Dabei hatten die Einsätze der R. A. F. ein größeres Blutbad an den Stränden von Dünkirchen verhindert. Sie hatten der deutschen Luftwaffe ihre erste Schlappe beigebracht und in vielen Fällen einen gezielten Bombenabwurf verhindert. Zu Tausenden standen die Soldaten stundenlang in Viererreihen in kilometerlangen Zickzackschlangen ungeschützt in den Dünen. Systematischer Bordwaffenbeschuß und Bombenabwürfe hätten Tausende das Leben gekostet. Aber nur vereinzelt wagten Me 109 oder 110 im Tiefflug die Strände anzugreifen.

Als die beiden Mädchen aus Poperinge am Hafen von Dünkirchen ankamen, brach die Dunkelheit herein. Flugzeuge waren nicht mehr in der Luft. Drei Soldaten hatten sich der Mädchen angenommen und schirmten ihre verräterischen Röcke gegen neugierige Blicke ab. Für Frauen war hier kein Platz. Am Hafenbecken ging es nur noch schrittweise voran. Die Ostmole stand noch, obwohl die deutschen Bomber seit Tagen versuchten, sie zu zerstören.

Mitternacht war schon vorüber, als Elaine und Simone endlich in Sichtweite der eisernen Leitern kamen, an deren Fuß die Boote lagen. Apathisch schoben die Tommies sich Fuß um Fuß dem Ende der Menschenschlange zu. Viele der Soldaten, die sich erschöpft und verdreckt gegenseitig stützten, hatten seit Tagen kaum noch geschlafen, wenig zu essen und nichts zu trinken bekommen. Für die vielen Verwundeten in der Schlange war der Durst besonders quälend. Doch die Disziplin hielt. In dem Kampflärm, der auch in der Nacht nicht nachließ, dachte jeder nur eines: Schnell weg von hier!

Simone stieg als erste über die Leiter nach unten, von wo sich sofort protestierendes Geschrei erhob: Die beiden Mädchen waren entdeckt. Doch in dem Gedränge gab es kein Zurück mehr. Mit dem überfüllten Boot wurden sie unter vielen anzüglichen Zurufen zu einem Zerstörer und dort sofort zum Kapitän gebracht. »Er war sehr freundlich«, berichtete Elaine später, »er gab uns seine Kabine, und wir landeten sicher in England.«

Sie hatten Glück gehabt, denn kurz vorher war der Dampfer »Mona Lisa« mit 1 420 Angehörigen des B. E. F. ausgelaufen. Die deutschen Batterien zwischen Gravelines und Les Hemmes hatten ihn über eine weite Strecke unter Beschuß genommen, dann verfolgten ihn Stukas und Me 110. Mit unzähligen Geschoßeinschlägen – nur eine Bombe hatte das Schiff gestreift – lief er in Dover ein. Dreiundzwanzig Tote und sechzig Verletzte hatte der deutsche Angriff gekostet.

Die beiden Mädchen hatten keine Ahnung davon, daß sie ihre Rettung der »Operation Dynamo« verdankten. Am 20. Mai, als die deutschen Panzer die Kanalküste erreicht hatten, war in Churchills Kriegskabinett der Gedanke aufgetaucht, die Etappentruppen und Verwundeten vom Festland zu evakuieren, um die kämpfende Truppe von »unnützen Essern« zu befreien. Man beschloß als Vorsichtsmaßnahme, eine größere Anzahl von Schiffen zur Überfahrt nach französischen Häfen und Anlegestellen bereitzuhalten.

Noch am selben Nachmittag – als Guderian in Abbéville einrückte

– trafen sich im Dover Castle Vertreter der Admiralität, des Schifffahrtsministeriums und der Hafenbehörden, um die Notevakuierung größerer Kontingente über den Kanal vorzubereiten. Noch war alles nur eine Hypothese, aber man ging davon aus, daß aus Boulogne, Calais und Dünkirchen alle 24 Stunden jeweils zehntausend Mann des B. E. F. evakuiert werden sollten.

Zum kommandierenden Admiral des Unternehmens wurde Vizeadmiral Bertram Ramsey berufen. Sein Dienstsitz war Dover Castle, die Burg hoch auf den Kreidefelsen, die Stadt und Hafen überragen. Ramsey hatte man bei Kriegsanbruch aus dem Ruhestand zurückgeholt, und ihm den wichtigen Posten eines Marinekommandanten von Dover übertragen. Ramsey war in Dover kein Unbekannter. Er hatte als junger Seeoffizier im Ersten Weltkrieg das Kommando auf einem Zerstörer der »Dover Patrouille« gehabt und kannte den Hafen und die Kanalgewässer wie seine Westentasche. Ramsey kannte auch die Burg und wußte um das Labyrinth, das in napoleonischen Zeiten von französischen Kriegsgefangenen tief in die Kreidefelsen darunter gegraben worden war – eine bis heute nicht ganz durchsichtige Verteidigungsmaßnahme.

Angesichts der zunehmenden Gefahr eines Luftangriffes verlegte der Admiral seine Dienststelle in diese Katakomben. Neben Ramseys Raum, dem einzigen, der durch eine Öffnung in der Wand der Kreidefelsen etwa 160 Meter über dem Strand Tageslicht erhielt, lag eine Galerie, dort hatten im Ersten Weltkrieg die Notstromaggregate für die Burg gestanden, daher der Name Dynamoraum. Jetzt diente dieses Verlies als Konferenzraum mit einem riesigen mit grünem Filz bespannten Tisch. Der Deckname für das im Dynamoraum entwickelte Unternehmen wurde folgerichtig »Operation Dynamo«.

Die Energie, die jetzt im kalten Licht der Höhlenbeleuchtung entwickelt wurde, blieb beispiellos. Die Marineoffiziere, die in ihren kleinen Sperrholzabteilen Tag und Nacht telefonierten, um eine Evakuierungsflotte aufzubieten, kamen kaum noch zum Schlafen. Die gesamte Südostküste von London über Ramsgate und Folkestone bis Plymouth wurde mobil gemacht. Hafen um Hafen, Werft um Werft wurden abgeklappert. Standen am Anfang nur 40 Zerstörer und 35 Transportschiffe, darunter die Kanalfähren, zur Verfügung, so wuchs die Flotte innerhalb weniger Tage auf 848 Schiffe. Zu den Einheiten der Royal Navy hatten sich sehr bald auch 230 Fischereifahrzeuge gesellt, 203 Motorboote, 27 Segelyachten, sämtliche Seenotrettungsboote der Küste, Hafenbarkassen, Schlepper und Kähne. Ungezählt blieben die vielen kleinsten Motor- und Segelboote, deren Besitzer auf eigene Faust losfuhren, um die Boys heimzuholen. Der

Jüngste auf diesen Booten war acht Jahre alt, die älteste achtundsiebzig.

Die »Operation Dynamo« war seit dem 27. Mai zu einem heroischen Wettrennen über den Kanal geworden – als existierten weder die deutsche Artillerie noch die Luftwaffe, noch die sonst so gefürchteten deutschen Schnellboote mit ihren Torpedos. Churchill hatte anfangs geglaubt, daß die Royal Navy nicht mehr als 20 000 bis 30 000 Mann würde retten können, aber schon nach vier Tagen waren es mehr als 126 000 Mann.

Das Oberkommando der Wehrmacht berichtete am 30. Mai. »Schwimmend und auf kleinen Booten versucht der Feind, die auf der Reede liegenden englischen Schiffe zu erreichen, auf die sich unsere Luftwaffe – wie schon durch Sondermeldung bekanntgegeben – mit verheerender Wirkung stürzte. Über sechzig Schiffe wurden getroffen, davon drei Kriegsschiffe und sechzehn Transporter versenkt, zehn Kriegsschiffe und einundzwanzig Handelsschiffe aller Größen schwer beschädigt oder in Brand gesetzt.«

Das Motorboot »Triton« unter dem Marineleutnant R. H. Irving mit einer Besatzung von zwei Marinereservisten, die vorher noch nie auf einem Schiff gewesen waren, erreichte den Strand von De Panne kurz nach der Morgendämmerung am 30. Mai. Dieser östlichste der Evakuierungsstrände lag unter ständigem deutschem Artilleriefeuer aus dem Gebiet von Nieuport. Den ganzen Morgen hindurch schleppte die »Triton« mit Truppen beladene Kähne durch das flache Wasser hinaus zu den wartenden Zerstörern und anderen Schiffen.

Gegen Mittag hatte die Besatzung der »Triton« gerade wieder eine Ladung Soldaten an einen Zerstörer abgegeben und wollte ablegen, als ein Offizier von der Reling herunterrief. »Gut gemacht, Motorboot! Warten Sie auf mich!« Über ein Fallreep kam er herunter. Er trug einen Lammfellmantel und war vollständig durchnäßt. »Machen Sie so weiter wie bisher«, trug er Leutnant Irving auf, »dann habe ich noch ein oder zwei Aufgaben für Sie!«

Wieder pendelte das Motorboot zwischen Strand und Schiffen. Die Zahl der wartenden Soldaten schien nicht abzunehmen. Am späten Nachmittag forderte der fremde Offizier den Kapitän auf, ihn an einem bestimmten Punkt an der Küste abzusetzen; er wollte an Land nach Lord Gort suchen und ihn dann direkt nach England bringen. Irving sollte mit dem Boot auf ihn warten.

Die feindlichen Granateinschläge lagen ziemlich dicht an dem kleinen Schiff, und Irving fragte sich, wie lange er warten konnte. Nach einer Stunde tauchte der Offizier am Strand auf – allein. Bis zum Hals im Wasser durch die leichte Brandung watend kam er zurück an Bord. Lord Gort erwähnte er nicht. Statt dessen bedeutete er Irving, weiterzumachen, und blieb an Bord, während die »Triton« unermüdlich weiter Kähne mit Truppen hinausschleppte.

Die Nacht brach herein, und mechanisch setzten sie ihre Anstrengungen fort. Um 01.00 Uhr am 31. Mai verzeichnet das Logbuch: »Sieben Soldaten vor dem Ertrinken gerettet.« Eine Stunde später lief das Boot bei Niedrigwasser auf Grund, um erst gegen vier Uhr morgens bei einsetzender Flut wieder freizukommen. Langsam machten sich bei den vier Männern die körperlichen Strapazen und die Übermüdung bemerkbar. Aber sie machten weiter. Der fremde Offizier war noch immer an Bord. Irving hatte inzwischen herausgefunden, daß er Commodore war und Stevens hieß.

»Ich muß sagen«, erinnerte sich Irving später, »der Commodore nannte mich mal einen prima Kerl, mal einen blöden Hund. Es steht mir nicht zu, über höhere Offiziere ein Urteil zu fällen, aber dieser Offizier, ohne Mütze, vollkommen durchnäßt, ohne etwas im Magen, war mir ein großes Vorbild. Er half mir beim Steuern, beim Leinewerfen, half mir, Soldaten aus dem Wasser zu hieven. Manchmal lobte er die Leute und redete ihnen gut zu, dann wieder verwünschte er sie wegen ihrer Dummheit.«

Am Nachmittag des 31. Mai setzte Irving Commodore Stevens auf ein Maschinensuchboot. »Ich war der letzte Marineoffizier, der diesen Strandabschnitt verließ«, sagte Irving. Die »Triton« setzte ihre Rettungsarbeit weiter südlich fort und sammelte Nachzügler auf: »Eine volle Ladung Soldaten an Bord, sechs davon verwundet, ein volles Boot im Schlepp und eine Traube Soldaten, die sich außen am Heck festgeklammert hielten.« Leutnant Irving und seine beiden Männer hielten durch, bis ihr Treibstoff zur Neige ging und sie nach Ramsgate zurückkehren mußten.

Am 31. Mai war Nebel aufgekommen. Die Fliehenden waren damit wenigstens vor der Luftwaffe sicher. An diesem Tag wurden 68 014 Soldaten evakuiert. Bis jetzt waren es fast 200 000 Mann, die den Deutschen entkommen konnten. Doch Hunderte verloren ihr Leben noch auf dem Weg zur rettenden englischen Küste. Die Luftwaffe versenkte allein sieben Zerstörer und beschädigte neunzehn weitere.

Am 22. Mai hatte die deutsche Luftaufklärung der Flieger Division 9 unter Oberst Czech noch gemeldet, daß sie das Seegebiet unter der Kanalküste von Ostende bis Boulogne völlig feindfrei vorgefunden habe, und daß nur bei South Foreland acht größere Dampfer mit Kurs Nord gesichtet und angegriffen worden seien. Die trügerische

Ruhe führte die Aufklärer allerdings nicht zu dem Schluß, daß der Feind die Kanalhäfen bereits aufgegeben und die Einschiffungen eingestellt habe, denn andere Flugzeuge hatten Transporter und kleinere Fahrzeuge gesichtet.

Die Aufklärungsflüge der Luftwaffe in den nächsten Tagen bestätigten die Annahmen, daß weiterhin Ein- und Ausschiffungen in den Häfen der französischen und belgischen Kanalküste vor sich gingen. Die Beobachter meldeten eine starke Belegung der Downs, des Seegebietes vor Ramsgate, und der Themse mit zahlreichen Dampfern und Fahrzeugen, die wahrscheinlich in Verbindung mit Transporten von und nach den belgischen und französischen Häfen standen. Fliegerdivision 9 schlug eine Verminung dieses Seegebietes vor.

Am 29. Mai wurden vor Nieuport und Dünkirchen über 30 Transporter und etwa 8 Zerstörer beim Einschiffen beobachtet. »Die Frontlage«, heißt es in dem Bericht, »läßt vermuten, daß die Engländer heute nacht die letzte Gelegenheit benutzen werden, um in verstärktem Umfang Truppen abzuholen.« Die Kriegsmarine hielt es deshalb für wünschenswert, in der darauffolgenden Nacht Schnellboote an den Feind zu bringen, mußte aber eingestehen, daß es nicht möglich war, mehr als vier Boote einzusetzen, weil die Brennstoffergänzung und Torpedoübernahme mit langwierigem Ein- und Ausschleusen zwischen Liegeplätzen und der See verbunden waren. Dann kam noch schlechtes Wetter dazu, das den für Wellengang sehr anfälligen Schnellbooten zu schaffen machte: Im Seegebiet um Den Helder herrschte Windstärke sechs. Den Marinestäben muß das Aufklärungsergebnis des Kampfgeschwaders 126 wie Hohn geklungen haben, als es am 3. Juni meldete: »In und vor dem Hafen von Dover etwa 50 Schiffe, darunter zahlreiche Kriegsschiffe. Zwischen Dover und Dünkirchen starker Dampferverkehr.«

Seit Tagen operierten die deutschen Schnellboote aus dem holländischen Hafen Den Helder. Schon vor Beginn der Evakuierung hatten sie den französischen Zerstörer »Jaguar« vor Dünkirchen versenkt. In der Nacht vom 28. zum 29. Mai war das deutsche Schnellboot S-30 unter Kapitänleutnant Zimmermann in einen Pulk der Evakuierungsflotte gestoßen und hatte die beiden mit Truppen beladenen Zerstörer »Wakeful« und »Grafton« versenkt. Von den 600 Mann auf der in zwei Stücke zerbrochenen »Wakeful« konnten nur 150 Mann gerettet werden. Auf der »Grafton« starben 35 Offiziere des B. E. F., als ein Torpedo in der Messe explodierte.

Nördlich von De Panne hatte das 2. Armeekorps unter Generalmajor Montgomery vor Nieuport die Front gehalten. In der Nacht vom 31. Mai zum 1. Juni mußte es der gewaltigen deutschen Übermacht weichen. De Panne geriet unter immer stärker werdendes deutsches Artilleriefeuer. Montgomerys Einheiten erhielten den Befehl, sich entlang des Strandes auf Dünkirchen zurückzuziehen und sich einzuschiffen, wo immer sich eine Möglichkeit bot.

Die provisorischen Anlegestege entlang der Strände – LKWs und andere Fahrzeuge, die durch Planken verbunden waren – waren nur noch zum Teil benutzbar, weil der Seegang sie allmählich wegschwemmte. Die meisten Soldaten konnten erst bei Bray-Dunes und Malo-les-Bains Boote erreichen, die sie zu den wartenden Transportern brachten.

General Montgomery und Brigadegeneral Ritchie mit ihren Adjutanten und Burschen waren unter den letzten, die in den frühen Morgenstunden De Panne verließen. Sie gingen über den festen Sand oberhalb der Buhnen bis Dünkirchen, um sich von dort per Funk abzumelden. Wie vor ihnen schon Lord Gort wurden sie in einem Schnellboot über den Kanal gebracht.

In Dünkirchen selbst drängten sich noch Tausende von Briten und Franzosen, um über die Ostmole auf eines der dort wartenden Schiffe zu gelangen. Bomben hatten große Löcher in die Planken gerissen, und es wurde immer schwieriger, die Verwundeten über die behelfsmäßig verlegten Bretterstege zu bringen, aber es ist kein Fall bekanntgeworden, in dem einer in das schwarze gurgelnde Wasser tief unter den schmalen Brettern gefallen wäre.

Für die britischen Einschiffungsoffiziere war es schwierig, sich mit den andrängenden Franzosen zu verständigen – die wenigsten konnten ein paar Worte Französisch, und nur zu oft wurden Revolver gezogen oder sogar Warnschüsse abgegeben. Die gingen meistens sowieso im Geheul der deutschen Artilleriegranaten unter, die zunehmend größere Schäden anrichteten.

Am Abend des 2. Juni verließen die letzten britischen Truppen französischen Boden. Die Männer der Coldstream Guards brachten sogar noch ihre Handfeuerwaffen mit an Bord des Zerstörers »Sabre«. Die Ordnungstruppe der Green Howards, deren Aufgabe erfüllt war, reihte sich als letzte in die Schlange der Wartenden ein.

Admiral Wake-Walker, der die ganzen Tage über aller Gefahr trotzend in seinem MASB 10 vor der Küste patrouilliert war, nahm gegen 21.00 Uhr die Generäle Alexander und Percival mit ihren Stäben an Bord und brachte sie zum Zerstörer »Venomous«, der schon mit Soldaten fast überladen war.

Der Zerstörer »Winchelsea« begann um 22.30 Uhr zu laden – auf der Mole warteten nur noch Franzosen. Kapitän Tennant, der Einschiffungsoffizier der Briten, ließ um 22.50 Uhr nach Dover funken:

»Unternehmen abgeschlossen. Kehren nach Dover zurück.« Kurz darauf legte das Schnellboot MTB 102 mit ihm an Bord ab.

Aber noch immer lief die »Operation Dynamo«. Im Hafen lagen die Zerstörer »Express«, »Codrington« und »Malcolm« sowie die Autofähre »Autocarrier« neben einer Menge anderer Schiffe. Sie warteten über eine Stunde im deutschen Artilleriefeuer vergeblich darauf, daß das Gros der verbliebenen französischen Truppen am Hafen auftauchte. Sie fuhren leer über den Kanal zurück, denn die Poilus kämpften verbissen um jeden Meter Terrain in der Annahme, daß die Evakuierung noch nicht zu Ende sei.

Die deutschen Truppen waren schon in die Außenbezirke Dünkirchens eingedrungen, als General Fagalde endlich den Befehl gab, sich vom Feind abzusetzen. So bekamen die Besatzungen der englischen Boote noch einmal alle Hände voll zu tun. Am 3. und in den frühen Morgenstunden des 4. Juni wurden weitere 53 000 Mann, zumeist Franzosen und Belgier, an der Mole von Dünkirchen eingeladen.

Die Menschenflut, die sich aus den Schiffen auf die Hafenanlagen der Ostküste Kents – Folkestone, Dover, Ramsgate und Margate – ergoß, war in diesen Tagen kaum zu bewältigen gewesen. Die Piers und Abfertigungshallen waren nur für den in Vorkriegszeiten noch schwachen Touristenverkehr gedacht, so daß die Massen ständig in Bewegung gehalten werden mußten, damit man überhaupt entladen konnte. Auf den verhältnismäßig kleinen Bahnhöfen der Hafenstädte herrschte ein heilloses Gedränge.

Admiral Ramsey und seinen Männern, den Behörden, den Hafen- und Eisenbahnbeamten und vielen freiwilligen Helfern gelang es, diesen Strom der zurückflutenden Soldaten ohne Unfälle und Störungen in das Innere des Landes weiterzuleiten. Eine Welle von Solidarität ging durch die Menschen an der Küste, als Tote und Sterbende, Verwundete und Kranke von den Schiffen getragen wurden. Immer war jemand da, der Hilfe leistete. Ärzte und Schwestern arbeiteten rund um die Uhr bis zur völligen Erschöpfung, nicht anders als jene, die die Soldaten herübergebracht hatten. Ununterbrochen brachten städtische und private Busse genauso wie Lazarettzüge die transportfähigen Verwundeten und Kranken in landeinwärts gelegene Krankenhäuser.

Gesunde und gehfähige Soldaten, so müde und erschöpft sie auch sein mochten, mußten sich, kaum vom Schiff, zu den Bahnhöfen weiterschleppen. Da war kaum Zeit für einen Becher Tee, den Freiwillige in großen Kübeln an den Docks und auf den Bahnsteigen kochten und hastig verteilten.

Der Bahnhofsvorsteher von Ramsgate, S. W. Smith, fertigte in den neun Tagen der Evakuierung 82 Soldatenzüge neben dem regulären Zugverkehr, den Evakuierungszügen für die Zivilisten und Kinder und den Lazarettzügen ab. »Der Bahnsteig sah aus wie eine große Wäscherei, so haben sich die Kleidungsstücke aufgetürmt, die unsere Frauen angeschleppt hatten, weil viele Soldaten nur eine Decke um den nackten Körper geschlungen hatten, andere völlig mit Öl verklebt waren.« Durch Ramsgate kamen in diesen wenigen Tagen 42 783 Soldaten, von Folkestone fuhren 35 000 in 64 Zügen weiter. »Jeder von uns hat wie verrückt gearbeitet«, erinnerte sich Smith, »und wenn ein Lokführer auch schon vierzehn Stunden hinter sich hatte, hat er weitergemacht und ist losgefahren.«

Erst auf den weiter von der Küste entfernten Bahnhöfen konnten sich die Soldaten stärken. Ashford, Paddock Wood, Headcorn waren nur drei der vielen Stationen, auf denen die Züge umschichtig etwas länger hielten. Auf dem kleinen Dorfbahnhof von Headcorn, 50 Kilometer von Dover, ging es besonders hoch her: 145 000 Briten, Franzosen und Belgier bekamen hier zum erstenmal seit Tagen wieder eine Mahlzeit. In einer großen Scheune nahe dem Bahnhof wurde gekocht und Sandwiches bereitet, die dann hastig zu den Zügen gebracht wurden – insgesamt waren es 207, von denen jeder nicht mehr als acht, im besten Fall zwanzig Minuten halten durfte. Die Nahrungsmittel wurden von der Armee herangeschafft, die auch vierzig Mann zur Verteilung kommandiert hatte. Ebensoviele Frauen und Mädchen arbeiteten in Acht-Stunden-Schichten an ihrer Seite. Auf neunzehn Öfen wurde Tee und Kaffee gekocht, jeden Tag 2 500 Laib Brot geschnitten und belegt. Tausend Büchsen mit Sardinen und Corned beef wurden verbraucht. An einem Abend allein wurden 5 000 Fleischpasteten, 5 000 Eier, ebensoviele Brötchen und Würstchen angeliefert. Die Farmer der Umgebung spendeten Eier, Hühner, Gemüse, Fleisch, Bäcker buken Brot in Sonderschichten, Lebensmittelhändler spendeten aus ihren Lagern. In Canterbury hatte der Bürgermeister an der Guildhall einen Lautsprecher anbringen lassen, über den er Spendenaufrufe an die Bevölkerung richtete und um Transportmittel für gesammelte Lebensmittel und Kleidungsstücke nach Ramsgate und Dover bat.

So plötzlich die Menschenflut über die Küste hereingebrochen war, so schnell verebbte sie auch wieder. Innerhalb weniger Tage waren die Einheiten des Britischen Expeditionskorps in ihren ursprünglichen Kasernen neu aufgestellt. Es fehlten 60 000 Gefallene, Verwundete und in deutsche Kriegsgefangenschaft geratene Offiziere und Mannschaften. Und es fehlten auch die Waffen, die sie hatten zurücklassen müssen: 2 472 Geschütze, etwa 400 Panzer, 63 879 Fahrzeuge aller Art sowie Berge von Munition und Ausrüstungsgegenständen. Letzteres wog wenig gegenüber der Tatsache, daß insgesamt fast eine halbe Million britischer Truppen heil aus Frankreich zurückgenommen worden war. »Damit hat sich unsere Position in der Heimatverteidigung entscheidend gewandelt«, führte Churchill vor seinen Stabschefs aus. Von der militärischen Niederlage sprach niemand. Von den eingesetzten 846 Schiffen waren durch die deutsche Luftwaffe, durch Artilleriebeschuß, Minen, Schnellboote und Unfälle 235 verlorengegangen (darunter 40 Schiffe der Royal Navy).

Das »Wunder von Dünkirchen« war ein psychologischer Sieg. Die Kampfmoral der Briten steigerte sich nun fast zum Fanatismus. Auf dem Londoner Victoria Bahnhof half eine junge Dolmetscherin belgischen Flüchtlingen, die oft nur das nackte Leben gerettet hatten. Ein Polizist, der ihr beistand, wurde immer schweigsamer. Dann sah er die junge Frau von der Seite an und sagte: »Wissen Sie, Miss, das ist sehr ernst. Das kann uns auch passieren.« Damit meinte er weniger die Flucht als die Endkampfstimmung. Wie auch jener Londoner Taxifahrer, der einem Fahrgast versicherte: »Jetzt sind wir allein, jetzt werden wir es ihnen zeigen!«

Der Gedanke, daß nun die deutschen Heerscharen so schnell und so leicht über das Wasser kommen konnten und zur Verteidigung der Küste so gut wie nichts getan, der Kern der Armee geschlagen und waffenlos war, ließ auch den friedlichsten Bürger in seinem Haus nach Waffen suchen, mit denen er dem Feind schon am Gartentor begegnen konnte. Jeder war überzeugt, daß die Deutschen kommen mußten, und jeder wollte bis zum letzten kämpfen – fliehen konnten sie ja nicht.

VII.
Eine kampfstarke Guerillatruppe Heckenschützen, vor denen Goebbels sich fürchtete

Das Debakel von Dünkirchen traf die Briten wie ein Keulenschlag. Es war, als hätte sich das Meer aufgetan und die Deutschen brauchten nur noch herüberzumarschieren. Doch mit der täglichen Erwartung einer Invasion von See her wuchs die Entschlossenheit, um jedes Haus, um jeden Stein zu kämpfen. Am 28. Mai erklärte Churchill in einer Kabinettssitzung: »Ich habe in den letzten Tagen sehr intensiv darüber nachgedacht, ob es nicht meine Pflicht sei, Verhandlungen mit diesem Menschen (Hitler) in Erwägung zu ziehen. Solche Gedanken sind müßig, daß wir bessere Bedingungen aushandeln könnten, wenn wir versuchen, jetzt Frieden zu schließen, als wenn wir weiterkämpfen. Ich bin auch überzeugt, daß Sie sich erheben und mich von meinem Platz stoßen würden, wenn ich Unterhandlungen oder die Kapitulation anstrebte. Wenn schon die lange Geschichte unserer Inseln zu Ende gehen soll, dann soll sie erst enden, wenn jeder einzelne von uns in seinem Blut erstickend am Boden liegt.«

Churchills etwas blutrünstiger Appell an den Verteidigungswillen jedes einzelnen entsprang der Einsicht, daß die militärische Situation der Briten verzweifelt war, und daß sie sich jetzt auf die einfachsten Verteidigungsmittel besinnen mußten. Das Heer würde noch lange brauchen, um sich von der Niederlage in Nordfrankreich zu erholen. Seine besten Truppen waren dezimiert, ohne Waffen und Transportmittel. Etwa 29 Divisionen waren einsatzbereit. Für die Länge der zu verteidigenden Küste hätte die doppelte Zahl nicht ausgereicht, um dem massierten Ansturm des Feindes an einer beliebigen Stelle zu begegnen.

Die Royal Navy hatte in Norwegen und bei Dünkirchen einsehen müssen, daß ihre großen Einheiten zur Untätigkeit verdammt waren, solange der Gegner mit seiner starken Luftwaffe operieren konnte. Die Flugzeugträger, Schlachtschiffe und schweren Kreuzer der Royal Navy lagen in Scapa Flow, Liverpool, Island, im Mittelmeer, oder sie schützten die Geleitzüge über den Atlantik. Als Eingreifkräfte standen zwischen Tyne und Portsmouth an der Ostküste lediglich 40 Zerstörer und drei Kreuzer zur Verfügung. Etwa 400 Fischereifahrzeuge und 700 Patrouillenboote aller Art hatten die Aufgabe, die britische Küste von Duncansby Head an der äußersten Spitze im Nordosten Schottlands nach Süden um die Küsten von Kent, Sussex und Cornwall wieder nach Norden bis zum Solway Firth zu überwachen und auf die Invasion zu warten. Die Royal Navy konnte ihre zehnfache Überlegenheit über die deutsche Kriegsmarine nicht ausspielen.

Die Royal Air Force war noch immer im Aufbau begriffen – dank unentschuldbarer Verzögerungen in der Vorkriegszeit – und litt besonders unter Pilotenmangel. Sie glaubte einer vierfach überlegenen Luftwaffe gegenüberzustehen, die außerdem schon erheblich mehr Kampferfahrung hatte. Tatsächlich war das Kräfteverhältnis beinahe ausgewogen. Diese Überschätzung der gegnerischen Kräfte hatte auch ihre gute Seite: Sie verhalf den Briten zu der festen Überzeugung, nun die letzten Kräfte mobilisieren zu müssen, um den unausbleiblichen Kampf zu überstehen.

Das war auch eine Frage der Waffen, die nicht vorhanden waren. Verbissen schulterten die Männer der Home Guard ihre Besenstiele – mancher gab resigniert auf und machte von der »Dienstmädchenklausel« Gebrauch. Im ganzen Königreich waren nur noch 70 000 Gewehre vorhanden. Dem Kommandeur der Zone Kent waren 1 500 zugeteilt worden, für ein Gebiet anderthalbmal so groß wie das Saarland. Begreiflich, daß die Kommandeure an der Küste Kents zur Selbsthilfe griffen, als sich ihnen die Gelegenheit dazu bot.

In Margate an der Nordküste Kents hatten die 900 Mann der Home Guard unter Major a. D. Witts, damals Manager der Lloyd's Bank, nur 100 Gewehre mit je fünf Schuß Munition. Als London die Warnung durchgab »feindliche Landung unmittelbar bevorstehend«, bewaffneten sich die Männer mit Schrotflinten, Gartenhakken, Golfschlägern und Knüppeln. Major Witts versuchte verzweifelt Schußwaffen aufzutreiben und wurde, wie übrigens auch seine Kameraden in Dover und Folkestone, an der Pier des Hafens fündig: dort lagen haufenweise Gewehre und andere Handfeuerwaffen herum, die aus Dünkirchen zurückgekehrte Soldaten liegengelassen hatten. Auch Munition fand sich. Witts holte einen Lastwagen und ein paar Leute, fuhr unter die Pier und karrte die reiche Beute davon.

Die Bewaffnung löste unter den Männern der Home Guard begreiflichen Jubel aus, und Witts konnte endlich daran gehen, seine Leute im Schießen auszubilden. Als die Armee die Waffen zurückforderte, zögerte er die Rückgabe unter vielen Ausflüchten so lange hinaus, bis alle seine Beutemunition auf dem Schießplatz verschossen war und auch der grünste seiner Rekruten eine Ahnung vom Schießen hatte.

Die Vorstellung, daß der Feind jederzeit mit Panzern und Artillerie an der Küste auftauchen konnte, dämpfte derlei Erfolgsgefühle erheblich. Selbst wenn man gewußt hätte, an welcher Stelle der Küste die Deutschen landen würden, hatte man ihnen so gut wie nichts entgegenzusetzen. Wie konnte man also den Vormarsch der deutschen Truppen ins Innere des Landes verzögern, wie konnte man in ihrem Rücken weiterkämpfen, ihren Nachschub lahmlegen, ihnen die Kampfmoral nehmen?

Die Briten sind eine Nation von Tüftlern, und jetzt war die Zeit gekommen, in der es schien, als könne nur noch Erfindergeist den Fortbestand des Inselreiches sichern. Eine der spektakulärsten, wenn auch immer geheimgehaltenen, Ideen war, an den Landungsstellen das Meer in Brand zu setzen. Verschiedene militärische Dienststellen waren an diesem grandiosen Versuch beteiligt. Von den Öltanks, die zur Versorgung von Schiffen dienten, wurden Rohrleitungen ins Meer verlegt und Öl auf die See gepumpt. Der so entstandene Ölteppich sollte entzündet werden und jedes Landungsschiff in eine brennende Fackel verwandeln. Doch Seegang und Strömung zerrissen den Ölfilm und verwandelten ihn in eine nicht brennbare Emulsion. Nicht ein einziges Mal gelang es, ihn in Brand zu stecken. Nach wochenlangen, sehr kostspieligen Versuchen wurde die Idee wieder fallengelassen.

Noch nie wurden in England so viele Bleistifte zerkaut wie in jenen Tagen. In den Büros der Planungsstäbe ging nachts das Licht nicht mehr aus. Einer der Planer, ein Captain Stringer, klagte sein Leid einem Bekannten, dem erfolgreichen Romanautor Denis Wheatley. Wie alle Briten hatte sich auch der 43jährige Wheatley Gedanken gemacht, und er besaß nicht nur seine Kriegserfahrung aus dem Ersten Weltkrieg, er hatte auch den spanischen Bürgerkrieg aufmerksam verfolgt, was einen Niederschlag in einer Reihe von ihm entworfener Kriegs-Unterhaltungsspiele gefunden hatte.

Wheatley setzte sich also hin und brachte auf dreizehn Schreibmaschinenseiten seine Vorstellungen zu Papier, wie man mit einfachsten Mitteln eine Landung auf den Britischen Inseln erschweren und gelandete Truppen am weiteren Vordringen hindern konnte. Wheatley meinte, wenn unter vielen Schnapsideen nur eine einzige gute war, dann hätte sich seine Mühe schon gelohnt. Außer vielen strategischen und taktischen Hinweisen für die Armee waren ihm auch Dutzende von praktischen Ratschlägen eingefallen, zum Beispiel wie man Tankfallen gräbt, wie man Straßensperren errichtet, mit Dynamit umgeht, die Küste und Flußmündungen mit Fischernetzen und minenbewehrten Baumstämmen sichert, Nagelbretter im Sand vergräbt und glassplitterbesetzte Zementplatten anfertigt.

Wheatleys Papier gelangte in das Kriegsministerium. Es wurde herumgereicht und vervielfältigt. Nicht nur die militärischen Planer zogen daraus Nutzen, die Gedanken des Romanciers wurden auch zum Kern vieler Informations-Broschüren für die Zivilbevölkerung, die in diesem Sommer in allen Zeitungskiosken zu kaufen waren und Titel trugen wie »Was tun, wenn die Invasoren kommen« oder »Wie sie aufzuhalten sind«.

Die erste offizielle Maßnahme galt der Desorientierung des Gegners. Am 31. Mai ordnete das Innenministerium an, daß alle Wegweiser zu entfernen und Ortsnamen an Bahnhöfen, Postämtern, Polizeiwachen und anderen Gebäuden ebenfalls zu entfernen oder zu überpinseln waren. In jenen Tagen war es nicht ratsam, ohne Ortskenntnisse durch das Land zu fahren. Die südenglische Landschaft ist von einem Netz so vieler kleiner, heckengesäumter Landstraßen labyrinthartig durchzogen, daß selbst Einheimische ohne Wegweiser ratlos sind. H. R. Pratt Boorman, Eigentümer und Herausgeber des »Kent Messenger«, einer in Maidstone erscheinenden Wochenzeitung, war zu einer Außenstelle unterwegs, die er selten besuchte. Im idyllischen Smarden kam er an eine dreifache Weggabelung. Es war nur wenige Tage nach Veröffentlichung des Befehls, aber schon war weit und breit kein Wegweiser mehr zu sehen. Boorman fragte einen alten Mann, der an der Ecke stand. »Ich weiß es«, antwortete der, »aber ich will verdammt sein, wenn ich es Ihnen sage.«

Der nächste Schritt war die Errichtung von Straßensperren. Jede Stadt, jedes Dorf, jede Ansammlung von Häusern verbarrikadierte sich. Alles, was als Hindernis geeignet erschien, wurde an den Ortseingängen auf die Straße gezerrt. In Chillingham zum Beispiel waren das die dicksten Baumstämme aus einer nahen Sägemühle; in Newing Green waren es ein schwerer Pflug, ein eiserner Dampfkessel, ein Wassertank, Müllwagen und ein umgestürztes Autowrack; anderswo hatten die Einheimischen Dampfmaschinen und schwere Ackergeräte, Pflastersteine, Teerfässer und Sandsäcke herangeschleppt. Oft genug vergaßen die Männer in ihrem Eifer, genügend weite Lükken für die eignen Lastwagen zu lassen. In Margate an der Themsemündung, wo man alte Badekarren und Strandkörbe als Hindernisse mit Sand gefüllt hatte, hatte man eine wichtige Brücke über Nacht so verrammelt, daß man fast den ganzen nächsten Tag brauchte, um sie für eigene Fahrzeuge wieder passierbar zu machen.

Der Straßenverkehr war fast völlig zum Erliegen gekommen, denn an den Tankstellen tauchte immer öfter das Schild »Kein Benzin« auf. Einige der küstennächsten Tankstellen wurden vermint; an anderen standen Wassertanks bereit, um das vorhandene Benzin damit unbrauchbar zu machen. Für noch im Verkehr befindliche Privatwagen lautete die streng befolgte Regel: Beim Parken Verteilerfinger entfernen! Damit kein vom Himmel gefallener Deutscher oder ein Angehöriger der Fünften Kolonne das Fahrzeug stehlen konnte!

Für die Hinhaltetaktik der Armee war das Nächstliegende die Sicherung der im Küstengebiet weitverstreuten Vorposten. Wer immer zwei Hände hatte, wurde als Helfer eingestellt; in diesem Sommer gab es allein über eine Million Arbeitslose, von denen die meisten nur darauf warteten, sich ins Zeug zu legen. 150 000 Mann wurden eingesetzt, um »pillboxes« – Einmannbunker – Blockhäuser für Maschinengewehrnester zu bauen und Panzergräben auszuheben. Einer von Wheatleys vielen Vorschlägen war, in den Gräben Petroleumfässer mit einem ferngesteuerten Zündsatz anzubringen, um festsitzende Panzer in Brand zu stecken; ein anderer war, Tigerfallen zu bauen, jene Gruben mit eingerammten nach oben spitzen Pfählen, wie sie 20 Jahre später von den Vietcong in Vietnam angewandt wurden.

Im Grunde war es jeder Gemeinde, jedem einzelnen überlassen, wie er sich schützen und wehren wollte. Als eine Dame in Buckinghamshire gefragt wurde, wie sie sich bei der Landung verhalten würde, sagte sie: »Ich würde sämtliche deutschen Offiziere zu mir bitten und sie mit Champagner bewirten!« Nach einer Kunstpause fügte sie trocken hinzu: »Vergiftetem natürlich.« Eine Hausfrau wollte die Gläser mit eingemachter Marmelade mit einem Hammer zerschmettern, um sie nicht in die Hände der marmeladehungrigen Deutschen fallen zu lassen. Die steigende Nachfrage nach Dynamit bewies, daß viele sich ihre eigenen »bobby traps« bauten: unter losen Fußbodenbrettern, in Gartenschuppen, in Wandschränken, unter Treppen, in Garagen und unter stillgelegten Fahrzeugen brachte mancher eine Dynamitladung an. Es gab nur wenig, woran die Briten nicht gedacht hätten: von mit Sprengstoff beladenen Booten, bis zu Sprengladungen an Alleebäumen, die gesprengt auf feindliche Panzer stürzen sollten.

Je mehr sich eine Landung von See her abzuzeichnen schien, desto mehr nahmen jetzt Panzer den Platz der Fallschirmspringer als Feind Nr. 1 ein. Doch wie bekämpft man Panzer, wenn man keine Panzerabwehrkanone hat? Die Spanienkämpfer hatten die Antwort aus dem Bürgerkrieg mitgebracht: Molotowcocktails. Die Home Guard hatte diese Verteidigungsmittel begeistert aufgegriffen, denn es war billig und leicht herzustellen. In allen Zonen waren bald die Vorbereitungen zur Herstellung dieser einfachsten Waffe im Gang.

Captain R.G.K. Barker fuhr an einem Sonntagmorgen in Bexley, einem Vorort Londons, von Haus zu Haus, Kneipe zu Kneipe und sammelte Flaschen. Der Spieß seiner Home Guard Kompanie, ein Schmied, und ein Adjutant, ein Bankdirektor, begleiteten ihn dabei. Whisky-, Limonaden- und Essigflaschen stapelten sich bald zu Hunderten auf ihrem Lastwagen. Bierflaschen schieden aus, weil sie zu dickwandig und kaum zu zerbrechen waren. Die Ausbeute fuhren sie in ein nahes Wäldchen, das zu einem Park gehörte. Dort hatte schon der Apotheker des Vororts zusammen mit einem Bauunternehmer und dessen Leuten ein Holzfeuer unter einem Teerkessel entfacht. Als der Teer flüssig wurde, löschten sie das Feuer und füllten die Masse, vermischt mit reichlich Petroleum, in die gesammelten Flaschen. Am Ende verfügte die Kompanie über mehrere hundert Molotowcocktails, die an verschiedenen strategischen Punkten für den Ernstfall gelagert wurden. Noch 1986 wurde beim Verkauf eines Hauses in Kent auf dem Dachboden ein so großes Lager an Molotowcocktails, Munition und Sprengstoff gefunden, daß die Sprengstoffexperten der Armee hinzugezogen werden mußten.

Der schönste Molotowcocktail verpufft wirkungslos, wenn er nicht genau ins Ziel geworfen wird. Mit den kostbaren Flaschen nur zu Übungszwecken zu werfen, kam nicht in Frage. Also wurden hölzerne »Flaschen« angefertigt. Mit Kreide zeichnete Captain Barker die Silhouette eines Panzers auf die Mauer eines leerstehenden Hauses und markierte die verwundbaren Stellen des Panzers genau nach Vorschrift. Die Männer wurden nicht müde, das Ziel stundenlang zu bombardieren. Später wurde die Übungsmethode – wenigstens in Bexley – noch verfeinert. Ein ausgeschlachtetes Auto bekam einen Panzeraufsatz aus Blech und wurde von einem Traktor eine Straße entlanggezogen. Rechts und links im Graben lagen die Männer der Home Guard und schleuderten ihre Geschosse gegen das Vehikel. Sie hatten es »Hitler-Bus« getauft und mit allerlei Aufschriften versehen, wie »Straße nach Berlin«, »Wirf nicht vorbei!«. Daß es später während der Übung oft Fliegeralarm gab, erhöhte die Realistik und feuerte die Männer an.

Außer dem Molotowcocktail hatten die Spanienkämpfer jedoch noch etwas anderes mitgebracht: Erfahrung im Guerillakampf. In Osterley, einem westlichen Vorort Londons, hatte der Earl of Jersey einen Teil seiner Besitzungen für ein Ausbildungslager der Home Guard zur Verfügung gestellt. Dort begannen der Verleger der »Picture Post«, Edward Hulton, und Tom Wintringham mit einigen britischen Instrukteuren, die ebenfalls am spanischen Bürgerkrieg teilgenommen hatten, sowie drei spanischen Bergleuten, die sich damals

als Panzerknacker hervorgetan hatten, eine Guerilla-Schule für die Home Guard. Unterrichtsfächer waren: das Verhalten von Einzelkämpfern im freien Gelände, Tarnung, Ausschalten feindlicher Posten, Patrouillen, Häuserkampf und der Kampf Mann gegen Mann. Die Home-Guard-Angehörigen lernten die Handhabung von Tretminen, der verschiedensten Gewehrtypen, Handgranaten, Nebelgranaten, Drahtschlingen und wie man mit über eine Straße gespannten Stahldrähten feindliche Motorradfahrer köpft. Die Schule war so erfolgreich, daß auch die reguläre Armee, darunter auch die Garderegimenter, Offiziere und Mannschaften zur Ausbildung schickte und später die Schule ganz übernahm.

Das erinnert an die Zeit um 1805, als sich ebenfalls eine Art Home Guard von immerhin 350 000 Mann gebildet hatte. Damals hatte ein weitsichtiger Oberst gefordert, die Männer nicht von Kasernenhof-Feldwebeln, sondern von Wilddieben und Wildhütern ausbilden zu lassen. Ähnliche Gedanken kamen auch 1940 auf.

Viele der Vorbereitungen auf eine Invasion wurden unter strengster Geheimhaltung getroffen. Nur wenige in der Bevölkerung und selbst in den Streitkräften wußten etwas von der Bildung einer Partisanentruppe. Ihre Mitglieder sollten sich von den deutschen Truppen überrollen lassen und in deren Rücken einen Guerillakrieg führen. Die Freiwilligen waren Zivilisten, in der Regel ausgesuchte Angehörige der Home Guard. Später bildeten sie auch eigene Home-Guard-Bataillone, geheime Einheiten, die in keiner offiziellen Aufstellung auftauchten. Einen Sold erhielten sie nicht, trugen aber die gleichen Uniformen wie die Home Guard.

Den Anfang machte der Captain in den Grenadier Guards, Peter Fleming, der Bruder des C. I. A. Organisators und Bond-Film-Schöpfers Ian Fleming. In dem Landhaus The Garth in Bilting an der Straße von Ashford nach Canterbury richtete er sein Hauptquartier ein. Bei ihm waren ein weiterer Captain, zwei Feldwebel sowie mehrere Soldaten, die als Fahrer, Burschen und Bürogehilfen fungierten. Kern der kleinen Gruppe war ein Zug der Kommando-Eliteeinheit Lovat Scouts, die später eine der ruhmreichsten Einheiten des britischen Heeres werden sollte.

Innerhalb kurzer Zeit rekrutierten Fleming und seine Helfer Männer in allen taktisch wichtigen Gegenden Kents. Über keinen der Rekruten gab es schriftliche Unterlagen, und jeder wurde zur größten Geheimhaltung – auch gegenüber den engsten Familienmitgliedern – verpflichtet. Eine bedauernswerte Ehefrau glaubte vier Jahre lang, daß ihr Mann ein Verhältnis außerhalb der Stadt habe, weil er nie mit der Home Guard übte und jedes Wochenende verschwand.

The Garth wurde zur Guerillaschule ähnlich wie Osterley. Jedes Wochenende wurden dort fünfzig bis achtzig Mann versammelt, um in den umliegenden Wäldern den Guerillakampf zu üben. Da sich die Aktivitäten des Widerstandes hauptsächlich nachts abspielen würden, trugen die Schüler tagsüber oft dunkle Schweißbrillen, um sich an den Kampf in der Dunkelheit zu gewöhnen. Ausgerüstet war jeder mit einer Pistole, einem Schlagstock, einem feststehenden Messer und Kampfschuhen mit dicken Gummisohlen, die ein lautloses Anschleichen an deutsche Posten erlaubten. Jede der fünf bis acht Mann starken Patrouillen verfügte über ein leichtes Maschinengewehr, Handgranaten und einen Vorrat des damals noch ganz neuen Plastiksprengstoffs.

Allmählich verwandelte sich The Garth in ein reichhaltiges Munitions- und Waffenlager. Zu letzterem gehörten auch sechs Sportbogen. Fleming war ein ausgezeichneter Bogenschütze, der ein Reh aus 90 Meter Entfernung mit dem Pfeil töten konnte. Diese lautlose Waffe war ideal für den Einsatz gegen feindliche Posten, man konnte mit ihr aber auch Brandsätze in Munitions- und Treibstofflager des Gegners schießen. Die Bogenschützen konnten in aller Öffentlichkeit üben, weil sie sich als Sportclub tarnten.

Mit der anstrengenden Ausbildung zum Einzelkämpfer war es für die Männer des künftigen Widerstandes jedoch nicht getan. Sie mußten auch beim Graben ihrer Verstecke helfen, obwohl die Hauptarbeit von eingeschworenen Pioniertrupps geleistet wurde. In den ersten Sommerwochen wurden in Kent etwa 25 Verstecke angelegt, in denen sich sechs bis sieben Mann mindestens zwei Wochen verbergen konnten. In der Regel war ein solcher Unterstand etwa sieben Meter lang, drei bis vier Meter breit und hoch genug, daß die Männer aufrecht darin stehen konnten. Er enthielt Schlafkojen, einen Ofen, eine Paraffin-Lampe und einen entsprechenden Lebensmittelvorrat. Bei normaler Belegung war auch genügend Platz für Munition, Waffen und Sprengstoffvorräte vorhanden. Die Erdlöcher wurden zumeist in Wäldern ausgehoben, mit Balken belegt und sorgfältig getarnt. Die Einstiege waren gewöhnlich mit einem soliden Holzkasten abgedeckt, der mit der Humusschicht der Umgebung gefüllt war.

Alte Tunnels und Höhlen in der Steilküste Kents, die schon die Schmuggler im 17. Jahrhundert benutzt hatten, wurden bei der Suche nach geeigneten Verstecken wiederentdeckt und für den neuen Zweck hergerichtet. Einer dieser Tunnels führte direkt unter das Flugfeld des Militärflugplatzes Manston, von wo aus man leicht in die Hangars und Verwaltungsgebäude eindringen konnte, falls die Deutschen den Platz in Besitz nahmen. Auch in den Kellern einer

Landhausruine und sogar in erweiterten Dachsbauten machten es sich die Partisanen gemütlich.

Das größte Versteck lag in der Nähe von Bilting, im Godmersham Park. Diese Anlage war als Zufluchtsort für Partisanentrupps gedacht, die aus irgendeinem Grund nicht mehr in ihr eigenes Versteck zurückkehren konnten. Es bot Unterkunft, Verpflegung und Wasser für 120 Mann und trug den Namen »Air Ship«. Fleming war bei seiner Suche auf eine etwa 20 Meter lange, zehn Meter breite und zehn Meter tiefe überwucherte Ausschachtung mitten im Park gestoßen. Es stellte sich heraus, daß sie aus dem Ersten Weltkrieg stammte und für die Aufnahme eines Luftschiffes gedacht gewesen war. Ein Loch unter einem Loch würden die Deutschen nie suchen, dachte sich Fleming. Also ließ er die Vertiefung von den Pionieren um mehr als drei Meter weiter ausschachten, mit Balken abdecken und die Oberfläche wieder in ihren natürlichen Zustand zurückversetzen. Als Zugang wurde ein langer Schacht gegraben, dessen Eingang etwa fünfzehn Meter vom Rand der Vertiefung entfernt lag. Die Falltür bildete ein Baumstumpf, der mit Gewichten so balanciert war, daß man ihn mit einer Hand leicht umlegen konnte, wenn man vorher eine Verriegelung löste.

Ein großes Problem stellte der Aushub dar, der beim Versteckbau zu offensichtlich in der Landschaft herumlag, besonders weil die unteren Schichten oft aus Kreide bestanden und so hell leuchteten, daß sie von einem Flugzeug auch aus großen Höhen auszumachen waren. Mit Armeelastwagen wurde die Erde an »offizielle« Baustellen gefahren oder ins Meer gekippt. Eine kinoreife Idee hatte der Nachfolger Flemings: Er ließ die Kreide- und Erdhaufen mit Sprengladungen in »Bombenkrater« verwandeln.

Je mehr Zeit verstrich, ohne daß die Deutschen kamen, desto vollkommener wurde das Widerstandsnetz ausgebaut. Außer in Kent wurden in Sussex, East Anglia, aber auch in den Midlands und in Schottland Guerillakämpfer ausgebildet und Verstecke für sie angelegt. Bis Ende 1940 waren es 300, später mehr als 500. Die Stärke der »Auxilliary Units« wie sich die Partisaneneinheiten nannten, belief sich am Ende auf etwa 3 000 Mann.

Auf deutscher Seite hatte man keine Ahnung von der Existenz dieser gefährlichen Truppe, die Churchill »eine nützliche Ergänzung der Armee« nannte. Das deutsche OKH unterschätzte den Verteidigungswillen der Briten, die – anders als die Polen und die Franzosen – nicht mehr überrascht werden konnten und sich mit aller Kraft auf den Ernstfall vorbereiteten. Auch von der vieldiskutierten Home Guard hatte man in Berlin nur eine verschwommene Vorstellung, die sich offenbar auf eine willkürliche Sammlung englischer Zeitungsartikel stützte. Am 9. August gab das OKH unter dem Titel »Truppenfeststellungen« folgende Charakterisierung der Home Guard heraus: »Für den örtlichen Sicherheitsdienst (besonders gegen Fallschirm- und Luftlandetruppen) ist neben den Landesschutzverbänden die ›Heimwehr‹ (Home Guards), bisher ›Local Defence Volunteers‹ genannt, aufgestellt worden. Es handelt sich um eine freiwillige Hilfstruppe ohne jede militärische Ausbildung. An Stelle einer Uniform werden – anscheinend einheitlich – Pullover und Zivilhosen getragen. Die Ausstattung mit Stahlhelm ist wahrscheinlich. Die Verbände der Heimwehr sind Teile der Traditions-Regimenter der Infanterie und tragen deren Abzeichen (Badges). Die Bewaffnung mit Schußwaffen aller Art (auch Jagdgewehren) und Handgranaten ist beabsichtigt, jedoch anscheinend nur zum Teil durchgeführt. Ihre Aufgabe besteht neben dem Kampf in der Kontrolle der Verkehrswege, besonders hinsichtlich der Bewegung von Flüchtlingen; man ist scheinbar fest entschlossen, die Flucht der Einwohner aus Kampfgebieten mit allen Mitteln zu verhindern.«

Auch die zahlenmäßige Stärke der Home Guard unterschätzten die deutschen Beobachter, wohl auch weil sie vom Heer der Million Arbeitsloser nichts wußten, aus deren Reihen die Home Guard überraschend großen Zulauf erhielt. Die britische Presse hatte kein Hehl aus der Tatsache gemacht, daß in den ersten vierundzwanzig Stunden nach Edens Appell am 14. Mai rund 250 000 Meldungen für die Heimwehr eingegangen waren und deren Stärke Mitte Juli schon über eine Million betrug. »Die Gesamtstärke der zur Zeit verwendungsbereiten Verbände«, heißt es weiter in der Truppenfeststellung des OKH, »in der Heimat, einschließlich Küstenschutztruppen (ohne Flak-Verbände) beläuft sich schätzungsweise auf 230 000 Mann. Mit den aus Frankreich entkommenen aktiven 5 Infanterie Divisionen erhöht sich diese Zahl auf rund 320 000 Mann.«

Ganz außer acht ließen die deutschen Schätzungen den Anteil, den die Frauen an der Landesverteidigung nahmen. Da warteten nämlich Tausende von Boadiceas – nicht alle rothaarig wie die legendäre Königin des britischen Stammes der Icener, der sich in Norfolk gegen die Römer erhoben hatte –, aber auch in ihnen »stellte sich die Originalität des verfolgten, in verzweifelter Gegenwehr begriffenen britischen Wesens dar«, wie Leopold von Ranke einmal über Boadicea schrieb.

»Wir verlangen das Recht, Schulter an Schulter mit der Home Guard zu stehen«, forderte Nora Robbins, die Gründerin des Amazone Defence Corps. »Der Kampfgeist unserer Soldaten lebt auch in ihren Müttern und Frauen, und er sollte in unsere gemeinsamen Kriegsanstrengungen eingebracht werden.« Das Corps erhielt «überwältigenden Zulauf«, als sie ihre Geschlechtsgenossinnen zum Kampf aufrief. Die Armee stellte Instrukteure zur Verfügung, um die Amazonen am Gewehr und im Gefecht auszubilden. »Ich persönlich trage einen Schlagstock bei mir«, sagte Nora Robbins, »mit dem kann ich leicht einen Mann töten, wenn kein Gewehr zur Hand ist.«

Der Ernst der Situation führte zu einer nervösen Spannung, der – männliche wie weibliche – Gemüter nicht immer gewachsen waren. Die wildesten Gerüchte waren im Umlauf und falscher Alarm an der Tagesordnung. So verbrachten Reiterinnen, die sich der berittenen Home Guard angeschlossen hatten, viele Tage damit, die Felder nach »Pfeilen« abzusuchen, die Mitglieder der Fünften Kolonne als Wegweiser für Landungstruppen in das schon recht hoch gewachsene Getreide gemäht haben sollten.

Eines der vielen Gerüchte wollte lange nicht verstummen: An der Südküste seien vierzig unbekleidete Leichen deutscher Soldaten angeschwemmt worden. In einer Version war die Kanalküste »weiß von angeschwemmten Körpern«. Man rätselte viel daran herum, woher sie gekommen sein könnten. Der Ursprung des Gerüchtes konnte nie geklärt werden – aber es entsprach dem Wunschdenken der meisten Briten.

So erklären sich wohl auch die vielen falschen Alarme: Die Phantasie nahm die Ereignisse voraus, weil die erwartungsvolle Spannung zu groß geworden war. Typisch dafür war der Alarm, der eines Tages in Burton gegeben wurde. Die kleine Ortschaft liegt unweit des River Dee, eines Meeresarms in Nordwales, in einer Gegend, in der niemand ernsthaft mit einer Landung des Feindes rechnete.

Zu nachtschlafener Zeit an einem frühen Sonntagmorgen wurde der Bataillonskommandeur der Home Guard durch Geschrei vor seinem Schlafzimmerfenster geweckt: »Invasion, Sir, Invasion!« Hastig stieg der ältere Herr, ein Oberstleutnant, aus seinem Bett und streifte sich einige Kleidungsstücke über. Seinen Revolver umschnallend stürzte er nach draußen. Auf der Straße standen ein paar verwegen dreinblickende, mit Flinten, Säbeln, Eisenstangen und Stöcken bewaffnete Männer. Sie warteten auf ihn, damit er sie gegen die Deutschen führe. Der Ortspolizist trat vor, salutierte und fragte mit leiser Stimme den Kommandeur nach seinem Ausweis. Niemand fand das spaßig oder ungehörig, schließlich schauten unter dem Militärmantel des Kommandeurs ein Blazer und eine Pyjamahose hervor.

Die Lage war einfach genug: Ein Landarbeiter hatte gerade seinen Posten in den Dünen erreicht, als er die Deutschen am Strand sah.

Viele Deutsche. Er war sofort zurückgelaufen, um Meldung zu erstatten. Die Männer sprachen nur im Flüsterton. Eine Patrouille mußte ausgeschickt werden.

Geführt vom Kommandeur machte sich eine Handvoll Freiwilliger auf den Weg, unter ihnen der Vikar und der Gastwirt. Zuerst wollten sie an der Post vorbei, um mit Denhall zu telefonieren, einer Häusergruppe nicht weit vom Strand, denn dort mußte man ja am ehesten Bescheid wissen. Der Posthalter war auch schon auf den Beinen. Er trug eine schwere Axt über der Schulter: Ehe die Deutschen kamen, wollte er den Telefonschrank demolieren. Als er Denhall wählte, meldete sich dort niemand. Der Landarbeiter sagte, das sei kein Wunder, denn die Deutschen seien ja zu Hunderten am Strand gewesen.

Eile tat not. Der Kommandeur und seine beherzten Männer machten sich auf den Weg zum Beobachtungsposten des Landarbeiters. Es war nicht leicht, auf geradem Weg in der gerade aufkommenden Morgendämmerung über die Dünen zu klettern. Sie brauchten fast eine Stunde, um ihr etwa drei Kilometer entferntes Ziel zu erreichen. Vorsichtig pirschten sie sich an die letzte Düne heran und sahen hinüber.

»Da unten«, flüsterte der Landarbeiter, »da sind...«. Er verstummte. »Blödmann!« brüllte der Kommandeur in die unheimliche Stille. »Wissen Sie nicht, was das ist?! Das sind Pfosten! Pfosten, die man eingerammt hat, damit bei Ebbe kein deutscher Flieger landen kann!« Der Landarbeiter konnte keine Ahnung haben, er arbeitete im Inland auf einer Farm und kam so gut wie nie an den Strand.

Wie seltsam manche dieser Randerscheinungen sich auch ausnehmen mögen, so sind sie auch Ausdruck der allgemeinen Haltung der Briten: Sie rechneten jeden Tag, jede Stunde mit dem Auftauchen der Deutschen und waren bereit, um ihr nacktes Dasein zu kämpfen. Aber wo blieben die Deutschen?

VIII.
Dann machen wir einen Plan
Wie Großadmiral Raeder eine Lawine lostrat

Seit der Kriegserklärung Großbritanniens am 3. September 1939 war das Inselreich für Adolf Hitler ein rotes Tuch. Die Briten störten ihn in seinen großen Vorhaben auf dem Kontinent, statt sich ausschließlich um ihr Weltreich zu kümmern. Ihm lag nichts daran, die Briten zu unterjochen, doch wenn sie ihm ihre Vorstellungen von einer europäischen Politik aufzwingen wollten, so mußten sie zur Räson gebracht und auf die Knie gezwungen werden.

Am 23. September hatte Adolf Hitler im Seebad Zoppot bei Danzig eine Unterredung mit dem Chef der Seekriegsleitung, bei der auch Generaloberst Keitel zugegen war. Großadmiral Raeder erstattete Bericht über die Seekriegslage in Ostsee, Nordsee und Atlantik. Die großen Erfolge der deutschen U-Boote im Atlantik versuchte er herunterzuspielen. 232 000 Tonnen feindlichen Schiffsraumes waren bisher versenkt worden, doch damit niemand auf den Gedanken kam, es könne so weitergehen, erklärte er, daß bei Kriegsbeginn eine große Zahl französischer und britischer Dampfer zu ihren Heimathäfen unterwegs waren und eine verhältnismäßig leichte Beute der U-Boote wurden, weil sie noch nicht bewaffnet waren. Auf der anderen Seite seien Booten aus politischen Gründen Beschränkungen auferlegt (keine Angriffe auf Passagierdampfer und Schonung der französischen Kriegs- und Handelsmarine), so daß britische und französische Truppentransporte von Afrika und den Britischen Inseln ungehindert in französischen Häfen einlaufen konnten.

Raeder fragte Hitler nach Maßnahmen, die getroffen werden müßten, falls der Krieg gegen England und Frankreich »durchzukämpfen« sei. Das war bis dahin längst nicht klar, denn Hitler hatte auch geäußert, daß er hoffe, Frankreich aus der westlichen Allianz herauszubrechen. Hitler vertröstete seinen Marinechef damit, daß er vorhabe, innerhalb der nächsten vierzehn Tage eine Darstellung der politischen Lage vor den Oberbefehlshabern vorzunehmen und dabei die Belagerung von England verkünden werde, die von der Kriegsmarine im Verein mit der Luftwaffe durchzuführen sei.

In seinen Notizen zu dieser Besprechung hielt Raeder fest: »Belagerung Englands muß bei Weitergehen des Krieges sofort und aufs stärkste ausgeführt werden. Auswärtiges Amt, Wirtschafts- und Ernährungsministerium werden über Folgen vorher unterrichtet werden. Alle Einsprüche müssen zurückgewiesen werden. Auch Drohungen mit Eintritt Amerikas in den Krieg, der bei Fortdauer sicher erscheint, darf nicht zu Einschränkungen führen. Je früher Beginn und je brutaler, um so früher die Wirkung, um so kürzer der Krieg. Alle Einschränkungen verlängern den Krieg. Chef OKW und Führer stimmen völlig hiermit überein.«

Von einer Landung auf den Britischen Inseln war nicht die Rede. Hitler erwähnte diese Möglichkeit zu diesem Zeitpunkt und auch später mit keinem einzigen Wort. Dieser »verrückte Gedanke« kam wenige Wochen später als erstem dem Oberbefehlshaber der deutschen Kriegsmarine selber. Anläßlich eines Besuches Raeders beim Marinebefehlshaber West, am 6. November 1939, kam das Gespräch auf die Fortsetzung des Krieges nach einem möglichen Erfolg gegen Frankreich. Würde der Führer Großbritannien durch eine Seeblockade aushungern oder gar mit massiven Truppen auf den Inseln landen wollen? Hitler hatte als Angriffsdatum zur Eröffnung des Westfeldzuges den 12. November 1939 bestimmt.

Der Generalstab des Heeres hatte die Marine im Spätherbst wissen lassen, daß man mit schweren und verlustreichen Kämpfen und einer langen Dauer des Westfeldzuges rechne. Die Planer des Heeres nahmen an, daß die deutschen Truppen »etwa die gleiche Linie wie im Krieg 1914/18 erreichen und dabei vielleicht die belgischen und holländischen Häfen am Ortseingang des Kanals in unsere Hand fallen könnten«.

Raeder erinnerte sich: »Da vor dem Krieg unsere gedanklichen wie materiellen Vorbereitungen nicht auf eine bewaffnete Auseinandersetzung mit England abgestellt waren, lag mir daran, daß wir wenigstens die ersten Vorüberlegungen gemacht hatten.« Ehe nämlich die Wehrmachtführung oder Hitler darauf kamen, in England einzufallen, und ihn mit der Anforderung des Seetransportes überfuhren, wollte Raeder dagegen gewappnet sein.

Am 15. November setzte Großadmiral Raeder einen kleinen Sonderstab unter dem Chef des Stabes der Seekriegsleitung, Vizeadmiral Schniewind, ein, der sich mit einer etwaigen Invasion Englands unter militärischen, seemännischen und transporttechnischen Gesichtspunkten beschäftigen sollte. Den Angehörigen des Stabes wurde strengstes Stillschweigen auferlegt, niemand außerhalb der Operationsabteilung durfte etwas von diesen Überlegungen erfahren.

Die Untergebenen Schniewinds, Konteradmiral Fricke und Kapitän z. S. Reinicke, machten sich am Berliner Tirpitzufer unverzüglich an die Arbeit. Es war eine Pflichtübung, die sie nicht mit besonders großem Enthusiasmus erfüllte, denn jedermann wußte, daß sie in der Royal Navy einen Gegner vor sich hatten, der ihnen mit zehnfacher Übermacht gegenüberstand und bedeutend mehr Seekriegserfahrung hatte als sie selber. Außerdem war das für sie ein völlig neues Gebiet. Truppenverschiffungen großen Stils hatte es zuvor schon viele gegeben, doch noch nie hatte eine deutsche Kriegsmarinedienststelle ein Landungsunternehmen geplant, und noch nie waren an Marineoperationen die beiden anderen Wehrmachtteile zu beteiligen gewesen.

Nach fünf Tagen legten die beiden Stabsoffiziere Großadmiral Raeder ein zwölfeinhalb Schreibmaschinenseiten umfassendes Dokument, die sogenannte Studie Rot, vor. Sie hatten einen etwa 100 Kilometer breiten Streifen der englischen Südküste zwischen Portland und Yarmouth auf der Insel Wight als Landungsgebiet gewählt und die Häfen wegen ihrer Zugänglichkeit und Ladekapazität für besonders geeignet gefunden. Dem eigentlichen Transportproblem hatten sie wenig Aufmerksamkeit geschenkt, dafür um so mehr den Gefahren, die einer Landungsflotte vor allem von den Royal Air Force und der Royal Navy drohten. Fricke und Reinicke machten deshalb den Erfolg eines Landungsunternehmens von der Erfüllung vier unerläßlicher Voraussetzungen abhängig:

1. Die gegnerischen Seestreitkräfte müssen vom Landungsgebiet ferngehalten oder dort vernichtet werden.
2. Die gegnerische Luftwaffe muß ausgeschaltet werden.
3. Die gegnerische Seeverteidigung in der Küstenzone muß zerstört werden.
4. Feindliche U-Bootangriffe während der Überfahrt müssen unmöglich gemacht werden.

Die Landungsflotte sollte aus deutschen Heimathäfen auslaufen. Belgische und französische Kanalhäfen – vorausgesetzt, sie wären erobert worden – schienen den Marineplanern als Sammelpunkte der Landungsstreitkräfte zu verwundbar. Trotz aller Risiken zogen sie das vorsichtige Fazit: »Wenn an der Westfront durch einen Sieg oder eine Stabilisierung der Lage Kräfte freiwerden, scheint uns ein Landungsunternehmen im großen Stil über die Nordsee unter den vorerwähnten Voraussetzungen ein mögliches Mittel, die Friedenbereitschaft des Feindes zu erzwingen.«

Es war nicht nur die Überlegenheit der feindlichen Seestreitkräfte und die Gefahr, die deutschen Truppentransporter aus der Luft drohte, derentwegen sich die Marineoffiziere so große Zurückhaltung auferlegten. Sie dachten noch ganz in den Kategorien des Ersten Weltkrieges: Seeschlachten und Krieg gegen die Handelsschiffahrt waren ihr Metier, Landungsoperationen gehörten eher in den Bereich des Heeres. Darin wurden sie auch durch die Führerweisung Nr. 9. bestätigt, in der die Aufgabe der Marine: der Handelskrieg, als einzige Aufgabe erschöpfend dargelegt war. Die Studie Rot hatte deshalb nicht viel mehr als eine Alibifunktion. Sie wanderte im Reichsmarineamt in eine Schublade und wurde vorerst vergessen. Abschriften gingen jedoch an das Oberkommando der Wehrmacht und an das Oberkommando des Heeres.

Im OKW registrierte Generalmajor Alfred Jodl, Chef des Wehrmachtführungsamtes, den Eingang der Studie und leitete sie an den Chef der Abteilung L (Landesverteidigung), Oberst Walter Warlimont, weiter, der sie fürs erste ablegte. Im OKW dagegen regte sich offenbar militärischer Ehrgeiz: Nach Erhalt der Studie Rot veranlaßte am 13. Dezember 1939 Generaloberst Walther von Brauchitsch eine entsprechende eigene Studie des Heeres unter dem Decknamen Studie Nordwest. Major i. G. Stieff zeichnete für die Ausarbeitung.

Die Heeresleitung war nicht mit den großen Skrupeln belastet, die die Marine geplagt hatten. Unbekümmert ging man die Aufgabe wie im Sandkasten an. Hauptziel war die Einnahme Londons. Als gegebene Voraussetzungen der Operation galten der Besitz der holländischen und belgischen Kanal - bzw. Nordseehäfen, und die Tatsache, daß sich der Kern des britischen Heeres auf dem Festland befand, um sich zusammen mit den Franzosen auf den Schlachtfeldern des Ersten Weltkrieges einem deutschen Angriff entgegenzuwerfen.

Eingedenk der Schwierigkeiten, mit denen sich die Studie Rot der Marine bei einer Landung an der Südküste Englands konfrontiert gesehen hatte, verlegten Major Stieff und seine Mitarbeiter die Landung nach Norden zwischen die Themsemündung und den Wash. Fliegerdivision 7, verstärkt durch das Infanterie-Regiment 16, sollte in einer Luftlandeoperation die Häfen Great Yarmouth und Lowestoft nehmen, während eine Infanteriedivision und eine Radfahrerbrigade von Seeseite her in den Häfen landen sollten. Südlich der Häfen sollte eine weitere Division an der freien Küste bei Dunwich und der vor Ipswich gelegenen Hollesley Bay gelandet werden, um einer feindlichen Einwirkung von Ipswich entgegenzuwirken. Eine zweite Welle der Landungstruppen mit zwei Panzerdivisionen, einer Motorisierten Infanteriedivision und einer verstärkten Infanteriedivision sollte folgen. Die in die belgischen und holländischen Häfen zurückgekehrten leeren Schiffe sollten dann eine dritte Welle von sechs Panzer- und Infanteriedivisionen einladen und nachbringen. Eine Scheinlandung sollte zur Tarnung nördlich der Humbermündung erfolgen. Das eigentliche Angriffsziel war der Raum nördlich Londons. Die so von ihren nördlichen Verbindungen abgeschnittene Metropole konnte dann eingenommen (»fortgenommen«) und besetzt werden.

Um diese Bilderbuch-Operation möglichst ungestört ablaufen zu lassen, wies das Heer der Kriegsmarine folgende Aufgaben zu:

1. Schließung der Straße von Dover gegen das Vordringen feindlicher Seestreitkräfte von Süden her.
2. Ausschaltung einer Einwirkung der feindlichen Über- und Unterwasserstreitkräfte in der Nordsee gegen das Landungsunternehmen und seinen Nachschub.
3. Räumung der Schiffahrtswege und Landungsplätze von feindlichen und eigenen Minen.
4. Durchführung der Seetransporte.
5. Sicherstellung des erforderlichen Ladegerätes.
6. Feuerschutz für die Landungsarmee von See her.
7. Durchführung des Täuschungsmanövers nördlich der Humbermündung.
8. Behinderung der Rückkehr des B. E. F. vom Festland.

Von der Luftwaffe erwartete das Oberkommando des Heeres:

1. Die Beherrschung des Luftraumes im Anmarsch- und Landungsgebiet.
2. Unterstützung der Marine im Kampf gegen feindliche Seestreitkräfte.
3. Luftlandung Great Yarmouth und Lowestoft sowie in der Gegend von Cambridge.
4. Unterstützung der Erdoperationen in England.
5. Behinderung des Rücktransportes des B. E. F. vom Festland.

Der Generalstabschef des Heeres, General Franz Halder, und Generaloberst von Brauchitsch segneten die Studie ab und ließen sie mit der Bitte um Stellungnahme an die Seekriegsleitung und an den Oberbefehlshaber der Luftwaffe leiten. Das Echo war bezeichnend für den Mangel an Zusammenarbeit und Verständnis unter den drei Wehrmachtsteilen. Der Führungsstab der Luftwaffe erklärte sich in seiner Antwort am 30. 12. schlichtweg außerstande, den Vorstellungen des Heeres zu entsprechen. »Der geplante Einsatz ist daher nur denkbar in einem Zustand absoluter Luftüberlegenheit und auch dann nur, wenn Überraschung gewährleistet ist«, lautete einer der Kernsätze des Schreibens. Die Luftwaffe wies das Heer darauf hin, daß die geplante Luftlandung in die stärkste Stelle der feindlichen Luftverteidigung stoße, und daß bereits schwache Kräfte der feindlichen Luftwaffe genügten, um die Transporte nahezu unmöglich zu machen.

Kein Wort davon, wie die Luftwaffe dem abzuhelfen gedachte. Statt dessen wird die Studie rundweg abgelehnt: »(Eine Landung in England)... könnte nur der letzte Akt eines bereits siegreich verlaufenen Krieges gegen England sein, da sonst die Voraussetzungen für das Gelingen einer kombinierten Operation nicht gegeben sind.«

Die Seekriegsleitung ließ sich in ihrer Stellungnahme wenigstens zu einer Diskussion herbei. Eine gewisse Fassungslosigkeit über die Unbedarftheit des Heeresplanes konnten die Marineleute allerdings nur schlecht verhehlen. Sie machten Halder auf die Tatsache aufmerksam, daß man bei einer Wegnahme der Häfen nicht nur mit einer Abwehr durch leichte Seestreitkräfte und Sperrungen im Küstenvorfeld rechnen müsse, sondern daß zweifellos die gesamte britische Heimatflotte mit schweren Schiffen, Kreuzern und U-Booten voll eingesetzt werden würde. Und »die englische Heimatflotte wird stets stärker als die eigene auftreten können, wenn der Wille dazu vorhanden ist«. Deshalb verbot sich auch der Einsatz deutscher U-Boote, die einem solchen Gegner nicht gewachsen waren.

Die Marine, die in ihrer eigenen Studie die Südhäfen nicht ohne Grund vorgezogen hatte, erklärte, daß die beengten Hafenverhältnisse in Great Yarmouth und Lowestoft für eine Ausladung nicht weniger problematisch waren als die freie Küste. In anderen Worten: Die Heeresleitung hatte keine Ahnung, mit welcher Umständlichkeit das Ausladen in einem beengten Hafen vor sich gehen und welcher verhängnisvolle Zeitverlust allein durch das Manövrieren der Schiffe entstehen würde. Über das Ausladen auch nur einer Kompanie Soldaten an einem steilen Kiesstrand hatte sich Major Stieff offenbar keine Gedanken gemacht: Selbst in kleinen Booten oder Leichtern war das für ungeübte Leute fast unmöglich.

In manchen Punkten drehte die Marine den Spieß einfach herum und verlangte zum Beispiel ihrerseits von der Armee die vorherige Ausschaltung der Küstenabwehr. Zugleich verneinte sie kategorisch jede Möglichkeit, fremde und eigene Minen in dem angesprochenen Seegebiet systematisch räumen zu können. Auch von einem Täuschungsmanöver nördlich der Humbermündung wollte sie nichts hören, denn das hätte eine Zersplitterung ihrer an sich schon schwachen Kräfte bedeutet.

Ganz offensichtlich konnte man sich am Tirpitzufer mit keinem der Heeresvorschläge anfreunden. Am weitesten voneinander entfernt waren die beiden Standpunkte in der Kernfrage. Die Marine war über den Umfang der Transporte entsetzt. Bei ihren eigenen Untersuchungen waren Fricke und Reinicke von 15 Dampfern und 7 500 Mann ausgegangen, jetzt sollten 100 000 Mann und schweres

Material über den Kanal bugsiert werden. »Die bezeichneten Truppenmengen«, schrieb Admiral Schniewind, »bedingen eine Transportflotte von etwa 400 mittelgroßen Seeschiffen, ferner einen großen Park von Seeschleppern, Prähmen usw. für die Ausschiffung an freier Küste.« Die Schiffe, von denen sowieso nur ein Bruchteil der erforderlichen Zahl vorhanden sei, müßten für den Transport von Truppen und schwerem Heeresgerät (Panzer, Artillerie) umgebaut und Werftkapazität dafür freigemacht werden. Das würde ein ganzes Jahr in Anspruch nehmen. Landungsgerät sei in nennenswertem Umfang nicht vorhanden und müßte erst beschafft werden.

Bei der Gelegenheit feuerte die Marine gleich eine Breitseite auf die Luftwaffe ab: »Mit einer Unterstützung der Kriegsmarine durch die Luftwaffe kann nicht mit Sicherheit gerechnet werden. Wetter, Tageszeit und andere Umstände können eine Teilnahme von Luftstreitkräften über See überhaupt ausschließen.«

Zwei der drei Wehrmachtsteile hielten eine Invasion der Britischen Inseln zumindest so für nicht durchführbar. Nur in einem stimmten Heer, Marine und Luftwaffe völlig überein: Ohne eine Beherrschung des Luftraumes über dem Anmarsch- und Landegebiet war an eine Landung nicht zu denken. So blieb General Halder nichts anderes übrig, als die Studie Nordwest in einer Schublade verschwinden zu lassen.

Gestorben war damit der Gedanke an eine Landung auf der anderen Seite des Kanals nicht. Er schlummerte nur. Er schlummerte so tief, daß die nächste Aktion Hitlers zwar die britische Invasionsfurcht hellwach werden ließ, aber im deutschen Generalstab mochte man nicht zwei und zwei zusammenzählen: Am 10. April 1940 begann das Landungsunternehmen in Norwegen. Die Landung verlief nach dem gleichen Schema, nach dem Kaiser Wilhelm vierzig Jahre zuvor seine Truppen nach China befördert hatte. Auf großen Seeschiffen wurden die Soldaten samt Waffen in die norwegischen Häfen gebracht und dort einfach ausgeladen. Nach vier Monaten Planung war niemand auf den Gedanken gekommen, bei dieser Gelegenheit die Landung an einer verteidigten Küste zu üben und Truppen an den Stränden abzusetzen.

Von einem Strand und England war erst wieder die Rede, als am 20. Mai 1940 die Panzer General Guderians nach ihrem atemberaubenden Siegeszug durch Frankreich die Sommemündung bei Abbéville und damit die Kanalküste erreichten. Während sie nach Norden drehten, um Calais und Dünkirchen zu erreichen, wo sie sich mit der von Norden kommenden Heeresgruppe B vereinigen sollten, konnten die Panzerbesatzungen jenseits des Kanals deutlich die Kreidefelsen von Dover ausmachen. Guderian schrieb dazu in seinen Memoiren: »Während der Nacht (vom 20. auf 21. Mai) passierte das Bataillon Spitta der 2. Panzerdivision Noyettes und war so die erste deutsche Einheit, die die Atlantikküste erreichte.«

Guderians geographischer Lapsus ist bezeichnend für die Einschätzung maritimer Verhältnisse innerhalb der deutschen Generalität. Im Verlauf der kommenden Wochen sollte sie noch eine große Rolle spielen: Auf der einen Seite sah man den Ärmelkanal als den unüberwindlichen Teil eines Ozeans, eine endlose wilde Wasserwüste, die man nicht verstand und nicht zu meistern wußte; auf der anderen Seite war der Kanal nicht viel mehr als eine Pfütze, die schon eine Menge Leute durchschwommen hatte. Aber noch nahmen die Operationen gegen Frankreich die ganze Aufmerksamkeit der Militärs in Anspruch. Niemand dachte daran, den Kanal zu überqueren – während einen Sonntagsausflug entfernt Millionen Männer und Frauen vor einer deutschen Invasion zitterten.

Nur einen Mann in der deutschen Wehrmachtsführung hatte der Durchbruch zur Kanalküste elektrisiert: Großadmiral Erich Raeder. Ihn verfolgte die Vorstellung, daß Adolf Hitler nun von ihm verlangen werde, die beiden siegreichen Heeresgruppen noch voller Angriffsschwung nach England überzusetzen: »Der Augenblick war gekommen, in dem ich die Frage einer Invasion bei Hitler anschneiden mußte. Ich mußte befürchten, daß sonst von unverantwortlicher Seite der naheliegende Vorschlag zu einer Landung gemacht würde, Hitler den Gedanken aufgriff, und dann die Marine plötzlich vor eine unlösbare Aufgabe gestellt würde.«

Am 21. Mai 1940, nach der Führerkonferenz im Hauptquartier »Felsennest«, bat Raeder den Führer um ein Gespräch unter vier Augen. Er begann seinen Vortrag mit einer Erwähnung der erfolgreichen Besetzung Norwegens, die über Erwarten gut geglückt sei. Sehr schnell könne deshalb der Gedanke aufkommen, in ähnlicher Weise wie in Norwegen nun auch gegen England vorzugehen; der Sprung über den Kanal könne auf den ersten Blick weniger gefährlich erscheinen als der weite Weg zu den norwegischen Häfen. Aber das Gegenteil treffe zu; eine Landung auf den Britischen Inseln sei äußerst schwierig und mit großen Risiken verbunden. Raeder erklärte Hitler, daß der Ärmelkanal eines der gefährlichsten und tückischsten Gewässer der Erde sei und daß die Küsten durch Riffe, Untiefen, Strömungen und steile Felsen vor Angreifern geschützt seien. Die der deutschen überlegene britische Flotte sei in diesen Gewässern zu Hause, und gegenüber der starken Royal Air Force sei eine naturgemäß langsame, massierte Landungsflotte praktisch wehrlos.

Als wichtigste Voraussetzung für ein -Landungsunternehmen gegen England nannte der Großadmiral die absolute Luftherrschaft über dem Kanal. Die deutsche Luftüberlegenheit müsse so weit gehen, daß sie außer der Beherrschung des Luftraumes auch das Eingreifen der britischen Flotte, wenn nicht ganz verhindern, so doch wenigstens sehr verlustreich gestalten würde. Sonst sei das Wagnis viel zu groß und nicht zu verantworten.

Hitler hörte aufmerksam zu und äußerte keine eigene Ansicht. Er bestand jedoch darauf, daß vorläufig keinerlei Vorbereitungen getroffen werden sollten. Zusammen mit Raeder verließ Hitler das Konferenzzimmer. Er war blendender Laune und erzählte noch, daß er vergangene Nacht zum erstenmal seit zwanzig Jahren wieder eine Nachtigall gehört habe.

Dem Oberbefehlshaber der Kriegsmarine ließ der Gedanke an eine Invasion der Britischen Inseln jedoch keine Ruhe. Nach wie vor fürchtete er, mit einem solchen Auftrag konfrontiert zu werden. Die Experten in der Seekriegsleitung gaben sich ebenfalls keinen Illusionen hin. »Das Ausmaß der Wirkungsmöglichkeiten der eigenen Flotte«, schrieb Konteradmiral Fricke, »wird gering bleiben. Die weitere Entwicklung des Krieges kann erst zeigen, ob der kleinen deutschen Flotte in einer so gewaltigen Aufgabe Wirkungsmöglichkeiten gegeben sein werden. Ihre Unterlegenheit gegenüber der englischen Flotte wird Flottenoperationen kaum zulassen. Immerhin wird sich auch hier, ähnlich wie in Norwegen, für die noch vorhandenen leichten Streitkräfte, auf kürzere Entfernungen auch für die Hilfsfahrzeuge (Dampfer, Fischdampfer) die Möglichkeit bieten, zumindest Personal beschleunigt an die englische Küste zu werfen.«

Fricke grub die alte Marinestudie Rot vom November 1939 wieder aus und arbeitete auf dieser Basis eine neue »Studie England« aus, die er seinem Chef am 27. Mai vorlegte. Gegenüber dem alten Plan war nun auch die Ansicht des OKH aus der Studie »Nordwest« berücksichtigt: Landungsmöglichkeiten sah Fricke nun sowohl im Raum Portland – Yarmouth als auch an der Küste zwischen der Themsemündung und Newcastle hoch im Norden Englands. Ausgangsbasis für erstere Möglichkeit sollten die Häfen zwischen Cherbourg und Texel, für letztere die Häfen zwischen Schelde und Hanstholm in Dänemark sein. Aus seemännischen und taktischen Gründen bevorzugte die Marine jedoch noch immer eine Landung westlich der Straße von Dover, die leichter mit einem Sperrminengürtel zu versehen und aus der Luft abzuschirmen war.

Die neue Situation ergab sich aus der Tatsache, daß sich die Marine der inzwischen eroberten Häfen in Holland, Belgien und Frankreich bemächtigt hatte und sie für ihre Zwecke wiederherzustellen und auszubauen begann. Am 31. Mai wurden auch die vorbereitenden Arbeiten für eine Landungsflotte in Angriff genommen, obgleich keine Weisung an die Marine ergangen war und im Heer noch niemand an eine Invasion dachte.

Raeder beauftragte Admiral Schuster, den kommandierenden Admiral Frankreich, und Kapitän z. S. Degenhardt, den Seetransportchef z. b. V., für alle Fälle eine Übersicht über den vorhandenen Schiffsraum zu erstellen. Das Marineamt wies er an, die Möglichkeiten einer Sperrung der Straße von Dover zu prüfen und die Minenräumung vorzubereiten. Eine nicht minder wichtige Aufgabe war der 3. Abteilung der Seekriegsleitung zugefallen. Sie lieferte ihrem Oberbefehlshaber am 7. Juni eine zwanzigseitige Studie über die navigatorischen Bedingungen in den britischen Küstengewässern und die Landungsmöglichkeiten zwischen der Insel Wight im Süden und dem Wash im Norden. Jeder einzelne Hafen wurde auf allgemeine Hafenverhältnisse, Umschlagseinrichtungen, Gesamtwasserfläche, Tiefe, Verkehrsverhältnisse unter die Lupe genommen. Auch die jeweilige Entfernung zum nächstgelegenen Stützpunkt der Royal Navy wurde nicht vergessen. Mit Hilfe der Seehandbücher wurde die offene Küste auf Landungsmöglichkeiten abgeklopft.

Die Erfassung des Schiffsraumes für Transporte sollte sich über Wochen hinziehen. Die Minenräumung vor der feindlichen Küste und die Sperrung der Straße von Dover waren von so vielen Vorbedingungen abhängig, daß sie vorerst in der Schwebe blieben. Lediglich die Untersuchung der Küste und ihrer Häfen brachte einige Resultate. So wurde der Wash als schwierig und ungünstig für ein Landungsvorhaben befunden: gefährliche Sände, starker Gezeitenstrom (bis 5 sm/h), großer Tidenhub (6 bis 6,5 m), die an der sonst niedrigen Küste einer Landungsflotte große Schwierigkeiten machen würden. Weiter südlich war die Küste für eine Landung eher geeignet; erst um die Themsemündung herum wurde die Navigation wegen vieler Wracks und hoher Strömungsgeschwindigkeiten wieder schwierig. Sumpfgebiete machten eine Landung wenig ratsam. An der Südküste der Themsemündung bei der Insel Sheppey ergaben sich einige günstige Ankerplätze. Die daran anschließende Küste vom North Foreland über Dover bis Dungeness wurde als schwierig bezeichnet: Hier war der Kanal als Seeweg wegen der vielen Seebänke und starken Gezeitenströme am gefährlichsten. Zwischen Folkestone und Dungeness hielt die Marine eine Landung theoretisch für möglich, sonst gab es an dieser Küste fast nur Steilhänge und Klippen von 18 bis 36 m Höhe. Zu manchen der in Frage kommenden Küstenabschnitte hatten die Nautiker der Marine Karten besorgt, auf denen der Seeboden im Küstenvorfeld nach seiner geologischen Beschaffenheit dargestellt war: feiner Sand, Lehm, Fels, Kies, Bodenwellen und Steilheit der Strände, auch der steinerne Wald vor der Küste von Dungeness war dort verzeichnet.

Alle diese Informationen erzeugten in der Seekriegsleitung keinen Enthusiasmus – so wenig wie die Tatsache, daß im fernen Scapa Flow ankernde britische Zerstörerrudel nur 24 Stunden für die Fahrt nach Dover brauchten, von den anderen Einheiten der Royal Navy ganz abgesehen. Warum also überhaupt mit dem gefährlichen Gedanken spielen? Man konnte den Eindruck gewinnen, daß Raeder mit seinem Kampf gegen den Landungsgedanken einer Schimäre erlegen war. Wer zwang ihn dazu, sich ein Arsenal an Gegenargumenten anzulegen? Hitler jedenfalls nicht, denn dem lag zu diesem Zeitpunkt nichts ferner als eine Invasion Englands.

In seinem Tagesbefehl vom 5. Juni hatte Hitler seine Soldaten dafür gelobt, daß sie vor Dünkirchen die schwerste Schlacht geschlagen und in wenigen Wochen zwei Staaten zur Kapitulation gezwungen, Frankreichs beste Divisionen vernichtet und das britische Expeditionskorps geschlagen, gefangen oder vom Kontinent verjagt hatten. Was England anbelangte, so schien ihm das letztere vorerst zu genügen. »Mit dem heutigen Tag tritt die Westfront wieder an...« Das Ziel war nicht London, sondern Paris, das am 14. Juni kampflos in deutsche Hand fiel. Am 17. Juni schickte Marschall Pétain den ersten Parlamentär ins deutsche Hauptquartier nach Bruly an der belgisch-französischen Grenze.

Der Sieg über Frankreich erfüllte die Gemüter. Hitlers Sekretärin berichtete, daß Hitler vor Freude einen »Veitstanz« aufgeführt habe, zur sprachlosen Verwunderung seiner Umgebung. Nur Keitel störte sich nicht daran. Er hielt eine kleine Ansprache, in der er den militärischen Erfolg feierte und Hitler den größten Feldherrn aller Zeiten nannte (woraus später der Spitzname Gröfaz wurde).

Frieden lag in der Luft. Als Hitler am nächsten Tag, dem 18. Juni, nach München flog, um dort mit Mussolini zu sprechen, traf er sich vorher mit Göring auf dem Rhein-Main Flughafen. Die beiden fielen sich pathetisch in die Arme. »Wir werden mit England zu einer Verständigung kommen«, meinte Hitler bewegt. »Das bedeutet, wir werden endlich wieder Frieden haben!« sagte Göring und strahlte.

Auch die Konferenz mit Mussolini war von Hitlers großzügiger Einstellung gegenüber dem einzigen verbliebenen Feind geprägt. Die beiden Diktatoren sprachen darüber, daß man allenfalls den Druck auf England verstärken werde. Mussolini bot dazu seine Luftwaffe an. Nur am Rand wurde eine Landung in England als Druckmittel erwähnt, aber nicht weiter diskutiert. Graf Ciano, der italienische Außenminister, fragte Ribbentrop, seinen deutschen Amtskollegen, geradeheraus: »Will man nun weiter Krieg oder Frieden?« Ribbentrop zögerte mit seiner Antwort keinen Augenblick: »Frieden, natürlich!« und fügte hinzu, daß man bereits über Schweden Englands Bereitwilligkeit für einen Friedensschluß sondiere.

Raeder war trotzdem nicht im Unrecht, wenn er versuchte, jetzt schon einer möglichen Anforderung für den Transport von Landungstruppen zu begegnen. Auch im Oberkommando der Wehrmacht war wegen dieser Frage Unruhe aufgekommen. General Jodl und sein Stab, der Pläne und Unternehmungen der drei Wehrmachtsteile zu koordinieren und zugleich mit Hitlers Weisungen in Einklang zu bringen hatte, war nicht verborgen geblieben, daß Heer, Luftwaffe und Marine an einer Invasion Englands bastelten und sogar mit Vorarbeiten begonnen hatten, obwohl keine Weisungen ergangen waren und Hitler nur von Frieden sprach.

Das mochte der Anlaß für einen Besuch gewesen sein, den Oberst Warlimont, Chef der Abteilung L im OKW, am 17. Juni Konteradmiral Fricke in der Operationsabteilung der Seekriegsleitung abstattete. Warlimont brachte das Gespräch auf die Behandlung Englands. Fricke wich geschickt aus: »England verkörpert in der Welt das Ansehen der weißen Rasse schlechthin, eine Zerschlagung Englands würde sich deshalb zum Nachteil für die gesamte weiße Rasse auswirken.« Warlimont bestätigte ihm, daß das auch die Ansicht des Führers sei, der auf Kosten Frankreichs mit den Briten zu einem Frieden zu kommen suche – vorausgesetzt, die Briten gäben die Kolonien zurück und enthielten sich jeder Einflußnahme auf den Kontinent. Über eine Landung auf den Britischen Inseln habe sich der Führer bisher nicht geäußert, und auch im OKW seien keine Vorbereitungen oder Vorarbeiten im Gange. Es wundere ihn deshalb, daß nicht nur bei der Kriegsmarine, sondern auch bei den beiden anderen Wehrmachtsteilen Anzeichen für derartige Vorarbeiten erkennbar seien. Der Oberbefehlshaber der Luftwaffe, zum Beispiel, habe die Aufstellung einer Fallschirmjägerdivision in die Wege geleitet, und General von Schell arbeite an Plänen für große Übersetzpontons. Fricke hatte keine Schwierigkeiten, den Standpunkt der Marine zur Zufriedenheit Warlimonts zu erklären.

Wenn auch der Verdacht naheliegt, daß es dem Oberkommando der Wehrmacht weniger um die Sache als darum ging, sich von den drei Wehrmachtsteilen nicht umspielen zu lassen, so war die Unterredung doch ein neues Alarmzeichen für die Marine: Die anderen arbeiteten auf eine Landung hin, und die Marine würde das Risiko des Transports tragen müssen. Großadmiral Raeder brachte deshalb bei der nächsten Führerbesprechung am 20. Juni das Gespräch erneut auf die Schwierigkeiten, die einer Landung in England entgegenstanden: Die Wahl eines geeigneten Küstenabschnittes, die offene Minenfrage, der Mangel an geeignetem Transportraum bereiteten ebenso Sorge wie die Tatsache, daß die Heerespioniere Sonderfahrzeuge für den Seetransport entwickelten, ohne sich mit der Marine abzusprechen.

Hitler ging mit keinem Wort auf die Landungsvorbereitungen ein. Statt dessen wies er Keitel an, dafür Sorge zu tragen, daß der Bau der Sonderfahrzeuge der Marine unterstellt wurde. Damit war das Thema vom Tisch. Raeder konnte trotzdem nochmals seinen Standpunkt klarmachen, daß eine Blockade durch U-Boote das einzige seiner Marine angemessene Kampfmittel gegen die Briten war – über eine Landung könne man erst ernsthaft reden, wenn die Luftherrschaft über den Britischen Inseln errungen war. Damit hatte sich der Kreis wieder einmal geschlossen, und man war um keinen Schritt weiter gekommen.

Vielleicht wären die britischen Verteidigungsanstrengungen weniger hektisch verlaufen, wenn die Verantwortlichen in London um die Nebel gewußt hätten, die in dichten Schwaden um die deutschen Planungstische waberten. Dort schien niemand zu wissen, wie der Krieg weitergehen sollte, wenn er denn überhaupt weiterging. Nach dem Einmarsch in Paris am 14. Juni begann nämlich das OKH damit, vierzig Divisionen nach Hause zu schicken, weil man mit den vielen Soldaten in Frankreich nichts anfangen konnte. Man dachte an Erntedienst in der Heimat, an einen Einsatz in der Rüstungsindustrie, an Urlaub, aber auch an völlige Demobilisation.

Diese Fragen bewegten General Halder, den Stabschef des Heeres. Als er am 30. Juni zu einer Familienfeier in Berlin eintraf, suchte er sofort seinen Freund, den Staatssekretär im Auswärtigen Amt, Ernst von Weizsäcker auf, um bei ihm die politische Lage zu erkunden. Weizsäcker meinte, daß von einem Frieden und von Demobilisierung nicht die Rede sein könne. Im Osten gelte es, erhöht wachsam zu sein, und im Westen bedürfe England wahrscheinlich einer weiteren Machtdemonstration, ehe es klein beigeben werde. Halder konnte mit dieser Auskunft nichts anfangen. Wie die meisten Generäle konnte er sich nicht vorstellen, daß es keine festumrissenen Absichten des Führers gab. Weizsäcker versicherte ihm, daß er nichts zurückgehalten, sich lediglich vorsichtig ausgedrückt habe.

Von Rußland sprach man damals noch nicht. Alle Blicke waren

nach Westen gerichtet. Im Reich, und besonders in Berlin, überstürzten sich die Gerüchte über eine bevorstehende Invasion Englands. Es wurde sogar behauptet, daß der Kampf schon begonnen habe und nur wegen einer Nachrichtensperre nichts bekannt werde. An diesem 30. Juni hatten nämlich deutsche Truppen die Kanalinseln besetzt und standen damit auf britischem Boden. Andere erwarteten, daß die Irische Republik nunmehr das Deutsche Reich um militärischen Schutz bitten werde. Die deutschen Truppen würden dann von dort aus den großen Schlag gegen das britische Mutterland führen.

Halder konnte sich alldem nicht entziehen. Als Stabschef des Heeres kam er sich jedoch reichlich uninformiert vor. Daß es allen anderen ebenso erging, kam ihm nicht in den Sinn. In der Hoffnung, wenigstens bei der Marine etwas zu erfahren, suchte er Admiral Schniewind am Tirpitzufer auf. Er hatte mit dem Stabschef der Seekriegsleitung schon in den Monaten zuvor, wenn auch vergeblich, über die jeweiligen Invasionsstudien korrespondiert. Inzwischen hatte sich die Situation jedoch gründlich geändert: Die Kanalküste war in deutscher Hand. Ein Heer, das seine gewaltige Schlagkraft bewiesen hatte, sah nach Westen: Nur dreißig Kilometer Wasser trennten es von der englischen Küste, dreißig Kilometer, deren Überwindung den endgültigen Sieg bringen würde. In der Truppe dachte man zwar nicht so, nach ihren vielen Siegen wären viele Offiziere und Soldaten lieber nach Hause marschiert. Aber Halder hatte plötzlich eine Vision: Jetzt war der Zeitpunkt gekommen, die Briten zusammenzustauchen. Seine Kalkulation war einfach: Das Heer hatte mehr Soldaten als ihm lieb war, die Marine Häfen und mehr Schiffe, als sie zählen konnte. Was also sprach gegen eine Invasion der Britischen Inseln? Nichts. Das war nicht mehr als ein einfaches Rechenexempel: Schiffe plus Soldaten gleich Überfahrt.

Schniewind machte den Fehler, Halder bereitwillig Auskunft zu geben, und brachte damit den Stein ins Rollen. Alle vorangegangene Eifersüchtelei zwischen Heer und Marine schien vergessen zu sein, als Halder sich für das neue Planspiel erwärmte und Schniewind ihm immer neue Brocken zuwarf, wie einem Kind, das mit Bausteinen spielte. Ausgangshäfen für die Landung sollten die Häfen zwischen Le Havre und Ostende bilden. Die beiden besprachen ihre Beschaffenheit, dann die offene Küste in ihrem Wechsel von hohen Klippen und flachen Stränden, die Marschgebiete zwischen Hythe und Hastings, wo im Jahr 1066 die Normannen gelandet waren. Gezeiten, Wasserstände, die zum Teil überraschend steil abfallenden Strände, Navigation bei Nacht. Schniewind imponierte Halder mit seiner Sachkenntnis – und er war, so erschien es Halder, einer Invasion längst nicht mehr so abgeneigt wie sein Chef: Er hielt sie politisch für notwendig und jetzt auch militärisch für machbar.

Halder machte sich seitenweise Notizen. Was sie brauchten, war lediglich eine glatte See und klare Sicht – Halbmond war am besten. Das hieß, daß innerhalb einer Mondperiode nur eine Woche günstig war, wenn das Wetter mitmachte. Mitte August war das nächstmögliche Datum, dann noch eine Woche im September, ab Mitte Oktober setzten gewöhnlich Nebel und rauhe See auf dem Kanal ein, die ein Übersetzen unmöglich machten. Halder und Schniewind konnten nicht wissen, daß die Briten auf diese Weise schon den 8. Juli als Angriffstermin für die deutschen Truppen errechnet hatten.

Halder schrieb: »Eine große Zahl kleiner Dampfer (etwa 1 000) kann zusammengezogen werden ... 100 000 Mann in der ersten Welle.« Schniewind korrigierte ihn nicht, obwohl ihm bekannt war, daß in ganz Nordeuropa weniger als 300 geeignete Dampfer lagen. »Artillerieschutz auf der zweiten Hälfte des Weges und an den Stränden muß von der Luftwaffe kommen«, notierte Halder weiter. »Bedrohung durch feindliche U-Boote kann mit Netzsperren ausgeschaltet werden; Minen und deutsche U-Boote können die Royal Navy fernhalten.« Es gab nichts, auf das sich nicht eine positive Antwort finden ließ. In seiner überoptimistischen Einschätzung der Situation sah Halder jetzt das militärische Ziel deutlich vor sich und wußte auch schon, wie an den Stränden Minensperren und Tankhindernisse von Heerespionieren zu beseitigen waren, wie die Küstenbatterien der Briten niedergekämpft werden konnten. Er sah die deutschen Panzer an Land kommen und gleichsam geradewegs auf London zupreschen.

Ins OKH zurückgekehrt, erteilte er Oberstleutnant Pistorius den Auftrag, sofort mit der Ausarbeitung eines neuen Invasionsplanes zu beginnen: Am 15. August sollte die erste Welle von sechs Divisionen mit starker Panzerunterstützung die Küste stürmen. Mit Schniewind glaubte sich Halder endlich auch auf den in Frage kommenden englischen Küstenstreifen geeinigt zu haben. Die Landung sollte zwischen 1°30' Ost (Margate) und 1°30' West (Insel Wight) erfolgen, das hieß über die gesamte Länge der englischen Südostküste.

Viele technische Probleme waren zu lösen: der Einsatz von Schnorchelpanzern, die die Strände unter Wasser anfahren konnten: Raketen- und Nebelwerfer waren auf Booten zu installieren. Wie kann man einen Rheinkahn mit schwerem Heeresgut be- und entladen? Wie kann man Sturmboote in Küstennähe transportieren? Brauchitsch mischte sich ein. Er kannte den starken Gegenkurs, den Raeder steuerte, und beauftragte kurzerhand General Alfred Jacob, das

Transportproblem ohne die Marine zu lösen und sich ganz auf Pontons zu konzentrieren.

Und wie von selbst machte nun auch die Luftwaffe mit, als wolle sie den abfahrenden Zug nicht verpassen. Der Stabschef der Luftwaffe, General Jeschonnek, ließ verlauten, daß 25 000 Mann Luftlandetruppen, davon 6 000 bis 7 000 Mann Fallschirmjäger, zur Verfügung ständen. Noch gab es allerdings wenige der Lastsegler, die außer dem Piloten acht Mann mit Ausrüstung transportieren konnten. Fallschirme waren ebenfalls Mangelware, und Nachschubkommandos schwärmten in ganz Belgien und Frankreich aus, um Fallschirmseide zu requirieren. Am 11. Juli meldete die Luftwaffe dem OKH jedoch schon, daß 400 Ju 52 Transportflugzeuge, die je zwanzig Mann aufnehmen konnten, und 110 Lastensegler einsatzbereit waren. Fünf Tage später waren es bereits 750 Flugzeuge und 150 Lastensegler.

Das OKH hatte inzwischen 13 Heeresdivisionen an der Kanalküste versammelt. Die Divisionen wurden in zwei Treffen eingeteilt: Das erste bestand aus 90 100 Mann mit Geschützen, Nebelwerfern, Panzern und einer verstärkten Ausstattung mit Maschinengewehren, Granatwerfern und Panzerabwehrkanonen, sowie etwa 4 600 Fahrzeugen und 4 433 Pferden. Sie sollten im ersten Ansturm auf die feindliche Küste eingesetzt werden. Das zweite Treffen für die folgende Sturmwelle bildeten 170 300 Mann mit dem schweren Gerät, 34 200 Fahrzeugen und 57 550 Pferden. Außerdem waren noch 26 000 Fahrräder vorgesehen.

Es sah so aus, als formiere sich allmählich eine gewaltige Streitmacht. Raeder hatte, ganz gegen seinen Willen, eine Lawine losgetreten. In den Stäben sprach man jetzt von nichts anderem mehr als von der Invasion. Nur einer schwieg sich aus: Adolf Hitler, der größte Feldherr aller Zeiten, ließ seine Generäle schmoren.

Hitler war am 29. Juni für ein paar Tage in sein Hauptquartier Tannenberg auf dem Kniebis bei Freudenstadt im Schwarzwald gefahren, um dann auf den Obersalzberg weiterzureisen. Das OKW hatte er wissen lassen: Landung in England nur als ultima ratio – so jedenfalls notierte es sich General Jodl.

Am 11. Juli fand eine Führerkonferenz in Hitlers Alpenrefugium statt. Keitel war dabei – und Großadmiral Raeder. Hitler hielt einen langen Monolog über eine schöne deutsche Stadt, die neben Trondheim entstehen sollte, ebenso eine große Autobahn durch Norwegen und Schweden – zehn bis fünfzehn Jahre würde der gewaltige Bau dauern. Vor dem Reichstag, sagte er unvermittelt, werde er in Kürze eine Rede halten, mit der er Großbritannien umstimmen werde. Das war Wasser auf Raeders Mühlen: Als Befehlshaber der Kriegsmarine könne er eine Invasion Englands sowieso nicht vorschlagen, wie damals bei Norwegen. Wieder führte er alle Schwierigkeiten und Risiken eines solchen Unternehmens auf. Die Royal Navy, die Royal Air Force, die Minen, der mangelnde Transportraum. Auf keinen Fall sollten Vorbereitungen getroffen werden, bevor nicht eine Entscheidung durch die Luftwaffe herbeigeführt worden sei. Das englische Volk solle den Krieg stark am eigenen Leib verspüren. Raeder forderte eine totale Abschnürung der Seezufuhr und konzentriertere Luftangriffe als bisher, z. B. auf Liverpool und andere Zentren. Hitler stimmte zu und wiederholte, daß eine Landung nur das letzte Mittel sei. Raeder verließ den Obersalzberg in dem Glauben, das Invasionsunternehmen endgültig versenkt zu haben.

Er hatte die Rechnung ohne das Heer gemacht. Zwei Tage später trafen von Brauchitsch und Halder auf dem Berghof ein. Ihre Adjutanten schleppten dicke Aktentaschen. Sie enthielten die neuesten Invasionspläne. Doch Hitler ließ die beiden Offiziere nicht zu Wort kommen. Zwei Stunden lang hielt er ihnen einen militärischen Vortrag, aus dem sich schon manche Schlüsse auf die kommende verhängnisvolle Entwicklung ziehen ließen. Zum Beispiel sollten jetzt nicht mehr 40 oder 35 Divisionen, sondern nur noch die Mannschaften von zwanzig Divisionen auf Urlaub geschickt werden – das sah nicht gerade nach friedlichen Absichten aus.

Der Führer redete vom Balkan, von Afrika, von Rußland und Spanien, kam aber immer wieder auf Großbritannien zurück und zu der Frage, warum die Briten nicht bereit waren, den Weg zum Frieden einzuschlagen. »Der Führer sieht«, schrieb Halder in sein Tagebuch, »wie wir auch, den Grund dazu in der Hoffnung, die England in Rußland legt. Er glaubt deshalb, England müsse zum Frieden gezwungen werden. Der Grund: Wenn wir England militärisch vernichten, wird das britische Weltreich zerfallen. Davon hat Deutschland nichts. Deutsches Blut wäre für Japan, Amerika und andere geflossen.«

Das gab den beiden Generälen endlich Gelegenheit, Hitler mit dem Invasionsplan des Heeres vertraut zu machen. Zu ihrer größten Überraschung nahm Hitler diesen – von Halder zusammen mit Schniewind entwickelten – Plan in Bausch und Bogen an. Ganz entgegen seinen Gewohnheiten hatte er keine Fragen zu einzelnen Operationen, wollte keine Einzelheiten wissen und machte keine Verbesserungsvorschläge. Er bezeichnete den Plan als praktische Grundlage für die Vorbereitungen und befahl, sofort damit zu beginnen.

Am 16. Juli unterzeichnete Hitler die berühmte Führerweisung Nr. 16, die das »Unternehmen Seelöwe« aus der Taufe hob: »Da England trotz seiner militärisch aussichtslosen Lage noch kein Anzeichen einer Verständigungsbereitschaft zu erkennen gibt,habe ich mich entschlossen,eine Landungsoperation gegen England vorzubereiten und wenn nötig, durchzuführen. Zweck dieser Operation ist es, das englische Mutterland als Basis für die Fortführung des Krieges gegen Deutschland auszuschalten und wenn es erforderlich werden sollte, in vollem Umfang zu besetzen.«

Die Vorbereitungen sollten bis Mitte August abgeschlossen sein, die Operation den Decknamen »Unternehmen Seelöwe« tragen. Die Kriegsmaschinerie begann zu rollen. In wenigen Wochen, meinte jeder, würde sie England zermalmen.

IX.
Die französische Flotte ziert sich
Mit oder ohne Pétain für oder gegen Hitler

In welcher lebensbedrohlichen Gefahr sich die Briten in diesen Wochen wähnten, wie stark der Invasionsgedanke die Verantwortlichen in London beherrschte, erweist sich am Verhalten Churchills während der politischen Tragödie, die sich inzwischen in Frankreich abgespielt hatte und der Bedrohung durch die Deutschen eine französische Komponente zufügte: Im Besitz der Kanalhäfen und der französischen Flotte, mit einer freundlich gesinnten französischen Regierung im Rücken, konnte Hitler die britische Lebensader durch das Mittelmeer abschneiden und die Britischen Inseln im Handstreich nehmen. Churchill hatte verzweifelt gekämpft, um den französischen Bundesgenossen, vor allem seine Flotte, bei der Stange zu halten und damit Hitlers Handlungsfreiheit zu beschneiden.
Im März hatte der 61jährige Paul Reynaud das Amt des Ministerpräsidenten von dem Radikalsozialisten und Appeasement-Politiker Edouard Daladier übernommen. Der Stellvertretende Ministerpräsident Marschall Pétain und der Oberbefehlshaber der Streitkräfte General Weygand arbeiteten, unterstützt von den Militärs und Leuten wie dem zweimaligen Ministerpräsidenten Laval und dem späteren Außenminister Baudouin, gegen den ausdrücklichen Willen Reynauds und der Mehrheit des Kabinetts, auf einen Waffenstillstand und auf einen Sturz der Regierung hin. Pétain und Weygand wollten »ohne die Zivilisten« mit den Deutschen verhandeln und die Führung der Nation übernehmen.

Diese eilfertige Bereitschaft, dem Kampf ein Ende zu machen, rührte nicht nur von der militärischen Niederlage her. Sie entsprach einer tiefer wurzelnden Volksstimmung. Hitler genoß im antikommunistischen Lager schon von jeher als Exponent von Ruhe, Recht und Ordnung erhebliche Sympathien. So veröffentlichte zum Beispiel der Parfümhersteller Coty in der von ihm gegründeten Zeitschrift »L'Ami du Peuple« einen Artikel unter der Überschrift: »France d'abord? Avec Hitler contre le bolchevisme«. Darin sprach er sich gegen die franco-russische Allianz aus, gegen eine sozialistische Internationale, und behauptete, weder Mussolini noch Hitler wollten Frankreich mit Krieg überziehen. Für viele Franzosen galt der Nazismus als Gegenmittel gegen den Kommunismus: »Lieber Hitler als Stalin«, hieß es. Das rechte Blatt »L' Action Française« wandte sich gegen alle, die sich nicht in ein nationalsozialistisches Europa fügen wollten; im »Gringoire« schrieb Beraud, der, wie Hitler, die Verbindung zwischen Frankreich und England gelöst sehen wollte.

1937 veröffentlichte Alphonse de Chateaubriant, ein einflußreicher Schriftsteller »La Gerbe des Forces« (»Geballte Kraft«). Darin verherrlichte er die Nazierziehung und sah die Rettung Europas in einer »teutonischen Renaissance, weil die aus dem Schoß des römischen Reiches entsprungene Kultur tot ist«. Vor die Wahl gestellt: Hitler oder Stalin, sollte Frankreich Hitler wählen, der von »überströmender Güte« sei. Die Grundhaltung, die Bewunderung der deutschen Ordnung und Wirtschaftsmacht, des trügerischen Fanals der Olympischen Spiele, war nicht nur politische Mode jener Zeit, sie überdauerte sogar den Krieg. General Weygand, der auch davon erfaßt war, machte für Chateaubriant noch 1950 in New York Reklame.

Die öffentliche Meinung war geteilt. Der Riß spaltete auch die etablierten Parteien. Nur die Kommunisten waren einhellig prosowjetisch und wollten das sowjetische System ohne jede Einschränkung in Frankreich einführen. Erst mit dem Abschluß des deutsch-russischen Abkommens vom 23. 8. 1939 stellten sie ihre antideutschen Tiraden ein – bis zum Einfall der deutschen Truppen in Rußland, der die Kommunisten zum Pfeiler der Résistance-Bewegung machte.

Gleich ob Hitler oder Stalin, es gab vor dem Krieg in Frankreich eine ausgesprochene Sehnsucht nach der starken Hand, die die schlimmen wirtschaftlichen und politischen Verhältnisse zum Besseren wenden sollte. Reynaud nannte das einen bedingten Patriotismus: Die einen sagten: »Ich bin ein Patriot, vorausgesetzt, daß weder Blum noch die Kommunisten regieren, sonst ziehe ich Hitler vor.« Die anderen: »Ich bin ein Patriot, vorausgesetzt Frankreich folgt der sowjetischen Politik, sonst bevorzuge ich Stalin.«

Mit den Deutschen zu verhandeln, war deshalb für viele der längst kriegsmüden, »lieber-Sklaverei-als-Krieg«-Franzosen nicht unbedingt eine Schande. Weygand und Pétain gelang es hinter dem Rükken von Reynaud und Mandel, dem Innenminister, eine große Mehrheit des Kabinetts auf ihre Seite zu ziehen. Ihr Argument: Man müsse weiteres unnützes Blutvergießen vermeiden und bei den Deutschen die Bedingungen eines Waffenstillstandes erkunden, ehe man selbst offiziell um einen Waffenstillstand nachsuchen würde.

Zusammenziehung von deutschen Schiffseinheiten in den französischen Kanalhäfen

Verladeübung an der Kanalküste. Privatfoto eines der beteiligten Offiziere, das trotz Fotografierverbot aufgenommen wurde

Pi.B4

Infanterie bei Verladeübungen

Landungsprahm bei Einsatzübung

Bild vorhergehende Doppelseite: Pioniereinheiten beim Transport eines Bootes

:in Schleppkahn im Schutz von Tarnnetzen am Quai

robelauf eines Spezialsturmbootes durch Pioniereinheiten des Heeres. Das Ergebnis
'ar ein Fehlschlag

Englische Truppen in der Erwartung der deutschen Invasion bei Manövern

Ein berühmtes englisches Kavallerieregiment bei Manövern mit gepanzerten Pkws, genannt »Ironsides«

/iele englische Truppen wurden überstürzt nur provisorisch in dünnen Zelten unterge-
›racht. Hier bei der Übung in voller Gasschutzausrüstung

:nglische Truppen beim Bau einer Kapok-Brücke

Mit Flakbatterien und MG-Ständen sollten die deutschen Vorbereitungen zur Invasion vor britischen Luftangriffen geschützt werden

Deutsche Fernkampfbatterien feuern zur britischen Küste hinüber

Bombenhagel auf die Hafenanlagen von Dover

Reynaud wurde auf diese Vorgänge aufmerksam, als es, Ende Mai, um den Verbleib der französischen Regierung ging. Auf einer Sitzung des Kriegsrates erklärte General Weygand: »Die Regierung muß in Paris bleiben und sich gefangennehmen lassen.« Dazu zitierte er Livius, nach dem der römische Senat beim Einfall der Gallier in Rom einfach auf seinen Stühlen sitzen blieb und sich massakrieren ließ. Das sei wahre Größe. Eine Flucht der Regierung werde die Armee demoralisieren und eine Revolution auslösen: Reynaud konnte sich jedoch noch einmal durchsetzen: Sitz der französischen Regierung sollte ab 14. Juni Bordeaux sein.

Der französische Ministerpräsident war fest entschlossen, den Krieg auch nach der Kapitulation der Streitkräfte im Mutterland fortzuführen. Noch verfügte Frankreich über die nach England zweitgrößte Flotte Europas, über Nordafrika und seine ausgedehnten überseeischen Besitzungen. Wenn nötig, wollte Reynaud mit der Regierung von Bordeaux aus nach Nordafrika ausweichen. Das entsprach den Plänen der britischen Regierung: Im Fall einer deutschen Besetzung der Britischen Inseln wollte Churchill sein Kabinett nach Kanada evakuieren und von dort aus weiterkämpfen.

Am 11. und 12. Juni fand im Chateau-Muguet bei Briare (südöstlich von Orleans) ein Treffen zwischen den Briten und Franzosen statt. Die Engländer waren vertreten durch Winston Churchill, Anthony Eden und die Generäle Dill, Ismay, Spears und Howard-Viyse; auf französischer Seite waren anwesend Paul Reynaud, Marschall Pétain und die Generäle Georges, de Gaulle – an einem zweiten Treffen waren auch der Luftmarschall Barrat und die Admiräle Darlan und Vuillemin beteiligt.

Churchill ließ sich von General Georges, dem Oberkommandierenden der Nordostfront, die Lage beschreiben. Mit grimmigem Gesicht hörte er zu, wie Georges seine Rechnung aufmachte: Die Armeen an der Nordostfront hatten von ihren 103 Divisionen mindestens 35 verloren, dazu drei Divisionen motorisierte Kavallerie und einen großen Teil ihrer wenigen Panzereinheiten. Von den noch im Kampf stehenden Divisionen hatten sich 20 bis 25 vollständig aufgelöst. Seit dem 5. Juni war der Widerstandswille der Soldaten gewachsen, aber die Front war zu einer dünnen Verteidigungskette geworden. Reims war bereits von Osten her bedroht. »Wir sind buchstäblich am Ende unserer Kräfte«, schloß Georges seinen Bericht.

Mit eindringlicher Beredsamkeit versuchte Churchill seine Zuhörer davon zu überzeugen, daß Großbritannien das Leid seiner Verbündeten teilen werde: Es werde sich nicht eher ergeben, als bis es selbst zerschmettert sei. Wenn die französische Armee den Kampf abbrechen müsse, würden die Briten weiterkämpfen – in der Hoffnung, daß Hitler sich mit seinen Siegen ruiniere. Mit ihrer Luftwaffe, ihrer Flotte und ihrem Empire im Rücken könnten die Briten noch Jahre weiterkämpfen und Europa mit einer sehr strikten Blockade belegen.

Churchill verhehlte jedoch nicht seine im Augenblick größte Sorge. Was würde mit der französischen Flotte geschehen, wenn die Landstreitkräfte gezwungen waren, den Kampf aufzugeben? »Das ist ein Alptraum, dem wir entgegensehen müssen«, sagte er. Wenn die französische Flotte in deutsche Hände fiele, würde sie zu einer akuten Gefahr für den Zugang zum Mittelmeer wie auch für die Britischen Inseln selbst.

Nach der Konferenz ging er noch einmal auf Admiral Darlan zu: »Darlan, ich hoffe, Sie werden die Flotte niemals übergeben!« »Das kommt nicht in Frage«, versicherte der Befehlshaber der französischen Marine. »Das wäre mit der Ehre und der Tradition unserer Seestreitkräfte nicht vereinbar!« Churchill hatte den Eindruck, daß es Darlan ernst damit war, daß er seine Flotte eher nach Kanada verbringen würde, als sie einem Gegner zu überlassen – auch wenn er mit der Opposition gewisser politischer Kreise rechnen mußte.

Reynaud machte in diesen Tagen verzweifelte Anstrengungen, die »Defaitisten« bei der Stange zu halten. Pétain und Weygand machte er den Vorschlag, wenn schon der Kampf im Mutterland aussichtslos sei, die Armee in die Schweiz zu schicken und dort internieren oder sie gleich in Zivilkleidung stecken zu lassen. Sowohl der Marschall als auch der General lehnten das ab. Reynaud versuchte Pétain bei seiner Ehre zu packen: Frankreich habe den Briten am 28. März das feierliche Wort gegeben, keinen separaten Waffenstillstand oder Frieden zu schließen. Der Marschall antwortete darauf in seiner weichen, etwas brüchigen Stimme nur: »Sie sehen die Dinge von einem internationalen Standpunkt, ich sehe sie von einem nationalen.«

Reynaud war davon überzeugt, daß es seinen beiden Widersachern, hinter denen so ehrgeizige Politiker wie Laval und Baudouin standen, weniger um das Schicksal und die Ehre Frankreichs als um die eigene Macht ging. Auch die Vorstellung, daß nach einem Verrat an Großbritannien Frankreich allein stehen würde, jetzt und für alle Zeiten Hitler ausgeliefert, machte auf die beiden keinen Eindruck. Weygand drohte dem Premierminister sogar: »Unser Land wird Ihnen nicht verzeihen, wenn Sie, nur um den Briten treu zu bleiben, die Möglichkeit eines Friedensschlusses verwerfen.«

Reynaud war trotzdem nicht bereit, das Handtuch zu werfen. Fast ununterbrochen führte er Telefongespräche, tauschte Telegramme und Briefe mit Roosevelt und Churchill. Auf seine Veranlassung bat Churchill den amerikanischen Präsidenten um eine Erklärung der Vereinigten Staaten, dem Krieg beizutreten und damit Frankreich zu retten. Eine verzweifelte und vergebliche Bitte.

Am 13. Juni flog Churchill wieder nach Frankreich, diesmal nach Tours, zu einem Treffen des französischen Ministerrates. Reynaud und den beiden Kammerpräsidenten versicherte er mit Tränen in den Augen, daß, was immer auch geschehen werde, Großbritannien die französische Sache zu der eigenen mache, und wenn es in diesem Kampf siegreich bleiben würde, werde es die Würde und Souveränität Frankreichs wiederherstellen. Die französische Flotte erwähnte er nicht, statt dessen sprach er mit Reynaud über ein anderes Anliegen. Im Verlauf der Kämpfe waren vierhundert abgeschossene deutsche Piloten in französische Gefangenschaft geraten. Bei dem schnellen deutschen Vormarsch war es wahrscheinlich, daß sie befreit und sofort gegen England eingesetzt würden. Churchill schlug Reynaud deshalb vor, die Gefangenen in sicheren Gewahrsam nach England zu bringen.

Reynaud versprach, die Überstellung sofort in die Wege zu leiten. Die nötigen Anweisungen gab er noch am selben Tag. Am Abend schiffte sich General de Gaulle auf dem Zerstörer »Milan« nach London ein, um dort die nötigen Besprechungen zu führen. Der General hatte außerdem den Auftrag, sich bei den Briten um für den Umzug der französischen Regierung nach Nordafrika nötige Tonnage zu kümmern. Daß diese Mission de Gaulle anvertraut wurde, war einer jener kleinen Zufälle, die den Gang der großen Geschichte bestimmen. De Gaulle sollte erst vier Jahre später aus London zurückkehren – als der Befreier und Einiger Frankreichs.

Im neuen Regierungssitz Bordeaux spitzte sich die Lage inzwischen zu. Die Defaitisten begannen, die Oberhand zu gewinnen. Reynaud wehrte sich noch immer, er wollte sich den Deutschen nicht unterwerfen. Es hat den Anschein, daß manche Briten mehr für Frankreich zu tun bereit waren als mancher Franzose. Churchill hatte in Tours nicht nur neue Truppen zugesagt. Am 16. Juni ging bei Reynaud ein historisch einmaliges Dokument ein, das im Londoner Außenministerium von Sir Robert Vansittart zusammen mit de Gaulle, Pleven und Monnet ausgearbeitet und von der britischen Regierung gutgeheißen worden war: Eine Declaration of Union (Erklärung der Einheit). Die Kernsätze dieses überraschenden Angebots lauteten:

»In diesem so schicksalsträchtigen Augenblick der Weltgeschichte erklärt die Regierungen des Vereinigten Königreiches und der

Französischen Republik ihre unauflösbare Einheit und unnachgiebige Entschlossenheit in ihrer gemeinsamen Verteidigung von Recht und Freiheit gegen die Unterwerfung durch ein System, das die Menschheit zu einem Leben als Roboter und Sklaven erniedrigt. Die beiden Regierungen erklären, daß Frankreich und Großbritannien nicht mehr zwei Nationen, sondern eine franco-britische Einheit sind.

Die Verfassung der Union wird gemeinsame Organe für Verteidigung, Außen-, Finanz- und Wirtschaftspolitik vorsehen.

Jeder Bürger Frankreichs kommt sofort auch in den Genuß der britischen Staatsangehörigkeit, jeder Brite wird zugleich ein Bürger Frankreichs.«

Dem Gewicht des Vorschlags tut es keinen Abbruch, daß in England niemand ernstlich mit seiner Verwirklichung rechnete, doch die Absicht war klar: Die feierliche Übereinkunft vom 28. März sollte damit zementiert und ein Abfall Frankreichs verhindert werden.

Niemand konnte über diesen Schritt glücklicher sein als Paul Reynaud. Er sah darin das einzige Mittel, die Defaitisten in seinem Kabinett von einem Waffenstillstandsangebot zurückzuhalten. Er erlitt damit jedoch eine demütigende Niederlage. Marschall Pétain lehnte es rundweg ab, das Dokument auch nur zu prüfen. Die Stimmung, die Reynaud im Kabinett entgegenschlug, war explosiv: »England will sich nur unserer Kolonien bemächtigen«, »die Erklärung bringt uns unter die Vormundschaft der Briten«, »Frankreich soll ein Dominium Englands werden«, waren die hauptsächlichen Einwände. Andere waren drastischer: »In drei Wochen wird England sowieso der Hals wie einem Huhn umgedreht werden«, »lieber eine Provinz der Nazis, dann weiß man wenigstens, was man zu erwarten hat«. Vergeblich mahnte Reynaud: »Ich kollaboriere lieber mit meinen Verbündeten als mit dem Feind!« Pétain sprach das letzte Wort: »Die Union stellt die Fusion mit einem Leichnam dar.«

Auch in der Waffenstillstandsfrage sah sich der Ministerpräsident plötzlich einer Mehrheit gegenüber. Er reichte bei Präsident Lebrun seinen Rücktritt ein. Lebrun nahm an und bat Pétain, ein neues Kabinett zu bilden. Es hatte auch nicht geholfen, daß der britische Botschafter in letzter Minute bei Reynaud mit einer Note vorstellig geworden war, in der die Regierung des Vereinigten Königreiches Bemühungen der französischen Regierung um einen Waffenstillstand zustimmte, unter der Voraussetzung, daß die französische Flotte die Anker zur Fahrt in britische Gewässer lichteten. Die neue französische Regierung ignorierte das Proviso. Um 0.30 Uhr, am 17. Juni, bat sie über den spanischen Botschafter de Lequeria die deutsche Reichsregierung um einen Waffenstillstand, nur wenige Stunden später schickte Pétain den ersten Parlamentär ins deutsche Hauptquartier nach Bruly an der französisch-belgischen Grenze.

Am selben Tag übermittelte Churchill nochmals ein Angebot an Pétain, die französische Flotte in britische oder amerikanische Gewässer zu verlegen. Am 19. Juni machten sich der britische Marineminister Alexander, der Erste Seelord Sir Pound und Lord Lloyd in einem Wasserflugzeug selbst auf den Weg nach Bordeaux. Darlan blieb jedoch bei seiner Weigerung, die Flotte auslaufen zu lassen, weil das angeblich die Besetzung ganz Frankreichs durch die Deutschen zur Folge haben würde. Darlan gab den Briten sein Wort, daß seine Flotte französisch bleiben oder sich selbst versenken würde. Die Briten waren verbittert. Alexander soll gesagt haben: »Mit Worten ist uns nicht gedient.«

Paul Reynaud, im Glauben, selbst sehr bald die Regierungsgeschäfte wieder übernehmen zu können, gab nicht auf. Am 21. Juni riet er Pétain, Admiral Darlan mit der Flotte nach den USA entkommen zu lassen. Pétain meinte nur, daß dann mit deutschen Repressalien gegen französische Städte zu rechnen sei. Er wollte auch nichts davon hören, Darlans Verhalten den Deutschen gegenüber als Eigenmächtigkeit und Insubordination hinzustellen.

Zwei Tage später suchte Reynaud den Marschall erneut auf. Ein schreckliches Gerücht hatte ihn alarmiert: Ein Passus der Waffenstillstandsbedingungen besage, daß die Flotte, die letzte Bastion der Grande Nation, an die Deutschen auszuliefern sei. Er verlangte und erhielt von Pétain Einblick in das Dokument. Dort stand unter Artikel 8:

> Die französische Flotte wird sich in später zu benennenden Häfen versammeln. Sie wird dort unter deutscher oder italienischer Kontrolle demobilisiert und entwaffnet. Die deutsche Reichsregierung erklärt der französischen Regierung feierlich, daß sie nicht die Absicht hat, diese Flotteneinheiten zu eigenen Kriegseinsätzen zu benutzen – außer solchen Schiffen, die zum Schutz der Küste und zum Minenräumen notwendig sind.

Die Frage war nun: Was würden die Briten tun? Würden sie Hitler trauen? Reynaud konfrontierte Darlan mit der Flottenklausel: »Paßt sie Ihnen?« »Die Waffenstillstandskommission wird das ändern«, antwortete Darlan. »Glauben Sie das wirklich?« »Die Flotte wird auf jeden Fall den Befehl erhalten, sich selbst zu versenken, ehe sie in Feindeshand fällt«, versicherte der Admiral.

Reynaud blieb nichts anderes übrig, als sich damit zufriedenzugeben. Er beeilte sich jedoch, Churchill diese kurze Unterhaltung mitzuteilen, um dessen Besorgnisse zu zerstreuen. Ein Zusammenstoß zwischen der britischen und der französischen Flotte wäre für ihn eine politische Katastrophe gewesen, die er später nicht zu verantworten haben wollte. Eine überflüssige Sorge, denn kurz darauf wurde er von Pétain in Riom verhaftet, unter der fadenscheinigen Anklage, Frankreich in den Krieg getrieben zu haben. Er wurde vor ein Sondergericht gestellt (zusammen mit Daladier, Léon Blum und Mandel) und zu einer unbefristeten Freiheitsstrafe verurteilt. Danach wurde er den Deutschen als Kriegsverbrecher übergeben.

Der Befehl Admiral Darlans an alle französischen Flotteneinheiten in allen französischen und überseeischen Häfen ist tatsächlich ergangen:

> Die Waffenstillstandsbedingungen werden Ihnen gesondert und im Klartext übermittelt. Ich benutze eine der letzten verschlüsselten Nachrichten, um Ihnen meine Meinung dazu mitzuteilen.
>
> 1. Demobilisierte französische Schiffe müssen französisch und unter französischer Flagge bleiben, mit Kernmannschaften besetzt und in französischen Häfen in der Heimat oder Übersee stationiert.
> 2. Geheime Vorbereitungen zur Selbstversenkung müssen getroffen werden, damit weder der Gegner noch Ausländer ein Schiff mit Gewalt nehmen und es benutzen können.
> 3. Wenn die Waffenstillstandskommission eine andere Entscheidung trifft als die in Absatz 1 genannte, werden Kriegsschiffe, ohne weitere Befehle abzuwarten, Kurs auf die Vereinigten Staaten nehmen oder sich selbst versenken, wenn sie dem Gegner nicht auf andere Weise entkommen können.
> 4. Schiffe, die im Ausland Zuflucht suchen, sollen nicht ohne Befehl des Befehlshabers der Seestreitkräfte gegen Deutschland oder Italien eingesetzt werden.
>
> Darlan (12.45 Uhr, 24. 6. 40)

Churchill hatte sich von Reynaud nicht beruhigen lassen. Darlans Befehl gab ihm recht, denn mit den in Absatz 2 genannten Ausländern konnten nur die Briten gemeint sein. Der britische Premier traute der neuen französischen Regierung nicht über den Weg, nannte sie gar eine Regierung von Quislingen. Für ihn war es klar, daß trotz aller feierlichen Versprechungen die französische Flotte unversehrt und vollbewaffnet in deutsche Hände gefallen war. Die Folgen waren nicht abzusehen.

In diesen Tagen machte sich auf den Britischen Inseln eine ausgesprochene Frankophobie breit, zumal nun auch bekannt wurde, daß Pétain die vierhundert gefangenen deutschen Piloten an das Reich zurückgegeben hatte – wohl wissend, daß sie unverzüglich gegen England eingesetzt werden konnten. George Bernard Shaw schrieb am 25. Juni an Churchill: »Warum Frankreich nicht den Krieg erklären, seine Flotte gefangennehmen (die ihre Flagge gern vor uns streichen würde), ehe Adolf Hitler wieder Luft bekommt? In dieser Situation ist das sicher das Logische.«

Zu diesem Zeitpunkt hatte die britische Admiralität bereits den Befehl an ihre Mittelmeerflotte gegeben, die neuen, hochmodernen französischen Schlachtschiffe »Richelieu« und »Jean Bart« aufzubringen, falls sie Dakar beziehungsweise Casablanca verließen. »Wenn sich die Dinge nicht in einer zufriedenstellenden Weise entwickeln, wird es damit enden, daß wir von der französischen Flotte so viel in unsere Gewalt bringen, wie wir nur antreffen können«, notierte John Colville, einer der Sekretäre Churchills, am 26. Juni. Zwei Tage später folgte ein Eintrag, aus dem ersichtlich ist, wie sehr die Lage sich zugespitzt hatte: »Winston spielt mit dem Gedanken an eine gewaltsame Aktion gegen französische Schiffe in afrikanischen Häfen.«

Das »Unternehmen Katapult« nahm Gestalt an.

X.
Churchill schlägt zu
Überleben ist alles

Unternehmen Katapult« war das Codewort für den Versuch der Briten, sich aller erreichbaren französischen Flotteneinheiten zu bemächtigen und sie aus dem Verkehr zu ziehen. Schiffe, die sich nicht entwaffnen und in britischen Gewahrsam bringen ließen, sollten versenkt werden. Das rigorose Vorgehen war minutiös vorbereitet worden, seit bei der britischen Regierung Zweifel an der Loyalität der Franzosen aufgetaucht waren.

Eine große Zahl französischer Schiffe befand sich glücklicherweise bereits in britischen Häfen. Vizeadmiral Muselier, der unter General de Gaulle in London für die Streitkräfte des französischen National-Komitees verantwortlich war, hatte dafür Sorge getragen, daß viele der in nordfranzösischen Häfen liegenden Einheiten der französischen Kriegsmarine, aber auch Handelsschiffe, vor dem Einmarsch der Deutschen nach Portsmouth und Plymouth an der englischen Südküste verbracht wurden. Sogar noch im Bau befindliche Kriegsschiffe, die schwimmfähig waren, wurden von ihrer Helling gelassen und über den Kanal geschleppt – zusammen mit den Werftarbeitern, die den Bau in England vollenden sollten. Zwei Schlachtschiffe, vier leichte Kreuzer (contre-torpilleurs), einige U-Boote (darunter das sehr große »Surcouf«), acht Zerstörer und etwa einhundert kleinere Einheiten lagen zum größten Teil in Portsmouth, einige in Plymouth vor Anker und zeigten dort auch nach dem Waffenstillstand stolz die französische Flagge.

Am 3. Juli um 4.45 Uhr morgens stürmte britische Marineinfanterie mit aufgepflanzten Bajonetten die in den südenglischen Häfen ankernden französischen Schiffe. Im Salon des Schlachtschiffes »Paris« forderte der britische Admiral Sir Dunbar Nasmith von dem französischen Admiral, der nur seine Uniformjacke über dem Pyjama trug, daß er sich unter sein Kommando stelle. Der Adjutant des Franzosen, Leutnant z. S. Georges Blond, überlieferte dessen knappe klassische Antwort: »Sie können doch nicht von einem französischen Flottenchef verlangen, daß er den Befehlen des Königs von England gehorcht. Ich habe die Befehle meiner Regierung auszuführen.« Die Franzosen waren von der britischen Aktion so überrascht worden, daß sie keine Gegenwehr leisteten oder zu fliehen versuchten. Nur auf dem größten der U-Boote, der »Surcouf«, kam es zu einem kurzen Kampf, bei dem drei Briten und ein Franzose ihr Leben verloren.

Die Besatzungen der französischen Schiffe wurden von Bord geholt und in die Royal Navy Barracks von Devonport gebracht. Offiziere mußten im Offizierskasino eine Botschaft von Admiral Sir Dunbar Nasmith entgegennehmen:

»Die Regierung Seiner Majestät drückt ihr Bedauern aus, daß sie sich hat entschließen müssen, Ihre Schiffe zu beschlagnahmen. Sie hat das getan, damit diese Fahrzeuge in der Folge nicht in die Hände von Deutschland fallen, das sie gegen Großbritannien einsetzen würden. Ihre Regierung wird Ihnen niemals vorwerfen können, diese Beschlagnahme geduldet zu haben, denn Sie sind hier in meiner Macht. Ich hoffe, daß viele, wenn nicht alle unter Ihnen bereit sein werden, den Krieg gegen Deutschland an der Seite der britischen Marine fortzusetzen, sei es auf ihren eigenen Schiffen, sei es auf den unseren mit uns. Alle diese werden in den Genuß des britischen Soldes kommen und unter britischem Kommando stehen.« Die Franzosen hatten eine Stunde Bedenkzeit. Die Antwort kam jedoch sofort: Die französische Marine hält an ihrer Rangordnung fest und gehorcht auch weiterhin nur ihren Vorgesetzten.

Am Nachmittag durften die französischen Seeleute wieder an Bord ihrer Schiffe gehen, um ihre Sachen von Bord zu holen. In Zehnergruppen, immer von bewaffneten britischen Soldaten umringt, wurden sie dorthin geführt. In ihren Kabinen angekommen, mußten einige eine sehr unliebsame Entdeckung machen: Schränke waren aufgebrochen, Schubfächer unter den Kojen, im Schreibtisch herausgerissen und der Inhalt auf den Boden geworfen. Alles was nach Wert aussah, war verschwunden. Proteste halfen nichts.

Nachdem sie ihre verbliebenen Habseligkeiten, hauptsächlich Kleidung, zusammengerafft hatten und wieder an Land waren, wurden die Franzosen ohne viel Federlesens in Eisenbahnzüge verladen. Bestimmungsort war Aintree, der Pferderennplatz bei Liverpool, wo sie gegen Mittag des nächsten Tages eintrafen. Es war ein naßkalter, ganz und gar unsommerlicher Tag. Der Rennplatz lag mitten in einem Industrievorort und war von Fabriken, Gasometern und häßlichen kleinen Backsteinhäusern umgeben, die in langen Reihen eins dem anderen glichen und von einer grauen Schmutzschicht überzogen waren. Der Parcours des »Grand National« war mit Schrottautos übersät – Hindernisse für feindliche Fallschirmspringer –, auf den

Rasenplätzen standen Hunderte von Zelten, in denen schon die Truppen der Norwegen-Expedition gewohnt hatten – nur Monate zuvor treue Waffenbrüder.

Einer der Gefangenen berichtete später:

»Die Stabsoffiziere durften sich in den Waschräumen unter den Tribünen des Rennplatzes einquartieren. Die Räume waren völlig kahl. Erst am Abend wurde den französischen Offizieren bedeutet, daß sich an einer bestimmten Stelle Strohsäcke befänden, derer sie sich bedienen könnten. So konnte man die Kommandanten von Schiffen, die noch vor wenigen Tagen mit allen Ehren an Bord von britischen Schiffen empfangen worden waren, dabei beobachten, wie sie ihre Strohsäcke selber trugen und auf dem Fußboden der Waschräume eines englischen Hippodroms Schlaf suchten.«

Etwa zehntausend französische Marineangehörige waren in verschiedenen Lagern untergebracht worden, die sich in ihrer Primitivität kaum voneinander unterschieden. Lediglich die Admiräle waren in Oxford etwas besser untergebracht worden. Die Verpflegung war miserabel, die Behandlung schlimmer als die von Kriegsgefangenen.

Die Briten waren enttäuscht, daß sich die Franzosen nicht der Royal Navy im Kampf gegen Deutschland anschlossen, und ließen sie es bei jeder Gelegenheit spüren. Im Lager Arrowe Park auf der Liverpool vorgelagerten Halbinsel Wirral war im August am äußeren Tor eine Bekanntmachung des britischen Militärkommandanten angeschlagen, die ein grelles Licht auf die Situation in den Lagern wirft. Den Gefangenen wurden Geld- und Kerkerstrafen für eine ganze Reihe von Delikten angedroht: Flucht aus dem Lager, Beschädigung des Lagereigentums, Nichtbenutzen der Toiletten, Diebstahl von Lagervorräten, Gehorsamsverweigerung, Bedrohung oder Überfall auf einen britischen Soldaten, Polizisten oder Zivilisten, Diebstahl von Feldfrüchten, Schlachten von Haustieren, Verführung von Frauen und Mädchen, Prügelei mit der Zivilbevölkerung.

Als die gefangenen französischen Admiräle sich darüber beschwerten, daß ihren Matrosen und Offizieren kein Sold gezahlt werde, erhielten sie zur Antwort, daß Sold nur kriegsgefangenen Offizieren nach der Vereinbarung zwischen kriegführenden Staaten gezahlt werde. Die Franzosen seien nur interniert. Außerdem, so hieß es, brächte die Regierung seiner Majestät und die britische Admiralität in Anschlag, daß sie keine Verpflichtung gegenüber Leuten hätten, die sich weigerten, den Kampf für die Sache der Demokratie an der Seite Großbritanniens fortzusetzen.

In seiner Rede vom 20. August sagte Winston Churchill: »Eine Marionettenregierung ist in Vichy eingesetzt, die jeden Augenblick gezwungen werden kann, unser Feind zu werden... Die Tschechen, die Polen, die Norweger, die Holländer und Belgier kämpfen noch. Nur Frankreich ist gegenwärtig zu Kreuz gekrochen, und das ist die Schuld nicht dieser großen und edlen Nation, sondern derer, die man ›die Männer von Vichy‹ nennt.«

General Spears, ehemals Verbindungsoffizier Churchills zu Paul Reynaud, jetzt zu General de Gaulle, hielt eine Ansprache vor französischen Seeoffizieren im Lager Aintree. »Die Regierung von Vichy«, begann er und wurde sofort von mehreren Stimmen unterbrochen: »Die französische Regierung!« »Es lebe Marschall Pétain!« Ein Tumult erhob sich, und mehrere der Franzosen wurden verhaftet.

Der »Daily Express« ging noch einen Schritt weiter: »Diese Franzosen sind gefährlich. Sie gehören der Fünften Kolonne an.« Der Schreiber schlug vor, sie nach dem Muster der irischen politischen Gefangenen zu behandeln, die an Bord ausgedienter Schiffe vor der englischen Südküste eingesperrt waren. Der Vorschlag sprach sich in den Lagern schnell herum und verstärkte noch den Widerstand gegenüber allen Werbungen und Aufforderungen gegenüber den Franzosen, ihre Fahne zu verraten – wenigstens sahen sie es so.

Druck kam nicht allein von den Briten. Mit Unterstützung der britischen Regierung organisierte General de Gaulle in London die Bewegung »France libre«. Sein Admiral Muselier setzte alle Hebel in Bewegung, um die internierte Marine in de Gaulles Reihen zu bringen. Er schickte Werber, Offiziere, die zu de Gaulle »desertiert« waren und besuchte die Lager auch selbst, ohne daß das viel fruchtete. Die Gaullisten behaupteten: »Wenn ihr nach Frankreich zurückkehrt, werdet ihr vor Hunger krepieren und die Erniedrigung kennenlernen.« Die Seeleute hielten dagegen: »Man darf sein Land nicht deswegen im Stich lassen, weil es unglücklich ist.« Der Name des Marschalls Pétain schien ihnen wie eine hinlängliche Bürgschaft für die nationale Ehre.

Die Fronten versteiften sich schließlich só sehr, daß die Briten dem Drängen Admiral Darlans nachgaben und im November die regierungstreuen Marineangehörigen nach Frankreich entließen. Auf französischen Schiffen wurden sie von Liverpool durch die Straße von Gibraltar nach Toulon gebracht, wo sie wie Helden empfangen wurden.

Mit der Beschlagnahme der französischen Flotteneinheiten in den englischen Häfen am 3. Juli war jedoch nur eine Teilaktion abgelaufen. »Unternehmen Katapult«, der schwierigste und tragische Teil der Operation, stand den Briten wie den Franzosen noch bevor, denn die Hauptmacht der französischen Flotte lag im Mittelmeer und in

Nordafrika. Im ägyptischen Alexandria hielt sich die französische Force X unter Admiral René Godefroy auf: ein Schlachtschiff, vier Kreuzer und eine Anzahl kleinerer Einheiten. Admiral Godefroy war eng mit Admiral Cunningham befreundet, der die dort liegenden britischen Flotteneinheiten befehligte. Als Admiral Darlan der Force X befahl, nach Tunis zu fahren, ließ Godefroy den Befehl unbeachtet, unterstellte sich dem Kommando Cunninghams und kämpfte mit ihm gegen die Italiener. Force X blieb in Alexandria bis zur Einnahme Nordafrikas durch die Alliierten.

Gefährlich für die Briten blieb die Force de Raid unter Admiral Marcel Gensoul, die in dem an Oran grenzenden Marinehafen Mers-el-Kebir lag. Zu ihr gehörten die beiden modernen Schlachtkreuzer »Strasbourg« und »Dunkerque«, sowie die älteren Schlachtschiffe »Provence«, »Bretagne« und »Commandante Teste«. Die beiden ersteren Schiffe machten der britischen Admiralität Sorge: In deutscher Hand konnten sie die Nachschubwege des Inselreiches noch mehr gefährden als die »Gneisenau« und die »Scharnhorst« es taten. Würden sie gar bei einer Invasion der Britischen Inseln eingesetzt, konnten sie die Überlebenschancen der Briten zunichte machen.

Nicht weniger gefährlich schienen die neuen Schlachtschiffe »Jean Bart« und »Richelieu« zu sein. Die »Jean Bart« war gerade von Saint Nazaire nach Casablanca gebracht worden, wo sie ihre Bewaffnung erhalten sollte. Die »Richelieu« lag in Dakar und war schon fast fertiggestellt: Sie konnte unter eigenem Dampf fahren und ihre 15-Zoll-Geschütze waren feuerbereit. Abgesehen von einigen anderen Einheiten in entlegeneren Häfen gab es dann nur noch die in Toulon liegenden Einheiten der französischen Kriegsmarine, die für die Briten nicht erreichbar waren, denn dort mußte man auch mit einem Eingreifen der großen italienischen Flotte rechnen.

Der Entschluß zum Handeln war dem britischen War Cabinet nicht leichtgefallen. Den Franzosen bedeutete ihre Kriegsmarine fast ebensoviel wie den Briten, und dem Bundesgenossen das Messer an die Kehle zu setzen, widerstrebte der Marine. Bis zuletzt hatte man gehofft, daß die Franzosen zur Vernunft kommen und ihre Flotte außer Reichweite der Deutschen bringen würden. Doch der 8. Juli, der vermeintliche Tag der deutschen Invasion, rückte unaufhaltsam näher, ohne daß etwas geschah. Die Vorstellung, französische Kriegsschiffe könnten unter deutschem Kommando vor der englischen Küste auftauchen, war unerträglich geworden.

Schauplatz des Dramas sollte das westliche Mittelmeer sein. In Gibraltar lag der britische Flottenverband Force H: der Schlachtkreuzer »Hood«, mit 42 000 Tonnen das größte Kriegsschiff der Briten, die beiden Schlachtschiffe »Resolution« und »Valiant«, der Flugzeugträger »Ark Royal« und elf Zerstörer. Befehlshaber war der 58jährige Vizeadmiral Sir James Somerville.

Am 1. Juli um 02.25 Uhr erhielt Somerville den Befehl: Vorbereiten »Katapult« 3. Juli. Der Admiral war alles andere als begeistert von dem Auftrag, Flotteneinheiten der Bundesgenossen zu versenken. Nicht nur aus menschlichen und seemännischen Motiven. Somerville hatte auch politische Bedenken, die er der Admiralität in London nicht verhehlte. Er funkte zurück, ein solcher Angriff werde »sämtliche Franzosen gegen Großbritannien aufbringen und einen geschlagenen Bündnispartner zum aktiven Gegner machen«. Lakonisch antwortete die Admiralität: »Feste Absicht der Regierung Seiner Majestät, daß, wenn Franzosen unsere Alternativen nicht akzeptieren, sie zu zerstören sind.«

Um 01.08 Uhr am 2. Juli ging auf der »Hood« ein langer Funkspruch ein. Er enthielt die von Somerville an den französischen Admiral persönlich zu übermittelnde Botschaft mit den Alternativen der Regierung Seiner Majestät. Der in Mers-el-Kebir liegende Flottenverband sollte sich

a) der britischen Flotte anschließen und auf der Seite Großbritanniens gegen Deutschland und Italien weiterkämpfen, oder
b) mit reduzierten Mannschaften und unter britischer Kontrolle einen britischen Hafen anlaufen, von wo die Mannschaften frühestmöglich zu repatriieren waren, oder
c) (falls er [der französische Admiral] glaube, den Waffenstillstand einhalten zu müssen) einen französisch-westindischen Hafen – z. B. Martinique – anlaufen, wo er demilitarisiert oder unter den Schutz der Vereinigten Staaten gestellt werden konnte.

Weiter war den Franzosen zu übermitteln: »Wenn Sie dieses faire Angebot ablehnen, muß ich Sie zu meinem tiefen Bedauern auffordern, Ihre Schiffe innerhalb von sechs Stunden zu versenken. Andernfalls habe ich den Befehl der Regierung Seiner Majestät auszuführen und mit aller notwendigen Gewalt zu verhindern, daß Ihre Schiffe in deutsche oder italienische Hand fallen.«

Noch am 2. Juli verließ die Force H mit der »Hood« an der Spitze Gibraltar und nahm Kurs auf Oran. Churchill ließ einen Funkspruch an Somerville absetzen: »Sie stehen vor einer der unangenehmsten und schwierigsten Aufgaben, mit denen je ein britischer Admiral betraut war. Wir haben volles Vertrauen in Sie und verlassen uns darauf, daß Sie Ihr Ziel unnachgiebig verfolgen.«

Am Morgen des 3. Juli schickte Vizeadmiral Somerville den Zerstörer »Foxhound« voraus. An Bord befand sich Kapitän Cedric

Holland mit dem Ultimatum an Admiral Gensoul. Der 50jährige Holland war Marineattaché an der britischen Botschaft in Paris gewesen, bevor er das Kommando auf der »Ark Royal« übernommen hatte. Er sprach gut Französisch, kannte sich in der französischen Flotte aus und hatte auch schon Admiral Gensoul persönlich kennengelernt (er nannte ihn später einen sturen alten Einbaum). Mehr noch als Somerville litt er unter der Entwicklung der Dinge. An der Rolle, die er nun zu spielen hatte, sollte er später zerbrechen. Und es war ihm, abgesehen von allen inneren Widerständen, von vornherein klar, daß seiner Mission kein Erfolg beschieden sein würde.

Noch während er in einer Motorbarkasse zu den französischen Schiffen unterwegs war – sie waren in einigem Abstand voneinander jeweils mit dem Heck an der Mole vertäut, signalisierte die »Foxhound« den Franzosen seine Ankunft. Der letzte Satz der Botschaft lautete: »Eine britische Flotte liegt vor Oran und wird Sie willkommen heißen.« Was immer der Kapitän der »Foxhound« damit gemeint haben mochte, die Franzosen faßten es als Provokation auf und waren beleidigt.

Holland bekam das sofort zu spüren. Gensoul war der berechtigten Auffassung, daß Somerville selbst hätte kommen müssen, statt einen Subalternen zu schicken. Er ließ seinen Flaggleutnant Dufay – einen alten Bekannten Hollands – den Briten entgegenfahren. Holland bestand jedoch darauf, die Botschaft persönlich zu überbringen, wie es ihm aufgetragen worden war. Daraufhin wies Gensoul die »Foxhound« an, sofort abzudrehen. Holland blieb jedoch mit seiner Barkasse im Hafen. Nach vielen vergeblichen Versuchen gelang es ihm am Nachmittag um 4 Uhr, auf Gensouls Flaggschiff, die »Dunkerque«, gelassen zu werden und mit Gensoul zu sprechen. Die Unterredung dauerte anderthalb Stunden. Am Anfang war Gensoul eisig, wurde aber verbindlicher, als er die Schwierigkeiten sah, mit denen Holland zu kämpfen hatte. Trotzdem führten die Verhandlungen zu keinem Ergebnis. Von Gensoul verständigt, hatte Darlan Entsatz in Marsch gesetzt, der den Engländern in den Rücken fallen sollte, falls sie Gewalt anzuwenden wagten. Sein Funkspruch war jedoch von den Briten aufgefangen und in London entziffert worden, worauf die Admiralität Somerville aufforderte, schnell zu handeln.

17.15 Uhr. Noch während Holland bei Gensoul war, setzte Somerville einen Funkspruch an den französischen Admiral ab: Wenn nicht innerhalb von 15 Minuten eine der von den Briten vorgeschlagenen Alternativen von den Franzosen wahrgenommen würde, werde er Gensouls Schiffe versenken.

Holland wurde sofort vom französischen Flaggschiff herunterkomplimentiert. Noch während er das Fallreep hinabstieg, hörte er, wie die französischen Offiziere ihre Mannschaften auf die Gefechtsstationen jagten. Sie hatten Schwierigkeiten damit, denn die Mannschaften sahen nicht ein, was das auf einmal sollte. Als Holland sich von Dufay verabschiedete, kamen beiden die Tränen.

17.45 Uhr: Holland hatte sich der wartenden »Foxhound« bis auf eine Meile genähert, als Somerville den Feuerbefehl gab. Aus einer Entfernung von zehn Meilen schlug die erste Salve der 15-Zoll-Geschütze in den wie auf einem Präsentierteller liegenden französischen Flottenverband. Eine der ersten schweren Granaten traf die »Dunkerque«, zerschmetterte einen Geschützturm, zerstörte einen der Hauptgeneratoren und machte das gesamte Hydraulik-System des Schiffes unbrauchbar. Die Besatzung des zerschossenen Geschützturmes wurde von den Stahlplatten der Bewehrung förmlich zu Tode gequetscht.

Die »Bretagne« erhielt mehrere Treffer und stand sofort in Flammen. Dicke Rauchwolken stiegen empor. Plötzlich neigte sie sich zur Seite und versank mit 1 000 Mann an Bord. Ihr Schwesterschiff »Provence« wurde schwer beschädigt und mußte von seinem Kapitän auf Grund gesetzt werden. Dem Zerstörer »Mogador« wurde der Bug weggeschossen. Aber die »Strasbourg«, eines der beiden Hauptziele, blieb unversehrt.

Die Franzosen schossen zurück, erzielten jedoch wenig Wirkung, weil die britischen Schiffe sich stetig westwärts voranbewegten und schon nach wenigen Minuten hinter einem Landvorsprung verschwanden. Somerville ließ deshalb um 18.04 Uhr das Feuer einstellen. Lediglich auf der »Hood« hatte es zwei Verwundete gegeben.

Im Hafen machte »Strasbourg« Dampf auf. Geschickt zwischen den Wrackteilen manövrierend und im Schutz der schwarzen Rauchwolken, die sich über der Wasseroberfläche ausbreiteten, gewann das Schlachtschiff zusammen mit fünf Zerstörern die offene See. Mit Volldampf durchquerte sie die von den Flugzeugen der »Ark Royal« gelegte Minensperre und war bald darauf in der Dämmerung verschwunden. Die Briten bemerkten den Ausbruch erst eine halbe Stunde später. Sofort von der »Ark Royal« aufgestiegene Swordfish Torpedoflugzeuge kehrten bald zurück, ohne die »Strasbourg« in der aufkommenden Dunkelheit entdeckt zu haben. Die »Strasbourg« erreichte unbeschädigt Toulon, wo bald auch noch andere Einheiten aus Oran und Algier eintrafen, die den Engländern entkommen waren.

Somerville, der sicherstellen wollte, daß wenigstens die »Dunkerque« den Gnadenstoß erhielt, setzte seine Torpedoflieger gegen das schwerbeschädigte und kampfunfähige Schiff ein. Die unnötige Attacke bewirkte nur neue Menschenverluste, denn die Torpedos trafen einen mit Wasserbomben beladenen Trawler, der dabei war, die Reste der »Dunkerque«-Besatzung zu bergen. Dutzende von Matrosen starben in der gewaltigen Explosion. Insgesamt kamen in Mers-el-Kebir 1 200 Offiziere und Mannschaften ums Leben, 210 waren allein auf der »Dunkerque« gefallen.

Verbittert schickten die Überlebenden Mementos, die aus vielen gemeinsamen Aktionen stammten, an ihre »Kameraden« auf der »Hood« zurück. Die französische Regierung brach sofort alle Beziehungen zu Großbritannien ab. Am 4. Juli teilte die französische Admiralität der britischen Regierung – laut Kriegstagebuch des Marinegruppenbefehlshabers West – mit, daß sie alle britischen Schiffe, die sich auf weniger als 20 sm der französischen Heimat oder Kolonialküste näherten, ohne Warnung beschießen werde. Alle französischen Seestreitkräfte hatten Befehl, die britischen als feindlich zu behandeln. Eine engere Bindung an Nazideutschland lag nahe. Der stellvertretende Premierminister Pierre Laval und Admiral Darlan traten für einen Überraschungsangriff auf die britische Mittelmeerflotte ein. Sie drangen damit nicht durch, sehr zur Erleichterung der Briten, denn gerade das hatte ja die Aktion vor Oran verhindern sollen. Wäre es nach Darlan gegangen, hätte sich das Risiko für ein »Unternehmen Seelöwe« beträchtlich verringert. Die Briten hätten einen Teil ihrer Home Fleet nach Gibraltar schicken müssen.

Für die deutsche Kriegsmarine hätte es damals ein leichtes sein müssen, Darlan auf ihre Seite zu ziehen. Sagte doch Churchill von ihm: »Darlan ist einer der guten Franzosen, die England hassen«, nachdem er erfahren hatte, daß der Urgroßvater des Admirals vor Trafalgar gegen die Briten gekämpft hatte. Großadmiral Raeder unternahm aber keinen Versuch in dieser Richtung. Auch Hitler nutzte seine Chance nicht, politisches Kapital aus der Affäre zu schlagen. In Deutschland begnügte man sich damit, das Geschehen mit unverhohlener Schadenfreude zu verfolgen. Goebbels beutete das »verbrecherische Vorgehen der Briten« mit größtem Vergnügen aus: Auf vielen auch in Frankreich verbreiteten Plakaten wurde Churchill als zigarrenrauchendes Monstrum über der brennenden französischen Flotte und über Matrosengräbern dargestellt. »N'oubliez pas Oran« stand auf einem anderen Plakat, das einen ertrinkenden französischen Matrosen darstellte, der die Trikolore hochhält.

Die Wirkung auf die Franzosen hielt nicht lange an. Zumindest in Paris verschwanden die Plakate bald wieder von den Wänden. Auch bei den in England gelandeten Franzosen ebbte der Haß auf die Engländer langsam ab. Mers-el-Kebir ließ jedoch bei den meisten Franzosen eine tiefe Verbitterung zurück. Die anglo-französischen Beziehungen waren für lange Zeit beeinträchtigt.

Für die Akteure dieses Dramas gab es keine Orden und Beförderungen, ihre Karrieren waren ruiniert. Gensoul verschwand von der Bildfläche – weder Vichy noch das Nachkriegsfrankreich wollten ihn haben. Darlan fiel im Dezember 1942 unter den Kugeln eines französischen Royalisten – ein Attentat, das kein ernsthaftes Motiv zu haben schien. Kapitän Holland mußte bald nach Mers-el-Kebir das Kommando der »Ark Royal« abgeben und starb kurz nach dem Krieg; Vizeadmiral Sir James Somerville konnte ebenfalls nicht mehr aus dem Schatten der ihm aufgezwungenen Verzweiflungstat heraustreten.

Den Schiffen erging es nicht besser als ihren Herren: Die »Hood« wurde 1941 von dem deutschen Schlachtschiff »Bismarck« versenkt, die »Ark Royal« im November 1941 von zwei deutschen U-Booten im westlichen Mittelmeer. Die »Strasbourg« wurde von ihrer Besatzung im Hafen von Toulon zusammen mit den anderen dort liegenden Schiffen versenkt, als die deutschen Truppen im November 1942 auch Südfrankreich besetzten.

Die bittere Ironie der Mers-el-Kebir-Affäre lag darin, daß der Handstreich gegen die französische Flotte militärisch vollkommen überflüssig war. Zu dieser Einsicht hätte Churchill auch unter damaligen Umständen kommen müssen, wenn die britische Nachrichtenabteilung aus der Mannschaftsstärke der deutschen Kriegsmarine die richtigen Schlüsse gezogen hätte. Dann wäre nämlich klar geworden, daß sich die deutsche Kriegsführung der französischen Flotte gar nicht hätte bemächtigen können. Ihr fehlte das ausgebildete Personal. Auf der anderen Seite hätte Darlan keinem seiner Schiffe je erlaubt, unter deutscher Flagge zu fahren. Das hat sich zwei Jahre später durch die Erfüllung seines früheren Versenkungsbefehls in Toulon erwiesen.

Trotzdem brauchte Churchill den brutalen Schritt nicht zu bereuen: »(Mers-el-Kebir)... machte klar, daß das britische Kriegskabinett nichts fürchtete und vor nichts halt machte.« Das galt in erster Linie den Briten selbst. Nach Norwegen und Dünkirchen brauchten sie dringend einen Sieg zur Stärkung ihrer Kampfmoral. Als Churchill am 4. Juli im Parlament berichtete, daß drei französische Schlachtschiffe kampfunfähig gemacht worden waren, »sprangen alle von den Sitzen, schrien, jubelten, wedelten mit Papieren und Taschentüchern wie verrückt«.

Nicht weniger wichtig für Churchill war jedoch die Reaktion in

Amerika. Bisher hatten die Vereinigten Staaten und ihr Präsident nur zögernd und mit halbem Herzen auf seine Hilfsappelle reagiert, weil viele Amerikaner – allen voran Joseph P. Kennedy, Roosevelts antibritischer Botschafter am Hof von Saint James – nicht daran glaubten, daß die Briten diesen Kampf erfolgreich bestehen würden, vielleicht auch gar nicht bestehen wollten. Monate später bekundete Harry Hopkins, der Vertraute Roosevelts, daß es vor allem die Versenkung der französischen Schiffe war, die die Amerikaner auf Churchill und nicht auf Hitler setzen ließ.

Der Überschwang, mit dem die Engländer Churchills Rede aufnahmen, wies auf noch etwas anderes hin: Mers-el-Kebir war ein sehr wirksames Ventil für die in England immer mehr um sich greifende Invasionsangst. Das Gespenst einer Armada schien nun gebannt. Bei manchen Briten machte sich das in einem verfrühten Optimismus bemerkbar, wie das der amerikanische Militärattaché Brigadegeneral Robert Lee in London beobachtete: »Jetzt, da die französische Flotte erledigt ist, redeten die Briten nicht mehr von einer »Belagerung Britanniens«, sondern gaben an, Mitleid mit Hitler auf dem »belagerten Kontinent« zu haben.« Aber selbst Lee mußte am 15. Juli zugeben: »Ich glaube, Hitler wird diese Insel jeden Augenblick mit allem, was er hat, angreifen.«

XI.
Schiffe, Fähren, Kähne
Die Armada der Kriegsmarine

Nachdem Hitler mit der Weisung Nr. 16 grünes Licht für die Vorbereitung der Landungsoperationen gegeben hatte und die britische Regierung nicht auf sein »Friedensangebot« vom 19. Juli eingegangen war, konzentrierten sich die Stäbe in den Oberkommandos des Heeres und der Marine auf die für damalige Verhältnisse gigantische Aufgabe, in möglichst kurzer Zeit eine möglichst große Streitmacht möglichst sicher über den Kanal zu bringen und sowohl an der offenen Küste als auch in Häfen zu landen.

Das OKH hatte die Heeresgruppe A unter Generalfeldmarschall von Rundstedt mit der Durchführung der Landungsoperationen beauftragt. Die 9. und die 16. Armee sollten den Angriff in drei Wellen (Treffen) durchführen. Als erstes Treffen sollten sechs Divisionen in zwei Staffeln über den Kanal gesetzt werden, die übrigen sieben Divisionen sollten in zwei weiteren Treffen folgen. Das hieß, die Marine mußte Transportraum für insgesamt 260 400 Mann, 61 983 Pferde, 34 200 Fahrzeuge, darunter Panzer, Artillerie, und 52 leichte Flakbatterien der Luftwaffe beschaffen.

Die Offiziere der Seetransportabteilung waren entsetzt. Sie hatten noch mit den kleinen Kontingenten der Marinestudie Rot gerechnet. Allein die erste Welle von 90 100 Mann hätte sie in Verlegenheit gebracht, doch die folgenden Wellen mit 170 000 Mann samt Ausrüstung erzeugte in manchem Marinebüro nur Hohngelächter. Dicke Ausrufezeichen, Fragezeichen und hämische Kommentare zieren die Schriftstücke mit den Forderungen des Heeres und verewigen den Krach zwischen Heer und Kriegsmarine, zum Beispiel: »Für 170 000 Mann brauchen wir 400 Schiffe zu je 5 000 Tonnen, das sind 2 Millionen Tonnen Schiffsraum!« Der deutschen Seeschiffahrt standen im Juli Frachtschiffe von insgesamt 1 200 000 BRT zur Verfügung. Hinzu kamen Fahrgastschiffe mit 285 000 BRT. Auch wenn man weiteste Maßstäbe anlegte, konnten kaum mehr als 100 Dampfer mit etwa 700 000 Tonnen aufgetrieben werden, selbst wenn Fischdampfer und Eisenbahnfähren mitgezählt wurden. Die meisten

Frachter waren im Kohle- und Erztransport eingesetzt und konnten nicht entbehrt werden.

Die Rechnung basierte noch auf der Vorstellung, daß man ausschließlich in Häfen landen würde. Inzwischen war jedoch vom Heer die Landung an der offenen Küste in Betracht gezogen und zwischen Halder und Schniewind sehr eingehend besprochen worden. In einer Studie vom 6. Juli hatte die Seekriegsleitung schon einen anderen Weg eingeschlagen und das Transportproblem einer Lösung nähergebracht. Außer dem Frachtraum der deutschen Seeschiffahrt berücksichtigte sie nämlich auch die Binnenschiffahrt in Deutschland wie in den besetzten Gebieten. Das Ergebnis war erfolgversprechend: Der in Holland, Belgien und Frankreich vorhandene und für den Seetransport geeignete Schiffsraum von 1 500 BRT und darunter reichte für den Transport von 40 000 Mann und 1 300 Fahrzeugen.

Jedes Schiff, auch der kleinste Kahn im besetzten Gebiet war unter Angabe der üblichen Daten erfaßt. Die Listen gingen an die Seekriegsleitung. Dort fiel den Bearbeitern auf, daß bei dem holländischen Fluß-Kanonenboot »Barga« diese Angaben fehlten, weshalb man sehr dringlich bei der Schiffahrtsabteilung nach dem Zustand und der Einsatzbereitschaft des Fahrzeuges anfragte.

Eine Woche verging und es geschah nichts. Angemahnt mußte die Schiffahrtsabteilung bekennen, daß man weder in Berlin noch in den Kriegsmarinedienststellen in Holland über Spezialpersonal für eine solche Untersuchung verfügte. Die Seekriegsleitung bestand darauf, über jedes Schiff genau Bescheid zu wissen, und setzte alle Hebel in Bewegung, um dem Kanonenboot auf die Spur zu kommen. Anfang September fand man endlich den Spezialisten für den wichtigen Auftrag, Marine-Oberingenieur Bake beim Werftbeauftragten für Holland und Belgien. Bake begab sich am 6.9. an den Liegeplatz der »Barga« in Emmerich am Rhein.

Sein Bericht dürfte die Seekriegsleitung befriedigt haben. »Inneneinrichtung und Brücke völlig demoliert. Maschine unklar und bedarf einer gründlichen Überholung. Eine Bodenbesichtigung hat nicht stattgefunden. Es ist aber anzunehmen, daß Schraube und Ruder beschädigt sind, da Schiff auf Strand gelegen hat. Die Herrichtung dieses Schiffes verlohnt sich mit Rücksicht auf den außerordentlichen schlechten Gesamtzustand und im Hinblick auf das Alter (Baujahr 1876) nicht. Brauchbar ist die an Bord befindliche 12 cm Kanone Fabrikat Krupp, Modell 1899.«

Aus der deutschen Seeschiffahrt konnten rund 1 300 Schiffe, Fischdampfer, Motorfischkutter, Schlepper, Motorsegler, Seeleichter, Fährschiffe herausgezogen werden, vermehrt um etwa 600 solcher Schiffe, die bereits im Dienst der Kriegsmarine standen. Mit diesem Schiffsraum ließen sich rund 200 000 Mann und etwa 3 000 Fahrzeuge befördern. Auf dem Rhein sollten holländische und deutsche Personenmotorschiffe für 4 000 Mann und 1 500 Kähne für den Transport von weiteren 120 000 Mann und 4 500 Fahrzeugen requiriert werden. Insgesamt bedeutete das eine Kapazität für 300 000 Mann und 8 500 Fahrzeuge.

So imposant diese Summe klingen mag, so bedeutet sie doch auch, daß nur etwa drei Divisionen ihre Fahrzeuge mitnehmen konnten. Der Grund für dieses Mißverhältnis lag in dem zu schwachen Ladegeschirr und den zu kleinen Luken der meisten Schiffe, die zum Beispiel für Panzer und Artillerie völlig ungeeignet waren und sich auch nicht entsprechend umbauen ließen. Zur Lösung des Problems schlugen die Autoren der Studie – wahrscheinlich Schniewind und Fricke – vor, Kähne und Leichter mit geringem Tiefgang zu verwenden, die in ausreichender Zahl vorhanden waren. Sie konnten an der offenen Küste dicht an den Strand auflaufen und über mitgeführte Klappbrücken leicht und ohne große Vorbereitungen entladen werden.

Jetzt hatte die Seekriegsleitung keine Schwierigkeiten mehr, die Bedürfnisse des Heeres mit den Möglichkeiten der Kriegsmarine unter einen Hut zu bringen. Da die erste Welle von 90 000 Mann zum größten Teil an der offenen Küste abgesetzt werden sollte, konnte sich die Marine mit 41 Seeschiffen zu 5 000 BRT begnügen, den Rest dieser Flotte bildeten 805 Prähme (Kähne zwischen 130 und 200 Tonnen), 241 Schlepper und 482 Motorboote. Für die nächsten Wellen von 170 000 Mann wurde ein Bedarf von 100 Seeschiffen mit zusammen 440 000 BRT, 760 Prähmen, 187 Schleppern und 574 Motorbooten veranschlagt. Die nächste Aufgabe der Marine war also, 2 000 Prähme, 500 Schlepper und 141 Seeschiffe aufzutreiben, umzurüsten und in die Häfen der im Westfeldzug besetzten Kanal- und Nordseeküste zu bringen.

Wie zu erwarten, war freier Transportraum so gut wie nicht vorhanden. Die deutsche Binnenflotte war mit dem Transport von Massengütern (Erz, Kohle, Getreide und anderen Schüttgütern) voll ausgelastet. Die auf Hochtouren laufende Rüstungsindustrie trug das ihre zur Verknappung des Transportraumes bei, so daß jeder Kahn genutzt wurde. Auf der Oder waren deshalb schon nicht mehr genügend Schlepper vorhanden. Ein Eingriff dieses Ausmaßes mußte in der Versorgung von Industrie und Bevölkerung zu Engpässen führen. Wenn Kahnraum fehlte, würde auch die Belieferung der Großstädte mit Lebensmitteln eingeschränkt werden müssen. Sollte der Transportraum auch über die letzte Septemberdekade benötigt werden, würde die Lieferung von Düngemitteln in Frage gestellt und die Ernte von 1941 in Gefahr geraten. Eine vorsichtige Schätzung der Marine ergab, daß bei Entnahme von nur 700 bis 800 Kähnen für das »Unternehmen Seelöwe« die Leistungsfähigkeit der Binnenflotte insgesamt um etwa 30 Prozent verringert würde, teilweise sogar ganz zum Erliegen käme.

Mit der holländischen, belgischen und französischen Binnenflotte konnte man nicht aushelfen. Viele der holländischen und belgischen Binnenschiffer waren mit ihren Fahrzeugen nach England abgewandert, oder hatten sie durch Kriegseinwirkungen verloren. Der Rest wurde für »Seelöwe« gebraucht. Die französische Binnenflotte lag noch auf den Flüssen und Kanälen fest, weil Schleusen und Brücken gesprengt und die Wasserwege nicht passierbar waren. Die im unbesetzten Teil Frankreichs liegenden Kähne und Schlepper waren dem deutschen Zugriff entzogen.

Etwas besser sah das Bild in der Seeschiffahrt aus. Für den Verkehr mit Norwegen, Dänemark und den Randstaaten konnte fremder Schiffraum und die Bahn eingesetzt werden. Allerdings bestand die Gefahr, daß die wichtigen Erz- und Kohleeinfuhren aus Schweden sich in den Ostseehäfen stauen würden, weil sie nicht ins Binnenland weiter befördert wurden.

Großadmiral Raeder mochte die Verantwortung für diese Auswirkungen nicht alleine übernehmen und trug deshalb bei Führerbesprechungen mehrmals vor, wie sehr die deutsche Wirtschaft vom »Unternehmen Seelöwe« belastet werden würde. Hitler hörte ihm wie immer ernsthaft zu und verfügte schließlich – am 25. Juli –, daß alle Arbeiten und Maßnahmen für das Unternehmen Vorrang, selbst vor der 1. Dringlichkeitsstufe für Rüstungsaufträge haben sollten.

Für Raeder war diese Anordnung sehr wichtig, weil alle Schiffe und Kähne für den Transport der Truppen samt ihrer umfangreichen Ausrüstung erst hergerichtet werden mußten. Das war ein gigantisches Problem, für das die Marine sämtliche See- und Binnenwerften für einen Zeitraum von mindestens vier Wochen zu ihrer Verfügung haben mußte. Alle anderen Arbeiten mußten jetzt zurückstehen. Das galt sogar für den dringenden U-Bootbau. 1940 sollten eigentlich 46 neue Boote geliefert werden, doch wegen der Arbeiten für das »Unternehmen Seelöwe« konnte die Deutsche Werft Hamburg statt monatlich drei Boote nur noch zwei bauen, die Howaldtswerke Hamburg lieferten statt eines Bootes im Monat nur noch eines alle sechs Wochen; das gleiche galt für die Danziger Werft und die Deschimag. Bei der KMW in Wilhelmshaven mußte die Fertigstellung des Schlachtschiffes »Tirpitz« um etwa drei Wochen zurückgestellt werden, von Zerstörern und anderen Schiffstypen ganz zu schweigen.

Die Umrüstungen waren mit einem erheblichen Zeit- und Materialaufwand verbunden. Schiffsrümpfe und Kahnboden mußten für die Aufnahme von Panzern und Artillerie verstärkt werden, Entladerampen eingebaut und neue Schleppeinrichtungen angebracht werden. Ein Teil der Prähme erhielt Flugmotoren als Antrieb und große Portalrampen für das Laden von Panzern und Geschützen; dazu wurde der Bug abgeschnitten und schwenkbar gemacht. Achtzig Schlepper wurden mit Aussetzvorrichtungen für Sturmboote versehen, je zwei auf jeder Seite. In Frachtern wurden die Laderäume mit Zwischendecks und Traversen versehen, um darin Soldaten und Pferde unterbringen zu können. In den Eisenbahnfähren mußten die an Bord verlegten Eisenbahnschienen mit Beton ausgegossen oder mit Bohlen abgedeckt werden.

Nicht nur an den Transport dachte man, sondern auch an den Schutz der Menschen während der Überfahrt und beim Ausladen vor Gewehr- und MG-Feuer. So wurden Bordwände mit Zement und Eisenlatten verstärkt, Brücken, Steuerstände und Entladerampen verschanzt, soweit das möglich war. Auf Deck wurden Schutzwände aus Eisenplatten angebracht, hinter denen Besatzungsmitglieder und Soldaten in Deckung gehen konnten. Außerdem wurden alle Schiffe und Schlepper für den Einbau an Deck von Geschützen und MG-Ständen vorbereitet.

So viel Eisen an Bord mußte sich auf die Weisung der Kompasse ganz erheblich auswirken, doch zum Kompensieren blieb keine Zeit mehr, weshalb man mehr und mehr dazu überging, Armierungen aus Zement und Holz zu schaffen. Soweit die Schiffe kein M. E. S. besaßen, mußten derartige Minenschutzgeräte eingebaut werden. Die Eisenkähne mußten wegen der Minengefahr entmagnetisiert werden. Das konnte nur an wenigen dafür eingerichteten Plätzen geschehen, weshalb man bei einer ganzen Anzahl der Kähne auf diesen Schutz verzichten mußte.

Auf verschiedenen Werften wurden 15 kleinere Schiffe von 650 bis 1 200 BRT als Lazarettschiffe mit je 50 bis 80 Betten hergerichtet und mit Minenschutz versehen. Nichts wurde vergessen – vom Bettgeschirr bis zur Wolldecke und Rettungsgerät. Zusätzliche Kochgelegenheiten wurden auf diesen Schiffen eingerichtet, weil man mit sehr vielen Schiffbrüchigen rechnen mußte.

Die Materialbeschaffung war mühsam, ging jedoch reibungslos vonstatten. 30 000 Tonnen Eisenträger und -platten, 40 000 m^3 Holzbohlen und Bretter und 75 000 m^3 Beton wurden benötigt. Um solche Mengen zu den Werften zu bringen, mußte die Organisation Todt für den Transport eingeschaltet werden. Allein 4 000 neue Schleppleinen, Klemmen, Kauschen, Haken, Tausende von anderen Einzelteilen, viele Quadratmeter Segeltuch waren zu beschaffen. Die Reichsbahn stellte mehr als tausend Abdeckplanen, wie sie für offene Güterwagen gebraucht wurden, für die Prähme zur Verfügung. Nie wieder wurden im Zweiten Weltkrieg für eine einzelne Operation solche Anstrengungen unternommen.

Die Erfassung des Transportraumes und die Verbringung der Schiffe und Kähne lief nur schleppend an. Das war zu erwarten gewesen. Von Anfang an rechnete die Marine damit, daß es mit einer Zeitspanne von vier Wochen für die Umrüstung nicht getan sein würde. Viele Vorarbeiten waren zu leisten, z. B. die Beschaffung des Materials, die Bereitstellung der Arbeitskräfte und Unterkünfte. Allein der Bedarf an Facharbeitern betrug etwa 6 500. Die Verbringung der Fahrzeuge in die Werften und die Überführung in die Einsatzhäfen würden viel Zeit beanspruchen. So mußte die Marineleitung vom Tag der Auftragserteilung bis zum Eintreffen des fertigen Fahrzeuges in Ostende oder Calais mit acht bis neun Wochen rechnen.

Der 15. August als Stichtag für »Seelöwe« war damit illusorisch. Am 23. August meldete die Kriegsmarine 1 596 Kähne im Umbau in verschiedenen Werften, 802 davon waren abschleppbereit. Jeden Tag sollten hundert Kähne fertig werden. Doch es sollte noch bis zum 19. September dauern, ehe die Marine ihr Soll erfüllt hatte. An diesem Tag standen 168 Truppentransportschiffe, 1 975 Prähme, 100 Küstenmotorschiffe, 420 Schleppfahrzeuge und 1 600 Motorboote zur Verfügung.

Doch wie stand es um die bei den Kampfhandlungen schwer mitgenommenen Absprunghäfen an der Kanalküste? Konnte die Landungsflotte dort überhaupt versammelt, beladen und über den Kanal in Marsch gesetzt werden? Die Marinedienststellen im besetzten Gebiet waren in der Zwischenzeit nicht müßig gewesen, wie ein Fernschreiben der Marinegruppe West an die Seekriegsleitung bezeugt: »27.7. Geheime Kommandosache. Fregattenkapitän Fischer drahtet: Sofort vorlegen. Boulogne, Calais, Gravelines, Dünkirchen erkundet. Boulogne voraussichtlich termingerecht voll verwendungsfähig. Calais keine wesentlichen Zerstörungen. Zustand Dünkirchen läßt Nutzbarkeit von zwei Fünftel bis drei Fünftel der Kailänge erwarten. Herstellung eines Torpaares, Stemmtor, an beiden Schleusen eingeleitet. Innenhäfen als Flughafen benutzbar. Erfolg jedoch ungewiß. Gravelines von kleinen Fahrzeugen benutzbar. Minister Todt anstrebt Unterstützung von Arbeitstrupps, darunter Elektriker,

Schlosser, Zimmerleute. Umgehende Bereitstellung von zwei Pionierkompanien und einem Baubataillon für Dünkirchen, eine Pionierkompanie und ein Baubataillon für Boulogne, insgesamt zwei Kompanien und ein Baubataillon für Boulogne eingesetzt, zwei Pionierkompanien und ein Baubataillon für Ostende, Nieuport und Zeebrügge sichergestellt. Zur Leitung der Arbeiten Kommandierung von Bauräten des Hafenbaues mit Hilfskräften erforderlich...«

Hinter diesem knappen Bericht verbergen sich wochenlange Anstrengungen, mit denen die Häfen Dünkirchen, Calais, Boulogne, Le Tréport, Dieppe, St.-Valerie-en-Caux, Fécamp, Le Havre, Trouville und Cherbourg wieder brauchbar gemacht wurden. Überall waren Kaianlagen und Schleusen zerstört, gesunkene Schiffe blockierten Hafenausfahrten, Kais und die Zufahrten zu den ins Innere des Landes führenden Kanälen und Flüssen. Außer den Pioniereinheiten wurde das Arbeitsheer Organisation Todt ausgiebig in Anspruch genommen. Große Kräne zur Hebung und Beseitigung von Wracks waren in keinem der Häfen vorhanden und mußten aus dem Reich herangebracht werden. Unterwegs mußten diese Ungetüme allerdings in Rekordgeschwindigkeit zerlegt und später wieder zusammengeschweißt werden, weil sie nicht unter den vielen Brücken hindurchpaßten. Schleusen, die die Häfen mit dem inländischen Fluß- und Kanalsystem verbanden, mußten teilweise ganz erneuert, mehrere Schleusentore mußten neu eingesetzt werden, andere benötigten umfangreiche Reparaturen.

Die Arbeiten gingen zügig voran, und im August waren die ersten Häfen bereit, Teile der Landungsflotte aufzunehmen. Nur der Zustand der Binnenkanäle war so schlecht, daß die Räumungsarbeiten dort bis September und noch länger dauerten. Mühsam mußten die Trümmer vieler gesprengter Brücken aus Kanalbetten entfernt, Dutzende von Schleusen repariert und Notbrücken höher gelegt werden, damit Schiffe über den Rhein, die Schelde und französische sowie belgische Kanäle an die Küste gebracht werden konnten. Der Marne-Rhein-Kanal mußte auf lange Sicht gesperrt bleiben (man rechnete mit ein bis zwei Jahren), die Kanäle Epernay–Paris–Le Havre aber waren sehr bald schiffbar, wie auch das belgische Kanalsystem, das die Schelde mit Zeebrügge, Ostende und Calais verbindet.

Doch im August sollten die Kanäle noch keine besondere Rolle spielen. Prähme und Schiffe, die in den deutschen Werften fertiggestellt worden waren, wurden mit Zerstörergeleit über See nach und nach zu den Einsatzhäfen gebracht. Dabei machte sich ein Problem bemerkbar, das leicht vorauszusehen und deshalb schon im Juli in Angriff genommen worden war: Personalmangel.

Für den Einsatz als Landungsboote mußten die Prähme Besatzungen erhalten und die der Schlepper, Schiffe und Motorboote verstärkt werden. Insgesamt rechnete die Marine mit einem Bedarf von etwa 20 000 Mannschaften und Unteroffizieren. Doch das Menschenreservoir des Reiches war noch längst nicht erschöpft. Von der Marine sollten 4 000 Mann abgestellt werden, Heer und Luftwaffe sollten3 000 Soldaten, die einen seemännischen Zivilberuf hatten, zur Marine kommandieren, durch neue Einberufungen der Marineersatzreserve konnten die Reihen um weitere 9 500 Männer aufgefüllt werden, die restlichen drei- bis viertausend zu besorgen überließ man den Wehrersatzämtern. Und alles klappte ganz ausgezeichnet.

Auch das Heer war in diesen Wochen im Begriff, einen gewaltigen seemännischen Beitrag zu den Vorbereitungen der Landung zu leisten. Das hatte damit angefangen, daß die Armeekommandos über ihre Marineverbindungsoffiziere immer wieder anfragen ließen, wann welches Schiff für welche Einheit zur Verfügung stehen würde. Immer wieder waren sie vertröstet worden, weil die Schiffe zu diesem Zeitpunkt (Ende Juli) noch nicht einmal umgerüstet waren. Als auch General Halder der Marine keine Zusagen abgewinnen konnte, verlor Generalfeldmarschall von Brauchitsch die Geduld. Er beauftragte den General der Pioniere Jacob, mit seinen Truppen unabhängig von der Marine Seetransportmittel herbeizuschaffen.

Den Mut zu dieser Entscheidung hatte ihm wahrscheinlich die Marine selbst eingeflößt. Am 9.7. hatte Konteradmiral Fricke geschrieben: (Die Kanalüberquerung) ».... gleicht einem Flußübergang, bei dem wegen der Breite und besonderen Eigenart des zu überschreitenden Gewässers die Marine als hierfür besonders ausgebildeter Wehrmachtteil eingesetzt wird.« Halder griff das Stichwort begeistert auf, bedankte sich sogar, was selten genug vorkam, und antwortete: »Die Auffassung, daß es sich bei dem geplanten Unternehmen um einen ›Flußübergang‹ großen Stils handelt und daß dementsprechend die Vorbereitungen zu treffen sind, deckt sich völlig mit der Ansicht des OKW!«

General Jacob tat das Nächstliegende. Er bestimmte das Pionierbataillon 47 des VII Armeekorps (Friedensstandort war Bayern) in Bray-sur-Somme als »Versuchsbataillon des OKH für den Bau seetüchtiger Fähren aus Behelfsgerät, Mitteln des Landes und Kriegsbrückengerät«. Der neue Standort des Bataillons war Cateret auf der Westseite der Halbinsel Cotentin gegenüber Jersey.

Die Pioniere verloren keine Zeit. Sie schwärmten weit in das Innere des Landes aus, um nach schwimmfähigem Material und »Behelfsgerät« zu suchen. Was sie fanden, hätte jedem Seemann den Angstschweiß auf die Stirn getrieben. In verschiedenen französischen Flugzeugwerken trieben sie Schwimmer für Wasserflugzeuge auf und Treibstofftanks, die zum Einbau in Flugzeuge bestimmt waren, in einem Ausrüstungslager der französischen Pioniere fanden sie mit Kapok gefüllte Segeltuchsäcke, die den Franzosen als »Schützenschnellstege« bei Flußübergängen dienten – wohl der beziehungsreichste Fund; im übrigen requirierten die deutschen Pioniere Benzin- und Weinfässer, wo sie sie nur auftreiben konnten.

Aus den »Schwimmkörpern«, die sich in Caterets kleinem Hafen bald zu Bergen auftürmten, bauten sie Flöße. Fässer, Tanks, Schwimmer oder Kapoksäcke wurden in einer Reihe mit Tauen unter einem Längsbalken verbunden und mit einem Bohlenbelag versehen. Bei den ersten Schleppversuchen zwischen Cateret und St. Helier auf Jersey zeigte sich jedoch, daß die Sache allzu behelfsmäßig aufgezogen war. Einige der Weinfässer machten sich selbständig und trieben ab, die Kapoksäcke erwiesen sich als nicht ganz wasserdicht und sogen sich voll, so daß diese Flöße mit Mühe den Hafen erreichten, ehe sie von ihrer Last ganz unter Wasser gedrückt wurden. Versuche, den Fähren mit Außenbordmotoren einen eigenen Antrieb zu geben, schlugen ebenfalls fehl, weil die Motoren beim geringsten Seegang absoffen.

Auch als man dazu überging, die für Flußübergänge gebräuchlichen Pontons zu Flößen zusammenzusetzen, war das Ergebnis wenig ermunternd. Für den Zusammenbau wurden Eisenträger mit einfachen Steckvorrichtungen benutzt, die sich bei Seegang lösten und nur mit Drahtseilen behelfsmäßig gesichert werden konnten; die offenen Pontons liefen schon bei geringem Seegang durch überkommende Wellen voll und sanken – auch Persennige halfen wenig. Erst als man die Pontons mit leeren Kanistern füllte, hielt auch die Abdeckung stand. Einmal riß sich eine solche Fähre in schwerem Seegang los und wurde gegen die Felsen der Steilküste geschleudert: Die schweren Eisenträger wurden wie Streichhölzer geknickt, die Pontons wie Pappschachteln zusammengequetscht. Zum Glück hatte sich die Besatzung schwimmend retten können.

Ende August wurde die Spielerei mit den »Behelfsmitteln« eingestellt, nachdem die Marine wiederholt gegen diese selbstmörderische Art der Truppenverschiffung protestiert hatte – zu der es wahrscheinlich nicht gekommen wäre, wenn sie nicht das verhängnisvolle Wort »Flußübergang« benutzt und ihre eignen Bemühungen mit dem OKH besser abgesprochen hätte. Auf jeden Fall besann man sich nun im OKH eines »Schiffsbrückengeräts«, das der österreichische Pionieroberst Hans Herbert im Ersten Weltkrieg erfunden hatte.

Zwei oben geschlossene, knapp 20 Meter lange Schiffspontons, die sich aus je sieben Segmenten zusammensetzten, trugen eine schwere, 10 x 10 Meter Balkenplattform; auf ihr ließen sich Geschütze und Fahrzeuge transportieren.

Bis zum 10. September waren zwölf dieser Fähren im Dienst und auf die Häfen Le Havre und Fécamp verteilt. Allerdings war bei der Überführung so viel Wasser durch die Luken ins Innere geschlagen, daß mehrere Mann mit Lenzpumpen die Fähren vor dem Sinken bewahren mußten. Bei einer der Fähren gelang das nicht. Sie sank kurz nach der Einfahrt in den Hafen von Le Havre.

Die Pioniere gaben jedoch nicht auf, denn neben der Herbert-Fähre war inzwischen die Siebel-Fähre entwickelt worden, die für das Unternehmen um einiges geeigneter erschien, nicht nur weil sie größer, sondern auch weil sie sehr stark motorisiert war.

Den Anstoß hatten – ohne es zu wissen – die Pioniere selbst gegeben. Bei der Suche nach Schwimmkörpern und Flugzeugtanks war einer der Pionieroffiziere in Albert bei Amiens auf den Flugzeugkonstrukteur Fritz Siebel gestoßen. Siebel, ein Günstling Görings, war dabei, das dortige Flugzeugwerk instand zu setzen. Verwundert hörte er vom Vorhaben der Pioniere und machte sich seine eignen Gedanken. Offenbar hatte er eine bessere Vorstellung von der Gewalt der See und wußte, daß man ihr mit Aluminiumkanistern, wie sie die Pioniere suchten, nicht beikommen konnte. Siebel entwarf eine Pontonfähre, die größer und stärker war als die Herbert-Fähre. Die Pontons waren mit Stahlträgern fest verbunden. In die beiden Heckteile setzte er je zwei Ford-V8-Motoren mit je 75 PS, auf dem hinteren Teil des Decks wurden drei Flugzeugmotoren mit Propellern nebeneinander aufgestellt, von denen jeder etwa 300 PS leistete. Die Heckmotoren sollten der Überfahrt dienen, die Propeller der Flugzeugmotoren sollten die Fähre mit gewaltig erhöhter Geschwindigkeit möglichst hoch auf den Landungsstrand treiben.

Siebel hatte keine Schwierigkeit, seine Idee an das Waffenamt des OKH zu verkaufen. Noch im September standen den Pionieren die ersten Siebel-Fähren zur Verfügung. Der Antrieb bewährte sich so gut, daß nun auch die Herbert-Fähren mit Flugzeugmotoren an Deck und drei Ford-V8-Motoren unter dem Deck zwischen den Pontons ausgerüstet wurden. Die mit 8,8 und 7,5 cm Geschützen und leichter Flak bewaffneten Siebel-Fähren waren für den Transport des schweren Heeresgerätes bestimmt. Da sie im Gegensatz zu den Herbert-Fähren einen stumpfen Pontonbug hatten, waren sie schwerer zu manövrieren und etwas langsamer. Dafür lagen sie ruhiger in der See und überstanden sogar Seegang 6.

In Anbetracht der geringen Zeitspanne, die zur Entwicklung und Bereitstellung der Seetransportmittel zur Verfügung stand – wenig mehr als zwei Monate –, ist die Vorbereitung des »Unternehmens Seelöwe« eine erstaunliche organisatorische Leistung. Eine revolutionäre Entwicklung in diesem Zusammenhang blieb allerdings im bürokratischen Dickicht hängen: das »Kriegskrokodil«.

Prof. Gottfried Feder, ein »alter Kämpfer« der NSDAP, Ingenieur und zuletzt Staatssekretär im Reichswirtschaftsministerium, hatte im April, ausdrücklich für die seiner Meinung nach unumgängliche Landung in England, ein »völlig neues und unbekanntes Kampfmittel« entworfen: einen mindestens 27 Meter langen, 6 Meter breiten und 3,5 Meter hohen Amphibienpanzer aus Eisenbeton. Es war eher ein schwimmender Bunker mit zwei bis vier Paar Raupenketten an der Unterseite. Während der Fahrt im Wasser sollte er durch Schiffsschrauben angetrieben werden, bei der ersten Bodenberührung vor dem Landen sollte die Motorkraft auf die Raupenketten übertragen werden, die dann das Ungetüm auf den Strand kriechen ließen. Ein »Kriegskrokodil« sollte mindestens 200 Mann samt Ausrüstung oder Panzer und Artillerie über den Kanal befördern. Beim Landen fänden die Soldaten in ihrem Betongehäuse idealen Schutz.

Feder glaubte, daß sich diese Amphibienpanzer schnell und in großer Zahl herstellen ließen, denn zur Errichtung des Westwalls waren in wenigen Monaten etwa 10 000 Bunker aus Eisenbeton erstellt worden. Erfahrung und Material waren also vorhanden und geradezu spottbillig im Gegensatz zu Holz und Eisen. Die »Krokodile« mußten nur einen genügend großen Raum umschließen, dann würde sich die Schwimmfähigkeit von selbst einstellen.

Zunächst übermittelte Feder seine Pläne an das OKH, am 21. Mai auch an das Oberkommando der Marine, wo sich alle möglichen Dienststellen sehr eingehend mit dem Projekt befaßten. Die Meinungen waren geteilt, doch es schien, als sollten die Befürworter die Oberhand behalten, denn auch Admiral Schniewind beurteilte die Erfindung günstig. Die Schiffahrtsabteilung meinte sogar, daß der Betonpanzer von »wertvollster Bedeutung« sein könne. Allein das Marineamt hatte Zweifel an der Seetüchtigkeit eines solchen Monstrums. Würde die Betonkonstruktion den Schwingungen der Antriebsmotoren widerstehen können? Wie würde sich eine hundert Quadratmeter große Betonwand als Schiffsflanke bei Seegang oder in einer starken Strömung verhalten? Langwierige und umständliche Versuche wären notwendig gewesen, um diese technischen Fragen zu klären. Die »Krokodile« wurden deshalb nie gebaut.

Aber auch ohne die Betonpanzer waren Kriegsmarine und Heer im

Begriff, eine imposante Flotte zu versammeln, die sehr wohl in der Lage war, die für eine Landung notwendigen Truppen und Waffen auf die andere Seite des Ärmelkanals zu bringen.

XII. Kriegsmarine und Heer geraten sich in die Haare Wo soll man landen?

Die gewaltigen Anstrengungen, die Heer und Kriegsmarine seit dem 16. Juli unternahmen, um das Übersetzen der Landungsstreitmacht vorzubereiten, konnten nicht darüber hinwegtäuschen, daß in der alles entscheidenden Frage keine Einigung erzielt worden war: wo nämlich zu landen sei.

Die Kriegsmarine hatte ihre Vorstellungen von einer begrenzten Landung im Raum westlich der Insel Wight aufgeben müssen, denn die vom Heer angesetzten 260 000 Mann samt Ausrüstung und Nachschub hätten auf diesem verhältnismäßig kurzen Abschnitt keinen Platz gefunden. Auch das Heer hatte zurückgesteckt: Jetzt war nicht mehr die Rede von einer Landung nördlich der Themsemündung. Halder hatte Schniewinds Vorschlag, südlich der Themsemündung zwischen Ramsgate und Yarmouth auf der Insel Wight zu landen, akzeptiert. Hier schieden sich jedoch die Geister. Halder bestand auf Landungen entlang der gesamten Küste und wollte zusätzlich noch die 6. Armee in der Lyme Bucht westlich der Insel Wight absetzen. Flußübergang war in den Augen des Generalstabs gleich Flußübergang – letzten Endes kam es Halder nur darauf an, möglichst viele Brückenköpfe zu errichten, die er zur Etablierung einer zusammenhängenden Front in Südengland brauchte. Es war jetzt an der Marine, zu beweisen, daß die Kanalüberquerung eben kein Flußübergang war, und daß man sich nach den seemännischen Gegebenheiten richten und auch die Tücken des Meeres und einer Seeküste in Rechnung stellen mußte.

Immer wieder versuchte die Seekriegsleitung, dem OKH diese Gegebenheiten vor Augen zu führen. Am 20. Juli legte sie eine detaillierte »Beurteilung der Landungsmöglichkeiten an der englischen Südküste von North Foreland bis Start Point« vor. Deutlich lassen sich daraus die Schwierigkeiten, aber auch die Möglichkeiten einer Landung ablesen, wobei allerdings die Feindeinwirkung – mit einer Ausnahme – unberücksichtigt blieb.

Zwischen North Foreland und Ramsgate am nordöstlichen Zipfel der Küste von Kent, bis zur Pegwell Bay fällt die Küste bis zu 36 Meter fast senkrecht in das Meer ab, wird dann aber zum flachen Kies- und Sandstrand bis über Deal hinaus. Südlich Deal ragen wieder die für diese Küste typischen hohen Kreidefelsen auf und bestimmen das Bild bis westlich Folkestone, wo sie dann zurücktreten und einer weiten, gegen Westwinde geschützten Bucht bis Dungeness Platz machen.

Die Ansteuerung der Steilküste zwischen North Foreland und Ramsgate, zwei bis fünf Seemeilen nördlich der gefürchteten Goodwin Sandbänke, hielt die Marine für möglich – soweit die Truppen in der Lage waren, die fast senkrechten Wände zu überwinden. Eine Landung an dem folgenden flacheren Küstenabschnitt war wegen eines vorgelagerten schlickigen Watts und wegen der Sandbänke und Untiefen im Küstengewässer unmöglich. Eine Ansteuerung von Süden her durch die Downs hätte durch den zehn Seemeilen langen Ramsgate Kanal dicht unter der Küste geführt. Mit den langsamen Schleppzügen der Landungstruppen war »dieser Marsch undurchführbar«, weil die schwerfälligen Kähne mit ihren Schleppern mindestens zwei Stunden lang dem Artilleriebeschuß der britischen Küstenverteidigung ausgesetzt wären.

Südlich Deal, das einen sehr steilen, für Boote kaum zu bewältigenden Kiesstrand hat, begann wieder die Steilküste. Ihre Ansteuerung war wegen der vorgelagerten Sandbänke gefährlich. Der starke nach Nordwesten gerichtete Gezeitenstrom konnte unter Umständen die Landungsprähme auf die Goodwin Sandbänke zutreiben und dort stranden lassen. Für den gesamten Abschnitt von North Foreland bis South Foreland, nördlich von Dover, kam die Marine in ihrer Beurteilung zu dem Schluß, daß flachgehende, langsame Fahrzeuge diese Küste nicht ansteuern konnten.

Von Dover bis Folkestone war die Lage ähnlich: eine schroffe, unzugängliche Steilküste machte eine Landung unmöglich. Das galt auch für die flache East Wear Bay östlich von Folkestone, wo bei Niedrigwasser große Steine wie Klippen aus dem Wasser ragten. Erst westlich von Folkestone, bis weit über Dungeness hinaus, wird die Küste flach. Bei einer Ansteuerung von französischen Häfen aus mußte man jedoch die Untiefen Varne und The Ridge umfahren, vor denen wegen der geringen Wassertiefe von 2,7 bis 1,8 Meter und tückischen Strömungsverhältnissen alle Seehandbücher warnen. Die Marine lehnte es deshalb ab, Schleppzüge über diese Untiefen zu führen und wollte die gefährlichen Stellen trotz des großen Zeitverlustes im Süden oder Norden umgehen. Danach drohten bei der Landung zwischen Hythe und Dungeness in diesem Gebiet keine Gefahren mehr. Die Strände sind dort flach, die Wassertiefe nimmt nur allmählich ab und bei einem Gezeitenhub von 5 Metern fällt der Strand bei Ebbe in der großen St. Mary's Bay im Norden etwa 100 Meter im Süden sogar 1 000 Meter trocken. Die Strände bestehen aus festem Sand und sind für eine Landung brauchbar, befanden die Nautiker der Marine. Hier könnten etwa 200 Prähme in Abständen von jeweils 125 Metern gleichzeitig an Land gesetzt werden.

An Dungeness schließt sich die West Road und die Rye Bucht. Die Wassertiefen nehmen hier nur ganz allmählich ab, so daß eine Landung leicht zu bewerkstelligen ist und ebenfalls 200 Prähme auf den Strand gebracht werden können. Westlich dieser Bucht von Cliff's End bis Hastings und St. Leonhards besteht wegen der steil abfallenden Küste keine Landungsmöglichkeit. Acht Kilometer westlich bei Bexhill beginnt die Küste wieder flach zu werden. Für Bexhill und die Badeküste bis Beachy Head vor Eastbourne lieferte die Marine eine fast liebevolle Beschreibung: »Die Stadt mit 22 000 Einwohnern liegt auf einer Anhöhe, mit vielen roten Häusern, über deren Dächern der spitze rote Turm der St. Peters's Kirche ragt.« Auch die acht Martellotürme zwischen Pevensey und Langley Point sind aufgezählt, der Wish-Turm von Eastbourne und der 43 Meter hohe Leuchtturm von Beachy Head aus grauem Granit mit breiten, waagrechten schwarzen Streifen, der auf den trockenfallenden Klippen unterhalb der dort wieder beginnenden Steilküste steht. Vor den langen breiten Stränden zwischen Bexhill und Eastbourne liegen einige Riffe, die zu beachten sind. Doch auch hier konnten nach Ansicht der Marine etwa 100 Prähme gleichzeitig landen.

Im nächsten Küstenabschnitt zwischen Beachy Head und dem Seebad Brighton hielt die Marine wegen der Steilufer, des felsigen Strandes und teilweise vorgelagerter Klippen eine Landung in größerem Umfang nicht für möglich. Doch von Brighton bis Selsey Bill lockten wieder 21 Seemeilen leicht anzusteuernder Strände, auf denen sich 10 verstärkte Regimentsgruppen in etwa 500 Prähmen absetzen ließen.

Danach hätte eigentlich eine Beschreibung jenes Küstenabschnittes folgen müssen, den die Marine in ihrer Studie Rot ursprünglich als besten Landungsabschnitt vorgeschlagen hatte: die Strecke von der Insel Wight bis Portland. Doch die Autoren der Küstenbeurteilung schweigen sich hier aus. Vielleicht weil sie annahmen, daß dem Heer dieser Abschnitt von der alten Studie her noch bekannt sein müsse. Jedenfalls fuhren die Marinefachleute in der Küstenbeurteilung mit Portland fort und bezeichneten eine Landung auf der Halbinsel als nicht möglich. Auch im weiteren Verlauf der Lyme Bucht bis

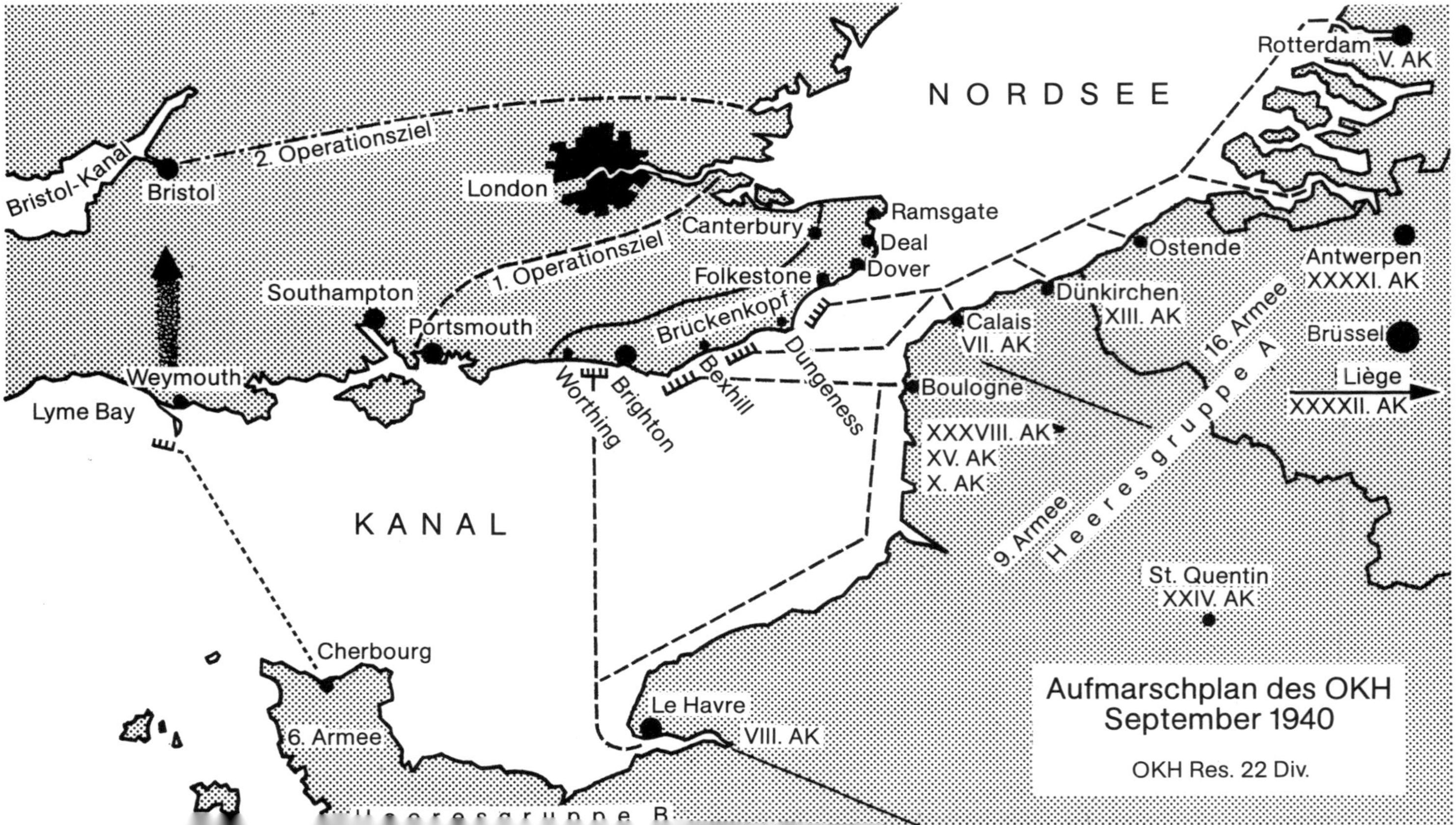
NORDSEE
KANAL
Rotterdam
V. AK
Antwerpen
XXXXI. AK
Brüssel
Liège
XXXXII. AK
Ostende
Dünkirchen
XIII. AK
Calais
VII. AK
Boulogne
XXXVIII. AK
XV. AK
X. AK
16. Armee
9. Armee
Heeresgruppe A
St. Quentin
XXIV. AK
Le Havre
VIII. AK
Cherbourg
6. Armee
Bristol-Kanal
Bristol
2. Operationsziel
London
1. Operationsziel
Canterbury
Ramsgate
Deal
Dover
Folkestone
Brückenkopf
Dungeness
Bexhill
Brighton
Worthing
Portsmouth
Southampton
Weymouth
Lyme Bay
Aufmarschplan des OKH
September 1940
OKH Res. 22 Div.

Exmouth sahen sie nur schmale Täler und zwei Buchten, in denen Einheiten ohne Lasten gelandet werden konnten. Lediglich zwischen Portland und Bridport könnten 300 Prähme auf sehr engem Raum von Dampfern an Land gesetzt werden.

Für die Marine kam nach dieser Übersicht nur der Küstenabschnitt von Folkestone bis Eastbourne in Betracht, der »schmale Landungsraum«. Nördlich von Folkestone war nach dieser Auffassung eine Landung seemännisch nicht vertretbar, Operationen westlich von Eastbourne waren auf See nicht zu sichern. Der Zeitplan der Operationsabteilung der Seekriegsleitung dehnte die mögliche Landung allerdings bis Brighton im Westen und Dover im Norden aus. Diese Überlegungen mußten reine Theorie bleiben, denn sie berücksichtigten nicht die Forderung des Heeres nach gleichzeitiger Landung der Kontingente – die Gezeitenunterschiede und die lange Entladungsdauer der Dampfer machten diese Ausdehnung des Landungsgebietes illusorisch – jedenfalls nach Ansicht der Marine.

Das Heer dagegen hatte sich schon am 15. Juli festgelegt. Halder wollte möglichst viele Brückenköpfe an der ganzen Küste von Ramsgate bis in die Lyme Bucht. Entsprechend hatte er die verschiedenen Treffen gleichmäßig auf den Raum Ramsgate, Rye, Brighton, die Insel Wight und die Lyme Bucht verteilt. Damit wollte er die feindliche Abwehr zersplittern. Das notwendige Überraschungselement sah er in der Breite des Ansatzes und im Zeitpunkt des Übersetzens.

Am 26. Juli bestätigte der Oberbefehlshaber des Heeres von Brauchitsch die Pläne seines Generalstabschefs: »Die zwischen Dünkirchen und Bayeux bereitgestellten Landungskorps der 16. und der 9. Armee (1. Treffen Inf. Div., 2. Treffen schnelle Verbände) gewinnen mit den besonders ausgerüsteten vordersten Staffeln möglichst viele und tiefe Brückenköpfe zwischen Ramsgate und Portsmouth. Sie treten unter raschem Nachziehen der zweiten Staffeln der Infanteriedivisionen sowie der schnellen Verbände aus diesen Brückenköpfen baldigst zur Gewinnung des ersten Operationszieles: Themsemündung – Southampton an.«

Im einzelnen sollte der Angriff aus dem Raum Ramsgate – Dover auf den Süden Londons vorgetragen werden, gleichzeitig sollten die im Süden gelandeten Truppen aus der Gegend Brighton – Portsmouth auf Aldershot vorstoßen und zusammen mit den weiter westlich in der Lyme Bucht gelandeten Kräften einen großen Brückenkopf auf der Linie Southampton – Themsemündung bilden. Durch einen Stoß auf Bristol sollte der Südwesten Englands abgeschnitten werden.

Als der kommandierende Admiral Frankreich Schuster am 27. Juli seinen Antrittsbesuch beim OKH in Fontainebleau machte, zeigte sich der Oberbefehlshaber des Heeres besorgt. Die mit der Einschiffung und Überführung der Truppen zu betrauenden Seeoffiziere hätten noch immer nicht den Kontakt mit den Heereseinheiten aufgenommen, weshalb man bisher auf praktische Übungen an der Küste habe verzichten müssen. Mit Nachdruck bestand von Brauchitsch darauf, endlich zu erfahren, wie die einzelnen Fahrzeugtypen auf die verschiedenen Häfen verteilt würden, denn davon hing die Verteilung der Truppen zum Einladen ab.

Das Gespräch kam auf die Landung. Schuster war überrascht, wie wenig seemännische Gesichtspunkte bei den Herren des OKH Berücksichtigung fanden, ja daß sie davon sehr wenig Ahnung hatten und er ihnen sogar den Unterschied zwischen Luv- und Leeküste erklären mußte. Aber Auskünfte auf konkrete Fragen konnte umgekehrt der Admiral auch nicht erteilen und mußte auf den Kommandeur der Marinegruppe West Admiral Saalwächter und auf die Seekriegsleitung verweisen. Halder lud noch am selben Tag Admiral Schniewind zu einer Besprechung nach Fontainebleau ein.

Schniewind ließ sich Zeit. Am 29. Juli notierte er für seinen Chef, daß für ein Gelingen des Unternehmens zu viele Voraussetzungen zu erfüllen waren: Mondlicht, günstiger Stand der Gezeiten, gutes Wetter mit Seegang unter Stärke 2, Gleichzeitigkeit der Landung an weit auseinanderliegenden Stellen, deutsche Luftherrschaft und Abwesenheit der britischen Flotte. Der Seekriegsleitung erschien demnach das Unternehmen »überhaupt höchst zweifelhaft«. Schniewind riet von einer Durchführung noch in diesem Jahr ab. »Die Vorbereitungen könnten für den Fall, daß der Luftkrieg in Verbindung mit den sonstigen Maßnahmen der Kriegsmarine (gemeint war die Blockade, d. Verf.) nicht friedenswillig macht, in einem Umfang weiterlaufen, der für die Kriegswirtschaft tragbar ist. Die Durchführung selbst käme dann ab Mai 1941 wieder in Frage.«

Großadmiral Raeder nahm die Notizen seines Stabschefs mit zur Führerbesprechung am 1. August, der auch die Oberbefehlshaber der beiden anderen Wehrmachtteile und Keitel beiwohnten. Raeders Vorbehalte wurden von Hitler akzeptiert – so wie er den Heeresplan zwei Wochen zuvor in Bausch und Bogen akzeptiert hatte. Die Vorbereitungen für »Seelöwe« sollten so getroffen werden, daß ab 15. September der Landungsbefehl gegeben werden konnte. Doch die endgültige Entscheidung, ob das Unternehmen noch in diesem Jahr stattfinden sollte, machte Hitler von der Wirkung den verstärkten Luftangriffe auf die Britischen Inseln abhängig. In einem wichtigen Punkt erzielte Raeder allerdings nur einen Teilerfolg: Die Truppenüberführung sollte jetzt nur im Raum beiderseits der Enge Dover – Calais erfolgen, in einem Seegebiet, das durch die Linien Boulogne – Beachy Head und Ostende – Ramsgate begrenzt wird. Damit war der riskante Übergang bei Deal und die Fahrt durch den Ramsgate Kanal wieder im Gespräch.

Wie wenig das Führerwort tatsächlich galt, bewies ein Tagesbefehl Keitels an die Wehrmacht vom selben Tag: Die operativen Vorbereitungen sind vorerst trotz des Hinweises der Kriegsmarine, daß sie nur einen schmalen Streifen (nach Westen bis etwa Eastbourne) sichern kann, auf der bisher geplanten breiten Basis fortzusetzen.

Für die Marine war das gleichbedeutend mit einem Massaker auf hoher See. Britischen Marineeinheiten wäre es ein leichtes, nachts in die weit auseinandergezogene langsame Landungsflotte zu stoßen und Schiff um Schiff mit Tausenden von Soldaten zu versenken. Dafür konnte niemand die Verantwortung übernehmen. Und so machte sich Admiral Schniewind auf, um in Fontainebleau den Standpunkt der Seekriegsleitung klarzumachen.

Er traf dort mit seinem engsten Stab am 7. August ein. Der Empfang war sehr freundlich, doch die Besprechung, die von 20.30 Uhr bis 23.30 Uhr dauerte, entwickelte sich sehr bald zu einer lautstarken Auseinandersetzung. Halder ging sofort die Frage nach dem Landungsgebiet an, in der sich die Auffassungen der Marine und des Heeres konträr gegenüberstanden: Der Vorschlag der Seekriegsleitung, nur auf schmalem Raum zwischen Folkestone und Beachy Head zu landen, sei für den Generalstab unannehmbar. Das Hinterland dieser Küste sei feuchtes Marschland und für eine Verwendung von Panzern ungeeignet. Mit Unterstützung aus der Luft könne man nur stundenweise, nicht aber über einen oder mehrere Tage rechnen. Den dort zu landenden drei deutschen Divisionen ständen etwa zwölf britische gegenüber. Halder bestand auf weiteren Landungen in der Bucht von Brighton und im Raum Ramsgate – Dover. Geduldig setzte ihm Schniewind auseinander, daß die langsamen Schleppzüge bei der Pegwell Bay und im Ramsgate Kanal über Stunden dem Feuer der feindlichen Küstenartillerie ausgesetzt wären und daß man wegen der Gezeitenunterschiede und der unzugänglichen Küste nicht gleichzeitig im Raum Brighton landen könne.

Halder erwiderte darauf nichts. Er hielt das alles wahrscheinlich für bloße Sturheit der Kriegsmarine oder übertriebenes Sicherheitsbedürfnis. So gut wie Schniewind kannte er die vier Voraussetzungen, die die Marine wie einen Berg vor sich herschob: 1. Wetter, Mond und Gezeiten mußten günstig sein. 2. Im Raum des Kanals mußte die deutsche Seeherrschaft sichergestellt sein. 3. Es mußte auch die deutsche Luftherrschaft über See und Küste gewährleistet sein. 4. Die englische Südküste mußte »von Bombern mehrfach umgepflügt werden«.

Einer der anwesenden Heeresoffiziere meinte, es käme eben nur auf das Überraschungsmoment an. Wenn dem Feind auch die Vorbereitungen bekannt seien, könne man immer noch den Vorteil der taktischen Überraschung für sich verbuchen. Schniewind widersprach sofort: Das Auslaufen der Transporte müßte bereits acht Stunden vor Beginn der Überfahrt einsetzen. Das konnte man von der englischen Küste aus jederzeit mit dem einfachsten Fernglas und erst recht vom Flugzeug aus beobachten. Der Gegner hätte also zwölf bis fünfzehn Stunden Zeit, sich auf die Landung vorzubereiten. Das überraschte nun wiederum die Generalstäbler. Sie schlugen vor, durch Scheinmanöver die Aufmerksamkeit des Feindes abzulenken. Auch dem widersprach Schniewind, weil dafür der Transportraum fehle.

General Halder machte dem Hin und Her ein Ende und faßte zusammen: »Ich lehne in aller Schärfe den Vorschlag der Marine bezüglich der Durchführung der Landung in engem Raum Folkestone – Beachy Head ab und bezeichne dieses Vorgehen vom Standpunkt des Heeres als reinen Selbstmord. Geradesogut könnte ich die gelandeten Truppen gleich durch die Wurstmaschine drehen.«

Admiral Schniewind gab ebenso scharf zurück, daß die Seekriegsleitung auf leicher Basis die Landung in breitem Raum ablehne und sie nicht nur als Selbstmord, sondern auch als Aufopferung der dort zu landenden Truppen ansehen müsse.

Nach diesem ersten Zusammenprall beruhigten sich die Gemüter wieder etwas. Man sprach über die Feindeinwirkung auf See und über technische Einzelheiten der Überführung der Truppen. Dabei wollte der Generalstab partout nicht glauben, daß im deutschen Einflußgebiet nicht noch mehr Dampfer aufzutreiben waren, auch nicht, als Schniewind zu erklären versuchte, warum nicht jedes Schiff für den Truppentransport oder eine Landungsoperation geeignet war.

Und schon steuerten die Gesprächspartner wieder einen scharfen Kollisionskurs. Diesmal ging es um die Tageszeit. Das Heer wollte in der Morgendämmerung landen, die Marine zog das Tageslicht vor, weil sie nämlich Begegnungen mit feindlichen Überwasserstreitkräften fürchtete und die zum Teil schwierigen Gewässer nachts nicht zu navigieren waren. Halder wischte diese Bedenken mit der Bemerkung unter den Tisch, daß sich der Führer selbst für die Morgendämmerung entschieden habe. Und überhaupt werde das Heer die Landung auf schmalem Raum auf keinen Fall machen – militärisch und operativ gesehen sei das Unsinn.

Schniewind hätte darauf verweisen können, daß auch die Römer und die Normannen auf einem sehr schmalen Raum eingefallen waren und Britannien doch erobert hatten. Die wichtigste Rechtfertigung der Marineansicht sollte die Geschichte allerdings erst am 6. Juni 1944 mit der Landung der Alliierten in der Normandie liefern: der Landungsabschnitt war nur 70 Kilometer breit, was etwa der Entfernung Folkestone – Beachy Head entspricht. Doch an diesem 7. August 1940 mußte sich Schniewind damit begnügen, der Heeresleitung ein mehrfaches und lautstarkes Nein entgegenzusetzen.

Halder wandte sich an seine Begleitung. Oberst von Witzleben solle den Oberbefehlshaber des Heeres am nächsten Tag darüber unterrichten, daß eine Einigung zwischen Generalstab und Seekriegsleitung nicht erzielt werden konnte und daß deshalb ein erneuter Vortrag beim Führer erforderlich sei. Auch Admiral Schniewind machte eine Vortragsnotiz über das Gespräch »für Vortrag Chef der Seekriegsleitung beim Führer«. An den Oberkommandierenden der Wehrmacht, Feldmarschall Keitel, dachte offenbar niemand, obwohl es doch dessen Funktion war, die Unternehmen der Wehrmachtteile zu koordinieren.

Es war nicht das erstemal, daß ein Heer und eine Marine in der Frage der Kanalüberquerung verschiedener Meinung waren. 1804 hatte Napoleon mit seinem Admiral de Villeneuve Krach bekommen. Der Korse hatte an der Kanalküste 120 000 Mann zusammengezogen, um damit England zu erobern und der britischen Regierung in London einen Friedensvertrag zu diktieren. Mit lautstarken Drohungen glaubte er die Engländer einschüchtern und ihren Verteidigungswillen schwächen zu können. Die Einschiffung seiner Truppen sollte in den kleinen Häfen im Raum Boulogne vor sich gehen. Von seiner Marine verlangte er dafür zweitausend kleine Schiffe, die zum größten Teil erst gebaut werden mußten. Sein Flottenadmiral Pierre de Villeneuve war sowieso schon indigniert, weil ihn die britische Kriegserklärung mitten im Aufbau seiner Flotte überrascht hatte. Kategorisch erklärte er Napoleon, daß die kleinen Fahrzeuge – flachgehende Kähne – bei der Überfahrt keine Chancen gegen die schnellen Schaluppen und Fregatten der Briten hätten. Doch Napoleon glaubte, daß Nebel und Dunkelheit seine Landungsflotte schützen würden. Übungen zeigten jedoch sehr bald, daß das Übersetzen von Männern, Pferden und Kanonen nicht nur ein paar Stunden, sondern Tage in Anspruch nehmen würde – die Gezeiten würden ihm einen Streich spielen, und bei Manövern über einen so langen Zeitraum mußte man mit dem Einbruch schlechten Wetters und dem Verlust der ganzen Flotte rechnen. Napoleon schlug alle Einwände in den

Wind – wie 137 Jahre später der deutsche Generalstab. Er ließ sogar eine Münze mit der Aufschrift »Frappé à Londres en 1804« prägen. Seinen Plan mußte er jedoch noch im selben Jahr aufgeben, weil die seemännischen wie die technischen Schwierigkeiten nicht zu meistern waren.

Anders der deutsche Generalstab, dem es allmählich gelang, die Position der Marine aufzuweichen. Entgegen allen kategorischen Einwänden der Marine befahl das Oberkommando der Wehrmacht, Scheinoperationen für die Landung vorzubereiten. Aus Norwegen und Dänemark sollte eine Landung an der englischen Ostküste vorgetäuscht werden, aus den Niederlanden eine andere nördlich der Themsemündung, und aus Brest und der Biscaya sollte ein Ablenkungsmanöver gegen Irland vorgenommen werden. Die Marine versuchte vergeblich, den Befehl mit einem eigenen Vorschlag auf ein vernünftiges Maß zu reduzieren. Die Seekriegsleitung ließ wissen, daß sie bereits eine Scheininvasion in Schottland beabsichtigte.

Man kann kaum behaupten, daß Keitel sich auf die Seite des Heeres geschlagen habe. Er war auf seiten des Führers und wiederholte nur, was ihm der »größte Feldherr aller Zeiten« vorsagte. Irgendwann muß Hitler die Länge des Landungsgebietes aufgefallen sein, denn am 16. August verfügte das OKW, daß die Vorbereitungen für eine Landung in der Lyme Bucht mangels ausreichender Sicherungsmöglichkeiten einzustellen seien. Auch im Raum Brighton sollte nur eine einmalige Landung ohne Nachschub von schwerem Gerät als Möglichkeit offengehalten werden. Damit war wenigstens die Westflanke der Marine weit zurückgenommen.

Das Tauziehen um die Landungsabschnitte war damit aber noch lange nicht beendet. Hinter den Kulissen tobte der Kleinkrieg fort. Am 30. August setzte sich der Oberbefehlshaber des Heeres über die Bedenken der Kriegsmarine hinweg und erteilte den Heeresgruppen an der Kanalküste eine vorläufige letzte »Anweisung für die Vorbereitung des ›Unternehmens Seelöwe‹«. Die strategischen Voraussetzungen nimmt er darin als gegeben an: »Die Luftwaffe zerschlägt die englische Luftwaffe und ihre Rüstungsbasis und erkämpft die Luftüberlegenheit. Die Kriegsmarine schafft minenfreie Wege und sperrt die Flanken des Übergangsstreifens ab.«

Die heikle Transportfrage sparte von Brauchitsch in seiner Anweisung aus. Das war Sache der Marine. Was das Heer anging, so verfügte er nur äußerste Beweglichkeit und Selbständigkeit für unvorhersehbare Änderungen der Lage, wenn zum Beispiel »die Eigenart des Seetransportes ein Zerreißen der Verbände unvermeidbar macht.«

Im übrigen sah nach dieser Anweisung der Landungsplan nun folgendermaßen aus: Die Heeresgruppe A landet mit der 16. und der 9. Armee an der englischen Südküste zwischen Folkestone und Worthing. Der 16. Armee wird der Landungsabschnitt Folkestone – Hastings zugewiesen. Nach Norden vorstoßend soll sie die Küste Ramsgate – Deal von Land her einnehmen und die Küstenverteidigung ausschalten, so daß die Marine dort Verstärkungen landen kann. Die 9. Armee landet zwischen Bexhill und Worthing. Brighton, das zwischen diesen beiden Landungsabschnitten liegt, wird von Fallschirmtruppen eingenommen. Heeresgruppe B bleibt in Bereitstellung und wird bei günstiger Entwicklung von Cherbourg auf dem Luft- und Wasserweg an der Küste der Lyme Bucht landen.

So hatte man nach zwei Monaten wenigstens einen einigermaßen brauchbaren Plan, der im Grunde auch für die Marine nicht unannehmbar war.

XIII. Hier versagten Spione und Geheimdienste

Wo aber waren die deutschen Spione, die Saboteure der Fünften Kolonne, die »Gauleiter in Wartestellung?« Sie existierten hauptsächlich in den Hirnen der Briten selbst, auf die Spionagegeschichten denselben Reiz ausüben wie Kriminalromane und Gespenstergeschichten. Einen deutschen Spion, der sich in bestem Oxford-Englisch in das Vertrauen eines Entwicklungsingenieurs einschlich oder mit der Sekretärin eines Staatssekretärs im Kriegsministerium ein Verhältnis hatte, gab es nicht. Die Beschaffung von Informationen oblag in aller Regel den Militärattachés an der Botschaft in London und den Beamten der Konsulate in den wichtigsten Hafen- und Industriestädten, wie in anderen Ländern auch. Die Unkenntnis der feindlichen Kräfte, die in den Unterlagen der Wehrmacht dokumentiert ist, beweist, daß selbst diese Quelle nur wenig brauchbares Material hervorbrachte. Aus der Vorkriegszeit sind nur zwei mysteriöse Fälle bekanntgeworden, in denen es um deutsche Agenten ging. Beide spielten sich in Kent ab. Sie sind voller Widersprüche und wenig glaubwürdig, werfen jedoch ein Licht auf die Stimmung, die in England herrschte.

Am 29. August 1935 traf ein Dr. Hermann Goetz, ein schmächtiger Mann in den Vierzigern mit zwei Säbelschmissen auf der linken Wange, in Harwich von Deutschland kommend ein. Zusammen mit einer neunzehnjährigen Begleiterin soll er einige Wochen mit dem Motorrad von R. A. F. Flugplatz zu R. A. F. Flugplatz gefahren sein, wo er jedesmal als Landschaftsmaler getarnt Aquarellskizzen und Zeichnungen der militärischen Anlagen machte, zugleich aber auch fotografierte.

Im September fuhr das Paar von Mildenhall in Suffolk nach Broadstairs in Kent, wo es sich für sechs Wochen einmietete. Nicht weit von Broadstairs liegt der große Militärflugplatz Manston, den es offenbar auskundschaften wollte. Die sechs Wochen waren noch nicht verstrichen, als Dr. Goetz und seine Begleiterin England Hals über Kopf verließen. Die Vermieterin erhielt kurz darauf von Dr. Goetz ein Telegramm, in dem er sie bat, seine Kombination und seinen Fotoapparat in Verwahrung zu nehmen.

Mit Kombination hatte Goetz seine zurückgelassene Lederkleidung gemeint, nicht ahnend, daß combination im Englischen ein Motorradgespann ist. Die gewissenhafte Vermieterin suchte nun nach einem Motorrad, und als sie es nicht finden konnte, kam sie zu dem Schluß, daß es gestohlen sei. Sie benachrichtigte die Polizei. Die Beamten fanden in der Lederkleidung von Dr. Goetz die Kamera mit einem, wie sich später herausstellte, sehr kompromittierenden Film: Es waren Aufnahmen von den Flugplatzanlagen in Manston.

Als Dr. Goetz am 8. November desselben Jahres wieder in Harwich einreisen wollte, wurde er festgenommen und vor Gericht gestellt. Er bekam vier Jahre Gefängnis für Vergehen gegen den Official Secrets Act und saß diese Zeit im Gefängnis von Maidstone ab, obwohl er seine Unschuld beteuerte. Er habe nur Material für einen Roman sammeln wollen.

Dieser Dr. Goetz soll mit jenem identisch sein, der im Mai 1940 mit dem Fallschirm über Irland absprang und angeblich in Verbindung mit der IRA eine deutsche Landung in der Republik Irland vorbereiten sollte. Er wurde im November 1941 verhaftet und interniert. Am 23. Mai 1947 soll er sich dort mit Gift das Leben genommen haben.

Der zweite Vorkriegsfall war noch dunkler und betraf einen Dr. Albert Tester, der seit Jahren mit seiner Frau und fünf Kindern ein großes Haus auf den Klippen des North Foreland bei Broadstairs bewohnte. Er stand im Verdacht, nach einer Landung der deutschen Truppen als Gestapochef von Kent fungieren zu sollen. Ein Beleg für diesen Verdacht fehlt, denn zu diesem Zeitpunkt dachte auch die Gestapo nicht an eine Invasion Englands. Im Sommer 1939 kehrte die Familie nach Deutschland zurück. Wenige Tage vor Kriegsausbruch, als die ersten Internierungen von »enemy aliens« vorgenommen wurden, erschien die Polizei im Haus Dr. Testers, nur um festzustellen, daß auch der Vater der Familie das Weite gesucht hatte, angeblich in einem U-Boot.

Diese Geschichten klingen um so unwahrscheinlicher, als es für eine Ausforschung Großbritanniens vor dem Zweiten Weltkrieg keine militärische Notwendigkeit zu geben schien. Jedenfalls hatte keiner der drei Wehrmachtsteile ein systematisches Agentennetz auf den Britischen Inseln eingerichtet. Wie man die natürliche militärische Neugier befriedigte, demonstrierten Feldmarschall Milch und General Udet. Beide ließen sich 1937 von den Briten auf britischen Militärflugplätzen herumführen, besuchten sogar die Flugzeugfabriken anläßlich eines Höflichkeitsbesuches in England. Was wollte man mehr? 1939 bemerkte Milch beim Durchblättern britischer Fachzeitschriften eine Buchanzeige für ein Werk über die britische Industriekapazität. Auf dem Briefpapier des Reichsluftfahrtministeriums ließ er bei einer Londoner Buchhandlung das Buch bestellen. Das Buch kam und wurde auch prompt von der Abteilung V bezahlt.

Spionage gegen das »germanische Brudervolk«, das er zum Bundesgenossen im »völkischen Ringen« zu gewinnen hoffte, war nicht im Sinne Hitlers. Die Mosleys, die Mitfords, die Londonderrys und nicht zuletzt Winifred Wagner oder der Besuch des Duke of Windsor auf dem Obersalzberg demonstrierten freundschaftliche Bindung, zumindest tiefgreifende Verständigungsmöglichkeiten, so daß eine Spionage überflüssig schien. Das änderte sich erst mit dem Ausbruch des Zweiten Weltkrieges. Doch selbst dann waren die Bemühungen deutscher Geheimdienste von einer erschreckenden Naivität. Das erweist sich am besten an einem Bericht Walter Schellenbergs, Abteilungsleiter im Reichssicherheitshauptamt der SS und Intimus (soweit es das überhaupt gab) von Reinhard Heydrich.

Nach seinen eigenen Angaben sollte Schellenberg im Juli 1940 den Herzog von Windsor, der 1936 als König Edward VIII. hatte abdanken müssen, in den Einflußbereich des Naziregimes bringen, weil Hitler und Ribbentrop ihn für einen Freund Deutschlands hielten und ihn für ihre Zwecke benutzen wollten. Der bei Kriegsausbruch mit seiner Frau in Paris lebende Herzog hatte als eine Art Sonderbotschafter bei der französischen Regierung fungiert. Im Juni war er über Madrid nach Lissabon geflohen. Von Madrid aus versuchte er seine und seiner Frau Rückkehr nach England zu erzwingen und stellte dabei finanzielle und andere Bedingungen, die weder für das Königshaus noch für die Regierung annehmbar waren. Um ihn an einen sicheren Platz zu bringen, trug man ihm die Stellung eines Gouverneurs der Bahamas an.

In völliger Verkennung der britischen Mentalität glaubte Hitler den Ex-König auf seine Seite ziehen und ihn als Druckmittel gegen die Briten ausspielen zu können. Das jedenfalls scheint ihm Ribbentrop eingeredet zu haben, der auch den damals dreißigjährigen Juristen Schellenberg als den einzigen Mann vorschlug, der das bewerkstelligen konnte. Schellenberg hatte 1939 die Venlo-Affäre inszeniert, bei der zwei britische Geheimagenten aus Holland entführt wurden. Unter anderem sollte damit die Neutralitätserklärung Hollands widerlegt werden. Für diese Tat wurde Schellenberg vom SS Obersturmbannführer zum Standartenführer (der Rang eines Obersten in der Wehrmacht) befördert.

Im Juni ließ Ribbentrop den SS-Führer zu sich kommen und eröffnete ihm, daß die Mesalliance des Ex-Königs nur ein Vorwand für die erzwungene Abdankung Edwards VIII. gewesen sei. In Wirklichkeit habe er wegen seiner sozialen Einstellung und seiner Freundschaft zu Deutschland gehen müssen. Es sei bekannt, daß der Herzog sich in seiner gegenwärtigen Situation sehr unbehaglich fühle. Er werde vom britischen Geheimdienst so streng bewacht, daß er sich wie in einem Gefängnis vorkomme und selbst schon von einer Flucht gesprochen habe. Der Führer meinte, wenn der Herzog in Spanien leben könne, werde er seine freundschaftlichen Gefühle für Deutschland nicht mehr zu verbergen brauchen. Schellenberg solle das auskundschaften und dem Herzog im Namen des Führers 50 Millionen Schweizer Franken dafür bieten, daß er seinen Wohnsitz möglichst in die Schweiz – oder in ein anderes neutrales Land – verlege und sich von dort aus öffentlich von den Machenschaften des britischen Königshauses distanziere.

»Sollte der britische Secret Service den Herzog an einem solchen Arrangement zu hindern versuchen«, fuhr Ribbentrop fort, »befiehlt Ihnen der Führer, britischen Plänen zuvorzukommen, auch mit Gewalt und wenn Sie Ihr Leben riskieren müssen. Der Herzog und seine Frau müssen in einem Land ihrer Wahl in Sicherheit gebracht werden. Der Führer legt größten Wert auf dieses Unternehmen.«

Klingt das alles schon absurd genug und ist höchstens aus den geringen Geistesgaben Ribbentrops zu erklären, so wird die Angelegenheit vollkommen wirr, wenn Ribbentrop von Nötigung und Gewaltandrohung gegenüber dem vermeintlichen Freund Deutschlands spricht, falls er mit einer Flucht zögere.

Schellenberg jedenfalls flog am Morgen nach dieser Unterredung über Lyon und Marseille nach Madrid. Was dann folgte, ist eine Räuberpistole, die Schellenberg – wahrscheinlich um Ribbentrop und dem Führer zu gefallen – so ungeschickt ausgeschmückt hat, daß ihre Unwahrscheinlichkeit nur um so deutlicher wird.

Er habe, berichtet Schellenberg, einen amerikanischen Wagen kaufen und mit einem anderen schnellen Wagen nach Lissabon schicken lassen. Ein hochstehender portugiesischer Beamter habe ihm in der portugiesischen Hauptstadt ein Quartier bei einer jüdischen Emigrantenfamilie aus Holland besorgt. Vorher hatte er in Spanien mit einem spanischen Freund konferiert, der den ungestörten Grenzübergang des Herzogs organisieren sollte. Das Opfer sollte während eines Jagdausflugs an der spanischen Grenze gekidnappt werden und in das Innere Spaniens gebracht werden.

In Lissabon angekommen, suchte Schellenberg angeblich einen japanischen Freund auf, der ihm Einzelheiten über den Wohnsitz und die Lebensgewohnheiten des Herzogpaares in Estoril besorgen konnte. Mit Hilfe eines portugiesischen Polizeibeamten will Schellenberg ein Informantennetz um das Haus und im Haus selbst aufgezogen und sogar als portugiesische Polizisten verkleidete Agenten unter der Wachmannschaft eingesetzt haben. Im Haus wurde ein Blumenstrauß abgegeben mit einer Karte: »Vorsicht vor den Machenschaften des britischen Geheimdiensts – ein portugiesischer Freund, dem Ihr Wohl am Herzen liegt!« Nachts ließ Schellenberg Fenster des Hauses einwerfen, um am Tag darauf das Gerücht auszustreuen, dahinter steckten die britischen Bewacher, die den Herzog und seine Frau zur Abreise bewegen wollten.

Nach zwei Wochen dieses grausamen Spiels will Schellenberg ein Telegramm von Ribbentrop erhalten haben: »Führer befiehlt, Entführung sofort zu organisieren.« Es war zu spät. Die Windsors machten keinen Jagdausflug mehr, sondern schifften sich noch im Juli auf einem Schiff der Royal Navy ein, um den neuen Posten des Herzogs auf den Bahamas anzutreten. Schellenberg beobachtete angeblich die Abreise mit einem Fernglas vom Turm der deutschen Gesandtschaft.

Was immer Schellenberg in Lissabon getrieben haben mag, wirft ein schlechtes Licht auf den deutschen Geheimdienst, dessen Chef Schellenberg als Nachfolger von General Oster schließlich wurde. Sowohl bei seinen politischen wie auch bei den militärischen Aktionen war man nicht über die Mata-Hari-Mentalität des Ersten Weltkrieges hinweggekommen. Die maßlose Rivalität unter den Nachrichtendiensten der drei Wehrmachtteile, des SD und der Gestapo trug das ihre zur Verdunkelung eher als zur Aufhellung des Feindbildes bei.

Bis heute ist nicht geklärt, wer 1940 die merkwürdigen Agenten über England abgesetzt hat. Auffallend ist die mangelhafte Vorbereitung und Ausrüstung dieser »Agenten«, die entweder kein Wort Englisch sprachen oder nur sehr mangelhafte Kenntnisse hatten. Der Verdacht liegt nahe, daß man sie nur über den Kanal geschickt hatte, um die Briten zu beunruhigen, daß man sie also wissentlich opferte. Anders ist die Leichtfertigkeit dieses Einsatzes kaum zu erklären.

Am 3. September landeten in den frühen Morgenstunden zwei Dingis mit je zwei Männern an verschiedenen Stellen der Südküste Kents zwischen Hythe und Dungeness. Im ersten Boot saßen die Holländer Charles van der Knieboom, 26, und Sjord Pons, 28, im zweiten der Deutsche Rudolf Waldberg und Carl Meier, 24, der behauptete, Holländer zu sein. Sie waren wahrscheinlich von einem größeren Boot an verschiedenen Stellen kurz vor der Küste abgesetzt worden. Knieboom und Pons landeten nahe der Grand Redoubt in West Hythe. Sie zogen ihr Dingi an Land und nahmen ihr Gepäck auf: ein Koffer mit Kleidung, ein Funkgerät und einen Sack mit Lebensmitteln – Büchsenfleisch, Schokolade und Zigaretten. Sie hatten angeblich den Auftrag, die militärischen Stellungen an der Küste auszuforschen und Truppenstärken über den Kanal zu funken. Beide sprachen nur wenig Englisch, und Knieboom hatte das Handicap, ein ausgesprochen asiatisches Aussehen zu haben; seine Mutter war Japanerin. Es war gegen 5.00 Uhr morgens. Ein Soldat der Somerset Light Infantry glaubte seinen Augen nicht trauen zu können, als dicht vor seinem Beobachtungsposten ein Zivilist, der auffällige weiße Schuhe trug, die Straße überquerte. Ein zweites Paar Schuhe hatte der Mann über die Schulter geschlungen, und vor seiner Brust baumelte ein Fernglas. Es war Knieboom, der die Gegend erkunden wollte. Er machte keine Anstalten wegzulaufen, als er angerufen und festgenommen wurde. Unablässig haspelte er nur den auswendig gelernten Satz herunter. »Ich bin holländischer Flüchtling und will den wachhabenden Offizier sprechen!«

Nur wenige Minuten später wurden der Lebensmittelsack und der Koffer mit der Kleidung gefunden. 5.25 Uhr war auch Pons in Gewahrsam. Das Funkgerät der beiden Holländer wurde am Nachmittag im hohen Gras eines Feldrains entdeckt, womit sich die Flüchtlingsgeschichte von selbst erledigt hatte.

Waldberg und Meier waren in ihrem Dingi 18 Kilometer weiter südlich, bei Dungeness, gelandet. Ihre Ausrüstung war ähnlich der der beiden Holländer. Sie verbargen das unhandliche Gepäck in einem aufgelegten Boot und suchten sich ein Stück landeinwärts einen Platz zum Schlafen. Es war schon spät am Morgen, als sie aufwachten und großen Durst verspürten. Meier, der einigermaßen Englisch sprach, machte sich auf den Weg, um etwas Trinkbares zu besorgen. Er kam unangefochten bis Lydd, wo er in der ersten Pub, im »Rising Sun«, einkehrte. Es war 9.30 Uhr. Meier verlangte Cider, nicht ahnend, daß in England alkoholische Getränke erst ab 10.00 Uhr ausgeschenkt werden dürfen. Die Wirtin wurde mißtrauisch und riet ihm, in einer halben Stunde wiederzukommen. Kaum war er fort, benachrichtigte sie ihren Mann, der ein paar hundert Meter weiter in der dem Ehepaar ebenfalls gehörenden Metzgerei arbeitete. Als Meier eine halbe Stunde später tatsächlich wiederkam, wartete ein R. A. F. Offizier auf ihn und nahm ihn mit.

Waldberg wartete bis Mittag auf seinen Kollegen und versteckte sich dann in einem Schuppen, der zu einem leerstehenden Haus gehörte. In der Nacht schleppte er dann das Funkgerät weiter und richtete sich in einem Gebüsch unter einem Baum mit tiefhängenden Zweigen ein, durch den er seine Antenne zog. Am nächsten Morgen machte er sich daran, das Gelände in der näheren Umgebung zu erforschen – und lief dabei einem Polizisten in die Arme.

Am 22. November standen alle vier vor Gericht. Die beiden Holländer machte zu ihrer Verteidigung geltend, daß sie wegen einer noch ungesühnten Straftat von den Deutschen zum Spionagedienst gepreßt worden waren und nicht die Absicht gehabt hatten, ihren Auftrag auch tatsächlich auszuführen. Die beiden anderen hatten offenbar keine überzeugende Ausrede parat: Knieboom, Waldberg und Meier wurden zum Tod verurteilt und noch im Dezember in Pentonville gehängt. Pons war merkwürdigerweise freigesprochen worden.

Ob sie den Briten ihre Auftraggeber genannt haben, ist nicht bekannt. Der Einsatzort läßt darauf schließen, daß das glücklose Quartett vom deutschen Heeresnachrichtendienst über den Kanal geschickt worden war. West Hythe bildet die östliche, Lydd die südwestliche Begrenzung der Romney Marsh Küstenlinie, an der nach dem zuletzt gültigen Plan zwei deutsche Divisionen landen und nach Ashford durchbrechen sollten. Für die deutsche Heeresführung wäre es von größter Wichtigkeit gewesen, Einzelheiten über die Verteidigungsanlagen und die Truppenstärke des Gegners in diesem Abschnitt in Erfahrung zu bringen. Warum man auf eine so primitive Weise vorging, die nicht die geringste Aussicht auf Erfolg hatte, bleibt bis heute unerfindlich.

Auf britischer Seite trieb die Spionagefurcht nicht minder seltsame Blüten als die Spionageversuche auf der deutschen. Am 1. Juli meldete ein Luftbeobachter in der Nähe von Nettlebed, Oxfordshire, ein feindliches Flugzeug, von dem sich ein Fallschirm gelöst habe. Eine Abteilung dort stationierter kanadischer Soldaten wurde in die bezeichnete Gegend geschickt, um nach dem Fallschirm zu suchen. Der blieb jedoch verschwunden. Vielleicht war es nur ein Papierfetzen in der Luft gewesen, oder ein großer Vogel, der in entsprechendem Winkel unter dem Flugzeug durchgeflogen war. Die Kanadier kamen nicht dazu, solche Überlegungen anzustellen. Sie stießen nämlich fern von jeder Behausung auf einen jungen Mann, der vor ihnen die Flucht ergriff. Sie jagten ihn und nahmen ihn fest. Die Adresse in Reading, die er auf dem Polizeirevier angab, erwies sich bald als falsch. Schließlich gab er zu, mit dem Fallschirm abgesprungen zu sein. Er lieferte auch eine detaillierte Beschreibung anderer Agenten, die mit ihm zusammen abgesprungen seien. Eine Karte von Wales, die er bei sich führte, wurde als weiteres Indiz gewertet. Der Clou war jedoch, daß er sich bereit erklärte, seinen Agentenführer zu nennen, bei dem er sich nach dem Absprung hatte melden sollen: Einen bis dahin völlig unbescholtenen Landwirt in der Gegend von Witney, der zudem noch Pächter des Herzogs von Marlborough war. Auch ihn setzte eine Abteilung kanadischer Soldaten sofort fest.

Im Hauptquartier der Home Force, damals in der Armee-Musikschule in Twickenham untergebracht, verursachte die Festnahme der beiden einige Aufregung. General Ironside, der ausgezeichnet deutsch sprach, fuhr sofort nach Oxford, um die Vernehmung selbst zu leiten. Aber er kam zu spät. Den lautstark schimpfenden Landwirt hatte man mit Aussicht auf eine Entschädigung wieder nach Hause schicken müssen. Der junge »Agent« saß geknickt in seiner Zelle; er war in Wahrheit der Sohn eines englischen Pfarrers und von seiner Flakeinheit in Wales desertiert. Mit dem Geständnis, ein Spion zu sein, hatte er seine Desertion vertuschen wollen. Der Landwirt – der einzige, dessen Namen er in dieser Gegend kannte – war vor dem Krieg einmal für kurze Zeit sein Arbeitgeber gewesen. Die Sache ging für den jungen Mann glimpflich aus: Er erhielt zwei Jahre Gefängnis.

Fast alle deutschen Agenten, die mit Fallschirmen absprangen oder an der Küste abgesetzt wurden, endeten am Galgen. Die meisten verrieten sich selbst, weil sie nicht genügend Englisch sprachen, oder weil sie sich ihrer Umgebung nicht hinreichend anzupassen wußten und die britischen Lebensgewohnheiten nicht kannten. Zu letzteren zählt jener, der in einem Restaurant Essensmarken anbot, oder jener, der £ 10 und 6 Schillinge bezahlte, weil »ten and six« (shillings and pence) verlangt worden waren.

Berühmtheit erlangte ein Trio, das aus dem Deutschen Theo Drükke, dem Schweizer Werner Wälti und der russischen Emigrantentochter Vera Erikson bestand. Sie waren am 30. September kurz vor Morgengrauen am Moray Firth, nördlich von Inverness in Schottland von einem Flugboot abgesetzt worden. In der Dunkelheit waren sie losmarschiert. Sie hatten keine Ahnung davon, daß man auf den Britischen Inseln sämtliche Ortshinweise entfernt hatte. Sie verloren die Orientierung und fragten einen Bahnhofsvorsteher nach dem Namen seines Bahnhofs. Das kostete Drücke und Wälti den Kopf. Vera Erikson wurde »umgedreht« und arbeitete fortan für MI 6.

Man kann mit einiger Sicherheit sagen, daß kein deutscher Agent unentdeckt blieb. Das erklärt zum Teil auch die Tatsache, daß die deutsche Führung über die Situation in Großbritannien völlig im dunkeln tappte.

XIV.
Hitler macht ein »Friedensangebot«, das eine leere Geste bleibt

Drei Tage nach dem Erlaß der Weisung Nr. 16 zur Vorbereitung einer Invasion der Britischen Inseln hielt Hitler auf einer Reichstagsitzung in der Kroll-Oper in Berlin am 19. Juli, einem Freitag, eine große Triumphrede zum Abschluß des Frankreichfeldzuges. Er setzte die Zeichen des Sieges, ernannte einen Reichsmarschall und zwölf Feldmarschälle und verteilte reichlich andere Belohnungen. In seiner Rede klang jedoch auch Ärger darüber an, daß er nicht als Friedensbringer posieren konnte. Er erging sich in wüsten Beschimpfungen der britischen Regierung und Churchills, die ihn daran gehindert hätten. Der Krieg gegen Großbritannien paßte nicht in seine Pläne, er wäre ihn gern losgeworden. Er wußte natürlich, daß Großbritannien Bedingungen stellen mußte, wenn es sein Gesicht wahren wollte, und die erste Bedingung wäre der Rückzug deutscher Truppen aus Polen gewesen, von wo aus er seinen Rußlandfeldzug führen wollte.

So rang sich Hitler in seiner Rede nur zu einer halbherzigen Geste durch, die zwar seinem Wunschdenken, doch nicht der politischen und militärischen Realität entsprach: »In dieser Stunde fühle ich mich verpflichtet vor meinem Gewissen, noch einmal einen Appell an die Vernunft auch in England zu richten. Ich glaube dies tun zu können, weil ich ja nicht als Besiegter um etwas bitte, sondern als Sieger für die Vernunft spreche. Ich sehe keinen Grund, der zur Fortsetzung dieses Kampfes zwingen könnte.«

Das »Friedensangebot« war der Mehrheit der deutschen Bevölkerung aus dem Herzen gesprochen, wenngleich mancher meinte, der Führer meine es zu gut mit den Engländern. William Shirer, der als amerikanischer Korrespondent der Sitzung beigewohnt hatte, schrieb später darüber: »Am Schluß der Sitzung habe ich mit vielen höheren Beamten und Offizieren gesprochen, und keiner von ihnen hatte den geringsten Zweifel daran, daß die Briten dieses nach ihrer aufrichtigen Überzeugung großzügige, ja großherzige Angebot des ›Führers‹ annehmen würden.«

Das Angebot war nicht weniger vage und unverbindlich als das Bündnisangebot an Großbritannien vom August 1939. Damals hatte Hitler den Briten politisch Unmögliches zugemutet, diesmal kam sein vermeintliches Angebot einer Aufforderung zur politischen, moralischen und militärischen Kapitulation gleich: Die Briten wären gezwungen gewesen, das zu sanktionieren, wogegen sie in den Krieg gezogen waren.

Schon Wochen vor dem Beginn des Westfeldzuges, als der deutsche Widerstand Friedensfühler ausgestreckt hatte, war die Frage im englischen Unterhaus aufgetaucht: Warum nicht einfach Frieden machen? David Lloyd George hatte eine Geheimsitzung vorgeschlagen, auf der man Friedensbedingungen diskutieren sollte. Die Regierung sollte jeden Friedensvorschlag prüfen, der detailliert und spezifisch sei und alle Themen berücksichtige, die in den vergangenen Jahren Unruhe verursacht hatten.

Informationsminister Duff Cooper war in höchster Erregung von seinem Sitz aufgesprungen und hatte den großen alten Mann der englischen Politik des Defaitismus geziehen. »Die Deutschen haben ein großartiges Land zerstört«, rief er, »und es von der Landkarte gewischt. Ein Land, das als Resultat des Ersten Weltkrieges entstand und über zwanzig Jahre bestanden hat, existiert nicht mehr. Heißt das nicht, daß sie Bedingungen anbieten werden, die nicht weniger enthalten werden als die Feststellung ihres Sieges, der das Gesicht Europas prägen soll? Wollen sie etwa ein wirklich unabhängiges Polen neu erstehen lassen? Und wenn sie das täten, welcher Narr könnte an ihre Aufrichtigkeit glauben, ihrem Wort vertrauen?«

Duff Cooper hatte damals fast alle Parlamentarier auf seiner Seite gehabt. Inzwischen hatte Hitler sechs weitere Länder erobert und den Briten die Niederlagen von Dünkirchen und Norwegen bereitet. In seiner Triumphrede hatte er, trotz »Friedensangebot«, auch den Untergang des Britischen Weltreiches angekündigt, den die britische Regierung neu zu verantworten habe. Letzteres beeindruckte die Briten mehr als der Appell, der Hitlerschen Vernunft zu folgen und ihn mit seiner Beute glücklich werden zu lassen.

Brigadegeneral Raymond Lee, der amerikanische Militärattaché in London, saß in einer dieser mondhellen Sommernächte auf der Terrasse eines Landhauses und blickte über die Hügel von Sussex. Den Eindruck hielt er in seinem Tagebuch fest: »Da war kein Lufthauch, kein Laut. Seltsam, sich klarzumachen, daß unter demselben Mond nur hundert Meilen entfernt, die Hunnenhorden kampieren, bereit, dieses Land zu verwüsten, und daß auf all den Hügeln und in den Tälern bewaffnete Männer Landwege und Felder nach Fremden durchkämmen und den Himmel nach Flugzeugen, Lastenseglern und Fallschirmspringern absuchen.« Mit diesem Stimmungsbild gab er zugleich die Haltung der Briten treffender wieder als mancher politische Kommentar vermocht hätte.

Nur eine Stunde, nachdem die Hitler-Rede über den Äther gegangen war, kam die erste inoffizielle Reaktion aus London. In einer Sendung der BBC formulierte der Kommentator Sefton Delmer das eindeutige Nein der Briten: England werde vor Hitler nie kapitulieren. Am nächsten Tag wiederholten sämtliche britischen Tageszeitungen diese Ablehnung in überwältigender Einstimmigkeit. Das offizielle London schwieg. Man war erst einmal ins Wochenende gefahren. Am Mittwoch darauf fragte Sir Robert Vansittart beim Premierminister an, ob er zu antworten gedenke. Churchill antwortete: »Ich habe nicht vor, auf Herrn Hitlers Rede irgend etwas zu antworten. Wir sprechen nicht miteinander.« Im Kabinett schlug Churchill jedoch vor, in beiden Häusern des Parlaments eine feierliche Resolution als Antwort auf Hitlers Rede einbringen zu lassen. Seine Minister überzeugten ihn davon, daß Hitler damit zuviel Ehre erwiesen werde, Lord Halifax hatte Hitlers Geste in seiner Eigenschaft als Außenminister in einer Rundfunkansprache am 22. Juli zurückgewiesen: »Wir werden nicht aufhören zu kämpfen, bis die Freiheit gesichert ist.« Dabei wollte man es belassen.

In Berlin war man zutiefst betroffen über die heftige Reaktion. Man konnte und wollte nicht verstehen, daß die Briten sich als Verfechter der Moral aufwarfen und einen Kampf auf Leben und Tod dem Bündnis mit der unbestrittenen, unbesiegten neuen Großmacht Europas vorzogen. Unter der Hand wurde ein letzter Versuch gemacht, die britische Regierung zum Einlenken zu bewegen. Das sollte über den Vatikan, Washington und Stockholm geschehen. Doch die dortigen britischen Botschafter hatten Anweisung, sich auf keine Diskussionen einzulassen und keine Antworten zu geben.

Nur der König von Schweden gab sich für eine Vermittlerrolle her und wandte sich in einem Schreiben direkt an die britische Regierung. Churchill entwarf das Antwortschreiben, das Lord Halifax unterzeichnete. »Die schrecklichen Ereignisse«, hieß es darin unter anderem, »haben die Blätter der europäischen Geschichte mit unauslöschlichen Flecken besudelt. Die Regierung Seiner Majestät sieht in ihnen nicht den geringsten Anlaß, von den im Oktober 1939 festgelegten Prinzipien und Entschlüssen abzugehen. Im Gegenteil, ihre Entschlossenheit, den Krieg gegen Deutschland mit allen in ihrer Macht stehenden Mitteln fortzuführen, bis der Hitlerismus endlich zerschlagen und die Welt vom Fluch dieses verruchten Menschen befreit ist, hat eine Stärkung erfahren, daß ihre Mitglieder es vorziehen, in dem allgemeinen Untergang umzukommen, ehe sie ihre Pflicht verletzen oder versagen.«

Mit der Ablehnung des »großherzigen Friedensangebotes« wurde in der deutschen Öffentlichkeit wieder der Haß auf England geschürt. Mit allen Mitteln und rücksichtslos sollte der Krieg weitergeführt werden, um England auf die Knie zu zwingen und die Kriegshetzer in London zu bestrafen. Nach der Besetzung der britischen Kanalinseln durch deutsche Truppen am 30. Juni schien es nur konsequent zu sein, wenn nun auch das britische Mutterland angegriffen würde. Dann würden, so meinte man, die ständigen Fliegeralarme aufhören, mit denen die Bevölkerung vor allem in Nord- und Westdeutschland leben mußte. Das Lied »Denn wir fahren gegen Engeland« wurde zum Schlager der Saison und tönte jeden Tag aus den Lautsprechern der Volksempfänger, die wegen der Sondermeldungen der Wehrmacht ständig eingeschaltet waren. Niemand wollte die Nachricht von der großen Offensive verpassen.

Goebbels' Propaganda-Maschinerie lief auf Hochtouren: Beim Gegner sollten Unsicherheit und Angst erzeugt, bei der eigenen Bevölkerung die Kampfbereitschaft verstärkt werden. Wichtigstes Instrument waren nach außen neben den Flugblättern die Rundfunksendungen, die nach England abgestrahlt wurden. Seit Mai 1940 deckten vier geheime deutsche Radiostationen die Briten mit irreführenden Informationen ein. Jede der Stationen gab vor, Stimme einer Widerstandsgruppe auf den Britischen Inseln zu sein. Zwei dieser Sender versuchten einen Keil zwischen Schottland und England zu treiben und kämpften für die mehr oder minder latent vorhandenen schottischen Unabhängigkeitsbestrebungen. Sie nannten sich New British Broadcasting Station mit der Erkennungsmelodie »The bonnie, bonnie banks of Loch Lomond« und Caledonia, die sich mit »Auld lang syne« meldete. Beide waren mit schottischen Sprechern besetzt. Der dritte der Sender trug den Namen »Worker's Challenge«, wandte sich mit kommunistischen Parolen an die britischen Arbeiter und stellte den Krieg als Verschwörung des Großkapitals hin. Der vierte Sender meldete sich als »Christian Peace Movement«. Er arbeitete mit seiner protestantischen Theologie und seinem pazifistischen Gesäusel völlig an den Briten vorbei.

In ihrem Bemühen, die Kampfmoral der Briten zu untergraben und ihrer jeweiligen Propaganda Nachdruck zu verleihen, übertrafen sich die vier Sender in der Beschreibung der schrecklichen Opfer, die die Luftangriffe auf die Britischen Inseln fordern würden, prophezeiten furchtbare Geheimwaffen, wie Todesstrahlen und künstlichen Nebel, in dessen Schutz Tausende von Fallschirmspringern landen würden – und forderten ihre Hörer auf, Churchill auszupfeifen, wo immer er auftauchen mochte. Als das mögliche Invasionsdatum immer näher rückte, wurden sie nicht müde, Tag und Stunde vorauszusagen und jedesmal eine andere Landungsstelle anzugehen. Mehrmals wurden von den Geheimsendern Luftschutz- und Gasschutzkurse ausgestrahlt. Mit guten Ratschlägen gespickt, diente diese zynische Kampagne dazu, die schreckliche Wirkung eines deutschen Bomben- oder Gasangriffes auf die Zivilbevölkerung zu schildern und Grauen hervorzurufen. Als englische Zeitungen die Herstellung von Molotowcocktails propagierten, warnten die Sender die englischen Hausfrauen vor der großen Explosionsgefahr: Die im Haus gelagerten Flaschen könnten unvermittelt explodieren und ihre Kinder töten.

Durch eine englische Meldung war in Deutschland bekanntgeworden, daß den Deutschen bei Dünkirchen 100 000 britische Armee-Uniformen in die Hand gefallen seien. Goebbels nutzte das, um die Fallschirmpsychose auf den Inseln weiter anzuheizen: Am 14. August brachten die Geheimsender die Nachricht, daß deutsche Fallschirmjäger in britischen Uniformen und in Zivilkleidung über Nordengland abgesprungen seien und sich bei Angehörigen der Fünften Kolonne verborgen hielten. Dort warteten sie auf ihren Einsatz im Zusammenhang mit der Landung deutscher Truppen. Für eine Weile sorgte diese Meldung für beträchtliche Aufregung unter der Bevölkerung der nördlichen Regionen. Tatsächlich waren nämlich in der Nacht zum 13. August an mehreren Stellen in Nordengland von deutschen Flugzeugen Agentenausrüstungen an Fallschirmen abgeworfen worden: Funkgeräte, Schlauchboote, Zelte, Kartenmaterial, Notverpflegung und Listen mit den Namen prominenter Persönlichkeiten. Die dazugehörigen Agenten blieben jedoch aus, und die britische Regierung konnte in einer offiziellen Stellungnahme die Operation als Täuschungsmanöver abtun.

Mehr Hörer als die an der Kanalküste stationierten Geheimsender hatte der englische Sprachendienst des Reichsrundfunks. In dessen norddeutschem Studio waren auch einige britische Mosley-Faschisten, wie Baillie-Stewart, Royston und Amery, die auf den Britischen Inseln nicht nur deutsche Nachrichten, sondern auch Furcht und Schrecken verbreiten sollten. Das gelang weder ihnen noch William Joyce, einem Amerikaner irischer Abstammung, der sich 1938 einen britischen Paß erschwindelt hatte und dann zu den Nazis übergelaufen war. Während des »Phoney War« überschätzte die britische Regierung seine Wirkung und forderte die britische Bevölkerung in einer großangelegten Kampagne auf, ihn nicht zu hören. Viele Engländer schalteten die Sendungen trotzdem ein und hatten ihren Spaß an seiner abstrusen Phantasie und an seinen absurden Polemiken, die er in einem angestrengten Oxford-Englisch vortrug, was ihm den Spitznamen Lord Haw-Haw eintrug. Mit einem einfachen, aber sehr wirkungsvollen Trick fesselte er seine Hörer an den Apparat: Sporadisch mischte er in seine Sendungen die Namen britischer Kriegsgefangener.

Auch Lord Haw-Haw erzählte die Mär von den Nebelpillen, die deutsche Fallschirmjäger angeblich bei sich trugen – so könnten sie als Wolken getarnt bis zu zehn Stunden in der Luft bleiben. Obwohl die Engländer längst von Lastenseglern wußten, versuchte er ihnen weiszumachen, Fort Eben Emael bei Lüttich sei mit elektromagnetischen Strahlen ausgeschaltet und dann kampflos besetzt worden. Später empfahl er seinen Hörern, Zwangsjacken bereitzuhalten, da viele Menschen durch Bombenangriffe wahnsinnig würden. Gespickt waren diese plumpen Täuschungsversuche mit Tiraden gegen die Plutokraten, gegen die »von jüdischen Geldsäcken regierte Oberschicht«, ganz so wie Goebbels es ihm eingeschärft hatte. Das brachte ihm einige Kisten Zigarren ein, die ihm sein Chef, der sonst als sehr geizig verschrien war, im August schicken ließ. Doch seine englischen Hörer begann er allmählich zu langweilen. Nach Beendigung des Krieges fiel er selber einer seiner Lügen zu Opfer: Wegen seiner erschwindelten britischen Staatsbürgerschaft geriet er 1945 in die Zuständigkeit der britischen Justiz. Er wurde als Verräter zum Tod durch den Strang verurteilt und im Januar 1946 in London hingerichtet.

Nur mit ihren Nachrichtensendungen hatten die deutschen Sender einen bescheidenen Erfolg zu verbuchen. Die mißtrauischen Briten hörten mit Vorliebe die deutschen Wehrmachtsberichte, die sie gegen ihre eigene Propaganda hielten. Sie addierten deutsche und britische Erfolgs- und Verlustzahlen, halbierten sie und erhielten so einen der Wahrheit wahrscheinlich eher entsprechenden Durchschnitt.

Von Flugblättern hielt Goebbels nicht viel: wohl in der richtigen Erkenntnis, daß die Mitarbeiter seines Ministeriums kaum die Einfühlungsgabe und Überzeugungskraft der emigrierten deutschen Schriftsteller und Journalisten hatten, die in London für das britische Informationsministerium arbeiteten und Hunderte sehr einprägsamer Texte schrieben, die tonnenweise über dem deutschen Reichsgebiet abgeworfen wurden. Wie sein Herr gefiel sich Goebbels in plumpen Drohgebärden. So ließ er Flugblätter mit Evakuierungsplänen für die britische Zivilbevölkerung abwerfen, um den Briten auszumalen, was ihnen blühte, wenn einmal die deutsche Offensive beginnen würde. Daß er damit genau das Gegenteil erreichte, nämlich den Beharrungswillen der Zivilbevölkerung stärkte, wäre ihm nicht im Traum eingefallen.

Als Flugblätter mit der Hitlerrede vom 19. Juli im August über England abgeworfen wurden, machten sich die Briten darüber nur lustig. Sie wurden zum Sammelobjekt und für wohltätige Zwecke versteigert oder demonstrativ als Klopapier benutzt. Eine ganze Ladung dieser Blätter soll im Gelände des Barmey Mental Hospital, einer der bekanntesten Nervenheilanstalten, in Kent niedergegangen sein – treffender ließ sich die Aktion kaum einordnen. Ebenso erfolglos war die deutsche Propaganda in ihrem Bemühen, den Herzog von Windsor als künftiges, nazihöriges Oberhaupt der Briten aufzubauen. Den deutschen Propagandisten war, wie so vieles an der englischen Mentalität, entgangen, daß sich der Herzog unter seinen Landsleuten keiner Popularität mehr erfreute, seit er den britischen Thron einer Amerikanerin zuliebe im Stich gelassen hatte.

Mit Ausnahme des Programms der Sendestation »Christian Peace Movement« war in der Goebbelspropaganda von Frieden nicht die Rede. Auch nicht in den auf die deutsche Bevölkerung zielenden Aktionen. Mit bewußt ausgestreuten Gerüchten und Falschmeldungen wurde der Haß gegen England und die Engländer geschürt. Als im Saarland und in der Südpfalz eine Kartoffelkäferplage auftrat, wurde sofort das Gerücht lanciert, die Käfer seien von britischen Flugzeugen abgeworfen worden. Das klang sogar überzeugend, denn die britische Luftwaffe warf ständig Flugblätter über Westdeutschland ab, so daß Abwürfe für die deutsche Bevölkerung nichts Neues waren. So konnte man auch behaupten, daß im Sieger Kreis arsenhaltige bunte Papierkugeln im Durchmesser von zwei bis fünf Zentimeter abgeworfen worden waren, um damit das Vieh zu vergiften.

Die Heimtücke der britischen Piloten wurde beschworen, die aus großen Höhen angeblich wahllos Bomben auf deutsche Städte warfen und sogar Kulturdenkmäler wie das Goethehaus in Weimar und das Bismarck-Mausoleum nicht verschont hätten – was schlicht gelogen war. Die Propagandisten machten sich über den »Heckenschützenkrieg« der Briten lustig, wie über jenen Engländer, der bei einer Luftschutzübung von einem herabfallenden Stahlhelm verletzt worden war und beim Verladen in den Krankenwagen durch die zuschlagende Tür weitere Blessuren erlitt. Ständig kam die Rede auf die Verschickung der »Plutokratenkinder« nach Kanada, während die arbeitende Bevölkerung ausharren mußte – und daß eine englische Flakabteilung Möwen für deutsche Flugzeuge gehalten und darauf geschossen hatte.

Die deutsche Bevölkerung war jedoch längst nicht so naiv, wie Goebbels glaubte. In den geheimen Lageberichten des Sicherheitsdienstes der SS hieß es am 1. August: »Eine Anzahl von Berichten aus den Gauen läuft darauf hinaus, daß die deutsche Propaganda in der Polemik mit England nicht ganz schlüssig argumentiert. Z. B. wurden oft Meldungen über die Knebelung der englischen Presse gebracht; auf der anderen Seite kann sich die deutsche Propaganda ständig englischer Pressestimmen bedienen, in denen trotz Zensur gegen diese Einschränkung der Pressefreiheit angegangen und die englische Regierung einer freimütigen Kritik unterzogen wurde.« Außerdem mache sich ein gewisser Überdruß an der Polemik gegen die englische Führungsschicht und an den Schilderungen der Verhältnisse in England bemerkbar. Die Bevölkerung habe »das ewige Schimpfen auf die Plutokraten« satt.

Das hatte jedoch nichts mit einer wachsenden Englandfreundlichkeit zu tun, sondern war eine Folge der um sich greifenden Kriegsmüdigkeit. Eine Lohnstopverordnung, eine Kürzung der Brotrationen, steigende Preise und Textilknappheit ließen die Befürchtungen wachsen, daß man in einen zweiten Kriegswinter gehe. Überall machte sich wachsende Ungeduld bemerkbar: Wann geht es endlich gegen England los? Das Volk wollte keine Propaganda – wie die ewig wiederholte hämische Glosse über Duff Coopers Appell an die englischen Arbeiter: »Singe bei der Arbeit« –, man wollte Taten. Sondermeldungen über spektakuläre Erfolge der Wehrmacht hatte es schon lange nicht mehr gegeben. Im Mai waren nur 77 000 Tonnen feindlichen Schiffsraums versenkt worden, und die Luftwaffe begnügte sich damit, Konvois im Ärmelkanal anzugreifen. Wie kam es, fragte man sich, daß dort überhaupt noch englische Schiffe verkehren konnten, so dicht unter der Nase der deutschen Wehrmacht?

XV.
Die Vereinigten Staaten bleiben neutral – mit geteilten Sympathien

Die Zeit war reif für den großen Schlag, das spürten die Briten mehr noch als die Deutschen, denn sie fühlten sich alleingelassen und einem übermächtigen Feind gegenüber. Was lag da näher, als sich nach einem Bundesgenossen umzusehen, dem einzig möglichen, den Vereinigten Staaten von Amerika? Wenn auch die Amerikaner eine Invasion nicht verhindern konnten, so waren sie doch imstande, die dringend benötigten Waffen zu liefern und moralische Hilfestellung zu leisten, auch wenn das die britischen Goldreserven kosten sollte.

Churchill, dessen Mutter Amerikanerin war, führte mit Präsident Roosevelt einen lebhaften Briefwechsel, in den er immer wieder Hilferufe einbettete: »Give us the tools and we will do the job« (»Gebt uns das Werkzeug, die Arbeit erledigen wir«) – doch die Verteidiger von Freiheit und Demokratie waren bereit, die Briten dem Nazimoloch zu opfern und eine Invasion der Britischen Inseln hinzunehmen. Noch unter dem Eindruck der Niederlage in Norwegen und der Eröffnung des Westfeldzuges hatte Churchill in seinem Hilferuf an Präsident Roosevelt um dic lcihweise Überlassung von vierzig oder fünfzig älteren amerikanischen Zerstörern gebeten sowie um einige hundert Flugzeuge, Flakgeschütze und Munition. Roosevelt hatte ausweichend und hinhaltend geantwortet, daß er dafür eine Ermächtigung des Kongresses benötige, die einzuholen er im Augenblick nicht für opportun hielt; außerdem habe er die Verteidigungsbedürfnisse der eigenen Hemisphäre und die amerikanischen Verpflichtungen im Pazifikraum zu berücksichtigen.

Bei aller persönlichen Sympathie, die Roosevelt für Churchill und die Sache der Briten empfinden mochte – die Amerikaner hatten keine Lust, sich in diesen Krieg verwickeln zu lassen. Auch als Reynaud und Churchill am 15. Juni den amerikanischen Präsidenten zu überzeugen versuchten, daß nur noch eine Kriegserklärung Amerikas an Deutschland Frankreich retten könne, kamen aus Washington nur Sympathiekundgebungen. Im Foreign Relations Committee des US-

Senats hatte Senator Key Pittman erklärt, daß ein Kriegseintritt der USA ausgeschlossen sei, »weil wir für mindestens ein Jahr keine Hilfe leisten können und der Krieg keine sechs Monate mehr dauern kann. Hitler muß in dieser Zeit gewinnen, oder er wird nie gewinnen.«

Die Vereinigten Staaten waren zu diesem Zeitpunkt nicht im geringsten auf einen Krieg vorbereitet. Das Heer hatte eine Stärke von nur 75 000 Mann, Marine und Luftwaffe von etwa 25 000 Mann. Die Schwäche der amerikanischen Streitkräfte hatte ihren Grund auch in einer starken isolationistischen Strömung, aus der man in der Öffentlichkeit kein Hehl machte. Die Vereinigten Staaten hatten den Westeuropäern geholfen, den Ersten Weltkrieg zu gewinnen – aber ihre Kriegsschulden hatten die Verbündeten nicht zurückgezahlt. Die Amerikaner waren einmal auf einen europäischen Krieg hereingefallen, ein zweitesmal würde ihnen das nicht passieren. Nie wieder sollten junge Männer über den Atlantik geschickt werden, um für das Britische Empire zu kämpfen und zu sterben!

Viele einflußreiche Amerikaner nahmen den Briten noch immer die Appeasement-Politik von 1938 übel. Während der amerikanische Außenminister Cordell Hull aus Protest gegen die Judenpogrome der Reichskristallnacht im November 1938 den Amerikanischen Botschafter Hugh R. Wilson nach Washington zurückgerufen hatte, hatten sich Chamberlain und Daladier von Hitler hinters Licht führen lassen und mit ihm ein vermeintliches Friedensarrangement getroffen. Die britisch-amerikanischen Beziehungen erreichten im Winter 1939/40 einen Tiefpunkt: die Zwischenfälle auf hoher See bei der Jagd nach deutschen Seeleuten, die Zensur auch amerikanischer Überseepost auf hoher See, die Einschränkung der Importe landwirtschaftlicher Güter aus den USA hatten die Amerikaner, die Entsendung des Staatssekretärs im US-Außenministerium Sumner Welles auf den Kontinent ohne vorherige Abstimmung hatte die Briten verärgert. Zu diesem Zeitpunkt stand das britische Ansehen in den Vereinigten Staaten nicht viel höher als das der Deutschen oder der Sowjets.

Die Gefahr, die von Hitler und seiner Nazibewegung ausging, hatten konservative Beobachter in Amerika schon sehr früh erkannt. Als der Ex-Harvardstudent Putzi Hanfstaengl im Sommer 1934 seine Alma Mater besuchte, bat ihn der ehemalige Präsident von Harvard, Prof. Lawrence Lowell, ihm den Nationalsozialismus und seinen Erfolg bei den Deutschen zu erklären. »Man muß bedenken, wie die Sache anfing«, begann Hanfstaengl. »Wir hatten den Krieg verloren, die Kommunisten beherrschten die Straße. Wir mußten wieder ganz von vorn anfangen. Am Ende hatte die Republik 32 Parteien, alle viel zu schwach, um etwas durchzusetzen. Schließlich blieb nichts anderes übrig, als sie alle in eine Staatspartei zusammenzufassen. Das war Hitlers Leistung. Bleibt ein Wagen im Dreck stecken, sinkt er immer tiefer, und bleibt der Motor stehen, so fragt man nicht lange, was der Mann in den Motor schüttet, wenn die Fahrt nur wieder weitergeht. Es mag nur Begeisterungsschnaps gewesen sein, aber Hitler hat's geschafft.« Lowell sah ihn an: »Gut, wenn der Wagen damit wieder in Gang kommt – aber wenn dann der Fahrer sich damit betrinkt?« Diese Haltung war damals schon so ausgeprägt, daß der amtierende Harvardpräsident James Conant deutsche Stipendien für Harvardstudenten rundweg ablehnte, weil er den Verdacht hatte, das Geld käme von Hitler.

Sehr bald jedoch nötigten der rapide wirtschaftliche Aufstieg und die wachsende militärische Macht des Deutschen Reiches den Amerikanern Respekt ab. Die glänzend inszenierte Olympiade 1936 und die pompöse Schau der Reichsparteitage verfehlten ihre Wirkung nicht. Präsident Roosevelt, bemüht, die Lebens- und Arbeitsbedingungen der amerikanischen Arbeiter zu verbessern, hatte sich von seinem Botschafter in Berlin ausführlich über die sozialen Programme der Nazis berichten lassen. Sechs Monate vor seiner Zurückberufung schrieb Wilson über einen Besuch bei Dr. Ley und dessen Arbeitsfront: »Ich glaube, daß an der ›Kraft durch Freude‹ etwas ist, von dem die ganze Welt profitieren kann. Zweifellos ist eine unserer größten Schwierigkeiten in der Arbeitswelt fast aller Länder der Umstand, daß erhöhte Löhne das Leben nicht bereichern oder erfüllter machen, sondern daß die Mehrzahlungen in der Regel an blödsinnige Dinge verschwendet werden. Die Deutschen, die wegen ihrer monetären Situation Löhne nicht erhöhen können, haben das Leben ihrer Arbeitnehmer bereichert, indem sie ihnen bei gleichen Löhnen Zugang zu Musik, Malerei, den Schönheiten ihres eigenen und der anderer Länder eröffnet haben. Selbst die Fabriken sind verschönert worden, während das Arbeitsjahr von Vergnügungsreisen unterbrochen ist. Und all das ist nicht als philanthropische Institution entstanden, sondern der Arbeiter hat selbst dafür gezahlt. Bei einem Umsatz von 2,5 Milliaren hat ›Kraft durch Freude‹ im vergangenen Jahr einen Gewinn von einigen zwanzig Millionen zu verzeichnen.« Wilson mußte auch mit Reichsarbeitsführer Hierl Kontakt aufnehmen, um einen Beobachter einige Zeit in einem Lager des Reichsarbeitsdienstes unterzubringen. Die Idee eines gemeinnützigen Arbeitsdienstes war angesichts des Heeres der amerikanischen Arbeitslosen bei Roosevelt auf fruchtbaren Boden gefallen.

Die amerikanische Presse war weniger blauäugig, und schon im

Juni 1938 machte man sich im amerikanischen Außenministerium Sorgen über die möglichen internationalen Auswirkungen der wachsenden Deutschfeindlichkeit, die in den großen Tageszeitungen zum Vorschein kam. Es waren die ersten Reaktionen auf den beginnenden Holocaust, die Judenpogrome in Wien und anderen österreichischen Städten beim Anschluß im März 1938, deren schreckliche Wirklichkeit in der übrigen Welt noch in das Reich der Greuelpropaganda verbannt wurde. Allein die amerikanische Presse hatte begriffen, was die Nürnberger Gesetze und ihre praktische Umsetzung für die Menschenwürde und die Menschenrechte bedeuten und welche Leiden sie über viele Menschen bringen würden. Von hier kam auch die Feindschaft gegen die Appeasement-Politik der Briten und Franzosen und ein starker Druck auf die amerikanischen Isolationisten, der schließlich Roosevelt zwang, der Rückberufung des US-Botschafters in Berlin zuzustimmen.

Politisch waren diese Kräfte jedoch nicht stark genug, um die amerikanische Regierung aus ihrer Reserve gegenüber den Vorgängen in Europa zu locken. Weder der Polenfeldzug, noch die Besetzung der Tschechoslowakei, die Besetzung Dänemarks und Norwegens, der Überfall auf Holland, Belgien und Luxemburg und der Zusammenbruch Frankreichs brachten die Verteidiger von Demokratie und Freiheit auf den Plan, wenn man davon absieht, daß die Großherzogin von Luxemburg und Prinz Felix mit dem amerikanischen Kreuzer »Trenton« von Lissabon nach New York gebracht wurden. Alle Hilferufe verhallten ungehört. Wilson brachte die amerikanische Haltung auf einen einfachen Nenner: »Vor zwanzig Jahren haben wir versucht, die Welt zu retten – und wie sieht sie jetzt aus! Wenn wir wieder versuchen sollten, die Welt zu retten, würde sie am Ende des Konflikts deshalb nicht besser aussehen. Wir haben bei Eintritt in einen europäischen Konflikt nichts zu gewinnen, aber alles zu verlieren.«

Tatsächlich hatte man in den Vereinigten Staaten England im Juli 1940 abgeschrieben. Neun Zehntel aller Amerikaner glaubten, daß Hitler den Krieg in Europa bereits so gut wie gewonnen habe. Nur wenige gaben den Briten noch eine Chance, dem Ansturm der deutschen Wehrmacht widerstehen zu können, da es allein und fast waffenlos einer Übermacht – vor allem der vermeintlichen Überlegenheit der deutschen Luftwaffe – ausgeliefert war. Das in den Augen vieler Amerikaner dekadente Inselreich würde sich in kurzer Zeit geschlagen geben müssen und wie Frankreich von den Deutschen besetzt werden.

Die Stäbe der amerikanischen Streitkräfte, deren Planung fast ausschließlich auf die Verteidigung des pazifischen Raumes gerichtet war, sahen sich durch die überwältigenden Erfolge der deutschen Wehrmacht plötzlich vom Atlantik her bedroht. Mit dem zu erwartenden Fall Großbritanniens war die Sicherheit des amerikanischen Kontinents durch die Achsenmächte mehr gefährdet als durch Japan. Deshalb sah der amerikanische Generalstab seine Hauptaufgabe jetzt in der Verteidigung der sogenannten westlichen Hemisphäre entlang der Atlantikküste von Neufundland bis zu den Falklandinseln. In einem noch im Mai erstellten strategischen Konzept Rainbow 4 war vorgesehen, daß amerikanische Streitkräfte die britischen und französischen Stützpunkte im westlichen Atlantik besetzen und von dort einen Schlag der Achsenmächte gegen Südamerika abwehren sollten.

Zwischen dem 28. Mai und 18. Juni meldete der Nachrichtendienst der deutschen Kriegsmarine einer Verstärkung des US-Europageschwaders durch den Kreuzer »Vincennes« und zwei Zerstörer, die nun neben dem Kreuzer »Omaha« in Lissabon ankerten. Die Kreuzer »Quincey« und »Wichita« waren nach Südamerika beordert worden; ersterer lief nach Montevideo, letzterer traf am 19.6. in Rio ein. Das amerikanische Schulschiffgeschwader mit den Schiffen »Texas«, »New York« und »Arkansas« verließ den Hafen von Annapolis zu einem Besuch der Panamazone, Venezuelas und Westindiens. Weiter wurde bekannt, daß die USA beabsichtigten, 35 alte Zerstörer wieder in Dienst zu stellen und in die mit dem Neutralitätsschutz beauftragten Verbände einzugliedern. (Voreilig schloß die deutsche Seekriegsleitung daraus, daß sich damit die Aussicht der Briten auf den Erwerb dieser Zerstörer verringerte.)

Mit den Flottenbewegungen verstärkten die Vereinigten Staaten ihre politischen Aktivitäten auf dem amerikanischen Kontinent. Panamerikanismus war das Schlagwort jener Zeit, und es gab im amerikanischen Außenministerium ernsthafte Überlegungen zur Gründung der »Vereinigten Nationen Amerikas« und sogar zur Besetzung südamerikanischer Länder, falls diese nicht selbst zum Schutz durch Entsendung amerikanischer Truppen ersuchten (wobei Hitler ganz offen als Vorbild zitiert wurde).

Im Juli fanden in Havanna panamerikanische Gespräche unter der Leitung des amerikanischen Außenministers Cordell Hull statt. Aus den »Vereinigten Nationen Amerikas« wurde dabei ein realistischeres Konzept eines »Kartells der amerikanischen Staaten«. Die Bestrebungen gingen dahin, die Wirtschafts- und Verteidigungsmacht des Kontinents zusammenzufassen. Man nahm an, daß nach der Niederschlagung Großbritanniens eine Pause, wenn nicht gar Frieden auf dem europäischen Kontinent herrschen würde. Ein integriertes Europa unter der Führung Deutschlands stellte einen gewaltigen Markt für die Überschüsse der amerikanischen Staaten dar, dessen Potential es wahrzunehmen galt. Ein Kartell auf der amerikanischen Seite würde als wirtschaftliches Gegengewicht nicht nur Preisstabilität garantieren, sondern die kleineren Länder davor bewahren, in den wirtschaftlichen Sog eines nationalsozialistischen Europa gezogen zu werden.

So sehr man in Amerika bereit war, sich mit einem Nachkriegs-Europa unter Hitlers Führung wirtschaftlich zu arrangieren, so wenig ließ sich eine militärische Bedrohung Amerikas durch die Achsenmächte verleugnen. Nach der Niederlage Frankreichs und Großbritanniens fielen Deutschland auch die westatlantischen Besitzungen der beiden ehemaligen Großmächte zu. Es lag nahe, daß sie als Absprungbasen gegen den amerikanischen Kontinent benutzt würden. Viel würde davon abhängen, was mit der französischen und der britischen Flotte geschehen würde. Befanden sich beide einmal in deutschen Händen, würden sie im Verein mit der deutschen und der italienischen Kriegsmarine zu einer tödlichen Bedrohung für die Vereinigten Staaten. Der Chef des Planungsstabs der amerikanischen Marine, Admiral William Standley, erwartete eine erste Entscheidung in Neufundland. Schon im gegenwärtigen Zeitpunkt konnte es den Deutschen gelingen, die britische Flotte zu schwächen, zumindest aber sie in ihren Heimathäfen festzuhalten. Deutschland könnte sich dann in Island festsetzen, einen Stützpunkt in Grönland errichten und von dort aus Neufundland überfallen, womit der Hauptnachschub der Briten abgeschnitten wäre. Amerika mußte sich dann entscheiden, ob es diesen Angriff auf nordamerikanisches – wenn auch britisches – Territorium dulden könnte.

In diesen dramatischen Wochen ging es den amerikanischen Planern nicht darum, den Franzosen und den Briten gegen Hitler beizustehen, sondern darum, ein »Eindringen der Achsenmächte in die westliche Hemisphäre« zu verhindern. General Marshall gab den Planern auf, die schlimmste Situation in Betracht zu ziehen, nämlich, daß sich die alliierten Flotten nicht mehr im Atlantik befänden. Die Zeit sei reif für eine Mobilisierung der National Guards und die Einstellung der Munitionslieferungen an England, so weit sie für die amerikanische Mobilisierung benötigt wurden. Generalstabschef Strong gab offen zu, daß Marshalls Vorgabe die baldige Niederlage der Alliierten als vollendete Tatsache voraussetze und daß Amerika nicht über die Mittel verfüge, die Situation entscheidend zu verändern. Er glaubte, daß Amerika als nächstes Opfer auf der Liste der Achsenmächte stand.

Präsident Roosevelt konferierte fast täglich mit seinen militärischen Beratern. Er stimmte der Kehrtwendung der amerikanischen Verteidigungsplanung zum Atlantik hin zu, weigerte sich aber, Pläne gutzuheißen, die eine Niederlage Großbritanniens als gegeben ansahen. Vielmehr sollte England während der nächsten sechs Monate wie bisher in seinem Kampf unterstützt werden, soweit amerikanische Verteidigungsanstrengungen dadurch nicht behindert wurden. Eine vorbeugende Besetzung europäischer Besitzungen in der westlichen Hemisphäre sowie strategisch wichtiger Positionen in Zentral- und Südamerika sollte erst nach Konsultation der betreffenden Regierungen erfolgen.

Roosevelt war offenkundig bestrebt, Amerika möglichst aus einem Krieg herauszuhalten. Im November mußte er sich der Präsidentenwahl stellen, und alles, was einen Kriegseintritt beschleunigte, wie die Mobilisierung, Besetzung fremder Territorien, Abbruch militärischer Hilfslieferungen, würde ihn Stimmen kosten. Churchills Durchhalteparolen und inständige Bitten um Lieferung militärischer Güter kamen ihm deshalb politisch sehr gelegen. In seinen wenigen Äußerungen zu diesem Thema blieb er jedoch nach wie vor unverbindlich und zurückhaltend.

Am 31. Juli bat Churchill zum wiederholten Mal um Zerstörer, Torpedoboote und Flugboote: »Die Deutschen sind jetzt im Besitz der gesamten französischen Küste, von der aus U-Boote und Sturzkampfbomber gegen unsere Handelsflotte und den Lebensmittelnachschub operieren. Außerdem müssen wir ständig darauf vorbereitet sein, auf See eine drohende Invasion abzuwehren und zugleich einem Vorstoß von Norwegen nach Irland, Island, den Shetlands und Färöern zu begegnen. Wir müssen den westlichen Ausgang des Mittelmeeres und möglichst das Mittelmeer selbst beherrschen, um eine Ausweitung des Krieges auf Afrika zu verhindern.«

Die Antwort ließ lange auf sich warten. In Washington waren inzwischen die »Falken« aktiv geworden. Die Century Group, eine Vereinigung prominenter Interventionisten, hatte dem Präsidenten vorgeschlagen, den Briten die gewünschten Zerstörer zu liefern. Die Bedingungen waren allerdings wenig britenfreundlich und mehr an den amerikanischen Verteidigungsmaßnahmen orientiert. Im Fall einer Invasions England sollte die britische Flotte von kanadischen und amerikanischen Häfen aus operieren, und für die britischen Besitzungen in der westlichen Hemisphäre sollten sofort Konzessionen für Stützpunkte der amerikanischen Marine und Luftwaffe gemacht werden.

In einer Kabinettsitzung am 2. August wurde der Handel im Prinzip gutgeheißen und am 6. August öffentlich diskutiert. Am 13. August schrieb Roosevelt an Churchill: »Ich glaube, daß es möglich ist, der britischen Regierung als sofortige Hilfeleistung mindestens fünfzig Zerstörer, die bereits erwähnten Motortorpedoboote und fünf Flugzeuge jeder Kategorie als Testmaschinen zur Verfügung zu stellen.« Das könne jedoch nur geschehen, wenn das amerikanische Volk und sein Kongreß erkennen könnten, daß dafür die nationale Verteidigung und die Sicherheit der Vereinigten Staaten gestärkt werde. Roosevelt verlangte daher: 1. Die Zusicherung des Premierministers: Für den Fall, daß die Gewässer Großbritanniens für die britische Flotte unhaltbar werden, wird letztere nicht den Deutschen übergeben oder versenkt, sondern sie wird in andere Teile des Britischen Empires geschickt, um es dort weiterzuverteidigen. 2. Die britische Regierung ermächtigt die Vereinigten Staaten, Neufundland, die Bermudas, die Bahamas, Jamaika, St. Lucia, Trinidad und British Guayana im Fall eines Angriffs einer nichtamerikanischen Nation auf die westliche Hemisphäre als Marine- und Luftwaffenstützpunkte zu benutzen; in der Zwischenzeit haben die Vereinigten Staaten das Recht, solche Stützpunkte einzurichten und für Übungs- und Ausbildungszwecke zu benutzen. Das dazu benötigte Land kann von den Vereinigten Staaten gekauft oder für 99 Jahre gepachtet werden.«

Für die Briten war die Forderung von Stützpunkten im Gegenzug für die Lieferung von Zerstörern eine unangenehme Überraschung. Würde das nicht so aussehen, als ob Churchill für fünfzig ausgediente Zerstörer Teile des Britischen Weltreiches verhökerte? Churchill war sich der politischen Zwänge, denen Roosevelt unterlag, durchaus bewußt: »Wir können«, schrieb er, »in beiden Punkten Ihren Forderungen entsprechen, die Sie für notwendig erachten, um Ihnen im Kongreß und bei anderen zu helfen.« Zugleich bedankte er sich in überschwenglichen Worten für die Bemühungen Roosevelts. Eine Woche später jedoch bat er den amerikanischen Präsidenten, zu bedenken, daß eine Aufrechnung der Zerstörer gegen die Teilhabe an britischen Besitzungen zu Mißverständnissen führen könne. Er wollte beide Transaktionen als nicht miteinander verbundene Geschenke betrachtet wissen. Außerdem machte er Roosevelt darauf aufmerksam, daß Neufundland im Interessengenbiet Kanadas liege, das natürlich erst konsultiert werden müsse.

Das britische Kabinett hatte kurz vor Roosevelts Forderung bereits über die Verpachtung von Stützpunkten im Westatlantik gesprochen. Es war gerade im Begriff gewesen, ein entsprechendes Angebot zu machen, denn das amerikanische Kriegsministerium hatte vorgeschlagen, der Pan-Am-Fluggesellschaft Nutzungsrechte auf britische Flugbasen in der Karibik einzuräumen, die dann automatisch von der amerikanischen Luftwaffe zum Schutz des Panamakanals genutzt werden sollten. Nun sah sich das britische Kabinett mit einer viel weitergehenden Forderung konfrontiert, die in keinem Verhältnis zu der Leistung stand, die die Amerikaner zu erbringen gedachten. Ganz abgesehen davon, daß diese Leistung indirekt auch der amerikanischen Verteidigung diente, war sie nach Ansicht der Briten materiell schon damit mehr als abgegolten, daß die Briten der amerikanischen Regierung das streng gehütete Geheimnis des Radar preisgegeben und Ingenieure in die Staaten geschickt hatten, um dort Radarstationen aufzubauen.

Für die Amerikaner stand allerdings auch noch die alte, nie bezahlte Kriegsschuld der Briten aus dem Ersten Weltkrieg zu Buche. Sie tauchte in der Presse bei allen passenden und unpassenden Gelegenheiten immer wieder auf. Schwerer wog in Washington jedoch die vermeintliche Schwächung der eigenen Flotte. Darin waren die Amerikaner besonders empfindlich, denn die Einheiten ihrer Kriegsmarine waren die einzige wirklich schlagkräftige Waffe, über die die Amerikaner zu diesem Zeitpunkt verfügten. »Zwischen uns und den Nazis«, befand ein Beamter des Außenministeriums, »steht nur noch die britische Flotte, geht sie verloren, stehen wir allein!« In dieser Situation konnten nur vermehrte Stützpunkte die Hergabe von Kriegsschiffen wettmachen. Und schließlich mußten die Briten dankbar sein, wenn sich die Vereinigten Staaten um Teile des britischen Weltreiches kümmerten und nicht Hitler sie sich als Beute einverleiben konnte.

Für Roosevelt kam jetzt alles darauf an, aus wirklich zuverlässiger Quelle zu erfahren, was hinter Churchills Rhetorik stand, ob die Briten wirklich noch eine Chance in diesem Kampf hatten und ob sie – entgegen den Behauptungen Kennedys – fähig waren, sie auch wahrzunehmen.

Im Juli tauchte der Geheimdienstmann Oberst William Donovan in London auf, sehr zum Ärger Botschafter Kennedys, den das Außenministerium in Washington nicht über den Auftrag Donovans informiert hatte. Donovan selbst behauptete, die britischen Einberufungsgesetze als Modell für künftige amerikanische studieren zu wollen, außerdem suche er Material über den Aufbau einer Gegenspionageorganisation. Fest steht nur, daß er Roosevelt direkt über die militärische Situation auf den Britischen Inseln berichten sollte. Donovan blieb bis zum 2. August in England.

Am 15. August kam ein ganzer Trupp von Beratern des amerikanischen Präsidenten nach England: Brigadegeneral George V. Strong, Chef des Planungsstabes des amerikanischen Heeres, Generalmajor Delos C. Emmons, der Planungschef des Heeresfliegerkorps und Konteradmiral Robert Ghormley, der Stellvertretende Operationschef der US-Marine. Ihre Mission war ebenso geheim wie die Donovans. Aber schon Wochen vorher war ihre Ankunft Gesprächsgegenstand auf Londoner Cocktailparties gewesen. Auch der Nachrichtendienst der deutschen Seekriegsleitung registrierte lakonisch die Ankunft des amerikanischen Admirals.

Die Briten hegten sehr hochgespannte Erwartungen. Sie sahen in dem Besuch den Anfang von Vorbereitungen zum Kriegseintritt Amerikas und wollten in Stabsgesprächen Nachschubmöglichkeiten und eventuelle gemeinsame Operationen skizzieren. Die Generäle wichen dem aus. Sie wollten sich nur kundig machen. Den Briten fiel es schwer, zu glauben, daß die Militärs ohne genaue Instruktionen nach London gekommen waren, sie paßten sich der Situation jedoch sehr schnell an. Die Besucher durften sich in allen Stäben und militärischen Einheiten umsehen. Churchill selbst fuhr mit den Amerikanern im Zug nach Dover, um ihnen einen Eindruck von der Kampfbereitschaft der Briten zu vermitteln – und von der Gefahr, in der das Inselreich schwebte.

Nach außen hin blieb alles beim alten: Amerika »saß auf dem Zaun« und sah zu, wie sich die Dinge entwickelten. Vor den Neuwahlen sollte es keine Entscheidungen, nicht einmal Diskussionen und nur ein Minimum an Hilfeleistungen geben. Es blieb der deutschen Luftwaffe vorbehalten, hier die erste Bresche zu schlagen.

XVI. Die Luftwaffe eröffnet die Schlacht mit dem »Kanalkampf«

Die Rolle der Luftwaffe bei der Vorbereitung der Invasion verdient besondere Beachtung, denn mit ihr stand und fiel das »Unternehmen Seelöwe«. Nach der Weisung Nr. 16 vom 16. Juli fiel ihr die Aufgabe zu, »das Eingreifen der feindlichen Luftwaffe zu verhindern«, »Küstenbefestigungen...niederzukämpfen«, »den ersten Widerstand feindlicher Erdtruppen zu brechen« und »im Anmarsch befindliche Reserven zu zerschlagen«. Auch sollte sie die feindliche Flotte in Schach halten sowie Fallschirm- und Luftlandetruppen absetzen.

Trotz dieser klaren Anweisung, die den Beginn des Unternehmens eindeutig vom Erfolg der Luftwaffe abhängig machte, war sie bald in einen Kampf verstrickt, der nur nach außen mit den Vorbereitungen einer Invasion zu tun hatte. In der Vorstellung der Briten diente die Erhaltung der Luftherrschaft vor allem der Abwehr eines der Invasion vorausgehenden Angriffs, die deutsche Luftwaffe dagegen kämpfte mit dem Ziel der völligen Vernichtung der militärischen und wirtschaftlichen Infrastruktur unter dem Vorbehalt von Terrorangriffen gegen die Zivilbevölkerung. Wäre dieses Ziel erreicht worden, wäre »Seelöwe« überflüssig geworden. Wie schon bei Dünkirchen handelte Göring gegen alle militärische Vernunft und sabotierte mit seinem Alleingang das Unternehmen, wenngleich sich seine Vorstellungen teilweise mit den »Seelöwe«-Plänen überschnitten. Es ist deshalb unerläßlich, die Auseinandersetzung zwischen den beiden Luftstreitkräften ausführlich zu schildern, die Stärken und Schwächen beider Seiten aufzuzeigen, um den für die Deutschen, trotz des aufopfernden Einsatzes der Piloten, fatalen Ausgang verständlich zu machen.

Im Juni 1940 sonnte sich die deutsche Luftwaffe in dem unbestrittenen Ruf, die stärkste Luftmacht der Welt zu sein. Seit den Leistungen im spanischen Bürgerkrieg hatte sie in drei Feldzügen entscheidend zum Erfolg beigetragen: Sturzkampfbomber und Jagdflugzeuge hatten Infanterie und Panzern den Weg freigekämpft, Bomber feindliche Stellungen und Nachschubbasen zerstört, auf hoher See und in Häfen Dutzende feindlicher Schiffe versenkt, und mit Transportflugzeugen waren Fallschirmtruppen weit hinter die gegnerischen Linien gebracht worden. In der Luft hatte sie bewiesen, daß sie unschlagbar war, denn allein im Frankreichfeldzug hatten die Piloten der Luftwaffe mehr als 3 000 Flugzeuge des Gegners abgeschossen oder am Boden zerstört.

Die strategischen Voraussetzungen für die entscheidenden Schläge waren jetzt gegeben. Die gesamte Nordsee- und Kanalküste von Nordnorwegen bis Cherbourg und Brest befand sich in deutschem Besitz und mit ihr Dutzende von Flugplätzen im Hinterland, die der Luftwaffe als Absprungbasen dienen konnten. Mit Hochdruck arbeiteten Pioniereinheiten Tag und Nacht daran, die holländischen, belgischen und französischen Plätze wieder instand zu setzen. Zerbombte Pisten wurden aufgefüllt, Flugzeugwracks beseitigt, Baracken aufgestellt, Zäune gezogen, Flakstellungen ausgehoben und Funkeinrichtungen installiert. Einige der Plätze waren schon während der Kampfhandlungen belegt worden, auf anderen landeten die dorthin verlegten Maschinen, kaum daß die Graspisten benutzbar waren.

Die beiden stärksten der fünf deutschen Luftflotten wurden an der Kanalküste stationiert: Luftflotte 2 unter Feldmarschall Kesselring in den Raum zwischen Rotterdam und Amiens, Luftflotte 3 unter Feldmarschall Sperrle in den Raum Cherbourg. Zusammen verfügten die beiden Luftflotten über 656 Jagdflugzeuge vom Typ Me 109 (Bf 109), 769 Bomber der Typen Do 17, Ju 88, He 111, über 248 Sturzkampfbomber (Stukas) Ju 87 und 168 zweimotorige Jagdflugzeuge vom Typ Me 110; insgesamt waren das 1841 einsatzbereite Maschinen, denen nach deutscher Schätzung auf der anderen Seite des Kanals 400 bis 500 britische Jagdflugzeuge als Abwehr gegenüberstanden.

Diese Zahlen drücken jedoch nicht das wahre Kräfteverhältnis aus. Die Luftwaffe war nicht so gesund und kraftstrotzend wie es den Anschein hatte, und wie sie sich selber auch gab. Sie war das Opfer einer Fehlplanung, die weit in die Vorkriegszeit zurückreichte, und hauptsächlich auf die personellen Schwächen in der Führungsspitze zurückzuführen war.

Erschwerend kam hinzu, daß dem Deutschen Reich der Besitz einer Luftwaffe durch den Vertrag von Versailles verwehrt war. Erst 1935 brach Hitler diesen Vertrag und verkündete die Wiederaufrüstung Deutschlands und die Existenz einer Luftwaffe, zu deren Oberbefehlshaber er den Ministerpräsidenten von Preußen Hermann Göring als Reichsluftfahrtminister ernannte.

Trotzdem war die Luftwaffe nicht über Nacht entstanden. Auf

dem zivilen Sektor war viel Vorarbeit geleistet worden. Die Lufthansa, eine der größten und erfolgreichsten Fluggesellschaften der Welt, versorgte eine wachsende deutsche Flugzeugindustrie mit Aufträgen. Eine große Zahl ziviler Flugzeugtypen war entstanden – eine der bekanntesten die Ju 52, der Packesel des Zweiten Weltkrieges. Auf den Reißbrettern der Flugzeugkonstrukteure Messerschmitt, Dornier, Heinkel und Junkers standen 1935 auch schon die Entwürfe für Militärmaschinen wie die Me 109, Do 17, He 111 und Ju 86, die alle aus Zivilflugzeugen entwickelt worden waren. Schon 1937 hatte die deutsche Luftwaffe mit ihren Maschinen auf der Militärflugschau in Zürich Bewunderung erregt. Die Me 109 hielt den Geschwindigkeitsweltrekord für einmotorige Jagdflugzeuge, die Ju 88 brach im nächsten Jahr den Geschwindigkeitsrekord für mittlere Bomber. Für den Personalstand der Luftwaffe war es von großem Vorteil, daß die Luftwaffe inzwischen über ein großes Reservoir hochqualifizierter Piloten verfügte. Offiziell war es aus der populären Segelfliegerei immer wieder aufgefüllt worden. Der Nachwuchs kam jedoch von der russischen Flugschule Lipzek südlich Moskau, auf der nach einem Geheimvertrag mit der Sowjetunion deutsche Militärpiloten ausgebildet wurden.

Nur, eine Luftwaffe war das noch nicht. Der Mann, der sie aufbauen sollte, hieß Hermann Göring. Wie so viele von Hitlers Vasallen war er eine Fehlbesetzung, denn ihm fehlten für diese Aufgabe die charakterlichen Eigenschaften wie die organisatorischen Fähigkeiten. Der hochintelligente Egomane war charmant und eitel wie eine Operettenfigur und erfreute sich außerordentlicher Popularität. Aber er war auch von einer skrupellosen Macht- und Geldgier besessen, die ihn zu einem der gefährlichsten Bluthunde Hitlers machte. Als Ministerpräsident von Preußen war er der eigentliche Schöpfer der Geheimen Staatspolizei (Gestapo), und im Verein mit Himmler und Heydrich sorgte er für die Errichtung von Konzentrationslagern. Die Opfer des sogenannten Röhmputsches gehen zum großen Teil auf sein Konto. Bis in die ersten Kriegsjahre hinein war er der mächtigste Mann nach Hitler – und bei weitem der reichste Politiker in Deutschland. Als er 1936 zum Beauftragten des Vierjahresplans berufen wurde, machte er sich zum unumschränkten Herrscher der deutschen Industrie. Reiche Pfründe bezog er aus den Hermann Göring Werken, einem Konzern mit 700 000 Arbeitskräften und einem Kapital von 400 Millionen Reichsmark. Sein Hang zu Luxus und Wohlleben war grenzenlos – Schmuck, Schlössern und der Jägerei galt seine besondere Vorliebe.

Mit dem Begriff Luftwaffe hat das alles nichts zu tun. Görings einzige fliegerische Qualifikation bestand darin, daß er im Ersten Weltkrieg Jagdflieger, zuletzt Kommandeur des Jagdgeschwaders Richthofen und nach dem Krieg zwei Jahre Verkehrsflieger in Schweden gewesen war. Seitdem hatte ihn die Fliegerei und eine Luftwaffe nicht mehr interessiert. Seine Ernennung zum Reichsluftfahrtminister und Oberbefehlshaber der Luftwaffe bedeutete ihm nur einen neuen Stein in seiner Krone, Symbol seiner Macht, die er nach außen hin in phantasievollen ordenstrotzenden Operettenuniformen zur Schau stellte. Seine Vorstellung von einer Luftwaffe war auf zwei Dinge begrenzt: Jagdflieger mußten möglichst viele Feinde abschießen, und für Bomber kam nur das von dem italienischen Luftwaffengeneral Douhet propagierte strategische Massenbombardement in Frage, das unweigerlich eine Kriegsentscheidung herbeiführen und dem Heer wie der Marine eine bloße Statistenrolle zuweisen würde. Womit und wie das zu erreichen war, blieb Göring gleichgültig – dafür hatte er den Vorstandsvorsitzenden und Finanzmanager der Lufthansa Erhard Milch als Staatssekretär in sein Luftfahrtministerium berufen.

Milch ging der Ruf eines glänzenden Organisators voraus. Als Finanzexperte hatte er wesentlichen Anteil am Aufstieg der Lufthansa, doch ein militärischer Denker, der an diesem Platz dringend nötig gewesen wäre, war er nicht. Es kam zu keinem strategischen Konzept und zu keiner Flugzeugproduktion, die ein solches Konzept ermöglicht hätte. Einen großen Teil der Schuld daran mag man den verschwommenen und immer wechselnden Kriegsplänen Hitlers zuschreiben, die nie eine gründliche Planung und Vorbereitung zuließen. Der arrogante und unberechenbare Milch traf als Generalinspekteur der Luftwaffe jedenfalls Entscheidungen, die weniger von sachlichen Überlegungen als von Emotionen bestimmt waren, und er richtete damit großen Schaden an.

So fand sich der Flugzeugkonstrukteur Willy Messerschmitt bei Milch in Ungnade, weil dessen bester Freund in einer Messerschmitt-Maschine tödlich verunglückt war. Messerschmitt und seinen Bayerischen Flugzeugwerken in Augsburg wurden deshalb viele Luftwaffenaufträge vorenthalten. Um den Flugzeugbauer zu demütigen, ließ Milch statt dessen bei den Messerschmittwerken Heinkel-Flugzeuge in Lizenz bauen, was deren Kapazität stark beeinträchtigte. Nicht besser verfuhr Milch mit dem greisen Hugo Junkers, dem er persönlich sehr viel verdankte. Der stramme Nationalsozialist Milch glaubte an seinem Förderer ein Exempel statuieren zu müssen, weil Junkers den Nationalsozialisten seine Mitarbeit verweigert hatte. 1935 wurde Junkers enteignet, seine Werke in Staatsbesitz übergeführt und er selbst unter Hausarrest gestellt. Junkers starb sechs Monate später.

Noch schlimmer wirkte sich Milchs schlechtes Verhältnis zu Ernst Udet aus, den Hitler zum Reichsluftzeugmeister gemacht hatte. Der mit 62 Abschüssen nach Richthofen erfolgreichste Jagdflieger des Ersten Weltkriegs war nach dem Krieg Testpilot und Kunstflieger gewesen. Ein aufrichtiger Mensch und sorgloser Bonvivant, der nun für die Fliegerei lebte, brachte er für das Amt nicht die geringste Befähigung mit. Milch ließ ihn – im Einvernehmen mit Göring – ständig in das offenen Messer laufen, bis der verzweifelte Udet sich 1941 das Leben nahm.

Milchs Mangel an vorausblickendem militärischem Denken führte – im Verein mit Udets Unfähigkeit – zu einem Typenchaos und einer anderen Nationen hinterherhinkenden Flugzeugproduktion. Die Luftwaffe wurde von Piloten des Ersten Weltkriegs aufgebaut. Sie standen noch immer unter dem Eindruck des ritterlichen Luftkampfes zwischen Doppeldeckern, den Tiefangriffen auf feindliche Schützengräben und Artilleriestellungen und der Bomben, die mit der Hand geworfen wurden. Diese »Experten«, an denen sechzehn Jahre im Bau und Einsatz von Militärflugzeugen notgedrungen vorübergegangen waren, gaben in der neuen Luftwaffe den Ton an. Milch, der im Ersten Weltkrieg über Verdun und der Somme als Artilleriebeobachter geflogen war, beeilte sich, auf diese Linie einzuschwenken: Schlachten gewinnt man mit Jagdflugzeugen und Sturzkampfbombern.

Udet schwor auf die Me 109, deren technische Einzelheiten er besser kannte als mancher Mechaniker. Für Bomber hatte er weniger übrig. Wenn es sie schon geben mußte, dann sollten sie wenigstens Sturzkampfeigenschaften haben. An erster Stelle rangierte der Stuka, die Ju 87, der sich in den vorausgegangenen Feldzügen so ausgezeichnet bewährt hatte. Auch die neuentwickelte zweimotorige Ju 88 war als Sturzkampfbomber einzusetzen. Der einzige viermotorige Bomber mußte mehrmals umgebaut werden, weil die Luftwaffe verlangte, daß auch diese schwere Maschine sich im Sturzflug auf den Feind stürzen sollte. Doch diese Maschine wurde sowieso nie in größerer Stückzahl gebaut, weil die Koppelung von zwei Motoren an einen einzigen Propeller nicht funktionierte. Die noch von Udets Vorgänger General Wever eingeleitete Entwicklung der Fernbomber Do 19 und Ju 89 wurde eingestellt, weil man glaubte, mit schnellen mittleren Bombern – für deren Bau man weniger Rohstoffe brauchte – auskommen zu können. Auch aus damaliger Sicht waren das schwere Fehler, die jedoch das grenzenlose Selbstvertrauen der jungen Luftwaffe nicht beeinträchtigen konnten. Bisher hatte noch kein Gegner ihrer großen Schlagkraft widerstehen können.

Leichtfertig übersah man die Schlappe von Dünkirchen. Der Luftwaffe war es dort nicht gelungen, den Exodus der Briten zu verhindern, wie es Göring großspurig angekündigt hatte. Selbstzufrieden verwies man auf die vielen versenkten Schiffe und 105 Luftsiege, die deutsche Piloten über die britische Jagdwaffe errungen hatten, als sie die deutschen Bomberverbände über den Fluchtschiffen anzugreifen versuchten. Unter den abgeschossenen Feindmaschinen waren auch eine ganze Anzahl von Spitfire, des schnellsten britischen Jägers, der hier zum erstenmal gegen die Luftwaffe eingesetzt war.

Das große Vertrauen der deutschen Piloten in ihre Jagdmaschine war nicht unbegründet. Mit 684 km/h war die Me 109 nicht nur der schnellste Jäger der Welt, sie hatte auch die größere Steiggeschwindigkeit und war mit zwei MGs und zwei 2-cm-Kanonen bewaffnet. Die Spitfire war 20 bis 30 km/h langsamer, hatte acht MGs und keine Kanone. Doch schon über Dünkirchen hatten einige deutsche Piloten zu ihrem Leidwesen erfahren müssen, daß die Spitfire bedeutend wendiger war und nur mehrere enge Kurven zu drehen brauchte, um in Schußposition hinter einen deutschen Verfolger zu kommen. Das glich die geringere Geschwindigkeit zum Teil aus. Nur ein Handicap hatte die englische Maschine anfangs: Beim Abkippen nach vorn setzte der Motor aus, weil der Vergaser dann versagte. Die deutsche Maschine war mit Einspritzpumpen ausgerüstet, die das verhinderten. Am Ende kam es sehr auf das Können des Piloten an, wer die Oberhand in einem Luftkampf behielt.

Der Aufmarsch der beiden Luftflotten an der Kanalküste war am 24. Juli abgeschlossen, doch die Weisung Nr. 16 schlummerte noch auf den Schreibtischen der Stäbe. Das »Unternehmen Seelöwe« war in der Luftwaffe unpopulär, denn nicht nur Göring glaubte, England allein aus der Luft besiegen zu können. Stillschweigend hielt man sich an eine andere Weisung Hitlers vom 20. November 1939: »Ist es dem Heer gelungen, das englisch-französische Operationsheer zu schlagen und einen Teil der England gegenüberliegenden Festlandküste in Besitz zu nehmen und zu behaupten, so tritt die Aufgabe der Kriegsmarine und Luftwaffe, den Krieg gegen die englische Wirtschaft zu führen, in den Vordergrund.« Der »Kanalkampfführer« Oberst Fink vom Kampfgeschwader 2, der die Einsätze über dem Kanal koordinieren sollte, hatte nicht warten wollen, bis alle Einheiten vollzählig versammelt waren. Schon ab 3. Juli hatte er mit den bereits verfügbaren Verbänden Feindflüge über dem Kanal und der englischen Südküste unternommen und damit den Luftkrieg gegen England an dieser Front eröffnet. »Im Zug der bewaffneten Aufklärung«, wie es im Wehrmachtsbericht vom 3. Juli vorsichtig geheißen hatte, hatte ein von Jägern geschützter kleiner Kampfverband aus einem Geleitzug vor der englischen Küste zwei Frachter mit zusammen 14 000 BRT versenkt. In der Nacht warfen andere Verbände Bomben auf Häfen an der englischen Kanalküste. Diese Angriffe wurden mit ständig größeren Verbänden Tag für Tag fortgeführt, soweit es die Wetterverhältnisse zuließen.

Zweck dieser Operation war es, die Stärken und Schwächen der britischen Luftabwehr zu erkunden. Vor allem galt es, die britischen Jäger aus der Reserve zu locken und mit überlegenen Kräften in einen Abnutzungskampf zu verwickeln. War die britische Jagdwaffe erst einmal aufgerieben, konnten die deutschen Bomber unbehelligt in England einfliegen und den großen Schlag gegen das britische Mutterland führen.

Die Führung der britischen Jäger schien jedoch nicht in die Falle zu tappen und hielt ihre Maschinen zurück. Sie machten lediglich Jagd auf die deutschen Fernaufklärer vom Typ Do 17, die nach Zielen für die Bomber suchten. Erst am 7. Juli stellten sich die Spitfire zum Kampf. Am späten Abend dieses Tages, gegen 20.30 Uhr, griffen 45 Do 17 begleitet von 60 Me 109 einen Geleitzug vor Folkestone an. Sie versenkten einen Frachter und beschädigten drei weitere. Hoch über den Bombern fliegend warteten die Me 109 auf die britischen Jäger. Zwölf Spitfire der 65. Staffel griffen die Bomber an, die gerade im Begriff waren, nach getaner Arbeit abzudrehen. Zwei Do 17 wurden beschädigt, doch schon stießen die Me 109 auf ihre Beute und schossen drei Spitfire ohne eigene Verluste ab. Drei weitere Spitfire wurden über dem Flugplatz Manston abgeschossen.

Am 10. Juli sammelten sich über der französischen Küste 75 Do 17 des Kampfgeschwaders 2 und 60 Stukas des Fliegerkorps III, während ein Verband von 200 Me 109 zu ihnen stieß. Oberst Fink war sicher, daß der große Geleitzug, den die Aufklärer über dem Kanal gesichtet hatten, von britischen Jägern verteidigt werden würde. Der Angriff auf das Geleit schlug fehl, nur eine Korvette von 700 Tonnen konnte versenkt werden, denn dreißig Spitfire stürzten sich zwischen die deutschen Bomber, ohne sich auf eine Kurbelei mit den deutschen Jägern einzulassen. Das Resultat: die R. A. F. verlor 6 Maschinen, die Angreifer 15.

Auf deutscher Seite war man trotzdem zuversichtlich. Die Jagdflieger hatten sogar Grund zum Feiern, denn sie hatten sechs Abschüsse zu verbuchen und selbst nicht eine einzige Maschine verloren. Die britischen Jäger hatten die Stukas wie Tontauben abgeschossen – was der Ju 87 sofort den Spitznamen »fliegender Sarg« eintrug. Der Stuka war so langsam, daß die Begleitflieger Schwierigkeiten hatten, bei ihm zu bleiben, besonders, wenn der Himmel bewölkt war. Mit seiner außen befestigten Bombenlast schaffte er nur 250 Stundenkilometer. Die Konstruktion der Maschine ging auf ein amerikanisches Trägerflugzeug zurück, das bei Junkers für den Erdkampf leicht modifiziert worden war, als man den Bau des einzigen deutschen Flugzeugträgers »Graf Zeppelin« eingestellt hatte. Im Kampf gegen taktische Erdziele zur Unterstützung des Heeres hatte sie sich hervorragend bewährt, für die ihr jetzt zugedachte Rolle war sie nicht geeignet. Beim Einsatz auf See hatte ihr Sirenengeheul längst nicht die demoralisierende Wirkung wie im Erdkampf, und Schiffsziele erforderten eine weit größere Zielgenauigkeit, denn der Angreifer konnte sich nicht auf eine Streuwirkung der Bombe verlassen wie auf dem Land – auf See gab es nur Volltreffer oder Versager –, und die meisten Bomben verfehlten ihr Ziel.

So sehr die britischen Jäger bemüht waren, sich auf die Bomber zu konzentrieren, die Me 109 ließen nie lange auf sich warten. Am 19. Juli befanden sich nicht weniger als neun Geleitzüge im Seegebiet vor der englischen Süd- und Südostküste. Der Luftwaffe gelang es an diesem Tag nur, einen 5 000 BRT Frachter aus einem Geleit zu versenken. Dafür hatten 120 Stukas und Me 109 die im Hafen von Dover liegenden Schiffe angegriffen. Schon beim ersten Anflug gelang es den Stukas, den 12 000 BRT Tanker der Royal Navy »War Sepoy« durch einen Volltreffer zu versenken. Immer wieder stürzten sich die Bomber heulend auf das Hafenbecken, haushohe Wasserfontänen stiegen auf und nahmen fast jede Sicht. Mehrere kleine Schiffe brachen unter den Bomben auseinander oder kenterten. Erst als eine Formation von neun Defiant Jagdflugzeugen todesmutig zwischen die Jäger und die Bomber stieß, drehten die Stukas ab. Doch die Defiants waren die langsamsten der britischen Jäger. Mit zwei Mann Besatzung und einem MG-Turm auf dem Rumpf waren sie viel zu schwerfällig. Innerhalb weniger Minuten waren sechs von ihnen abgeschossen. Zu ihrer Rettung herbeigeeilte Hurricanes konnten nur einen der Angreifer erledigen.

Am 24. Juli versenkten die deutschen Bomber und Stukas aus Geleitzügen fünf Handelsschiffe mit zusammen 17 000 BRT und beschädigten drei weitere so schwer, daß mit ihrem Verlust gerechnet werden mußte. Am folgenden Tag wurde nach einer Meldung des Deutschen Wehrmachtberichts ein großer Geleitzug angegriffen und insgesamt 63 000 BRT versenkt. Neun feindliche Flugzeuge seien dabei abgeschossen worden, während zwei eigene verlorengingen. Die Piloten der R. A. F. dagegen meldeten 15 Abschüsse deutscher Maschinen bei sechs eigenen Verlusten.

Danach mußten die Fernaufklärer der Luftwaffe lange suchen, bis sie einmal ein feindliches Schiff sahen. Es war offensichtlich, daß die Briten den Schiffsverkehr durch den Ärmelkanal stark eingeschränkt hatten. Die deutsche Abwehr fand auch bald heraus, daß die Geleitzüge in westliche Häfen wie Glasgow, Liverpool und Manchester umgeleitet wurden, denn alle diese Häfen waren plötzlich überfüllt, so daß man schon dazu übergegangen war, die Schiffsladungen mit Leichtern auf der Reede zu löschen. Damit war die Luftwaffe um eine leichte Beute und den Köder für die Jäger gebracht

Von nun an lautete die Devise für die Jäger: Freie Jagd über England. Zwei bis drei Einsätze täglich flogen jetzt die Jagdgeschwader, um die britischen Jäger zu fassen. In fünf- bis sechstausend Meter Höhe sammelten sich die Verbände über dem französischen Festland und stiegen bis zum Erreichen der englischen Küste auf sieben- bis achttausend Meter, um den Gegner zu übersteigen und von oben auf ihn herabzustoßen. Bei den folgenden Luftkämpfen mußten die Briten hohe Verluste hinnehmen, weil sie den Deutschen nicht nur maschinell, sondern auch taktisch unterlegen waren. Die deutschen Jagdstaffeln flogen in Rotten zu zweit oder in Schwärmen zu viert. Von zwei Maschinen fungierte jeweils die eine als Führer, die andere als Aufpasser, denn vom Gegner überrascht zu werden, war für den Jäger meist tödlich. Der erfolgreichste deutsche Jagdflieger, Werner Mölders, hatte diese Flugordnung in Spanien entwickelt.

Die Briten folgten noch dem aus dem Ersten Weltkrieg überkommenen Schema der sehr engen V-Formation zu dritt oder viert, bei dem jeder Pilot ständig darauf achten muß, nicht mit den Tragflächen seiner Kameraden zusammenzustoßen. Weil sie nur mit geteilter Aufmerksamkeit fliegen konnten, wurden die britischen Piloten auch öfter überrascht und deshalb eine leichtere Beute. Es dauerte nicht lange, bis die Briten ihre Formation änderten und die der Deutschen übernahmen.

Major Galland, der in diesen Tagen seinen 20. Abschuß auf das Seitenruder seiner Maschine pinseln lassen konnte, flog am 24. Juli seinen ersten Einsatz über dem Kanal. Über der Themsemündung geriet seine Gruppe von Me 109 in einen Luftkampf mit Spitfire, die einen Geleitzug sicherten. Die Messerschmitt-Jäger hatten die größere Höhe und stießen von hinten in den Pulk der Spitfire. Galland hängte sich hinter eine außenfliegende Maschine und konnte ihr in einer langen Rechtskurve einen Feuerstoß versetzen, ehe sich der andere Pilot dessen versehen hatte. Senkrecht stürzte Gallands Gegner in die See. Doch auch zwei von Gallands Kameraden wurden bei diesem Einsatz abgeschossen. »Das war bitter«, sagte Galland später.

»Die Royal Air Force, darüber bestand bei uns kein Zweifel, war ein sehr ernster Gegner.«

Mit Luftkämpfen allein war diese Schlacht nicht zu gewinnen. Das mußten die deutschen Piloten nur zu bald einsehen. Der großen Luftschlacht, die Göring wollte, wichen die Briten aus. Unter dem Ansturm der deutschen Jäger und Stukas hatten sie jedoch die küstennahen Flugplätze nicht geräumt und sich etwa auf die Peripherie Londons zurückgezogen. Sie kannten die geringe Reichweite der Me 109 und nutzten sie weidlich aus. Die deutschen Jäger konnten sich nicht länger als 20 Minuten im englischen Luftraum aufhalten, dann mußten sie umkehren, wenn sie ihren Einsatzhafen noch erreichen wollten: Ihr Sprit reichte nur für etwa 80 Minuten Flugzeit, und sechzig Minuten mußten sie für An- und Abflug rechnen. Die britischen Jäger stiegen erst auf, wenn sie annehmen konnte, daß ihr Gegner seinen Spritvorrat nahezu erschöpft hatte. Für sie kam es dann nur darauf an, den Gegner möglichst lange am Rückflug zu hindern. Der Trick gelang sehr oft.

Die Stimmung unter den deutschen Piloten wurde immer gedrückter. Göring rief die Kommandeure zu einer Lagebesprechung nach Karinhall. Auch Galland und Mölders waren gebeten. Sie erhielten das Goldene Flugzeugführerabzeichen mit Brillanten und für ihre Tapferkeit höchstes Lob aus dem Mund des Reichsmarschalls. Aber es gab auch bittere Worte, denn Göring war mit seiner Jagdwaffe höchst unzufrieden. Es läge nur am Begleitschutz, monierte er, am fehlenden Angriffsschwung der Jäger, daß die Bomber so hohe Verluste erlitten. Er wußte allerdings auch schon, wie der Schaden zu beheben war: Die älteren Geschwaderkommodore, meist Jagdflieger des Ersten Weltkriegs, die selbst nicht mehr fliegen konnten, sollten durch draufgängerische jüngere Offiziere ersetzt werden. Seine Devise lautete: Der Offizier mit den meisten Abschüssen ist auch der beste Geschwaderkommodore. Nach der Standpauke wurden deshalb Mölders und Galland zu Geschwaderkommodoren ernannt, denn auch Mölders hatte inzwischen zwanzig Abschüsse zu verzeichnen.

Die Lage an der Luftfront änderte sich dadurch nicht. Die Verluste blieben unverhältnismäßig hoch. Das Katz-und-Maus-Spiel der Briten hielt an. Der Druck auf die Jagdflieger verstärkte sich: Man sprach von einem bevorstehenden Großeinsatz der Bomber, der nur möglich war, wenn die britische Jagdabwehr am Boden lag. »Die Unsicherheit, wie der Luftkrieg weiterzuführen war, wirkte sich bis auf den letzten Flugzeugführer aus«, bemerkte Galland. Inzwischen hatte die Führerweisung Nr. 16 auch bei der Luftwaffe die Runde gemacht. Die Verantwortung für das Gelingen einer Invasion lag jetzt plötzlich bei den Jagdfliegern, denn mehr als zuvor war es jetzt nötig, die britischen Jagdverbände niederzukämpfen.

Göring hatte seine Luftflottenchefs aufgefordert, ihm innerhalb der nächsten Tage ihr Vorstellungen und Pläne für eine Konzentrierte Luftoffensive gegen England vorzulegen. Die Feldmarschälle Kesselring, Sperrle und Generaloberst Stumpff delegierten die Planung an die Fliegerkorps, deren Stäbe sich der strategischen Aufgabe allerdings nicht gewachsen zeigten. Nur zwei dieser »Pläne« sind erhalten, ein dritter ist rekonstruiert worden:

Fliegerkorps VIII (v. Richthofen), das einzige mit drei Stukageschwadern, schlug lediglich vor, die Bodeneinrichtungen der R. A. F. mit Stukas anzugreifen und zu zerstören.

Fliegerkorps II (Loerzer) legte den Schwerpunkt auf die Bombardierung Londons. Voraussetzung dafür sollte sein, daß vorher die Kampfkraft des Fighter Command entscheidend geschwächt würde. Angriffe auf London würden die restlichen Jäger anlocken, die dann umso leichter zu vernichten waren. Damit würden Einflüge in das Hinterland ermöglicht. Dieser Vorschlag hatte von vornherein keine Chance, denn zu diesem Zeitpunkt wollte Hitler von einer Bombardierung Londons nichts wissen.

Fliegerkorps I(Grauert) hatte sich am meisten Gedanken gemacht. Es bot gleich drei Möglichkeiten:

1. Gewinnung der Luftüberlegenheit durch Ausschalten der R. A. F. und der Flugzeugfabriken;
2. Schläge gegen R.A.F. und Royal Navy, um den Weg des deutschen Heeres über den Kanal zu schützen und gelandeten Truppen Unterstützung aus der Luft zu geben;
3. Blockade und Abschnürung Englands durch Zerstörung der Häfen.

Unabhängig von diesen drei Punkten sollten rücksichtslos Terrorangriffe gegen britische Städte geführt werden.

Hitler wurde ungeduldig. Am 30. Juli befahl er der Luftwaffe, die Vorbereitungen für ihren Angriff auf die Britischen Inseln so zu beschleunigen, daß er innerhalb von zwölf Stunden nach einem von ihm zu gebenden Befehl erfolgen konnte. Zwei Tage später erließ er die Weisung Nr. 17 über die »Führung des Luft- und Seekrieges gegen Großbritannien«. Auch sie erhielt keine genauen operativen Anweisungen, dafür aber ein Angriffsdatum: Am 5. August sollte der »Adlertag« sein – unter der Voraussetzung günstigen Wetters. Die Rolle der Luftwaffe war nur skizziert: Niederringung der R. A. F. in der Luft und am Boden, Zerstörung der Häfen, um den britischen Nachschub abzuschneiden. Die Häfen an der Südküste waren dabei auszusparen, weil sie bei einer eventuellen Invasion gebraucht würden.

Göring selbst bereitete dem Rätselraten in den Luftwaffenstäben ein Ende. In einer großen Luftwaffenkonferenz im Hauptquartier des Kommandeurs in Holland, Luftwaffengeneral Christiansen, in Den Haag, eröffnete er seinen – wahrscheinlich vom Stab General Jeschonneks ausgearbeiteten – Schlachtplan: In einem Halbkreis um London sollte der Angriff gegen Süd- und Südostengland vorgetragen werden. Während der ersten fünf Tage sollte in einem Radius zwischen 150 und 100 Kilometern erst im Westen, dann im Süden und Osten die R. A. F. konzentriert in der Luft und am Boden angegriffen und vernichtet werden. In den folgenden drei Tagen sollte der Operationsradius auf 100 bis 50 Kilometer und während der letzten fünf Tage des Angriffs auf Ziele in weniger als 50 Kilometer Entfernung von London eingeengt werden. Er rechne dabei mit etwa 400 bis 500 feindlichen Jägern. Die Ausführung dieses Plans würde unweigerlich zur Erringung der Luftüberlegenheit über England führen und damit den Auftrag des Führers erfüllen: »Unternehmen Seelöwe« konnte starten.

Seine Feldmarschälle waren von diesem Plan wenig angetan. Weder Sperrle noch Kesselring wollten ihre Bomber einsetzen, bevor die feindliche Jagdabwehr bezwungen war. Ihre Piloten hatten bisher schon einen zu hohen Preis dafür zahlen müssen, daß sich die britische Jagdabwehr auf die Bomber konzentrierte und den deutschen Jägern nach Möglichkeit auswich. Sie erinnerten Göring daran, daß die Luftwaffe seit 1. Juli fast zweihundert Maschinen verloren hatte. Statt tagsüber Bomber mit Jagdbegleitung gegen London zu schikken, wollten beide Luftflottenchefs in Nachteinsätzen Flugplätze bombardieren und so die Basis der Jagdabwehr entscheidend schwächen, ehe sie zu konzentrierten Tagangriffen übergingen.

Göring hielt diese Einwände für lächerlich: »Jagdgeschwader 51 hat schon über 150 Feindmaschinen abgeschossen. Das ist genügend Schwächung. Und in Anbetracht der Zahl unserer Bomber in beiden Luftflotten können uns die paar britischen Jäger kalt lassen.« Er übersah geflissentlich, daß in diesen 150 Luftsiegen auch alle in Frankreich erzielten Abschüsse sowie die dort am Boden zerstörten Feindflugzeuge enthalten waren. Auch bei den Bombern stand Göring mit den Zahlen auf Kriegsfuß. Schon früher hatte er von 4 500 verfügbaren Bombern gesprochen und fiel jetzt aus allen Wolken, als er erfuhr, daß seine beiden Luftflotten am Kanal kaum 1 000 Bomber einsatzbereit hatten.

Schließlich fand die Konferenz einen Kompromiß. Kleinere Verbände von Stukas und Bombern sollten mit Jagdschutz vorausfliegen, zehn bis fünfzehn Minuten später sollte die Masse der Jäger folgen und erst danach die Hauptmacht der Bomber mit einem eigenen Jagdschutz von Me 110. Das Verfahren sollte jeden Tag zweimal ablaufen. Ziel blieben die Flugplätze der R. A. F., Flugzeugfabriken und Hafenanlagen.

Der Reichsmarschall fuhr selbst an die Front, um die kommende große Schlacht zu lenken. Bei Le Coudray, an der Bahnlinie Paris-Beauvais, nur 55 km von den Champs Elysées entfernt, hatten schon Wochen zuvor Hunderte von Arbeitern und deutschen Pionieren das Nordende eines Tunnels verschlossen, Bäume gerodet, Flakstellungen gebaut und Stacheldraht gezogen, überall standen Posten, durchkämmten Motorradpatrouillen das Gelände – alles für den Befehlsstand des »Dicken«, den Sonderzug »Asien«. Die Einfahrt des Sonderzuges war ein Schauspiel für sich, ganz dem Pomp des Reichsmarschalls angemessen. Ein Vorzug rollte ein, mit Wachen, Gerät und Fahrzeugen. In einigem Abstand der eigentliche Zug Görings mit vier Waggons, voran ein Tieflader mit einem Flakgeschütz. Görings Salonwagen enthielt einen kleinen Arbeitsraum, zwei Schlafzimmer und ein Bad. Er war besonders weich gefedert und für einen ruhigeren Lauf mit Blei beschwert. Der folgende Waggon enthielt den Kommandostand mit Kartenzimmer und Telefonzentrale, der nächste Waggon beherbergte Küche und Speiseraum, der vierte war für Adjutanten und Gäste bestimmt. Zur Besatzung der Züge gehörten 171 Mann, wozu noch zwei ständige Begleiter Görings zu zählen waren, sein Diener Kropp und die Krankenschwester Christa Gormanns. Göring hatte fast immer Gäste, mit denen er tafeln konnte, fuhr aber auch sehr oft in das nahe Paris.

Der 5. August kam und nichts geschah. Schlechtes Wetter verhinderte die Starts. Auch am 6. und 7. August herrschte ungünstiges Wetter an der französischen Küste. Am 8. August griffen 400 deutsche Flugzeuge – Stukas und Me 109 – Geleitzüge vor Dover und der Insel Wight an. Sie versenkten vier Schiffe und beschädigten sechs. Die Jagdabwehr der Briten hatte sich verstärkt. Die Luftwaffe verlor 30 Flugzeuge gegen 20 der R. A. F. Am 11. August schickte Sperrle 165 Bomber der Luftflotte 3 mit starkem Jagdschutz zum Angriff auf Portland und Weymouth. 38 deutsche Maschinen gingen verloren, 32 britische wurden abgeschossen.

Auch am 12. August kam der Einsatzbefehl für den Adlertag nicht. Trotzdem flog über die Hälfte der einsatzbereiten Maschinen über den Kanal. Stukas griffen Portsmouth an, die Flugplätze Manston, Hawkinge und Lymphne wurden schwer beschädigt. Die Luftwaffe verlor dabei 31 Maschinen, die R. F. A. 22.

In keinem der vorangegangenen Feldzüge hatte die deutsche Luftwaffe so hohe Verluste gehabt. Die Jagdflieger waren frustriert, die Bomberpiloten verunsichert. Darüber konnten auch Orden und Beförderungen nicht hinwegtrösten. Und es sollte bald schlimmer kommen; denn bei allem taktischen Geplänkel hatte die deutsche Luftwaffenführung den entscheidenden strategischen Vorteil der Briten außer acht gelassen. Die deutschen Piloten wußten nicht, daß sie wie auf einem Präsentierteller den Kanal überflogen, denn das britische Radarnetz erfaßte jeden Verband, jede Einzelmaschine schon vor dem Überfliegen der französischen Küste. Die Jagdabwehr war jedesmal ebenso gewarnt wie die Flak. Am Ende sollte das blinde Anrennen gegen die britische Radarwand der deutschen Luftwaffe das Rückgrat brechen.

XVII.
Das Warnsystem der Briten Schlüssel zum Sieg

Seit deutsche Gotha-Bomber und Zeppeline im Ersten Weltkrieg ihre Bomben auf das wehrlose London abgeworfen hatten, war die Furcht vor Bombern nicht mehr aus den Gemütern der Briten gewichen. Verbunden damit war jedoch eine gewisse Hilflosigkeit, denn wie sollte man die britischen Küsten in ihrer ganzen Länge schützen? Die dazu nötigen Flakgeschütze hätten den ganzen britischen Verteidigungshaushalt über Jahre in Anspruch genommen, und als Bedienungspersonal hätte man wahrscheinlich die Hälfte der Bevölkerung einziehen müssen. Auch das hätte wenig genützt, denn ohne rechtzeitige Warnung vor anfliegenden Bombern wäre ein Flakring um die Insel kaum wirksam gewesen.

In den dreißiger Jahren hatte die britische Luftabwehr begonnen, an den Küsten Horchgeräte aufzustellen. In der Romney Marsh an der Südküste wurde eine gekrümmte 8 Meter hohe und siebzig Meter lange Betonwand errichtet, die mit Mikrofonen ausgestattet als künstliches gegen die französische Küste gerichtetes Ohr dienen sollte. Aber die schweren Dieselmotoren der großen Schiffe draußen im Kanal, dic nahc Brandung, das Rauschen des Windes – alle konnten das Geräusch eines anfliegenden Feindverbandes übertönen oder verzerren und damit die Horchanlage fast wertlos machen.

»Der Bomber kommt immer durch«, stellte 1934 der damalige Führer der Konservativen im Unterhaus, Stanley Baldwin, fest und schlug vor, den Rhein als vorderste britische Verteidigungslinie zu betrachten. Nur so könne man sich die Deutschen vom Leib halten. Die Luftverteidigung erschien um so hoffnungsloser, je mehr sich im Deutschen Reich Wiederaufrüstungsbestrebungen und die Existenz einer Luftwaffe bemerkbar machten. Die Planer der Air Ministry suchten verzweifelt nach Auswegen aus diesem Dilemma. Alle Überlegungen liefen jedoch auf den absurden Gedanken hinaus, daß man Todesstrahlen erfinden müsse. Der Gedanke war so stark, daß man sich ernsthaft auf die Suche machte und sich mit den physikalischen Laboratorien des Königreichs in Verbindung setzte.

Der Physiker Robert Watson-Watt war zunächst einmal sprachlos, als ihn Harry Wimperis vom Forschungsstab der Air Ministry aus heiterem Himmel fragte, ob es keine Art von Strahlen gebe, die man gegen feindliche Bomber einsetzen könne. Watson-Watt, damals 42jährig, war Leiter der Radio Forschungsstation des National Physical Laboratory und hatte sich bisher hauptsächlich mit der Lokalisierung atmosphärischer Störungen für die Wettervorhersage befaßt. Nach jahrelanger Forschungsarbeit war es ihm und seinen Mitarbeitern gelungen, die gewöhnlich mit einer Gewitterfront verbundenen Störungen auf dem Schirm einer Kathodenröhre (Braunschen Röhre) sichtbar zu machen und ihre Entfernung zu bestimmen. Mit Kathodenröhren konnte man auch Röntgenstrahlen erzeugen, aber Todesstrahlen? Watson-Watt versprach, sich die Sache zu überlegen.

Zusammen mit seinen Kollegen prüfte er die Möglichkeit, mit Radiowellen die elektrischen Impulse eines Flugzeugmotors zu beeinflussen; sie verwarfen die Idee wieder, weil sich ein Flugzeug nie lange genug im Senderstrahl aufhalten würde. (Erst fünfzig Jahre später sollten Düsenflugzeuge durch Radiostrahlen – wenn auch unbeabsichtigt – zur Absturz gebracht werden.) Auch den Versuch mit Radiowellen die Temperatur eines Piloten drastisch zu erhöhen, gaben die Forscher wieder auf, denn Radiowellen kamen zum Teil als Echo zurück und konnten den Sender ebenso schädigen wie den Empfänger.

Im Grunde war damit der Grundgedanke des Radar (oder Radio Direction Finding, wie man es damals nannte) ausgesprochen. Jeder Fachmann wußte – und in der Radio Research Station in Slough im Norden Londons hatte man sich oft genug über diese Störung ärgern müssen –, daß Flugzeuge Radiowellen reflektieren. Man brauchte nur die bisherigen meteorologischen Erkenntnisse anzuwenden und statt atmosphärischer Störungen reflektierte Radiowellen auf dem Schirm der Kathodenröhre sichtbar zu machen, um Entfernung und Richtung eines Flugzeuges zu bestimmen.

Am 27. Februar 1935 verfaßte Watson-Watt ein Memorandum an den Forschungsstab der Air Ministry, in dem er die Existenz von Todesstrahlen verneinte und zugleich eine Alternative anbot. Das Dokument trug den Titel »Auffindung und Lokalisierung von Flugzeugen mit Radiomethoden«. Vorsichtig sprach er darin nur von der Möglichkeit, daß ausgesandte Radiowellen von einem Flugzeug reflektiert und auf einem Bildschirm sichtbar gemacht werden könnten. Er belegte seine Meinung sehr ausführlich mit den bis dahin bekannten physikalischen Einzelheiten und kam dann zu dem Schluß, daß sich mit den gewonnenen Daten ein Warnsystem am Boden einrichten ließe, in dem sie an Flugplätzen und Flakstellungen vermittelt wurden. Man könne sogar daran denken, Flakgeschütze mit eigenen Empfängern zu koppeln.

Ausgerechnet in diesen Tagen verkündete Hitler über alle Reichssender die Wiedereinführung der allgemeinen Wehrpflicht, und bei einem Empfang am 10. März ließ Reichsluftfahrtminister Hermann Göring die ausländischen Luftwaffenattachés wissen, daß Deutschland bereits wieder über eine schlagkräftige Luftwaffe verfüge. Eine bessere Schützenhilfe hätte sich Watson-Watt nicht wünschen können. Sir Hugh Dowding, damals verantwortlich für die Forschung und technische Entwicklung der Royal Air Force, ließ den Physiker zu sich kommen. Konnte er in einer Demonstration beweisen, daß diese fabelhafte Theorie auch in die Praxis umzusetzen war? Watson-Watt schlug vor, ein Flugzeug der Royal Air Force entlang des Richtstrahls des starken Kurzwellensenders Daventry fliegen zu lassen. Er würde mit seinem Empfänger das Echo sichtbar machen. Nur wenige Wochen später fand dieser Test statt und verlief über alle Erwartungen erfolgreich: Die Physiker hatten die Maschine auf ihrem Schirm aus einer Entfernung von zwölf Kilometer verfolgen können. Das Prinzip funktionierte. Besonders beeindruckte die Vertreter des Ministeriums, daß es sogar bei völliger Dunkelheit mit dem gleichen Erfolg anzuwenden war. Watson-Watts Radio-Forschungsstation erhielt 10 000 Pfund zur weiteren Forschung auf dem Gebiet des Radio Direction Finding.

Der Physiker und sein Team richteten sich eine neue Station bei Aldeburgh in Suffolk an der Nordseeküste ein, denn von dort würden die feindlichen Bomber kommen. Die Arbeit ging erstaunlich rasch voran. Am 15. Juni waren Masten errichtet, Sender und Empfänger abgestimmt und die nächsten Tests im Gang. Diesmal kam man schon auf eine Reichweite von 23 Kilometer. Die Arbeit ging in hektischem Tempo weiter, denn hier zweifelte niemand daran, daß ein Krieg vor der Tür stand. Das Team zog in ein altes Herrenhaus in Bawdsey um, das auf einer Anhöhe lag. Der neue Standort vergrößerte die Reichweite mit einem Schlag auf mehr als achtzig Kilometer.

In den folgenden vier Jahren wurde Bawdsey zum Mekka der Militärs. Besonders die Admiralität zeigte größtes Interesse, denn ein so frühzeitiges Erfassen feindlicher Schiffsverbände mußte die Seekriegführung revolutionieren. Außer Australiern und Neuseeländern kamen auch die Franzosen, denen man bereitwillig half. Churchill kümmerte sich persönlich um den Fortgang der Arbeit und räumte bürokratische Hindernisse beiseite. Auch König Georg VI. besuchte die Station und war von dem System beeindruckt.

Inzwischen war man darangegangen, an der Süd- und Ostküste Station um Station hochzuziehen. Bis zum Kriegsausbruch waren es bereits siebzehn Stationen mit jeweils mehreren etwa 100 Meter hohen Sendetürmen, die ihre Antennen zur Festlandküste richteten. Die Reichweite betrug jetzt 165 Kilometer. Von den Stationen Dover und Dunkirk bei Canterbury konnte zum Beispiel der gesamte Luftraum über Amiens, dem späteren Aufmarschgebiet der deutschen Luftflotten, überwacht werden.

Die hohen Sendemasten der neuen Radarstationen und die plötzliche Nachfrage nach Kathodenröhren mußten Aufsehen erregen. Es war deshalb kein Zufall, daß sich die Regierung für die Arbeiten Isaacs Shoenbergs zu interessieren begann und das von ihm entwikkelte komplette Fernsehsystem stark förderte. Mehrmals kündigte der Postmaster General offiziell die bevorstehende Eröffnung eines Fernsehdienstes der BBC an. Die Presse wurde animiert, über das neue Medium ausführlich zu berichten. Das war um so plausibler, als Deutschland im März 1935 einen regelmäßigen Fernseh-Rundfunkdienst eröffnet hatte. So konnte man mit völlig unverdächtiger Eile in London die Entwicklung vorantreiben. Am 2. November 1936 wurde der erste regelmäßige Fernsehdienst der BBC mit Sendungen vom Alexandria Palace in London aufgenommen. Er diente dem Aufbau der Radiostationen als willkommene Tarnung.

Ganz ohne Reibungen und Probleme war das alles nicht abgelaufen. Große Schwierigkeiten waren zu überwinden gewesen, bis man eine Methode gefunden hatte, um eigene Maschinen zu identifizieren. Sehr früh hatte man auch ein fatales Manko erkannt: die Chain Home, wie die gesamte Anlage hieß, erfaßte Flugzeuge nur in einer Flughöhe von mehr als 300 Meter, das hieß, daß Bomberverbände, die im Tiefflug den Kanal überquerten, nicht erfaßt wurden und ungehindert eindringen konnten. Das Problem wurde durch eine zweite Senderkette, die Chain Home Low, gelöst, die auf einer anderen Frequenz mit empfindlicheren Geräten diesen Bereich abdeckte und zudem noch mit Rotorantennen ausgestattet war.

Über dem großartigen technischen Fortschritt, den die Funkmeßtechnik bedeutete, vergaßen die Briten nicht die praktische Seite. Ein Warnsystem war schließlich nur eine Alarmklingel, auf deren Ton hin etwas zu geschehen hatte. Hier hieß das: Wie kann man den einmal erkannten Feind möglichst schnell und wirkungsvoll bekämpfen? Dazu mußten die Informationen erst einmal von den Bildschirmen der Radarstationen an die Einsatzleitungen der Jagdflieger und der Flak weitergegeben werden. In erster Linie war das eine Frage der Nachrichtentechnik. Wegen der Abhörgefahr war ein Funkverkehr zu vermeiden. Deshalb wurden gesonderte Telefonleitungen von den Stationen an der Küste zu den Einsatzzentralen verlegt. In der Zentrale der Royal Air Force wurden die eingehenden Informationen ausgewertet und von bereitstehenden Helferinnen auf großen Landkarten markiert. Danach brachten die Einsatzoffiziere ihre Staffeln über die Bodenleitstellen an den Feind. Auch wenn die Jäger in der Luft waren, konnten sie über Sprechfunk ständig dirigiert werden. Praktisch hieß das, daß bei einem Anflug auf Dover die gesamte Jagdabwehr Südenglands innerhalb weniger Minuten auf diesen Punkt konzentriert werden konnte.

Ehe man das System im weiteren Verlauf des Krieges ausbaute, hatte es einen großen Nachteil: Die Antennen der Radarmasten waren alle seewärts gerichtet. Hatten feindliche Flugzeuge die Küste einmal überflogen, verschwanden sie von den Bildschirmen. Deshalb wurde das Royal Observer Corps ins Leben gerufen, dessen Angehörige – Männer und Frauen – sich aus der örtlichen Bevölkerung rekrutierten. Aus festen Beobachtungsständen an hochgelegenen Punkten beobachteten sie den Luftraum im Hinterland und gaben ihre Meldung telefonisch an die Auswertungsstäbe der Jägergruppen weiter. Noch steckte das Abwehrsystem in den Kinderschuhen und es gab viele Pannen und Unzulänglichkeiten, denn auch in der Royal Air Force war in den Vorkriegsjahren viel versäumt worden. Doch das System funktionierte, weil man nach dem Motto gearbeitet hatte: Das zweitbeste ist gut genug, wenn es nur morgen schon verfügbar ist.

Genau diese Einstellung war es, die den Briten zum entscheidenden Vorteil in ihrer Auseinandersetzung mit der deutschen Luftwaffe verhalf. Auch in Deutschland hatte man Radargeräte, war den Briten in der Entwicklung der Funkmeßtechnik sogar voraus, aber man hatte sich auf die ständige Verbesserung der Geräte konzentriert, statt an ihre praktischen Möglichkeiten in der Luftabwehr zu denken und ein Warnsystem einzurichten. Schon 1904 hatte der deutsche Hochfrequenztechniker Christian Hülsmeyer ein Verfahren zur Ortung metallischer Gegenstände mittels elektromagnetischer Wellen patentieren lassen, das allerdings in Vergessenheit geriet. 1934 führte der Leiter der Forschungsabteilung der Kriegsmarine Dr. Rudolf Kühnbold, die erste Funkmeßortung in Deutschland durch. Das von ihm danach entwickelte Funkmeßgerät Freya sollte der Funkortung von Schiffen und U-Booten und als Feuerleitgerät für die Schiffsartillerie dienen, war also gänzlich auf die Bedürfnisse der Marine ausgerichtet. Die Versuchsanlage stand auf Helgoland.

Vor dem Krieg bestand zwischen Luftwaffe und Kriegsmarine so gut wie keine Verbindung. Jeder Wehrmachtsteil plante und rüstete auf, wie er es für richtig hielt. Trotzdem gelangte die Luftwaffe in den Besitz eines Freya-Gerätes und stellte es versuchsweise in Wangerooge an der Nordsee auf. Um Nachrichtenverbindungen und Einsatzkoordination kümmerte sich allerdings niemand.

Am 18. Dezember 1939 flogen 24 Vickers Wellington Bomber über die Nordsee mit Kurs auf Helgoland. Sie umflogen die Insel und das Marine Radargerät, ohne daß etwas geschah, und nahmen Kurs auf Wilhelmshaven. Das Freya-Gerät der Luftwaffe auf Wangerooge erfaßte den Verband in einer Entfernung von 113 Kilometer – etwa 20 Flugminuten – vor der Küste. Der verantwortliche Leutnant meldete den Anflug telefonisch an das Jagdgeschwader in Jever, wo man ihm antwortete, was er da sehe, sei wohl eine Störung im Gerät oder Möwen; die Engländer seien nicht so dumm, bei diesem guten Flugwetter anzugreifen. Auch mit einem Anruf bei den auf Wangerooge stationierten Jägern hatte der Leutnant kein Glück: Der Chef war zum Stab nach Jever gefahren. Die Wellingtons hatten Wilhelmshaven schon überflogen und befanden sich wieder über See, als endlich die ersten deutschen Jagdflieger starteten. In den folgenden Luftkämpfen verloren die Briten 12 der 24 Maschinen. Alle deutschen Jäger kehrten zu ihrem Flugplatz zurück. Die Wilhelmshavener konnten von Glück reden, daß die Engländer keine Bomben geworfen hatten – niemand hätte sie daran gehindert.

Die sträfliche Vernachlässigung der praktischen Anwendung des Radars mochte auch mit der damals bei den deutschen Streitkräften vorherrschenden Mentalität zusammenhängen: Angriff, massierter Angriff war die Parole – und dazu brauchte man nicht unbedingt Funkmeßortung, die eher als technische Raffinesse, als Spielerei angesehen wurde. Niemand kam auf den Gedanken, man müsse sich verteidigen. Hatte Göring nicht gesagt, er wolle Meier heißen, wenn jemals ein feindlicher Bomber das Reichsgebiet überfliege? Den Briten dagegen war von Anfang an klar, daß von der radargelenkten Abwehr ihr Überleben abhing.

Bezeichnend für die Einstellung der Verantwortlichen in der deutschen Luftwaffe ist eine Bemerkung ihres Generalinspekteurs Erhard Milch. 1937 besuchte er zusammen mit Udet und Stumpff die R. A. F. in England. Er bekam sehr viel zu sehen, Flugzeuge, Fabriken, Flugplätze – aber keine Radaranlage. Unverblümt fragte Milch seine Gastgeber danach – und erntete betretenes Schweigen. Jovial meinte er: »Sie brauchen nicht so geheimnisvoll zu tun. Schon seit einiger Zeit wissen wir, daß Sie ein Funkortungssystem entwickeln. Wir übrigens auch, und ich glaube sogar, daß wir allen voraus sind.«

Generalmajor Martini, Chef des Nachrichtendienstes der Luftwaffe, nahm die Sache ernster. Er war offenbar der einzige inmitten all der hemdsärmeligen Arroganz seiner Vorgesetzten, der sich in die Lage des Gegners zu versetzen suchte. Welchen Platz nahmen die Funkmeßgeräte innerhalb des britischen Luftabwehrsystems ein? Auf welchen Frequenzen arbeiteten sie? Waren sie miteinander verbunden? Gab es Lücken?

Martini requirierte das Luftschiff L 127 »Graf Zeppelin« als Fernaufklärer und ließ es mit den empfindlichsten Hochfrequenzempfängern ausrüsten. Am 17. Mai 1939 flog das Luftschiff behäbig auf die Mittelenglische Küste zu. Die Radarstationen Canewdon und Bawdsey hatten es deutlich als Funkecho auf dem Bildschirm; in den Auswertungsräumen der Jägereinsatzleitung verfolgte man gelassen seinen Kurs. Bei den Deutschen in der Gondel herrschte Funkstille, die Besatzung setzte keinen Funkspruch ab. Man lauschte in den Äther, suchte systematisch Frequenzen ab.

Der schimmernde Punkt des Funkechos zeigte, wie das Luftschiff die Humbermündung hinauffuhr. Vor Hull brach der deutsche Kapitän sein Schweigen mit einer Positionsmeldung nach Hause: Er befinde sich vor der Küste von Yorkshire. Die Briten am Boden, die ihm mit Vergnügen zuhörten, mußten an sich halten, um seinen Irrtum nicht aufzuklären: L 127 befand sich schon über 25 Kilometer im Binnenland. Der Kapitän mochte seinen Fehler bemerkt haben, denn das Luftschiff drehte bald darauf nach Osten ab. Eine halbe Stunde später verschwand der leuchtende Punkt von den britischen Bildschirmen. L 127 brachte von seiner Reise keine Erkenntnisse mit. Die Techniker hatten keine verdächtigen Funksignale empfangen. Auch ein zweiter Versuch des Zeppelins im August 1939 verlief ergebnislos. Das deutsche Interesse am britischen Radarnetz flaute ab, denn jetzt hatte man andere Sorgen. Martinis Fragen blieben ohne Antwort.

XVIII.
Die Royal Air Force und ihre Strategie der Sparsamkeit

Im Gegensatz zu den Franzosen haben die Briten alles, um eine phantastisch ausgerüstete Luftwaffe aufzustellen, namentlich was die Motoren anbetrifft«, erklärte der Direktor der Versuchsabteilung im Reichsluftfahrtministerium bei einem Besuch des britischen Flugtages in Hendon im Juli 1937. Was die Motoren anging, so hatte er zweifellos recht, denn die Prototypen der Me 109 mußten zum Beispiel mit Rolls Royce Kestrel Motoren ausgerüstet werden, weil es in Deutschland keinen auch nur annähernd vergleichbaren Flugmotor gab.

Die in der Bemerkung enthaltene Feststellung, daß die Briten noch keine Luftstreitmacht besaßen, traf zwar den Nagel auf den Kopf, doch eine phantastisch ausgerüstete Luftwaffe war für die Briten nicht in Sicht. Mehr noch als die deutsche Luftwaffe hatte die Royal Air Force unter Versäumnissen, Fehleinschätzungen, persönlichen Querelen und der allgemeinen Wirtschaftsnotlage des Landes zu leiden. Nach dem Waffenstillstand von 1918 war die Zahl der R. A. F. Staffeln von 188 auf 25 verringert worden, und das auf 11 Millionen Pfund reduzierte Budget sollte bis 1935 die 20 Millionengrenze nie übersteigen. Damit konnte man keine moderne Luftflotte aus dem Boden stampfen.

Im Ersten Weltkrieg hatte es nur Heeres- und Marineflieger gegeben, bis am 1. April 1918 unter dem Eindruck der Angriffe der deutschen Gotha-Bomber auf den Südosten Englands, die Royal Air Force als selbständiger Teil der Streitkräfte ins Leben gerufen wurde. Ihr Oberbefehlshaber Sir Hugh Trenchard mußte die nächsten fünfzehn Jahre um den bloßen Bestand seiner kleinen Streitmacht kämpfen, die am Ende dieser Periode über nicht mehr als 476 Kampfflugzeuge und 156 Jagdflugzeuge verfügte. In den Haushaltsdebatten wurde immer wieder die Wirtschaftlichkeit einer Aufrüstung in der Luft in Frage gestellt, denn wann hatten Flugzeuge schon einmal eine Schlacht gewonnen! Neid sprach dabei natürlich auch mit: Der Glanz der Luftheroen aus dem vergangenen Krieg strahlte weiter und schien sich mit jeder zivilen Großtat der Luftfahrt noch zu verstärken. Die Gegner hatten immer das Argument der wirtschaftlichen Notlage für sich, in die die ganze westliche Welt während der zwanziger und frühen dreißiger Jahre geraten war. Noch 1936 fand in England ein Hungermarsch der notleidenden Arbeiter statt, bei dem Hunderttausende aus allen Teilen der Britischen Inseln zu Protestveranstaltungen nach London marschierten. Vor diesem Hintergrund nahm sich die Fliegerei wie ein Luxus aus, ein teurer Sport, den sich nur die Söhne der Oberschicht und der oberen Mittelklasse leisten konnten. Der Eindruck wurde noch durch das elitäre Gebaren der mondänen Fliegerclubs verstärkt. Ein Bomberpilot zu sein wog mehr als der Offiziersrang in einem der traditionellen Garderegimenter.

So wurde dann auch innerhalb der Streitkräfte die Bomberflotte besonders aufs Korn genommen. Wozu brauchte man eine Bomberflotte, wenn diese Aufgaben von der Heeres- und der Marinefliegerei wahrgenommen werden konnten? Wieder und wieder bemächtigte sich die Presse dieses Themas und ergriff für Heer und Marine Partei. Die Kampagne ebbte erst ab, als Sir Hugh Trenchard mit einer glänzenden Idee selbst an die Öffentlichkeit ging: Er schlug vor, daß künftig »Polizeiaktionen« im Empire durch Bomber statt durch Strafexpeditionen des Heeres durchgeführt werden sollten. Überzeugend wies er nach, mit wie wenig Aufwand und wie schnell eine Bomberstaffel einen aufständischen Eingeborenenstamm zur Räson bringen konnte im Vergleich zu langwierigen Märschen von Infanterie- und Artillerieeinheiten, die jedesmal auch das fremde Terrain als Gegner hätten. Der Vorschlag fand großen Anklang. 1934 wurden sogar 25 Staffeln der R. A. F. nach Übersee verlegt und vorwiegend im Irak und an der afghanisch-indischen Grenze eingesetzt. So war wenigsten die bloße Existenz der Royal Air Force gerettet.

Das Budget der R. A. F. wurde trotzdem nicht aufgestockt – es blieb bei weniger als 17 Prozent des Verteidigungshaushalts. Es blieb auch bei der Bevorzugung der Bomber, die Trenchard gegen alle Widerstände auch innerhalb der R. A. F. verfocht: »Der endgültige Sieg wird dann erzielt werden können, wenn die Industrie des Feindes vernichtet und die Moral seiner Bevölkerung gründlich erschüttert wird.« Stanley Baldwin sagte es in seiner vielzitierten Rede von 1932 noch deutlicher: »... daß man gezwungen ist, schneller als der Gegner es kann, mehr Frauen und Kinder zu töten, um selbst zu überleben.«

Sir Hugh Trenchard wurde 1933 durch Sir Edward Ellington als Chef des Luftwaffenstabes ersetzt. Im Aufrüstungsplan für die Royal Air Force von 1934 zeichnete sich eine vorsichtige Wende ab: Die Stärke der Bomberverbände sollte von 316 auf 476, die der Jagdverbände jedoch von 156 auf 336 Maschinen anwachsen. Der Gedanke griff um sich, daß der Gegner auch Bomberflotten schicken konnte, die abzuwehren Sache der Jagdflieger war.

Zu Hitlers Geburtstag am 20. April 1935 fand in Berlin eine große Luftparade statt. Göring zeigte zum erstenmal »seine Luftwaffe«. Jagd- und Bombergeschwader dröhnten über die Dächer der Reichshauptstadt, während Hitler bewundernd nach oben sah. Göring, der neben ihm stand, strahlte. Der britische Militärattaché machte ein bedenkliches Gesicht. Sein Bericht und das große Presseecho, das die Veranstaltung fand, löste in London einen heilsamen Schock aus. Jetzt war es keine Frage mehr, ob man Bomber in entlegene Gebiete oder Jagdflieger zum Schutz des eigenen Landes brauchte. Die Luftabwehr wurde zum Schlüsselwort der Landesverteidigung. Das Luftfahrtministerium begann endlich – wenn auch sehr langsam – die Weichen zu stellen für eine Entwicklung, die geradewegs zur Luftschlacht über England und der Niederlage der Luftwaffe führen sollte.

Monate vergingen, bis sich die Planer einig waren. Die Royal Air Force wurde dezentralisiert, denn die kommenden Aufgaben, die der Luftwaffe zufallen würden, waren zu groß, als daß sie von einem Mann überblickt werden konnten. Bomberflotte, Küstenverteidigung und Luftabwehr wurden zu unabhängigen Teilen der Streitkräfte gemacht. Zum Oberfehlshaber der Luftabwehr wurde im Juni 1936 Sir Hugh Dowding ernannt. Er war dem Stabschef der Luftwaffe für die Jagdabwehr, die Flak, Scheinwerfereinheiten und Fesselballonsperren verantwortlich.

Der 52jährige Dowding war im Ersten Weltkrieg als Jagdflieger vom Staffelkapitän zum Brigadegeneral aufgestiegen. Sein Spitzname war »Stuffy«, der Unnahbare. Ein sehr scheuer, sehr schwieriger Mann mit einer brillanten technischen und organisatorischen Intelligenz, war Dowding ein unbestechlicher, hartnäckiger Verfechter seiner Überzeugung. Ihm ging Loyalität der Sache gegenüber allem anderen vor – und wenn er sich mit seinen Vorgesetzten anlegen mußte. Dowding war nirgends wirklich beliebt, obwohl er nie seinen Rang als Air Marshall herauskehrte und am liebsten im Team arbeitete. Seine Untergebenen respektierten, verehrten ihn, aber seine Vorgesetzten warfen ihm Steine in den Weg, wo sie nur konnten, weil sie sich ihm unterlegen fühlten. Churchill war da eine Ausnahme, konnte sich aber auch nicht mit ihm anfreunden. Er half ihm nicht einmal, als Dowdings Vorgesetzte den Sieger in der Luftschlacht um England vorzeitig in Pension schickten. Doch bis dahin sollten noch vier Jahre vergehen, vier für die Existenz Großbritanniens entscheidende Jahre.

Die wichtigsten Plätze der britischen Jagdabwehr (Group 11 Fighter Comman

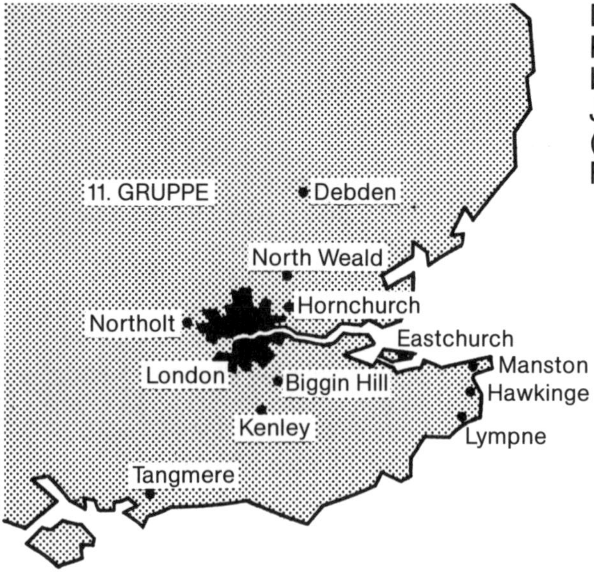

Aufmarsch der deutschen Luftstreitkräfte

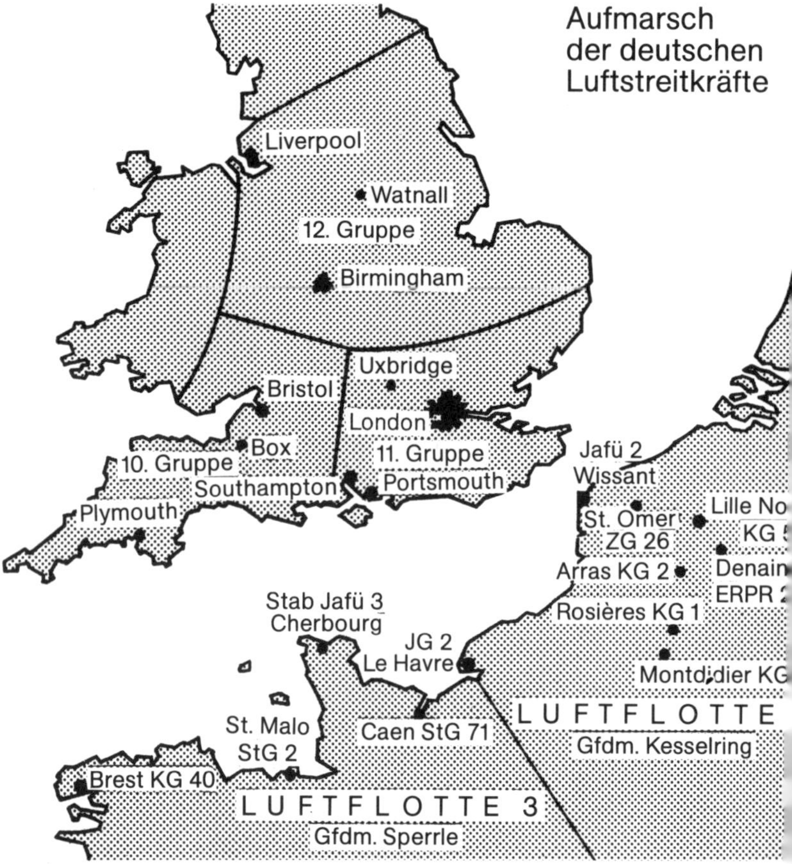

Dowding schlug sein Hauptquartier in der Bentley Priory in Stanmore Middlesex unweit Londons auf. Bentley Priory war tatsächlich einmal der Sitz eines Priors gewesen und nach vielen Besitzerwechseln zu Beginn des Jahrhunderts zu einem Mädcheninternat umgebaut worden. Während der Wirtschaftskrise ging die Schule pleite, und Bentley Priory wurde von der Royal Air Force gekauft und zum Hauptquartier des Fighter Command bestimmt. Das stilvolle Anwesen mit den großen Hallen und vielen Räumen wurde Bürogebäude. Unter einem abgerissenen Neubau wurden in zehn Meter Tiefe unterirdische Befehlszentralen eingerichtet, von denen aus die Jagdabwehr in einem zukünftigen Krieg geführt werden sollte.

Der Oberbefehlshaber des neuen Fighter Command war ein harter Arbeiter. Die Aufgabe, die vor ihm lag, war kaum zu bewältigen und forderte seine ganze Kraft. Mit 356 veralteten Jagdflugzeugen – selbst der jüngste Typ, die Gloster Gladiator, war ein Doppeldecker – und etwa 2000 Flakgeschützen sollte er ein Gebiet von 242 000 Quadratkilometern vor einem massiven Bombereinfall schützen. Dowdings Forderungen nach Geld, Material und Personal führten zu einem ständigen Kampf mit den Haushaltsexperten des Ministeriums, in dem der Luftmarschall die meisten Runden verlor.

Mit der Neugliederung der Royal Air Force und dem organisatorischen Schwergewicht auf der Luftabwehr glaubte man genug getan zu haben. Es war Dowdings Pech, daß Stanley Baldwin, der Bomberfreund, 1934 Premierminister wurde. Nicht daß Baldwin sich für den vermehrten Bau von Bombern eingesetzt hätte, aber seine Meinung genügte, um jede Bevorzugung der Jagdabwehr zu vereiteln.

Auch nach dem Schock, den die offene Wiederaufrüstung der Deutschen bei den Briten ausgelöst hatte, und nach Hitlers Prahlerei Anthony Eden gegenüber, daß die deutsche Luftwaffe der R. A. F. bereits ebenbürtig sei, war man in England von der Notwendigkeit einer verstärkten Aufrüstung nicht restlos überzeugt. Viele Briten meinten, daß man durch einen Rüstungswettlauf eine militärische Auseinandersetzung provoziere und daß eine Kriegsgefahr vermieden werde, wenn man sich still verhielt. Das machte sich schon bei der Aufstellung von Flakbatterien bemerkbar: Niemand wollte die Geschütze in seiner Nähe dulden, als würde dadurch das Dorf, der Golfplatz, die Schule, der Industriebetrieb in der Nähe einer besonderen Bedrohung ausgesetzt. Die Leute setzten Himmel und Hölle in Bewegung, ließen ihre Verbindungen spielen, setzten Abgeordnete in Marsch, um zu erreichen, daß die Geschütze anderswo aufgestellt wurden. General Sir Frederick Pile, der Chef der Flak, stellte bekümmert fest, daß sie meistens recht bekamen.

Selbst um die Ausstattung der wichtigsten Flugplätze mit Betonpisten mußte Dowding monatelang kämpfen. Man wollte höheren Ortes nicht einsehen, daß die vorhandenen Graspisten bei starkem Regen aufweichten und den Flugbetrieb unmöglich machten, womit seine Jagdabwehr zu einer Schönwetter-Waffe degradiert wurde.

Zum Glück fand Dowding einen wichtigen Bundesgenossen in Luftmarschall Sir Wilfried Freeman, der sein Nachfolger als Leiter von Forschung und Entwicklung im Air Council geworden war. Freeman dachte wie Dowding, und es war seine Aufgabe, die noch auf dem Reißbrett stehenden neuen modernen Jäger Hurricane und Spitfire zur Produktion in möglichst hoher Stückzahl zu bringen. Beides waren einsitzige Tiefdecker, schnelle elegante Maschinen, die allen bis dahin bekannten Jagdmaschinen weit überlegen waren. Die Hurricane war billiger und einfacher zu bauen als die Spitfire, weil sie einen metallverstärkten Holzrumpf mit Stoffbespannung hatte, dafür war sie allerdings etwas langsamer, wie die Testflüge der Prototypen zeigten.

Freeman gelang es, beide Maschinen sehr schnell zur Produktionsreife zu bringen und auch den Flugzeugwerken Hawker und Supermarine die Erweiterung ihrer Produktionsanlagen zu ermöglichen. Die Supermarine-Werke in Castle Bromwich waren zu klein, um große Stückzahlen herzustellen, weshalb die Einzelteile, wie Flächen und Rumpfsegmente, zur Produktion an Zulieferer vergeben werden mußten. Trotzdem blieb die Zahl der produzierten Spitfire weit hinter der der Hurricane zurück. Die ersten Hurricane Maschinen wurden im Dezember 1937 an die Truppe geliefert, die ersten Spitfire folgten im September 1938. Bis Oktober 1938 wurden monatlich 26 Hurricanes, bis zum Kriegsausbruch 44 Maschinen ausgeliefert. Während der gleichen Zeit wuchs die Produktion der Spitfire von 13 auf 32 pro Monat.

Mit Kriegsausbruch wurde manches leichter, die bürokratischen Widerstände wurden geringer. Aufträge für 3500 Hurricane waren erteilt, 497 Maschinen bereits ausgeliefert. Die Monatsproduktion an Jagdflugzeugen lag jetzt bei mehr als zweihundert. Einige Hurricane wurden sogar nach Belgien und Jugoslawien exportiert. Doch zufriedenstellend war die Lage der Royal Air Force nicht, denn mit dem B. E. F. hatte Großbritannien auch eine Advanced Air Striking Force (vorgeschobene Luftkampfgruppe) mit 474 Flugzeugen in Frankreich stationiert. Diese Maschinen fehlten im Mutterland. Dowding verfügte nur noch über 36 Jagdstaffeln zur Verteidigung.

Als sich im Mai die Katastrophe in Frankreich anbahnte, wurde die Situation für das Fighter Command prekär. Die Verluste an der

Front waren horrend. Allein bei Tiefangriffen auf die Brücken über die Meuse am 13. Mai verlor die R. A. F. sechs von sieben Maschinen durch Flakfeuer. Der Gesamtverlust an diesem Tag betrug 67 Flugzeuge. Auch die britischen Bomber mußten unglaublich hohe Verluste hinnehmen. Am 14. Mai wurden innerhalb einer Stunde 40 von 71 Kampfflugzeugen abgeschossen. In den ersten fünf Tagen des Frankreichfeldzuges verlor die R. A. F. 268 der in Frankreich und Belgien eingesetzten Maschinen.

Im verzweifelten Bemühen, die deutsche Flut zu stoppen, verlangte Premierminister Reynaud zehn weitere Jagdstaffeln von Churchill. Das britische Kriegskabinett diskutierte die Forderung in seiner Sitzung am 15. Mai. Luftmarschall Dowding war hinzugezogen worden. Er legte Churchill ein Diagramm mit den bisherigen Verlusten an Hurricane-Jägern vor und erklärte, daß er in wenigen Tagen keine einzige Hurricane mehr haben werde, wenn die Dinge so weiterliefen wie bisher. Churchill ging jedoch nicht darauf ein, und Dowding glaubte, ihn überzeugt zu haben. Das war ein doppeltes Mißverständnis. Churchill hatte Dowding nicht allzu ernst genommen, weil er glaubte, von Dowding selbst gehört zu haben, daß zur Verteidigung der Britischen Inseln nur 25 Staffeln nötig seien, so daß bei einem Bestand von 39 Staffeln die Lage nicht kritisch sein konnte. Das Dumme daran war, daß Churchill diese wichtige Zahl verdreht hatte und daran festhielt, denn Dowding hatte 52 Staffeln als das äußerste Minimum bezeichnet.

Am Morgen des nächsten Tages versammelte sich das Kriegskabinett erneut – diesmal ohne Dowding – und beschloß, wenigstens vier Staffeln über den Kanal zu schicken, womit sich Dowdings Defizit auf 17 Jagdstaffeln, die ihm zur Heimatverteidigung fehlen würden, vergrößerte. Churchill flog noch am gleichen Tag selbst nach Paris, um den Franzosen den Rücken zu stärken und sich aus erster Hand über die Lage zu informieren. Im Verlauf der Besprechungen beharrte Reynaud auf zehn britischen Jagdstaffeln. Churchill, von der verzweifelten Lage der Franzosen beeindruckt, kabelte noch am selben Abend nach London und fragte an, ob das möglich sei. Die Antwort sollte telefonisch und wegen der Abhörgefahr auf hindustanisch gegeben werden (der hindustanisch sprechende Lord Ismay war bei ihm). In einer sofort einberufenen Nachtsitzung gab das Kriegskabinett der Forderung nach. Nur der Luftwaffenchef Sir Cyril Newall stimmte dagegen; er war diesmal auf Dowdings Seite, zumal ihm Luftmarschall Arthur Barratt, der Befehlshaber der R. A. F. in Frankreich, erklärt hatte, es gäbe auf den wenigen vorhandenen französischen Flugplätzen sowieso nur Platz für drei Staffeln und überhaupt sei es sinnlos, jetzt noch britische Piloten und Flugzeuge für eine verlorene Sache zu verheizen. Newall kam gegen den Kabinettsbeschluß nicht an, trotzdem fand er einen Weg, das Schlimmste zu verhüten: Die zusätzlichen sechs Staffeln sollten von England aus operieren, drei am Morgen und drei am Nachmittag, und jeweils zu ihren Heimatplätzen zurückkehren. Damit bestand eine Chance, sie aus dem französischen Debakel herauszuhalten. Das Fighter Command in England war jedoch auf 29 Staffeln zusammengeschmolzen. Und der von Churchill so leichtfertig in Szene gesetzte Aderlaß der R. A. F. sollte nicht der letzte vor der großen Schlacht bleiben: Dünkirchen kostete Dowding über 100 Maschinen. So blieben der R.A.F. Anfang Juni nur 331 Hurricane und Spitfire, denen auf der anderen Seite 850 Me 109 und Me 110 und die ganze deutsche Bombermacht gegenüberstanden.

Churchill hatte seinen Fehler jedoch auf andere Weise schon wieder gutgemacht. Bei der Bildung seines Kabinetts am 10.Mai hatte er Lord Beaverbrook, den Pressezar, zum Minister für Flugzeugproduktion gemacht. Der sechzigjährige kleingewachsene Kanadier griff rücksichtslos in das langsam mahlende Räderwerk der Luftwaffenbürokratie ein und veranstaltete einen solchen Wirbel, daß er bald das gesamte Establishment gegen sich hatte. Das kümmerte ihn wenig. Selbst von den »bloody Air Marshalls« ließ er sich nicht beeinflussen. Er kannte nur ein Ziel: Mehr Flugzeuge bauen. In sein Ministerium holte er sich Industriemanager und Ingenieure und kurbelte die Produktion an. Mit seinen Zeitungen startete er eine Propagandakampagne, die in einer großangelegten Sammlungsaktion von Kochtöpfen und anderem Aluminiumgeschirr für die Produktion von Spitfire-Maschinen gipfelte. Tatsächlich konnte er innerhalb weniger Wochen die Produktionszahlen an Jagdflugzeugen – auch gegenüber der deutschen Produktion – verdoppeln. Monatlich kamen von nun an über vierhundert Jagdmaschinen aus den Werken. Schon am 1.Juli verfügte das Fighter Command wieder über 591 einsatzbereite Jagdmaschinen.

Dowding und Beaverbrook verstanden sich ausgezeichnet, wurden sogar im vereinten Bemühen um die größtmögliche Zahl schneller Jagdflugzeuge die besten Freunde. Der dynamische Beaverbrook brachte nicht nur die Flugzeugproduktion auf Hochtouren – allein für die Spitfire mußten 1500 Zulieferbetriebe organisiert werden –, er dachte auch an Reparaturwerften. Die Erfahrungen in Frankreich hatten gezeigt, daß viele Maschinen, die zerschossen von Einsätzen zurückgekommen oder sonstwie zu Bruch gegangen waren, aufgegeben werden mußten, weil Reparatureinrichtungen nicht vorhanden oder überlastet waren. Beaverbrook schuf eine zivile Organisation, die sich allein mit der Überholung und Reparatur der Flugzeuge befaßte. Am Ende waren 25 Prozent der einsatzbereiten Maschinen solche, die man mehr oder weniger notdürftig zusammengeflickt hatte, statt sie zu verschrotten und einzuschmelzen.

Schon zeichnete sich ein neues Problem ab: Wer sollte die Maschinen fliegen? Die Pilotenschulen waren weder auf den großen Ausstoß neuer Flugzeuge eingerichtet, noch hatte jemand die großen Verluste auf dem Kontinent und über Norwegen voraussehen können. Und es dauerte immerhin ein ganzes Jahr, bis ein Pilot ausgebildet und auf einem Jagdflugzeug eingeschult war. Auch unter Einbeziehung polnischer und französischer Piloten, die nach England gekommen waren, fehlten dem Fighter Command dreihundert bis vierhundert Jagdflieger. Die Übernahme von 51 Marinefliegern konnte daran nur wenig ändern.

Auf dem Papier sah es schlecht aus um die britische Jagdabwehr. Die Angriffe deutscher Bomber auf Mittelengland in den mondhellen Juninächten schienen das zu bestätigen. Nur wenige der Angreifer konnten abgeschossen werden. In der R. A. F. gab es erst eine einzige Nachtjagdeinheit: zweimotorige Blenheim Jäger, die versuchsweise mit Radar ausgerüstet waren. Die Tageszeitungen erschienen am 20. Juni mit sensationellen Schlagzeilen wie »Beginn des Massenbombardements« und »Die Hunnen waren da«, aber es blieb bei vereinzelten Einflügen.

Als Ende Juni deutsche Bomber Nacht für Nacht zwei Wochen lang das Gebiet um Bristol angriffen, war der Schaden überraschend gering. Viele Bomben fielen in freies Gelände oder detonierten nicht. Ein Luftschutzwart zog die Bilanz: »Bei uns haben sie nur eine Limonadenfabrik getroffen. Aber wehe, wenn die Bomben ein bißchen weiter weg gefallen wären, dann hätten sie die Brauerei erwischt!«

In Kent, wo nicht nur das Fighter Command schwere Luftangriffe zur Vorbereitung einer Invasion erwartet hatte, kam es bis Mitte Juli nur zu vier Bombenabwürfen. Eine Kapelle und mehrere Häuser wurden zerstört. Fünf Zivilisten wurden getötet, als am 18. Juli kurz vor Mitternacht Bomben in die kleine Stadt Gillingham fielen und eine Reihe von Häusern in der Nelson Road zum Einsturz brachten. Rettungstrupps arbeiteten bis zum frühen Morgen, um die Verschütteten zu befreien. Ein Achtzehnjähriger wühlte sich durch die Trümmer zu einem im Schutt eingeklemmten Ehepaar durch und schützte sie mit seinem Körper vier Stunden lang vor den nachrutschenden Trümmern, während sich die Retter vorarbeiteten. Er wurde zum Helden des Tages.

Ein Bauernhof am Rand eines Flugplatzes war das Ziel von vier Bomben gewesen. Eine von ihnen war neben der Scheune detoniert, die anderen auf freiem Feld dicht daneben. Genüßlich kolportierten die Nachbarn, daß die Deutschen nicht einmal die Fensterscheiben beschädigt hatten, nur ein Schwein sei von einem Holzsplitter durchbohrt und ein Hahn erschlagen worden.

Für das Fighter Command war der ruhige Juni eine mehr als willkommene Pause, die man weidlich nutzte: Einheiten wurden aufgefüllt, Alarmstarts geübt und die Patrouillenflüge verstärkt. Mit Befriedigung konnte Dowding feststellen, daß sein Jägerleitsystem funktionierte. Die Radarstationen hatten alle einfliegenden Maschinen erfassen können, und die Informationen waren prompt über die Einsatzleitungen an die Jagdstaffeln weitergeleitet worden – auch wenn sie nachts nicht starten konnten. Daß die freiwilligen Luftbeobachter nachts nur nach Gehör arbeiten konnten und sich deshalb manche Fehlinformation über den Weiterflug der feindlichen Bomber einschlich, mußte man in Kauf nehmen.

Noch einen anderen interessanten Test konnte die Royal Air Force in dieser verhältnismäßig ruhigen Zeit durchführen. Ende 1939 waren zwei Messerschmitt Me 109E unversehrt in britische Hände gefallen und nach Orléans Bricy zur Untersuchung gebracht worden. Eine der beiden Maschinen stürzte bei einem Testflug ab, die andere, die vom Jagdgeschwader 54 (Grünes Herz) stammte, wurde Anfang 1940 nach England geflogen. Im Mai begann dann die Royal Air Force, die Maschine ernsthaft auf ihre Schwächen und Stärken zu prüfen. Auch ihre Manövrierfähigkeit am Boden wurde ausprobiert, um die Schnelligkeit eines Alarmstarts zu prüfen. Sie erwies sich dabei im Vergleich zur Spitfire als verhältnismäßig schwerfällig.

Ein Team der besten Jägerpiloten wurde nach Farnborough geholt, um die Maschine im Flug mit der Spitfire und der Hurricane zu vergleichen. Tagelang wurden Luftkämpfe simuliert, und es zeigte sich sehr bald, daß die beiden britischen Jäger die Messerschmitt auskurven konnten, einfach weil sie engere Kurven fliegen konnten, ohne abzuschmieren. Aber im Geradeausflug war die Me 109 nicht einzuholen und in Höhen über 6000 Meter war sie den beiden britischen Jägern zweifellos überlegen.

Endlich konnte man auch im Flug die bereits bekannte Fähigkeit der Me 109 prüfen, die es dem Piloten erlaubte, nach vorn abzukippen, ohne daß der Vergaser unter der Fliehkraft versagte. Die britischen Piloten glichen dieses Manko dadurch aus, daß sie die Maschine in Rückenlage brachten und dann in einem Looping der Messerschmitt folgten. Aber damit verloren sie kostbare Sekunden. Den

Merlin Motor von Rolls Royce konnte man nicht über Nacht in einen Einspritzmotor verwandeln. So kam wieder einmal die britische Kunst der Improvisation zum Zug: Innerhalb weniger Tage konstruierten die Ingenieure von Rolls Royce einen schwimmerlosen Vergaser, der das Problem behob.

Dowding mobilisierte die allerletzte Reserve an Piloten, indem er die Ausbildung an den Flugschulen rigoros abkürzte. Jeder Mann mehr in den Staffeln zählte jetzt doppelt. Ende Juni zweifelte niemand mehr daran, daß »er«, wie man Hitler mit einem verächtlichen Unterton nannte, jeden Tag, jede Stunde über sie kommen konnte.

Am größten war die Spannung in der 11. Fighter Group (Jagdfliegergruppe) in Kent und Middlesex, die dem Feind jetzt am nächsten lag. Dowding hatte beim Aufbau des Fighter Command Juli 1936 die Britischen Inseln in drei Verteidigungszonen eingeteilt und jede Zone einer Fighter Group zugewiesen. Der Norden mit Schottland wurde das Gebiet der 13. Fighter Group, Südengland mit London sollte die 11. Fighter Group verteidigen. Jetzt bereitete Dowding eine Teilung der Südzone vor: Den Süden und Südwesten von einer Linie westlich der Isle of Wight über Cornwall bis Südwales sollte ab 16. Juli eine neuaufgestellte 10. Fighter Group übernehmen, während sich von der Isle of Wight bis Norfolk, einschließlich London, jetzt das Gebiet der 11. Fighter Group erstreckte. Der Küstenabschnitt auf dem Kontinent, der der 11. Fighter Group gegenüberlag, reichte von Amsterdam bis Cherbourg, sie hatte also fast das gesamte Aufmarschgebiet der deutschen Luftflotten vor sich.

Die 11. Fighter Group war die stärkste der vier Jagdfliegergruppen: 196 Jagdmaschinen auf 24 Flugplätzen und Ausweichplätzen in Sussex, Kent und Middlesex, einem halben Ring um London. Ohne Radar und das Jägerleitsystem hätten sie gegenüber der deutschen Übermacht nicht die geringste Chance gehabt: Diesem kleinen Häuflein lagen immerhin zwei Luftflotten mit 656 Me 109, 168 Me 110 und fast tausend Bombern gegenüber. Was sich mit Zahlen nicht ausdrücken läßt, war die Motivation der britischen Piloten und ihrer Helfer am Boden. Für sie war jede Feindmaschine ein Todfeind: Es ging um den Fortbestand ihres Landes, ihrer Heimat. Das gab ihnen jenes Quantum an Einsatzwillen und Bereitschaft zur Selbstopferung, mit dem sie die Überzahl der Angreifer ausgleichen konnten.

Auf deutscher Seite faßte man die Luftkämpfe eher als sportliches Ereignis auf, wenn es auch um Tod oder Leben ging wie bei einem Stierkampf. Und man verließ sich bei den deutschen Luftflotten so sehr darauf, daß man in der Me 109 den besten Jäger hatte, daß man den Briten unterstellte, sie müßten sich unterlegen fühlen und deshalb die geringere Kampfmoral haben. Nicht alle Deutschen begriffen so schnell wie Galland, daß sie einen sehr ernst zu nehmenden Gegner vor sich hatten.

Kurz nach dem Start von Tangmere entdeckte der Anführer von sechs Hurricane in 3000 Meter Höhe direkt über sich zwölf Me 109 auf Gegenkurs nach Osten. Auf sein Kommando rissen die Hurricane-Piloten die Knüppel an sich und kurvten zwischen die Deutschen. In dem folgenden Luftkampf bot sich dem Anführer der Hurricane, John Simpson, eine Me 109 förmlich an: »Sie schien zu träumen«, berichtete er. »Ich gab einen kurzen Feuerstoß ab, um sie zu beschädigen, und näherte mich ihr, um ihr einen zweiten zu verpassen – und dann sah ich sie wie einen Stein ins ruhige Meer stürzen.« Sekunden später kreuzten drei Me 109 seinen Kurs. Deutlich sah er die schwarzen Balkenkreuze auf den Rümpfen und eröffnete das Feuer auf den Schlußmann. »Ich fuhr fort zu schießen, während wir immer engere Kreise flogen. Stücke ihrer Tragfläche flogen davon, schwarzer Rauch drang hinten aus der Kanzel.« In diesem Augenblick ging Simpson die Munition aus, und zugleich bemerkte er, daß ihn die beiden anderen Messerschmitt angriffen. Sie flogen in 6000 Meter Höhe. Simpson kurvte, flog Zickzack, aber die beiden Verfolger ließen nicht ab und eröffneten das Feuer. »Ich hörte das dumpfe Prasseln, als ihre Geschosse in die Panzerung hinter mir prallten. Ich sah aus meinen Tragflächen Fetzen davonfliegen, der Motor fing an zu stottern. Die Steuerung war blockiert und schwarzer Qualm erfüllte die Kabine.« Simpson sprang. An seinem Fallschirm pendelnd trieb er auf eine lange Reihe von Villen an der Küste von Worthing zu. Eine der Me 109 begann, ihn zu umkreisen. »Sie war so nahe, daß ich das Gesicht des Piloten erkennen konnte. Ich dachte, er würde mich abschießen. Doch er benahm sich tadellos. Seine Maschine machte einen Höllenlärm und flog immer um mich herum. Und plötzlich winkte er mir mit der Hand zu.«

Selbstverständlich war diese Haltung nicht. Im Gegenteil, es kam vor, daß britische Piloten am Fallschirm erschossen wurden. In der Royal Air Force war man der Ansicht, daß das gutes Recht der Deutschen war. Dowding hatte klargemacht, daß ein abgesprungener deutscher Pilot voraussichtlicher Kriegsgefangener war und immun bleiben sollte, aber britische Flieger über England oder der See blieben auch am Fallschirm potentielle Kriegsteilnehmer, denn sie konnten ja wieder eingesetzt werden – also konnte man es dem Gegner nicht verübeln, wenn er auf sie schoß. Von deutscher Seite wird ein solches Verhalten jedoch lebhaft bestritten.

Nach dem gleichen Grundsatz erfolgten auch die britischen Angriffe auf deutsche He 59 Seenotrettungsflugzeuge über dem Ärmelkanal. »Wir konnten dieses Mittel zur Rettung abgeschossener Piloten nicht tolerieren, weil die dann wiedergekommen wären, um unsere Zivilbevölkerung zu bombardieren«, schrieb Churchill, obwohl damals von einer systematischen Bombardierung ziviler Ziele nicht die Rede sein konnte. Besonders in der Situation, in der sich Großbritannien befand, war die Wiederverwendbarkeit der Piloten eine Schlüsselfrage, denn hundert gerettete Piloten bedeuteten hundert Feindmaschinen mehr über den Britischen Inseln.

Die Genfer Konvention hatte Rettungsdienste ausdrücklich für immun erklärt – und dem trug Dowdings Angriffsbefehl auch Rechnung: Prinzipiell sollten die weißen Seenot-Rettungsflugzeuge immun bleiben. Aber die zweimotorigen Doppeldecker mit einem Beobachterstand im weit vorragenden Bug überflogen britische Schiffe und näherten sich den militärischen Einrichtungen an der Küste, konnten also Aufklärung fliegen – und das galt es unter allen Umständen zu verhindern. Viele der R. A. F. Piloten befolgten den Befehl, wenn überhaupt, mit gemischten Gefühlen, denn die unförmigen Wasserflugzeuge mit den deutlich sichtbaren roten Kreuzen auf Rumpf und Tragflächen fischten auch britische Piloten aus dem Kanal. So griffen sie die Rettungsflugzeuge nur an, wenn sie glaubten, daß keine Briten an Bord waren.

J. E. Hubbard von der in Tangmere stationierten 601. Staffel begleitete einen Geleitzug etwa zehn Meilen südwestlich von Selsey Bill, als er unter sich eine der weißen Maschinen sah. Sie flog etwa 30 Meter über der Wasserfläche. Hubbard rief seine Einsatzleitung und fragte an, ob er die Maschine abschießen solle. Er bekam die kryptische Antwort: »wenn feindselig«. Hubbard kreiste etwa fünf Minuten über dem Rettungsflugzeug und versuchte es auf die Küste abzudrängen. Eine Weile sah es so aus, als würde er Erfolg haben, aber dann drehte der Deutsche ab und flog stur nach Süden auf die französische Küste zu. Hubbard setzte ihm eine Feuergarbe vor den Bug, um den Gegner zum Wassern zu zwingen. Als er wieder hochzog, bemerkte er zwei weitere Hurricane im Anflug. Eine der beiden schoß das Rettungsflugzeug ab, das sofort in Flammen aufging. Vier Deutsche sprangen in die See – Fallschirme öffneten sich dabei nicht.

Die Luftwaffe fuhr fort, ihre Rettungsmaschinen vor die englische Küste zu schicken, ging aber dazu über, die He 59 zu bewaffnen und mit einem Tarnanstrich zu versehen. Mit einigem Neid sahen die Briten dem Einsatz der Deutschen zu, denn ihr eigenes Rettungswesen blieb eine sehr improvisierte Angelegenheit. Die R. A. F. verfügte nur über 18 Motorboote entlang der gesamten Südküste, die nach abgeschossenen Piloten suchten. Oft übernahm die Seenotrettungsgesellschaft mit ihren Rettungsbooten diese Aufgabe. Man verließ sich aber auch darauf, daß die auf See befindlichen Minenräumer und Fischerboote die Abgeschossenen auffischten.

Die siebzehnjährige Peggy Prince, die mit ihrer Mutter und ihren Geschwistern in einem Bungalow an der Kanalküste wohnte, wurde eines Morgens kurz vor sechs Uhr durch lautes Hämmern an der Haustür geweckt. Zwei Soldaten wollten das Ruderboot, das neben der Garage aufgebockt war: Draußen auf See sei ein Flugzeug abgestürzt, man müsse die Besatzung bergen, und ein anderes Boot sei nicht aufzutreiben. Wahrscheinlich seien es Deutsche, meinte einer der Soldaten. Peggy Prince bestand trotzdem darauf, mitzugehen. Sie schleppten das drei Meter lange schwere, karweelbeplankte Boot über eine Betonmauer und Stacheldrahtsperren zum Strand. Das Flugzeug war inzwischen gesunken, aber nach einigem Suchen gelang es ihnen, einen Mann aus dem Meer zu fischen. Es war ein Feldwebel der R. A. F. Seine beiden Kameraden wurden von einem Fischerboot aus dem Wasser geholt. Sie gehörten zur Besatzung eines heimkehrenden Bombers, der, von deutscher Flak beschädigt, die Küste nicht mehr erreicht hatte. Es war ihr Glück gewesen, daß es schon hell genug war und die Posten am Strand das Flugzeug gesehen hatten.

Viele Piloten ertranken, weil sie verletzt waren oder sich nicht aus ihrer Maschine befreien konnten, obwohl kaum ein Abschuß unbeobachtet blieb. An den bewohnten Küstenstrichen hatten sich auf den Klippen, Stränden und Promenaden vom ersten Kampftag an beim Ertönen der Sirenen Scharen von Neugierigen versammelt, um den deutschen Angriffen auf die Kanalschiffahrt und den sich dabei entwickelnden Luftkämpfen zuzusehen. Dover wurde zum Mekka der internationalen Journalisten, die zu Dutzenden aus London anreisten, um den Krieg aus nächster Nähe zu erleben.

Auch die BBC hatte einen Reporter geschickt, den jungen Charles Gardner. Auf seinen Privatwagen hatte er eine Matratze zum Schutz gegen Flaksplitter gebunden und für sich selbst einen Stahlhelm besorgt. So kam am 14. Juli die erste Direktübertragung eines Frontberichts des Zweiten Weltkriegs zustande. Seine Hand mit dem Mikrofon mag gezittert haben, als er aufgeregt wie der Berichterstatter eines großen Pferderennens brüllte: »Jetzt greifen die Deutschen den Geleitzug draußen auf See an. Eins, zwei, drei, vier, fünf, sechs, sieben deutsche Bomber – Junkers siebenundachtzig – da kommt einer herunter auf sein Ziel – Bombe – nein, da! er hat die Schiffe verfehlt ... er hat nicht ein einziges Schiff erwischt ... da kommt einer herunter, mit einer langen Rauchfahne. Man kann diese Jäger nicht lange verfolgen, wenn man sie ausgemacht hat, sind sie schon wieder verschwunden ... da oben gibt es einen Luftkampf – da sind zwei, drei, vier Maschinen, sie drehen sich im Kreis. Achtung! Maschinengewehrfeuer! Achtung! Eins, zwei, drei, vier, fünf, sechs – und jetzt sind sie vorbei – Ja! Sie werden gejagt, und wie sie sie nach Hause jagen: Drei Spitfire jagen jetzt drei Messerschmitt. Oh, Junge! Sieh dir das an! Wie die Messerschmitts – oh, das ist wirklich großartig – und eine Spitfire hinter den ersten beiden – er erwischt sie!« – Gardners Stimme überschlug sich vor Aufregung.

Als die Reportage um sechs Uhr abends übertragen wurde, löste sie einen Sturm der Entrüstung aus. »Müssen wir, wenn es um Menschenleben geht«, schrieb ein Pfarrer an die Times, »uns einen solchen Kommentar gefallen lassen, der sich auf dem Niveau eines Hindernisrennens oder eines Fußballpokalspiels bewegt?« Die BBC wurde mit Protestbriefen eingedeckt: zu dramatisch, zu unbeherrscht, Krieg ist kein Sport, lautete der Tenor. Insgeheim genossen die Briten jedoch diesen Bericht, der so viel aufregender war als alles, was sie bisher vom Krieg gehört hatten. »Nie zuvor haben wir etwas so Gutes gehört«, schrieb der Sheffield Telegraph. Gardners Bericht wurde zu einem der großen Mementos des Zweiten Weltkriegs. Später, mit wachsender Erfahrung, wurden die Kriegsberichte der BBC kühler und sachlicher.

Die deutschen Bomber und Jäger kamen jetzt fast jeden Tag – der »Kanalkampf« war in vollem Gang. Er wurde fast ausschließlich von der 11. Fighter Group bestritten. Die Verteidigungszone war in sechs Sektoren aufgeteilt mit je einem größeren Flugplatz als Einsatzleitung. So wurden nur die Sektoren alarmiert, in denen wirklich etwas geschah – aber auch dann war selten mehr als eine Staffel in der Luft. Keith Park war sich mit Dowding darin einig, daß man sich von den Deutschen nicht zu einem Masseneinsatz provozieren lassen durfte und mit den eigenen Kräften haushalten mußte. Die Bomber blieben das Hauptziel. Manchmal wurden einige Spitfire hochgeschickt, um die deutschen Begleitjäger, die stets in großer Höhe lauerten, abzulenken, so daß die Hurricane die Bomber angreifen konnten.

Am 19. Juli waren neun Geleitzüge vor der Küste unterwegs. Die Jagdabwehr der vordersten Flugplätze war für alle Fälle verstärkt worden. An den Aussichtspunkten hatten sich wieder viele Neugierige eingefunden und weigerten sich, den freundlichen Aufforderungen der Polizei Folge zu leisten. Die Polizisten waren machtlos, denn es gab keine rechtliche Handhabe, jemanden zu zwingen, einen Luftschutzraum aufzusuchen. Manche wollten gesehen haben, daß die

Möwen am Hafen an diesem Morgen besonders zahlreich und aufgeregt waren, noch bevor die Sirenen geheult hatten.

Das mag ein Omen gewesen sein. Wahrscheinlich ist jedoch, daß die Luftwaffenführung die Zahl der Geleitzüge an diesem Tag nicht kannte, weil die R. A. F. in den vorangegangenen Tagen mehrere Do 17 Fernaufklärer abgeschossen hatte. Jedenfalls ignorierten die Stukas die Geleitzüge und griffen stattdessen überraschend den Hafen von Dover an. Dover Radar hatte zwar die 120 Maschinen längst erfaßt und gemeldet, aber ihre Absicht war falsch interpretiert worden, zu sehr war man auf die Geleitzüge fixiert. Die Stukas kamen in zwei Wellen, hoch über ihnen die Me 109 Begleitjäger. Die Sturzkampfflugzeuge mit heulenden Sirenen stürzten sich auf die im Hafen liegenden Schiffe. Bombe um Bombe fiel und riß zwischen den Schiffen riesige schmutzigbraune Wasserfontänen hoch.

Es war der Tag, an dem die 141. Staffel Defiant Jäger als einzige Abwehr aufgestiegen war, um die Stukas abzufangen, und dabei sechs Maschinen verlor. Eine Staffel Hurricane wurde ihnen nachgeschickt, die sich todesmutig durch die eigene Flak fliegend auf die Stukas stürzte. Aber es war schon nichts mehr zu retten. Die Stukas drehten nach vollbrachter Tat ab. Eine geheime Waffe, die die Briten hier zum ersten Mal eingesetzt hatten, erfüllte nicht die in sie gesetzten Erwartungen. Einige der Flakgeschütze hatten statt Flakgranaten Kabelfallschirme in die Flugbahn der Stukas geschossen. Das waren kleine Fallschirme, an denen ein langes Stahlkabel hing, gegen das der Feind fliegen sollte. Doch es wurden viel zu wenige in die Luft geschossen, um eine Wirkung zu erzielen. In einem Fall hatte sich einer der Schirme nicht geöffnet. Das Kabel war zur Erde zurückgefallen und hatte sich über dem Eingang des Eisenbahntunnels der Linie nach London verhakt. Marine-Experten mußten herbeigeholt werden, denn an seinem Ende baumelte eine Sprengladung.

Die Zuschauer in Dover hatten nur den Abschuß einer Defiant gesehen, aber jeder glaubte, daß mindestens zehn deutsche Maschinen abgeschossen worden waren. Auch daß der Tanker »War Sepoy« – der die Evakuierungsschiffe von Dünkirchen mit Treibstoff versorgt hatte – ein Opfer der Bomben geworden war, war von den Klippen und der Stadt aus nicht zu bemerken gewesen. »Das Wasser im Hafenbecken war weiß von toten und betäubten Fischen«, berichtete ein Augenzeuge, »und Schwärme von Möwen holten sich ihren Teil von dem reichgedeckten Tisch.« Von da ab glaubten die Seeleute im Hafen, daß die Möwen beim Anflug feindlicher Bomber, lange bevor die Sirenen ertönten, besonders aufgeregt und lärmend über dem Hafenbecken kreisten.

Die Deutschen tauchten jetzt fast jeden Tag vor der Küste von Kent auf. In London fragte man sich kopfschüttelnd, was sie damit erreichen wollten. Die Geleitzüge waren nicht so wichtig, daß sie derart wütende und riskante Angriffe verdienten. Im Kriegskabinett wurde die Vermutung laut, daß die Deutschen damit vielleicht wirklich hofften, Großbritannien auszuhungern, wobei sie nicht bedachten, daß diese wenigen Geleitzüge keine große Bedeutung für die Versorgung der Bevölkerung und der Industrie hatten. Bei diesem Verfahren konnte Göring nicht ernsthaft daran denken, Kraft für einen entscheidenden Massenangriff oder gar eine Invasion zu sammeln.

Winston Churchill war dafür, die Küstenschiffe, die meist Kohle geladen hatten, weiterhin als Köder zu benützen, obwohl er einräumen mußte, daß der »verbliebene Teil der Köder« langsam genug hatte von diesem grausamen Spiel. Admiral Sir Dudley Pound beruhigte den Premier, die Handelsmarine habe mehr Küstenschiffe, als sie benötige, und die Royal Air Force könne auf diese Weise ihre taktische Überlegenheit beweisen. Churchill meinte, daß die deutsche Luftwaffe vielleicht weniger »allmächtig« sei, als man angenommen hatte. Doch zweifellos sei sie an Zahl überlegen und es wäre ein großer Fehler, zehn oder zwanzig Spitfire und Hurricane gegen fünfzig oder hundert Messerschmitt kämpfen zu lassen. Die Parole lautete deshalb weiterhin: Zurückhaltung üben, den deutschen Jägern ausweichen und sich nur auf die Bomber zu konzentrieren. Im übrigen war ein Kohlefrachter leichter zu ersetzen als ein Jagdflieger.

Die kleine Schar, die Keith Park dem Feind entgegenschickte, hatte sehr bald bemerkt, daß die Luftwaffe nicht unverwundbar war. Vom 10. bis 31.Juli schoß die R. A. F. 138 deutsche Maschinen – meist Stukas – bei 57 eigenen Verlusten ab. Bis zum Adlertag am 12.August sollte sich das Verhältnis noch weiter zuungunsten der Luftwaffe verschieben: In den sechs Wochen, die diesem Datum vorausgingen, verlor die Luftwaffe 274 Flugzeuge. Die Royal Air Force büßte 124 Jagdmaschinen ein, hatte aber den Vorteil, daß viele britische Piloten gerettet wurden, beziehungsweise nur Bruchlandungen machten und am nächsten Tag wieder eingesetzt werden konnten.

Der Mystik der Abschußzahlen, die in Deutschland eine so große Rolle spielte, verfielen die Briten nicht. Zwar begannen sich Lufthelden wie Al Deere, Peter Townsend, Max Aitken und Douglas Bader auszuzeichnen, aber sie hoben sich nicht so sehr aus der Masse der Piloten hervor wie ihre deutschen Gegenspieler Galland, Wick und Mölders. In der Royal Air Force beging man auch nicht den Fehler, Draufgängertum als Führungsqualität zu schätzen; spektakuläre Beförderungen und Brillanten gab es nicht. Die Piloten – und so sahen es sie auch selbst – taten schließlich nur ihre Pflicht. Die erfolgreichsten erhielten das Distinguished Flying Cross und die Spangen dazu. Nur die Staffelkapitäne durften nicht älter als 26 Jahre sein.

Bravado war nicht gefragt, das verbot schon die kühle, sachliche Art der Briten. Staffelkapitän Max Aitken schrieb Kampfberichte von solcher Kürze, daß sie schon fast unverständlich waren und man heute den Eindruck hat, er wollte nichts mehr von der Sache hören. Er schoß über See eine Do 17 an, indem er sich ihr auf 100 Meter genähert und vier Drei-Sekunden-Feuerstöße in sie gejagt hatte. Den Rest des Kampfes gegen den Feindverband beschrieb er so: »Angriff Nr.1 geflogen. Kartons mit Draht wurden auf mich herausgeworfen, als ich angriff und Gegner steil wegdrückte. Ich löste mich nach Angriff. Unsere übrigen Maschinen setzten Angriff fort und schossen e/a (feindliches Flugzeug) in die See. Max Aitken.« Am 15. Juli berichtete das amerikanische Magazin Time: »Für großen ›Schneid und Tapferkeit‹ und den Abschuß von acht Feindmaschinen erhielt The Hon. Max Aitken, 30, Sohn und Erbe des napoleonisch-kleinen britischen Verlegers Lord Beaverbrook, jetzt Minister für Flugzeugproduktion, das Distinguished Flying Cross.«

Die Briten hatten keine Ahnung, daß ihnen der »Adlertag« bevorstand. Sie wußten nur, daß die Deutschen mit ganzer Macht zuschlagen würden, und daß es galt, diese Schläge zu parieren, bis dem Feind die Lust verging, den Fuß auf britischen Boden zu setzen. Mehr als bei ihren deutschen Gegnern, die keine feste Vorstellung von den Kriegszielen hatten, war der Gedanke an eine Invasion in den britischen Jagdfliegern wach. Jede Feindmaschine war ein Deutscher über ihrem Land, dem bald die anderen folgen würden – mit Schiffen, Panzern, Artillerie und der Infanterie, die mit Maschinen und Sprengladungen in ihre Gärten und Häuser eindringen würden.

Lange bevor Göring den »Adlertag« aus der Taufe hob, war den Briten das deutsche Wort »der Tag« geläufig. Es stand für Invasion und man konnte es fast jeden Tag in der Presse lesen. John Colville schrieb am 14.Juli in sein Tagebuch: »Es herrscht eine unheimliche Stille. Zum erstenmal in diesem Monat gab es in der vergangenen Nacht keinen Fliegeralarm; alle deutschen U-Boote sind, mit zwei Ausnahmen, in ihre Heimatbasen zurückgekehrt, und es sieht so aus, als stünde ›der Tag‹ unmittelbar bevor. Der Premierminister hält das für sehr wahrscheinlich und sagt immer wieder: Hitler muß eine Invasion unternehmen oder er wird scheitern. Wenn er versagt, wird er sich gezwungenermaßen nach Osten wenden, um endgültig zu scheitern.«

XIX.
Dover muß die ersten Schläge einstecken

Dover wurde zur Frontstadt. Das »Tor zum Kontinent« war jetzt wie ein Loch im Zaun, das es zu verteidigen galt. Stillschweigend setzte man voraus, daß die Deutschen die Hafenstadt angreifen würden. Es genügte, daß am 6. Juni vier deutsche Torpedos nördlich des Hafenbeckens an den Strand gespült worden waren. Manche wollten in den sechs Meter langen schwarzen Projektilen eine neue Waffe sehen, mit denen die Deutschen den Hafen hatten in die Luft sprengen wollen. Tatsächlich rührten sie von Fehlschüssen deutscher Schnellboote her, die den letzten Evakuierungsschiffen von Dünkirchen gegolten hatten. Marinefeuerwerker entschärften sie und verbrannten das Pulver am Strand – so wie sie es auch mit angeschwemmten Seeminen taten. In der Bevölkerung aber blieb das Gefühl der Exponiertheit wach: Nach dem Empfang der geschlagenen Armee, die über die Piers des Hafens gezogen war, richteten sich die Blicke immer öfter auf die von den Deutschen besetzten Klippen der gegenüberliegenden französischen Küste. Zwischen ihnen und dem Feind lag nur noch ein schmaler Streifen Wasser.

Auch in London begann man, sich besorgt mit der Hafenstadt zu beschäftigen, dem seit jeher am stärksten befestigten Punkt der Südostküste, in dessen Nähe schon die Römer gelandet waren. Zu Napoleons Zeiten hatte man die Zinnen der Dover überragenden Burg abgetragen, um Platz für Geschütze zu schaffen. Im 20. Jahrhundert waren die damals an den Promenaden verteilten Kanonen allerdings nur noch Schau- und Schmuckstücke, an denen Kinder spielten. Im Ersten Weltkrieg hatten die Royal Engineers neue Stellungen für schwere und leichte Artillerie ausgehoben, weil man eine deutsche Invasion befürchtete. In den zwanziger Jahren waren jedoch auch sie aufgegeben und von Unkraut überwuchert worden.

Bei Ausbruch des Zweiten Weltkriegs hatte niemand ernsthaft an die Notwendigkeit gedacht, Kent und seine Küsten zu verteidigen, getreu der Devise Baldwins, daß die vorderste Verteidigungslinie der Britischen Inseln am Rhein liege. Erst der Schock von Dünkirchen änderte diese selbstzufriedene Haltung. Winston Churchill bewies ein Gespür für die Symbolkraft von Dover, das seine Funktion als Außenposten hinter den behäbig viktorianischen Hotelfassaden der Seefront verbarg. Der Premierminister kümmerte sich persönlich um die Verteidigungsanlagen auf den Höhen über dem Hafen und entlang des Flußtals des Dour, der hier in die See mündet. Sein Tal teilt die schroffen Klippen und öffnet der Stadt den einzigen Weg zum Hinterland. Mehrmals besuchte Churchill im Juli und August den Admiral von Dover, seinen alten Freund Ramsey, dessen Dynamo-Raum in den Stollen unter der Burg zum Zentrum der Marine-Küstenverteidigung geworden war.

Der Hafen war längst durch U-Bootnetze und Minen gesichert, die Strände mit Stahlträgern und Betonhöckern gespickt. Endlich ging man nun auch daran, die Artillerie auf den Klippen über dem Hafen zu verstärken. Viel war nach dem Aderlaß von Dünkirchen nicht mehr aufzutreiben gewesen. Immerhin wurden nun drei, wenn auch veraltete, 9,2 Zoll Geschütze auf der Zitadelle in Stellung gebracht, sieben Sechspfünder und ein Zwölfpfünder waren an anderen Stellen verteilt. Mit keiner der Waffen konnte man Calais erreichen, auf dessen Küstenvorland sich die Deutschen – mit einem guten Feldstecher sichtbar – häuslich einrichteten. Bald lagen der Admiralität Luftaufnahmen vor, die bewiesen, daß auf der anderen Seite des Kanals zwischen Calais und Boulogne riesige Ferngeschütze einbetoniert wurden. Tatsächlich handelte es sich um vier 38 cm Geschütze südlich von Cap Gris Nez, drei 30,5 cm Geschütze nördlich von Boulogne, sechs vom Kaliber 28 cm und zwei von Kaliber 24 cm zwischen Blanc Nez und Calais. Auf den gesamten Küstenabschnitt waren weitere 35 Batterien schwere Artillerie verteilt.

Churchill war alarmiert. Er ordnete sofort die Aufstellung zweier ehemaliger 14 Zoll Schlachtschiffgeschütze an, die in einem Marinedepot seit der Abwrackung des dazugehörigen Schlachtschiffes vor sich hingammelten. Nur eines davon war nach kurzer Überholung sofort einsatzbereit und wurde unter großem Aufwand nach Dover transportiert. Vorher mußte eine besondere Eisenbahnlinie nach St. Margaret-at-Cliff – der Stellung 3 Kilometer nördlich des Hafens – verlegt werden. Dann folgten voluminöse Ausschachtungen und die Befestigung des Untergrunds. Erdwälle und Betonwände wurden in größter Eile errichtet, ehe »Winnie«, wie das Geschütz nach Churchills Kosenamen getauft wurde, mit schweren Kränen an seinen Platz gebracht werden konnte. Doch als es darum ging, das Geschütz mit seinem Rohr von mehr als zwei Meter Durchmesser auf das Ziel auszurichten, herrschte große Ratlosigkeit. Es gab keine englische

Karte, die die genaue Lage der englischen zur französischen Küste zeigte. Erst mit Hilfe französischer Karten gelang es einem Pionieroffizier, die topographischen Punkte festzulegen. Ende August war auch das andere Geschütz »Pooh« soweit fertig, daß es in seine vorbereitete Stellung auf der anderen Seite von St. Margaret-at-Cliff gebracht werden konnte.

Ursprünglich wollte Churchill mit den beiden Geschützen den Ausbau der deutschen Batterien stören. Die Eile hatte jedoch nichts genützt: Als erste eröffneten die deutschen Ferngeschütze das Feuer. Am 12. August schlugen die schweren Granaten im Westteil von Dover ein und richteten erheblichen Schaden an. »Winnie« erwiderte das Feuer am 22. August mit Salven gegen Schiffsziele vor der französischen Küste, nicht gegen die deutschen Stellungen. Bei der Auswertung der Einschläge kam man zu dem Schluß, daß »weitere Übung« notwendig sei. Außerdem durfte nur in größeren Abständen gefeuert werden, da der Lauf des Geschützes durch die gewaltigen Kräfte der Granaten zu sehr belastet wurde. Man rechnete nicht damit, daß mehr als hundert Schuß aus dem Geschütz abgegeben werden konnten. So blieb es bei der psychologischen Wirkung: Man schoß zurück. Das beruhigte die Bevölkerung jedoch nicht, die in den Geschützen eine Provokation sah, auf die hin der Feind erst recht in die Stadt schießen würde.

Wohl gab es einige schwere und leichte Flakbatterien im Hafen und auf den Höhen, aber ihre Feuerkraft reichte nicht aus, um ein wirksames Sperrfeuer zu schießen. Auch das war eine Folge der vor dem Krieg weit verbreiteten Einstellung, daß Geld für die Verteidigung Geld für einen Krieg bedeute. Im Mai 1938 war es wegen der vielen Versäumnisse in der Flugabwehr zu einem Eklat gekommen. Der damals dreißigjährige Abgeordnete der Konservativen, Duncan Sandys, hatte Kriegsminister Hore-Belisha nach dem Zustand der Flak gefragt und nur eine unbefriedigende Antwort erhalten. Duncan Sandys, selbst Leutnant einer Flakeinheit, schrieb daraufhin einen Brief an den Minister und konfrontierte ihn mit – geheimem – Zahlenmaterial, aus dem eindeutig der erbärmliche Zustand dieser Truppe hervorging: Eine viel zu geringe Zahl an Flakgeschützen, mangelhafte Ausrüstung und Ausbildung der Truppe und die daraus resultierende schlechte Moral der Soldaten.

Hore-Belisha leitete sofort ein Untersuchungsverfahren ein: Wie war Duncan Sandys an die geheimen Zahlen gekommen? Der Abgeordnete nannte den Namen des Offiziers, der sofort in den Fernen Osten versetzt wurde und dort den Rest des Krieges zubringen sollte. Duncan Sandys mußte um seine Immunität als Parlamentsabgeordneter kämpfen, da Chamberlain einen Untersuchungsausschuß eingesetzt hatte. Die Vorgänge blieben der Presse nicht verborgen, Sandys machte Schlagzeilen, denn er war nicht ein beliebiger Leutnant oder ein beliebiger Abgeordneter, sondern der Schwiegersohn Churchills. Zwei Jahre zuvor hatte er Diana, die älteste Tochter des Seelords geheiratet. Churchill machte seinen Einfluß geltend und half ihm aus der Patsche. Duncan Sandys wurde später unter anderem Luftfahrtminister und Verteidigungsminister. Mit seinem Streit hatte er 1938, wenn auch sehr spät, die Öffentlichkeit wachgerüttelt und der Entwicklung einen großen Dienst erwiesen. Ein Beaverbrook, wie bei den Jagdflugzeugen, war zwar nicht in Sicht, so daß es noch lange an Geschützen und Scheinwerfern für die Flak fehlen sollte, aber wenigstens war die Produktion in der Folgezeit erheblich erweitert worden.

Nicht viel besser war es um die wichtigen Fesselballone bestellt. Diese am Boden fest verankerten silbergrauen Ballone hatten die Form eines kleinen Luftschiffs und waren etwa 20 Meter lang und 10 Meter hoch. Ihr überdimensioniertes Leitwerk mit seinen drei wulstigen Flossen nahm fast ein Drittel der Gesamtlänge ein. Die mit Wasserstoff gefüllte Hülle bestand aus einem festen mit Gummi beschichteten Baumwollstoff. Aufgelassene Ballone, die sich spielerisch im Wind rollten, wirkten ein wenig wie betrunkene Elefanten, und die Engländer gaben ihnen liebevolle Namen wie Matilda, Romeo, Bessy; einen, der des öfteren Zielscheibe deutscher Jäger geworden war, taufte die Bedienungsmannschaft Hermann. Ein anderer, der über Lambeth Palace, dem Sitz des Erzbischofs, schwebte, wurde respektlos Archblimp (Erzballon) genannt. Im Volksmund hießen die aufgeblasenen Schläuche Blimps nach einem ebenso aufgeblasenen legendären Obersten der britischen Armee. »The balloon goes up« wurde zur stehenden Redensart für »es geht los«.

Fesselballone hatten sich schon im Ersten Weltkrieg als eine wirksame Abwehrwaffe erwiesen und waren als Luftsperre für London erfolgreich verwendet worden. Im März 1918 hatten deutsche Piloten berichtet, daß ihre Zahl über der Stadt enorm zugenommen habe und täglich weiterwuchs. Sie machten einen Angriff auf die britische Hauptstadt fast unmöglich, denn sie zwangen die deutschen Bomber und Luftschiffe in solche Höhen, daß ein gezielter Bombenabwurf nicht möglich war.

Nach dem Ersten Weltkrieg gerieten die Ballone fast ganz in Vergessenheit. Nur eine Experimentierstation existierte noch, als sich der Luftverteidigungsstab entschloß, für London eine Ballonsperre einzurichten. Aus Geldmangel wurden die Arbeiten dazu erst 1938 in

Angriff genommen, ein Jahr später begann man mit der Planung solcher Sperren für die Provinzen, in denen Industrieanlagen und Häfen zu schützen waren.

Dover hatte bis zum Juli 1940 trotz der Wichtigkeit des Hafens für den Kanalschutz, trotz der hohen Radarmasten, trotz der Exponiertheit seines Ferngeschützes nicht einen einzigen Fesselballon. Die Admiralität hatte darauf bestanden, zuerst die Begleitschiffe der Kanalkonvois damit auszurüsten. Die Folge war, daß sich die deutsche Luftwaffe wieder dem durch Flak nur ungenügend geschützten Hafen zuwandte.

Am 24. Juli griffen deutsche Bomber eine vor dem Hafen liegende Minensuchflotille an, ohne daß sie jemand daran hindern konnte. Am 25. Juli nahmen sie sich die im Hafen liegenden Schiffe vor, versenkten aber nur den an der Pier festgemachten Kohlefrachter »Gronland« und das Küstenmotorschiff »Newminster«. Aus einem Geleitzug, der Dover mit Südkurs passierte, wurden vier Schiffe versenkt, das havarierte 600t Motorschiff »Summity« mußte unter dem Shakespeare Cliff auf Grund gesetzt werden. Die beiden Begleitzerstörer des Konvois »Boreas« und »Brillant« wurden bei dem Angriff so schwer beschädigt, daß sie später mit Schleppern in den Hafen bugsiert werden mußten. Die Bevölkerung von Dover saß zum erstenmal über fünf Stunden in den Luftschutzkellern, die in das weiche Kalkgestein der Klippen getrieben worden waren.

Am 27. Juli kamen die deutschen Bomber wieder. 120 Flugzeuge griffen die südliche Mole in der Nähe des Seebahnhofs an. Stukas stürzten sich durch das spärliche Flakfeuer auf die im Hafen liegenden Zerstörer, versenkten die »Codrington« und beschädigten zwei andere schwer. Brennendes Öl breitete sich im Hafenbecken aus und dicke schwarze Rauchwolken stiegen in den strahlend blauen Julihimmel: Öllagertanks auf den Klippen waren unter Bordwaffenbeschuß geborsten und ergossen ihren Inhalt in die Docks. Es dauerte Stunden, bis die Feuerwehr den Brand unter Kontrolle hatte. Die Zerstörer wurden aus Dover abgezogen.

Am 28. Juli hatte Dover Ruhe, doch schon am nächsten Tag heulten die Sirenen wieder. Diesmal unterstützten britische Jäger die Flak und schossen zwölf der Angreifer bei nur drei eigenen Verlusten ab. Mehr noch wog die Tatsache, daß die Stukas am gezielten Abwurf gehindert worden waren und sich der Schaden in Grenzen hielt. Dafür waren einige der unter Brücken und Kränen angebrachten Sprengladungen, die für eine Invasion gedacht waren, in die Luft gegangen und hatten Teile der Hafenanlagen in ein Trümmerfeld verwandelt.

Endlich, am 31. Juli, stieg unter dem Beifall der Bevölkerung der erste Fesselballon über Dover auf. Das Fighter Command war in diesen Tagen nicht müßig gewesen. Hugh Dowding hatte dafür gesorgt, daß nach Bristol, Birmingham, Coventry, Liverpool und anderen Industriezentren nun auch Dover seinen Ballonschutz bekam. Das ihm unterstehende Balloon Command hatte für Dover und seinen Hafen 23 Ballons bereitgestellt sowie einen Vorrat an Ersatzballons, deren Ankerplätze in diesen hektischen Tagen vorbereitet wurden.

Die Ballontechnik hatte seit dem Ersten Weltkrieg große Fortschritte gemacht. Statt in Höhen von einigen hundert Metern flogen sie jetzt 1200 und mehr Meter hoch an einem kräftigen Stahlseil, das über eine Motorwinde lief. Verankert wurden die Ballons an einem in die Erde betonierten Drahtring an zwei dünneren Drahtseilen, wovon eines am Heck befestigt war, denn die Ballons mußten ständig in den Wind gedreht werden – gerieten sie mit der Breitseite in eine starke Böe, rissen sie sich unweigerlich los. So war bei einem Sturm über London im November 1939 die Hälfte der Ballons verlorengegangen. Eine andere Gefahr stellten Gewitter dar, weil die Stahlkabel als hervorragende Blitzableiter wirkten. Bei einem Blitzeinschlag geriet die mit Wasserstoff gefüllte Hülle in Brand und stürzte wie eine Fakkel lodernd ab. Im Februar 1940 wurden in ganz Großbritannien nur zwei Blitze registriert: Jeder der beiden schlug in einen Fesselballon.

Es zeigte sich sehr bald, daß Ballonsperren eine wirksame Abwehrwaffe waren und vom Gegner gefürchtet wurden. In erster Linie waren sie ein hervorragender Schutz gegen Tiefangriffe. Flog eine Maschine gegen ein Kabel, wurde die Tragfläche wie Butter durchschnitten und abgetrennt. Gleichzeitig löste die Berührung eine am Kabel angebrachte Sprengpatrone aus, die dem Bomber oder Jagdflugzeug den Rest gab. Das kam öfter vor, als man annehmen möchte, denn vor allem auf Jagdflieger übte diese tückische Zielscheibe einen unwiderstehlichen Reiz aus. Der Versuch, Ballons abzuschießen oder auch nur zwischen den Kabeln einer Sperre hindurchzufliegen, kostete viele deutsche Piloten das Leben.

Ballonsperren zwangen aber auch anfliegende Bomber, in größerer Höhe zu bleiben, was besonders nachts das Zielen erschwerte. Die konzentrisch angeordneten Ballonsperren mit einem inneren und einem äußeren Ring sehr eng stehender Ballons konnten auch für Bomberpiloten zu einer tödlichen Falle werden. Einer, der mit sehr viel Glück davonkam, war Oberleutnant Hollinde, der mit seiner Ju 88 auf die Flugzeugwerke in Filton bei Bristol flog. Um sein Ziel zu treffen, mußte er im Sturzflug aus 3000 Meter Höhe in den inneren Ring tauchen. Schon dazu brauchte er sein ganzes fliegerisches Kön-

emierminister Churchill bei der Inspektion der Verteidigungsanlagen an der englischen
dküste

Hitler im Herbst 1940 an der Kanalküste, die Augen auf England gerichtet

Links: Generaloberst Halder, Chef des Generalstabs des Heeres. – Mitte: Großadmir Raeder, Oberbefehlshaber der Kriegsmarine. – Rechts: Vize-Admiral Schniewind

)eutsche Sturzkampf-
›omberpiloten bei ihren
/orbereitungen für die
\ngriffsoperationen

ngriff deutscher Bom-
rverbände auf die Lon-
oner Hafen- und Dock-
lagen

Sperrballons über London

Die Sperrballons, »Fliegende Elefanten«, sind alle miteinander verbunden und tragen ei riesiges Netz zur Sperre gegen feindliche Flugzeuge

)ie Londoner St. ?auls' Cathedral in-nitten ihrer durch leutsche Bomben verwüsteten Umge-)ung

ondoner City ach einem schwe-en deutschen Bom-enangriff

Reichsmarschall Hermann Göring, Oberbefehlshaber der deutschen Luftwaffe, in se nem Gefechtsstand an der französischen Kanalküste, mit General der Flieger Lörzer (2. links) und Generalfeldmarschall Sperrle (rechts). – Unten: Premier Churchill bei eine Besuch der besonders schwer heimgesuchten Londoner Arbeiterviertel im Hafengebie

treife der deutschen Besatzung auf der englischen Kanalinsel Jersey

'ormilitärische Ausbildung im Gelände, Reichsarbeitsdienst auf den englischen Kanalnseln

Besetzung der Kanalinsel Jersey, deutsche Reichskriegsflagge in der Hauptstraße

Männer des Reichsarbeitsdienstes vor dem Denkmal der Queen Viktoria in St. Helier auf Jersey

nen und eine gehörige Portion Mut. Aus dem Ring wieder herauszukommen, war eine ganz andere Sache. In engen Kreisen ganz tief über dem Boden fliegend – er konnte die Gesichter der Flakkanoniere sehen –, versuchte er verzweifelt Höhe zu gewinnen, während sein Bordschütze die Flakstellung beharkte und versuchte, wenigstens einen der Ballons abzuschießen und so eine Lücke für seinen Piloten zu schaffen. Als das nicht gelang, brachte Hollinde die Maschine in eine Seitenlage und schlüpfte so zwischen zwei Ballonkabeln durch – nur um sich in dem äußeren Ring in derselben Lage zu finden. Dämmerung hatte eingesetzt, und die Stahlseile waren kaum noch zu erkennen. Gegen alle Vernunft, die ihm sagte, er könne die Maschine nicht ein zweites Mal in die riskante Schräglage bringen ohne abzuschmieren, wiederholte er das Manöver und hatte wieder Glück.

Die Ballons, die am 31. Juli in Dover aufstiegen, waren zum Teil mit ihrer Motorwinde am Hafen, zum Teil auf den Klippen in unregelmäßigen Abständen verankert. Ein Flugzeug, das zwischen die Klippen und die Ballons am Hafen geriet, hätte kaum einen Ausweg gefunden. Doch die Me 110, die in den frühen Morgenstunden des 11. August über Dover erschienen, kümmerten sich nicht um die silbergrauen Gummiriesen. Sie warfen ihre Bomben in einem steilen Winkel auf den Hafen und gingen dann außerhalb der Ballonsperre zum Tiefangriff auf die Außenbezirke und die Bahnlinien über. Die Ballons gierten friedlich in den blauen Himmel. Auch der erste Artilleriebeschuß am nächsten Tag durch die deutschen Ferngeschütze bei Calais hatte ihnen nichts anhaben können, denn in so großer Höhe waren sie sicherer als am Boden.

Für die Bevölkerung von Dover war der Artilleriebeschuß Beginn einer fast vier Jahre währenden Belagerung. Außer ständigen Bombenangriffen mußte sie im Lauf der Zeit fast dreitausend Einschläge der großkalibrigen deutschen Ferngeschütze in ihrer Stadt hinnehmen und bei immer bescheidener werdenden Lebensmittelrationen ständig mit dem Gedanken leben, daß die deutschen Truppen den Kanal doch noch überqueren würden.

Vom ersten Tag an war Dover das Kriegsschaufenster für ausländische Journalisten, in der Hauptsache Kanadier, Australier, Südafrikaner und Amerikaner. Der amerikanische Militärattaché in London, Brigadegeneral Lee, brachte die Korrespondenten der Hearst Presse, der United Press und der Chicago Daily New persönlich nach Dover; sie durften sogar die geheimen Verteidigungseinrichtungen besichtigen, damit sie einen Eindruck gewinnen konnten, mit welcher Ruhe und Festigkeit die Menschen in Dover der deutschen Bedrohung begegneten und daß sie alles andere waren als dekadente Defaitisten, wie Botschafter Joseph Kennedy dem amerikanischen Präsidenten ständig einzureden versuchte. Ihre detaillierten Berichte – es waren so berühmte Reporter wie Knickerbocker, Beatty und Stoneman darunter, die gerade vom abessinischen Kriegsschauplatz kamen – dürften viel zu dem allmählichen Umschwung in der öffentlichen Meinung Amerikas und dem Zustandekommen amerikanischer Hilfeleistungen beigetragen haben.

Das gereichte, sehr viel später, dem Herausgeber des Dover Express, Bevington-Jones, zum Trost. Die britische Presse unterlag einer strengen Zensur: Weder Ortsnamen noch Einzelheiten kriegerischer Ereignisse durften in den Tageszeitungen oder Wochenschriften erscheinen. Erbost sah Bevington-Jones dem Treiben der ausländischen Journalisten zu. Selbst in australischen Provinzblättern war mehr über die Kriegsereignisse zu lesen als in seiner Zeitung. Er schickte dem Zensor unter Protest seinen Personalausweis und seine Pressekarte zurück, um auf die Ungerechtigkeit hinzuweisen; er machte geltend, daß durch die mangelhafte Information der Bevölkerung großer Schaden entstehen könne. Es half alles nichts. Die Menschen in Dover und an der Küste erfuhren nur, was sie selbst in Augenschein nehmen konnten: Versenkte Schiffe, abgeschossene Flugzeuge, die zunehmende Zahl der Opfer und die wachsenden Schäden in ihrer Stadt – die Zeitungsleser in London, Manchester, Edinburgh erfuhren nichts. Für die ausländischen Korrespondenten mußten die Angestellten im Hauptpostamt Dover bis zu hundert Fernschreiben in der Stunde absetzen.

Wie für die Stadtverwaltung, die Krankenhäuser, die Polizei und die Feuerwehr hatte sich auch für die Angestellten das vergleichsweise ruhige Leben des Phoney War in den letzten Wochen in einen Hexenkessel verwandelt. Mit der Ankunft der Truppen und Flüchtlinge aus Dünkirchen breitete sich auch im Postamt Frontatmosphäre aus: Hunderte von Soldaten wollten Tag um Tag mit ihren Familien telefonieren, Telegramme und Briefe aufgeben. Belgische und französische Flüchtlinge bestanden darauf, mit dem Kontinent Kontakt aufzunehmen, und wollten partout nicht einsehen, daß es nicht an den mangelhaften Sprachkenntnissen der Postbeamten von Dover lag, wenn keine Verbindung zustande kam. Durchnäßte Postsäcke, die von zerschossenen Schiffen stammten oder sonst irgendwo aufgefischt worden waren, stapelten sich in der Sortierhalle, wo die kaum noch entzifferbaren Sendungen getrocknet, umgepackt und neu adressiert wurden. Als sich auch im Hinterland die Katastrophe von Dünkirchen herumgesprochen hatte, waren die Telefonleitungen tagelang blockiert, weil besorgte Mütter und Frauen nach ihren Söhnen und Männern suchten. Kaum war diese Aufregung abgeklungen, löste der BBC-Bericht über die Luftkämpfe einen wahren Sturm von Anfragen aus – und geduldig gaben die Männer und Frauen in der Fernsprechvermittlung Auskunft, soweit sie das konnten und durften. Dann taten die Artilleriegranaten ihre Wirkung, MG-Feuer peitschte entlang der Häuserfronten, Bomben fielen und ein ganzer Flügel des Postgebäudes wurde zerstört.

Noch im August wäre das Postamt beinahe abgebrannt. Eines Morgens kurz vor neun Uhr überflogen fünfzig deutsche Flugzeuge die Hafenstadt in etwa 6000 Meter Höhe. Plötzlich lösten sich sechs Me 109 aus dem Verband und stürzten sich auf die Fesselballons. Trotz des wütenden Abwehrfeuers der leichten Flak gelang es ihnen, innerhalb von sechs Minuten alle dreiundzwanzig Ballons abzuschießen. Einer der brennenden Ballons fiel auf das Hauptpostamt, blieb vor einem Fenster der Telefonvermittlung hängen und drohte das Gebäude in Brand zu setzen. Eine der Telefonistinnen fand das »ziemlich beunruhigend« und stieß die Fetzen der brennenden Hülle vom Fenstersims auf die Straße, ehe sie ihren Kolleginnen zu der im Keller untergebrachten Notvermittlung nacheilte. Der Angriff kam die deutschen Jäger teuer zu stehen: Drei Messerschmitt wurden abgeschossen und stürzten in die See. Eine davon war dem Gewehrfeuer der Ballonbedienungsmannschaften zum Opfer gefallen.

Die Fesselballons waren schneller ersetzt, als der deutschen Luftwaffe lieb sein konnte. Die Männer vom Balloon Command (später übernahmen weibliche Hilfskräfte die Ballonstellungen) füllten bereitliegende neue Hüllen mit Gas und brachten sie zu den Ankerplätzen. Unter damaligen Umständen konnte ein Ballon innerhalb von vierzig Minuten aufgelassen werden – später waren es nur noch zwanzig. So standen zwei Stunden später schon wieder elf, am Nachmittag achtzehn Ballons am Himmel. Um 19.30 Uhr an diesem Tag kamen die deutschen Jagdflugzeuge wieder und schossen fünfzehn davon ab. Am nächsten Morgen schwankten sechzehn neue Ballons über der Stadt, als sei nichts gewesen. Zwei fielen dem nächsten Angriff der deutschen Jäger zum Opfer und wieder wurden drei der angreifenden Maschinen abgeschossen. Das Gewehrfeuer der Bedienungsmannschaften hatte diesmal einen Angreifer erwischt, als er einen aufsteigenden Ballon in 200 Meter beschoß. Die Bilanz der unsinnigen Ballonschlacht: Vierzig leicht ersetzbare Fesselballons zum Preis von zehn kostbaren Jagdflugzeugen samt Piloten. Danach wurden die Ballons nur noch selten angegriffen, denn die Luftwaffenführung hatte dieses Spiel ausdrücklich verboten, sehr zur Erleichterung – und Verwunderung der Bevölkerung von Dover, die nun von Tieffliegerangriffen verschont blieb. Viele Jahre später noch zierten dreizehn MG-Einschläge eine Säule am Haupteingang der Post, die entstanden waren, als die Ballons noch nicht aufgezogen waren.

Die Behörden von Dover waren in diesen Tagen noch immer damit beschäftigt, jene Zivilisten zum Wegzug zu bewegen, die sich der Evakuierung bisher nicht angeschlossen hatten. Der Erfolg war mäßig. Meist waren es alte Leute, die sich von ihrer Stadt nicht trennen wollten. Als die Schulen und eine ganze Reihe von Betrieben geschlossen wurden, ließen sich Eltern und auch jüngere Leute überreden, in weiter landeinwärts liegende Ortschaften auszuweichen. Doch niemand konnte gezwungen werden, sich aus der Gefahrenzone zu entfernen. Am Ende blieben etwa 15 000 Menschen in der Stadt, die nun mit einer neuen Parole vergattert wurden: Wenn die Deutschen kommen, bleib wo du bist! Die Leute von Dover nahmen das alles gleichmütig hin, nicht anders als die Leute von Ramsgate, Deal und Folkestone. Sie waren immer schon Vorposten gegen den Kontinent gewesen und waren entschlossen, bis zum letzten zu kämpfen, ganz gleich, was kommen würde. In Deal wurde im Gemeinderat sogar der Vorschlag gemacht, eine Tafel mit den Namen aller jener aufzustellen, die in dieser kritischen Stunde gekniffen und die Stadt verlassen hatten.

XX.
»Adlertag« rückt den Sieg der Luftwaffe in greifbare Nähe

Seit dem 5. August herrschte in der deutschen Luftwaffe Nervosität, weil sich das Wetter verschlechterte und der »Großeinsatz« praktisch von Stunde zu Stunde verschoben werden mußte. Hitler hatte in seiner Weisung Nr.17 vom 1. August klipp und klar befohlen: »Die deutsche Fliegertruppe hat mit allen zur Verfügung stehenden Kräften die englische Luftwaffe möglichst bald niederzukämpfen.« Das war es, was sie alle wollten, und mehr als tausend Bomber standen bereit, um Flugplätze, Industrieanlagen und Versorgungszentren des Feindes zu zerstören. Hitler hatte gesagt: Die Verschärfung des Luftkrieges kann ab 5. 8. beginnen. Göring war davon überzeugt, daß seine Luftwaffe diese Aufgabe in wenigen Tagen erfüllen würde. Zwei Wochen würden genügen, um die Briten auf die Knie zu zwingen, auf einem Meer von Trümmern würden sie geradezu um Frieden flehen. Er brauchte nur eine Schönwetterlage von drei Tagen, um die Großangriffe ins Rollen zu bringen.

Aber der Himmel blieb bedeckt, niedrige Wolken, deren diesige Schwaden über den Küsten bis zur Erde hingen, hielten seine Streitmacht am Boden fest. Göring mußte den ungeduldig werdenden Hitler vertrösten. Die Spannung wuchs auch unter den wartenden Piloten. Als am 8. August die Wolken aufrissen, glaubte jeder, daß es nun endlich losgehe, doch nach ein paar Einsätzen einzelner Geschwader war die Sicht wieder so schlecht wie vorher. Die Meteorologen der Luftwaffe konnten kein grünes Licht geben: Ein Tiefdruckgebiet im Norden schob eine Schlechtwetterfront nach der anderen über den Kanal. Und je mehr Zeit verstrich, desto mehr näherte man sich dem Herbst mit seinen Nebeln und Stürmen.

Die Diskussion um die Landung in England nahm kein Ende. Sie signalisierte auch eine gewisse Unsicherheit, die davon herrührte, daß ein voller Erfolg der Luftwaffe eine Invasion überflüssig machen würde. Deshalb drang Kesselring mit seinen Vorstellungen bei Göring nicht durch. Kesselring wollte nicht nur nach England fliegen und Bomben werfen – er wollte dort landen. Luftlandetruppen sollten Flugplätze und Häfen im Handstreich nehmen und mit der Unterstützung von Heer und Marine eine Front in Südengland errichten. In Görings Augen wäre das eher ein Eingeständnis des Unvermögens der Luftwaffe gewesen. Er war einer der überzeugtesten Anhänger von Douhets Bombertheorie, und seine Bomber, das hatte er Hitler versprochen, würden England an den Rand des Untergangs bringen. Mit Sperrle wollte er darüber überhaupt nicht reden, denn der Befehlshaber der Luftflotte 3 sah sehr wohl die Grenzen der Luftwaffe und hielt es für sehr unwahrscheinlich, daß sie allein den entscheidenden Schlag führen würde.

Die Meinungsverschiedenheiten setzten sich durch die Ränge nach unten fort und wurden oft zu hitzigen Kasinogesprächen, in denen sich die Spannung der Wartenden entlud. Nur im Alltag der Piloten und der Wartungsmannschaften versickerte die Debatte. Der Dienstbetrieb und die ständige Startbereitschaft ließen keine großen Gedanken aufkommen. Hier genügte der Auftrag, die Briten vernichtend zu schlagen – an Einsatzwillen fehlte es nicht. Die Ziele für die einzelnen Geschwader waren längst in der »Studie Blau« des Nachrichtenchefs Major Joseph Schmid minutiös festgelegt. Die Bomberpiloten vertrieben sich die Zeit, indem sie ihre Ziele studierten.

Der Angriff auf die Radarstationen Südenglands am 12. August bildete den Auftakt zum »Adlertag«. Die Operation war eher Ausdruck der wachsenden Ungeduld in den beiden deutschen Luftflotten als eine ernst zu nehmende taktische Maßnahme, denn sie wurde nicht wiederholt – sehr zur Erleichterung der Briten. Ohne Radar hätte die britische Jagdwaffe dem Ansturm der deutschen Verbände nicht so wirkungsvoll begegnen können, wie sie es in den folgenden Wochen tat. Eine Spitfire brauchte dreizehn volle Minuten, um im Alarmstart ihre Angriffshöhe zu erreichen, eine Me 109 flog in sechs Minuten über den Kanal. Ohne Vorwarnung wären die deutschen Jäger in jedem Fall über ihrem Gegner und in der besseren Schußposition gewesen, da sie ja bereits in großer Höhe anflogen. Die Ansicht ist weitverbreitet, daß der Luftkrieg schon entschieden war, als die Luftwaffe darauf verzichtete, die Radarstationen bis zu ihrer völligen Vernichtung anzugreifen.

Auch die Angriffe auf die küstennahen Flugplätze Manston, Hawkinge und Lympe an diesem Tag zeigten noch keine große Wirkung. In Manston waren nur einige Blenheim-Nachtjäger stationiert, während Hawkinge mit Hurricanes belegt war, die sich bereits in der Luft befanden, und das kleine ehemalige Sportfliegerfeld Lympne nur als Ausweichplatz diente. Bomben und Bordwaffen richteten nur geringen Schaden an.

Der Bann war jedoch gebrochen. Für die Zeit ab 13. August sagten nun die Meteorologen der Luftwaffe die langersehnte Schönwetterperiode voraus. Noch am Nachmittag des 12. August setzte Göring deshalb den Beginn des »Adlertags« auf den nächsten Morgen um 7.30 Uhr fest. Doch in der Nacht davor hatte sich das Wetter wieder verschlechtert, und der Einsatz wurde auf den Nachmittag verschoben. Das Kampfgeschwader 2 in Arras erreichte dieser Befehl zu spät. Pünktlich 7.30 Uhr waren die 50 Bomber vom Typ Do 17 mit Geschwaderkommodore Oberst Johannes Fink an der Spitze gestartet. Ziel des Verbandes war der Flugplatz Eastchurch auf der Insel Sheppey in der Themsemündung.

An der Küste tauchen ein paar Me 110 vor ihnen auf, umkreisen den Verband und stellen sich vor ihm auf den Kopf, um im Sturzflug nach unten zu gehen. Fink schüttelt den Kopf über diese »blöde Turnerei« und fliegt stur weiter. Die Zerstörer bleiben endlich zurück. Vor der englischen Küste stoßen die Bomber durch die Wolkendecke und fliegen in nur 500 Meter Höhe auf ihr Ziel zu. Jäger sind keine zu sehen, weder deutsche noch britische.

In Eastchurch an der Ostseite der Insel Sheppey liegen Aufklärer und andere Flugzeuge des Coastal Commands, keine Jagdflugzeuge. Aber Flugplatz ist Flugplatz und die deutsche Angriffsplanung ist gründlich gewesen. In der Anflugschneise liegt in Sichtweite der Insel die kleine Hafenstadt Whitstable. Dort laden die hinteren Maschinen ihre Bomben ab, mitten ins Stadtzentrum. Die vorderen konzentrieren sich auf den Flugplatz. Sie zerackern das Rollfeld, zerstören 5 Blenheim Bomber am Boden und treffen einige Hallen und Magazine. Fink gibt seinen Piloten über Sprechfunk das Kommando zur Heimkehr. In diesem Augenblick taucht eine Staffel britischer Jäger auf. Sie schießen vier deutsche Bomber ab, ehe sich der Verband in die tiefhängenden Wolken verdrücken und entkommen kann. Erst nach der Landung in Arras erfahren sie, daß die Me 110 den Verband zur Umkehr hatten bewegen wollen.

Nach diesem mißlichen Auftakt begann am Nachmittag der eigentliche Adlertag, obwohl sich das Wetter nicht wesentlich gebessert hatte. Zerstörer, Stukas und Bomber vom Type Ju 88 griffen den Süden und Südosten Englands an. Die Hafenanlagen von Southampton, die Flugplätze Andover, Middle Wallop und Detling wurden mit Bomben und Bordwaffen belegt. Den größten Erfolg erzielten etwa vierzig Ju 87, die nachmittags den Flugplatz Detling bei Maidstone in Kent, unweit der Themsemündung angriffen. Detling gehörte nicht zum Fighter Command, sondern beherbergte eine Aufklärungseinheit mit zweimotorigen Anson. Es gab viel wichtigere Plätze in der

Nähe, weshalb man sich in Detling in einiger Sicherheit vor Angriffen wähnte. Nach Dienstschluß um fünf Uhr begannen sich die Kantinen für die Abendmahlzeit zu füllen und die Soldaten bereiteten sich auf den Feierabend vor. Nur die Einsatzleitung und die Flakstellungen blieben besetzt. Eine Angehörige des weiblichen Hilfskorps blickte zufällig aus einem Barackenfenster, als sie plötzlich Soldaten über den Platz laufen sah. Den Flugzeuggeräuschen hatte sie wenig Bedeutung beigemessen, denn die waren fast immer zu hören, aber Soldaten so schnell laufen zu sehen war ungewöhnlich. Dann begriff sie, daß der Lärm von Feindflugzeugen stammte und sie das Ziel eines Angriffs waren. Sie stürzte hinaus und erreichte den Luftschutzunterstand in dem Augenblick, als das ohrenbetäubende Heulen der Stukas einsetzte, die sich fast senkrecht auf den Platz stürzten. Minutenlang tobte die Hölle, die Erde bebte unter den Bombeneinschlägen und in das Krachen der Explosionen und fallender Trümmer mischte sich das schneidende Geräusch der Stukasirenen zu einen fast unerträglichen Lärm.

Als die Stukas abgeflogen waren und die Staubwolken sich gelegt hatten, bot sich den Überlebenden ein Bild völliger Verwüstung. Die Hangars und Werkstätten waren dem Erdboden gleichgemacht, die Einsatzleitung zerstört und ein Luftschutzunterstand hatte einen Volltreffer erhalten. Die Rettungsarbeiten dauerten bis lange in die Nacht: 67 Soldaten und Zivilisten hatten den Tod gefunden, zweiundzwanzig Anson Maschinen waren am Boden zerstört worden und die Rollbahn glich einer Kraterlandschaft. Trotz Radar, Beobachternetz und der hervorragenden Nachrichtenverbindungen war Detling nicht gewarnt worden und Keith Park hatte keine Jäger geschickt. An diesem Nachmittage war der Himmel über Süd- und Südostengland voller deutscher Flugzeuge, und die Jäger des Fighter Command konnten nicht überall sein.

Über Weymouth war zur Zeit des Angriffs auf Detling, einige hundert Kilometer entfernt, eine Staffel Spitfire in der Luft und wartete auf den Gegner, dessen Anflug von Süden über dem Kanal gemeldet war: Ein großer Verband von Stukas, Me 110 und Me 109. Die Me 110 fielen schon über der Küste einer Staffel Hurricane zum Opfer. Die Spitfire stürzten sich auf die weiterfliegenden Stukas und sprengten den Verband, mußten sich aber vor den angreifenden Me 109 zurückziehen. Dann geschah das, worauf die Briten spekuliert hatten: Die Me 109 kehrten wegen Treibstoffmangels um, die Stukas flogen allein weiter. Neun Maschinen griffen den Sektorflugplatz des Fighter Command Middle Wallop an. Sechs von ihnen schossen die Spitfire ab.

Insgesamt flog die Luftwaffe am 13. August 1485 Einsätze, aber es war nicht der große Schlag, den man sich erhofft hatte. Die Verteidiger konnten den Tag als Sieg verbuchen und meldeten 78 Abschüsse deutscher Maschinen gegen den Verlust von drei britischen Piloten. Tatsächlich büßten die Briten außer 40 am Boden zerstörten Maschinen bei den Luftkämpfen 13 Jagdmaschinen ein, während 34 deutsche Flugzeuge nicht zurückkehrten.

Der 14. August brachte eine Wetterverschlechterung, die nur wenige Einsätze zuließ. Die Aussichten für den nächsten Tag verhießen ebenfalls nichts Gutes; deshalb befahl Göring seine Luftflottenchefs und Feldmarschall Milch zu sich. Der Reichsmarschall war wütend, weil der Erfolg des Adlertags in keinem Verhältnis zu dem Aufwand stand. Die Bomber würden über schwierigen Zielen verheizt, weil der Jagdschutz versage. Es war das alte Lied von der Schwierigkeit für die Jagdverbände, bei den Bombern zu bleiben, die bei dem herrschenden ungünstigen Wetter die Neigung zeigten, irgendwo im Dunst zu verschwinden. Die Suche koste noch mehr Sprit, als man sowieso schon für die ewige Kurverei über den langsamen Bombern verbrauche, meinte Kesselring. Mit den Angriffen auf weiter landeinwärts gelegene Ziele waren die deutschen Jäger an die Grenze ihrer Reichweite gekommen. Göring wußte auch keinen Rat als den, eine Bordsprechverbindung zwischen Jägern und Bombern herzustellen. Das ließ sich in so kurzer Zeit jedoch nicht bewerkstelligen. Als einziges Resultat zeitigte die Unterredung den Entschluß, die lahme Me 110 aus dem Gefecht zu ziehen und nur noch dann einzusetzen, wenn ein Jagdschutz für sie verfügbar war.

Während die Herren der Luftwaffe in Karinhall um die Unzulänglichkeiten ihrer Waffe stritten, hatte sich die Wetterlage am Kanal überraschend gebessert. Die Stabschefs der Luftflotten handelten, ohne ihre abwesenden Vorgesetzten zu verständigen – Göring wollte nicht gestört werden. Die Operationspläne waren ja bis ins letzte Detail für jeden Tag ausgearbeitet, so daß die Stabschefs nur den Befehl zum Angriff zu geben brauchten.

Bomberverband um Bomberverband rollte über die Pisten. In genau berechneten Abständen folgten die Jäger. Mit 1786 Einsätzen erreichten sie an diesem Tag einen Rekord. Zum erstenmal schaltete sich auch die Luftflotte 5 (Norwegen) in den Kampf ein. In Stavanger starteten zwei Gruppen He 111 des KG 26 und eine Gruppe Me 110 des ZG 76 mit zusammen etwa 110 Maschinen. Gegen Mittag näherten sie sich der Küste von Northumbria, wo sie den Flugplatz Usworth des Fighter Commands und zwei weiter südlich gelegene Bomberflugplätze angreifen sollten. Die britischen Radarstationen hatten

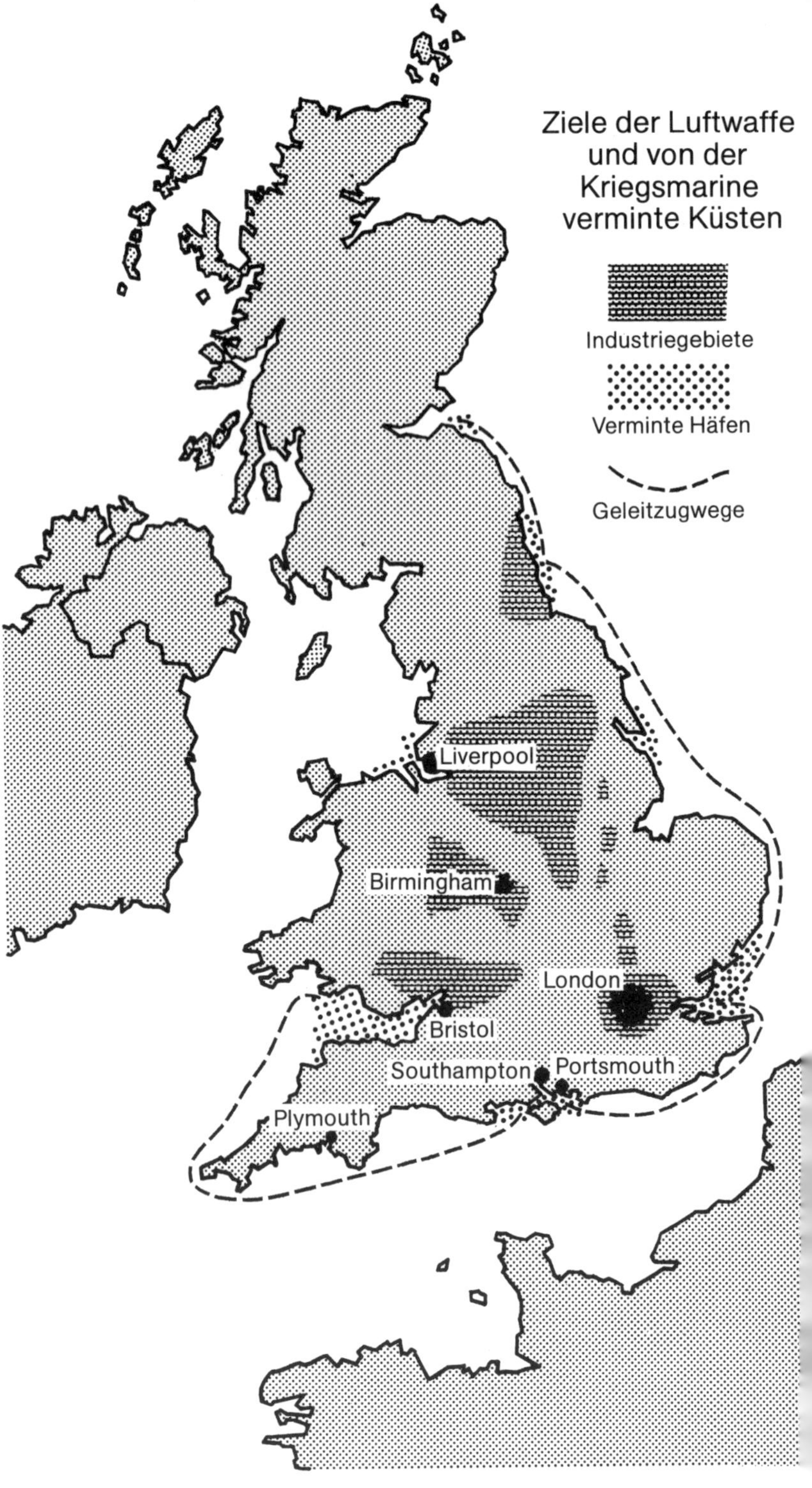
Ziele der Luftwaffe und von der Kriegsmarine verminte Küsten
Industriegebiete
Verminte Häfen
Geleitzugwege
Liverpool
Birmingham
London
Bristol
Southampton
Portsmouth
Plymouth

sie jedoch schon längst ausgemacht. Noch über See griffen die Jagdflieger der R. A. F. die Verbände an und spielten ihre Überlegenheit gegenüber den langsamen Bombern und Zerstörer voll aus. Sie sprengten die Verbände und schossen ohne eigene Verluste 15 Maschinen ab. Ihr Ziel erreichten die Bomber nicht.

Eine halbe Stunde später waren fünfzig Ju 88 in Aalborg gestartet und waren über die Nordsee bei Scarborough in Yorkshire eingedrungen. Sie beschädigten den Bomberflugplatz Driffield schwer und zerstörten zehn Whitney-Bomber am Boden. Acht Ju 88 wurden abgeschossen. Damit hatte die Luftflotte 5 an diesem Tag 23 der gestarteten 160 Maschinen verloren. Sie wurde in der Schlacht um England nicht mehr eingesetzt, da sie ohne Jagdschutz den britischen Jägern hoffnungslos unterlegen war.

Inzwischen hatte jedoch der rollende Massenangriff der Luftflotte 2 im Süden eingesetzt: 40 von Jägern begleitete Stukas nahmen sich Essex und Suffolk vor, hundert von Jägern begleitete Bomber flogen in Kent ein. Die Flugplätze Martlesham, Eastchurch und Hawkinge sowie zwei Flugzeugwerke bei Rochester wurden getroffen. Am späten Nachmittag kam die Luftflotte 3 mit 200 Maschinen (davon 47 Stukas) und bombardierte Portland sowie den Flugplatz Middle Wallop, wobei die Bombenschäden jedoch gering waren. Kurz nach 18.00 Uhr schlug die Luftflotte 2 wieder zu: Sechzig Maschinen drangen bis an die Außenbezirke Londons vor. Die Flugplätze West Malling und der Londoner Zivilflugplatz Croydon sowie die dortigen Flugzeugwerke wurden schwer beschädigt. Die Luftwaffe verlor an diesem Tag 75 Maschinen gegen 34 der R. A. F.

Am 16. August ging die Schlacht unerbittlich weiter. Auch ohne Luftflotte 5 wurden wieder 1700 Einsätze – davon 400 von Bombern – geflogen. Die Angriffe richteten sich hauptsächlich gegen Flugplätze und verursachten große Schäden. Dichte Bewölkung verhinderte Luftkämpfe, trotzdem wurden 45 deutsche Maschinen abgeschossen. Die R. A. F. verlor 21.

Der Flugplatz Tangmere, den deutsche Kriegsgefangene des Ersten Weltkriegs gebaut hatten, war von Stukas in Trümmer gelegt worden. Alle Hangars, Werkstätten, Lagerräume, das Krankenrevier, das Offizierskasino, die Baracke der Heilsarmee und die Pumpstation waren getroffen worden. Außerdem waren drei Blenheim Bomber und sieben Hurricane am Boden zerstört oder schwer beschädigt worden.

Am 17. August flog die Luftwaffe nur 77 Einsätze. Die Briten wunderten sich, denn das Wetter über der Insel war gut. Die deutschen Flugplätze auf der anderen Seite des Kanals waren jedoch von dichten Regenwolken verhangen. Am 18.August flog die Luftwaffe noch einmal 750 Einsätze. Sie waren erfolgreich gegen mehrere Flugplätze gerichtet und zerstörten zum Beispiel in Kenley ein halbes Dutzend Hurricane am Boden und setzten die Radarstation Poling für Stunden außer Betrieb. Die Verluste auf deutscher Seite waren fast so schwer wie am 15. August: 71 Maschinen gegen 27 der R. A. F. Der Stabschef des Fliegerkorps VIII, Oberstleutnant Hans Seidemann bezeichnete diesen Donnerstag als den »schwarzen Tag der Schlacht um England«. Sein Fliegerkorps hatte an diesem einen Tag 30 Stukas verloren.

Das Debakel der Stukas setzte sich fort, und der Tag war vorauszusehen, an dem es keine Stukas mehr geben würde. Am 19. August drohte Göring seinen Jagdfliegern mit dem Kriegsgericht, wenn sie weiterhin den Bomberschutz vernachlässigten. Doch die Luftflotten hatten die Stukas schon am Vortag aus dem Verkehr gezogen.

Auch von einer Staffel von neun Do 17 des KG 76 kehrten nur zwei Maschinen zurück. Sie waren am frühen Nachmittag in Cormeilles-en-Vexin zu einem Angriff auf den Jagdflugplatz Biggin Hill in Kent gestartet. An der Spitze flog Staffelkapitän Leutnant Lamberty. Die Bomber mit dem langen bleistiftförmigen Rumpf hielten sich in dreißig Meter Höhe über dem Wasser und lagen damit für die Beobachter an der englischen Küste unter dem Horizont. Sie erschienen deshalb auch nicht auf den Radarschirmen. Das wußten die deutschen Piloten allerdings nicht. Sie waren in niedriger Höhe geflogen, um den englischen Jägern zu entgehen, die sie in großen Höhen vermuteten. Auch nach dem Überfliegen der Küste von Kent behielten sie ihre geringe Höhe bei. Sie verschwanden zwischen den Hügeln der gewellten Landschaft und waren über dem Flugplatz, ehe der Gegner gewarnt werden konnte. Das Feuer ihrer Bordwaffen und der Hagel ihrer Bomben schlug in die völlig überraschten Briten. Zwischen den Einschlägen rasten die Kanoniere der Bofors-Geschütze in ihre Stellungen und schossen auf die bereits abdrehenden deutschen Bomber.

Lamberty wurde das Ende der linken Tragfläche weggeschossen, die Maschine fing Feuer. Während er sich nach einem geeigneten Notlandeplatz umsah, bemerkte er, wie eine andere Do 17 seiner Staffel auf dem Boden aufschlug. Lamberty drückte das Flugzeug vorsichtig nach unten auf ein freies Feld zu. Krachend setzte er auf, die brennende Maschine machte noch drei Sprünge und schlug dann in eine Hecke. Die Flammen hatten die Kanzel erreicht. Hinter ihm kroch die Besatzung aus dem Rumpf.

Lamberty sah eine Gruppe Uniformierter, die ihre Gewehre auf ihn richteten. Die Kanzel war glühendheiß, Metall begann zu schmelzen. Mit bloßen Händen zog er sich über den Rand seines Sitzes. In seiner verzweifelten Anstrengung spürte er keinen Schmerz, roch nur verbranntes Fleisch. Aber er schaffte es, sich aus der Kanzel zu befreien und nach draußen fallen zu lassen. Schwankend ging er auf die Männer zu, die noch immer ihre Gewehrläufe auf ihn gerichtet hielten.

Unbewußt streifte der deutsche Leutnant seine Hände an der Kombination ab und hob sie dann über den Kopf. Die Engländer sahen, wie sich verbrannte Fleischfetzen von seinen Handflächen lösten, und senkten ihre Gewehre. Als sie ihn abführten, bat er um eine Zigarette aus der oberen Tasche seiner Jacke, die sie ihm auch bereitwillig anzündeten – es waren englische, die er auf Guernsey gekauft hatte.

Während Lamberty landete, spielte sich in der Luft über ihm ein anderes Drama ab. Eine seiner Dorniers zog in niedriger Höhe unablässig Kreise über dem zerbombten Flugplatz, ohne sich um den Beschuß durch leichte Flak zu kümmern. Der Pilot lag tot in seinem Sitz, sein Körper hatte sich in der Steuerung verklemmt. Der Bordmechaniker arbeitete wie besessen daran, den toten Kameraden von seinem Sitz nach hinten zu ziehen. Es ging nur Zentimeter um Zentimeter. Noch hätte er abspringen können, aber er hatte keine Lust, in englische Gefangenschaft zu geraten und vielleicht erschossen zu werden. Durch die zerborstene Kanzel schnitt der Fahrtwind, trotzdem trieb ihm die Anstrengung in dem engen Raum den Schweiß aus allen Poren. Als er es geschafft und den Toten im Rumpf niedergelegt hatte, zwängte er sich hastig auf den Sitz. Keine Sekunde zu früh, denn das Flugzeug verlor rapide an Geschwindigkeit, während die Nase langsam aber sicher immer höher zeigte. Der Mechaniker war noch nie selber geflogen, aber er kannte alle Instrumente und alle Funktionen. Leicht drückte er die Nase nach unten und steuerte mit dem Seitenruder gegen, bis er auf Südkurs war. Sein Glück, daß die Sonne schien und er sich nach ihr richten konnte. Er mußte schwer arbeiten, denn seine Ruderausschläge kamen viel zu kräftig und ständig mußte er Flugrichtung und Höhe korrigieren. Er brachte die schwere Maschine jedoch heil über den Kanal, fand sogar den Platz von Cormeilles-en-Vexin und brachte obendrein auch noch eine passable Landung zustande. Sein Kommandeur steckte ihm noch am selben Tag das Eiserne Kreuz an. Eine Woche später wurde er über London abgeschossen und geriet doch noch in Gefangenschaft.

Obwohl Biggin Hill noch am selben Tag von einer Staffel Ju 88 angegriffen wurde, blieb der Flugplatz relativ unbeschädigt. Die Startbahn war von Bomben umgepflügt, aber die Einsatzleitung und die Telefonleitungen blieben intakt. Zwei Tote und drei Verwundete hatten die beiden Angriffe gekostet. Die Krater waren bald wieder aufgefüllt und glattgewalzt.

In den folgenden Tagen bis zum 24. August war das Wetter diesig, und es kam nur zu sporadischen, wenig wirkungsvollen Anflügen deutscher Bomber. Im Hauptquartier des Fighter Command nutzte Dowding die Zeit, die stark gelichteten Reihen wieder aufzufüllen. In den zehn Tagen vom 8. bis 18. August waren in Luftkämpfen 183 Jagdflugzeuge verlorengegangen, vierzig wurden am Boden zerstört. Das war mehr, als selbst Beaverbrook in der Eile herbeizaubern konnte. Obwohl den aus den Fabriken kommenden Maschinen alles fehlte, was nicht unbedingt zur Flug- und Kampftauglichkeit notwendig war, ließ sich die Produktion nicht mehr steigern – wenig mehr als 100 Jagdflugzeuge pro Woche. Hinzu kamen die nach einem Abschuß notgelandeten und wieder zusammengeflickten Spitfire und Hurricane. Aber bei dieser Verlustrate blieb eine Lücke, und man konnte sich ausrechnen, wann die Reserven und schließlich auch das Kapital aufgebraucht waren.

Schlimmer noch war der Mangel an Piloten. In den vergangenen zehn Tagen waren 94 Piloten der britischen Jagdwaffe gefallen oder als vermißt gemeldet, sechzig waren verwundet, viele davon hatten schwere Verbrennungen davongetragen. Allein in der Gruppe 11 waren elf Staffelführer gefallen. Angesichts dieser Situation konnte sich Air Chief Marshall Dowding nicht den billigen Optimismus eines Lord Beaverbrook leisten. Beaverbrook hatte in diesen Tagen behauptet: »Der Allmächtige ist durchaus nicht immer gegen uns. Im Gegenteil, Er ist unser Minister für Flugzeugproduktion und ich bin nur sein Stellvertreter.«

Dowding war Pragmatiker, rechthaberisch vielleicht, aber er hatte einen Instinkt für das im Augenblick Notwendige und wußte es durchzusetzen. Es wäre verständlich gewesen, wenn er jetzt seine erfahrensten Piloten auf die rückwärtigen Flugplätze zur beschleunigten Ausbildung neuer Piloten kommandiert hätte; er schien jedoch zu ahnen, daß dafür keine Zeit mehr war und trommelte wahllos Flugzeugführer von der Marine und vom Heer zusammen. Sie wurden auf Gedeih und Verderb in die Spitfire und Hurricane gesetzt und mußten die schnellen Maschinen ohne jede Erfahrung im Einsatz fliegen. Viel brachte diese Notmaßnahme allerdings nicht, denn die Verantwortlichen im Luftfahrtministerium glaubten, daß die Deutschen sowieso bald mit der Invasion beginnen würden – ganz gleich, wie die Luftschlacht ausginge. So bekam Dowding nur 53 Piloten. Gleichsam als Trostpflaster aber erhielt er eine unverhoffte Anerkennung, die Winston Churchill ihm und den Angehörigen des Fighter Command am 20. August zollte: Noch nie in der Geschichte menschlicher Auseinandersetzungen hätten so viele so wenigen so viel zu verdanken gehabt.

Der Kampfgeist der Piloten des Fighter Command war ungebrochen. Bis zur Selbstaufgabe kämpften sie über den Dächern ihrer Häuser gegen die Eindringlinge. Es ging ihnen schlicht ums Überleben. Flight Lieutenant J. S. Nicholson flog mit der 249. Hurricane Staffel Patrouille in wolkenlosem Himmel 5000 Meter über Southampton. Wahrscheinlich dachte er gerade an seine Frau, die in diesen Tagen ihr erstes Kind erwartete oder auch nur daran, daß er nach der Landung wieder um eine Mahlzeit kämpfen mußte, weil es neuerdings außerhalb der Essenszeiten nichts mehr gab.

Einen Luftkampf hatte Nicholson noch nicht zu bestehen gehabt. Er brannte darauf, einen Deutschen »anzuspritzen«. Und da waren sie auch schon: Ein Verband von etwa zwanzig Ju 88 kreuzte weit voraus ihren Kurs. Nicholson und zwei andere Piloten erhielten die Erlaubnis, sich an die Deutschen heranzumachen, doch sie kamen zu spät, denn eine Staffel Spitfire stürzte sich schon auf die Bomber und sprengte den Verband. Nicholson drehte in einem weiten Bogen ab, um zu seiner Staffel zurückzufliegen.

Nicholson wandte den Kopf zurück, um nach seinen Kameraden Ausschau zu halten – und sah in das Mündungsfeuer aus den Kanonen und MGs einer Me 110, die sich hinter ihn gesetzt hatte. Ein fürchterlicher Schlag wie von einer Explosion erschütterte Nicholsons Hurricane, aus dem Tank schlug Feuer, das sich rasch bis zur Kabine ausbreitete. Instinktiv kurvte Nicholson weg. Verbissen umklammerte er den Steuerknüppel. »Aussteigen!« schoß es ihm durch den Kopf. Er spürte, wie Blut über sein Gesicht rann und sein rechtes Auge blendete. Mit seinem rechten Bein stimmte etwas nicht, ein stechender Schmerz durchfuhr ihn, als er das Fußpedal durchtrat, um die Maschine wieder auf einen geraden Kurs zu bringen. Er hatte einen vollen Kreis beschrieben, die Messerschmitt flog jetzt vor ihm, etwa 50 Meter höher. »Dich krieg ich!« brüllte Nicholson. Die Hitze in seiner Kanzel war fast unerträglich. Er sah durch Rauch und Flammen die gegnerische Maschine nur noch als Schatten. Der beißende Gestank von verbranntem Gummi und Textilien stach ihm in die Nase. Der Schatten vor ihm wurde größer, leicht zog Nicholson seine brennende Maschine hoch und schoß der Messerschmitt eine volle Garbe aus seinen acht MGs in den Bauch. Der Deutsche kippte über eine Fläche weg und trudelte senkrecht zur Erde. Mit letzter Kraft drehte Nicholson seine Maschine auf den Rücken und ließ sich aus seiner Kanzel fallen.

Seine Kombination stand in Flammen, die jedoch der Luftzug des freien Falles löschte. Nicholson zog die Reißleine seines Fallschirmes mit schmerzverzerrtem Gesicht. Beide Hände waren mit Brandwunden bedeckt. Ein feindlicher Jäger flog dicht an ihm vorbei. Nicholson ließ sich in den Leinen nach vorn hängen, man konnte nie wissen...

Dann näherte er sich dem Boden. Ein kleines Dorf lag unter ihm. Er wehrte sich gegen eine Ohnmacht und versuchte sich in Gedanken auf die Landung vorzubereiten. Da schlug ihm von unten Gewehrfeuer entgegen. Brave Home Guard Männer, die ihren Haß auf die Deutschen abreagierten. Mit Erfolg. Nicholson wurde getroffen, verlor aber nicht das Bewußtsein. Irgendwie mußte er die Landung gemeistert haben, denn er wachte in einem Krankenhaus wieder auf, schwer, aber nicht lebensgefährlich verletzt.

Die Schlacht ging weiter. Am 24. August griff die deutsche Luftwaffe wieder an. Die Bomber flogen diesmal mit verstärktem Jagdschutz – auf einen Bomber kamen bis zu drei Me 109. Und wieder konzentrierten sie sich auf die Flugplätze der 11. Jagdgruppe. Manston, North Weald und Hornchurch wurden schwer getroffen. Die britischen Jäger schienen einen aussichtslosen Kampf zu kämpfen: 24 von ihnen wurden abgeschossen, 16 am darauffolgenden Tag und 24 wieder einen Tag später. Einer der Piloten, der Neuseeländer Al Deere, hatte sich schon zum dritten Mal mit dem Fallschirm aus seiner abgeschossenen Spitfire retten müssen.

Die Luftwaffenbomber flogen vom frühen Vormittag bis in die Nacht Angriff um Angriff. Biggin Hill war schon zum sechsten Mal eines der Ziele: Der Raum der Einsatzleitung war zerstört, alle Telefonverbindungen unterbrochen und es gab auf dem ganzen Flugplatz kein Gebäude mehr, das nicht beschädigt war. Auch Warmwell und Manston waren ohne Nachrichtenverbindung. Die Frequenzen des Funksprechverkehrs mit den Piloten mußten von rückwärtigen Plätzen übernommen werden. Ein Zufallstreffer in eine Überlandzentrale legte die Stromverbindung weiter Teile Südostenglands lahm und setzte damit die sieben Hauptradarstationen außer Betrieb.

Und immer wieder kamen die Bomber, in Verbänden von 50, 100, 200 Maschinen. Die britischen Jäger fanden keine Ruhe. Erschöpft schleppten sie sich zu ihren Alarmstarts, schliefen ein, sobald sie gelandet waren, um kurz darauf schon wieder in ihre Maschinen gejagt zu werden. Fünf Einsätze am Tag waren für die meisten die Regel. Schon begann sich das Abschußverhältnis umzukehren. Am 31. August verlor die R. A. F. 34 Jagdflugzeuge gegen 28 abgeschossene deutsche Flugzeuge, am 3. September 34 zu 29.

Zwischen 24. August und 6. September flog die Luftwaffe Dutzende schwerer Angriffe gegen Einrichtungen der Royal Air Force, die für diese Zeit 4523 eigene Einsätze registrierte. Nicht nur die Flugplätze des Fighter Command hatten unter dem Ansturm des Gegners zu leiden, auch die Flugzeugwerke zählten zu den bevorzugten Zielen der deutschen Bomberverbände. Außer den Supermarine-Spitfire-Werken in Castle Bromwich wurden die Vickers Werke von Brooklands und Weybridge angegriffen, in denen Wellington Bomber produziert wurden. In Brooklands gab es 88 Tote und über 600 Verletzte. Eine Zeitlang war die Produktion stillgelegt. Mehrmals wurden auch die Short Brothers Werke in Rochester mit Bomben belegt. Hier wurde neben den großen Sunderland Flugbooten auch der neue Stirling Bomber gebaut. Durch die schweren Bombenschäden verzögerte sich die Indienststellung des Bombers um Monate. Wenn es so weiterging, würde auch bald die britische Flugzeugproduktion am Boden liegen.

Beim deutschen Heer machte sich trotz der hohen Flugzeugverluste wachsender Optimismus bemerkbar. Bei einem Gespräch mit von Brauchitsch stellte Generalfeldmarschall von Bock fest, daß die deutsche Luftwaffe diesmal wirklich »ziehe«. Damit kam er der Wahrheit näher als mancher der Verantwortlichen im Oberkommando der Luftwaffe, wo man über der Härte des Kampfes die Erfolge nicht sehen wollte oder konnte.

Auch in der deutschen Bevölkerung wurden die bisherigen Resultate der großen Luftschlacht mit Zufriedenheit, wenn nicht gar Begeisterung registriert. In den »Meldungen aus dem Reich«, den geheimen Lageberichten des Sicherheitsdienstes der SS, heißt es unter dem 29. August 1940:

»Immer mehr festigt sich die Überzeugung, daß es nicht lange dauern könne, bis die uneingeschränkte Luftherrschaft über England hergestellt sei und die englischen Einflüge nach Deutschland aufhörten. Besonderen Eindruck machte die Mitteilung des OKW, daß in einer Nacht über England 1500 Bomben mit 150 000 kg Sprengstoff abgeworfen wurden. Man war überrascht, daß die deutschen Angriffe schon solche Ausmaße angenommen haben.«

Am 5. September 1940 meldete der Sicherheitsdienst:

»Mit Bestimmtheit rechnet man damit, daß England den täglichen Aderlaß an Flugzeugen sowie die Zerstörung seiner Flugplätze, Hafenanlagen und Industriewerke keine vier Wochen mehr aushalten könne. Immer mehr verbreitet sich die feste Hoffnung, daß der Krieg noch in diesem Jahr zu Ende gehe.«

Für das Fighter Command war die Situation ernst, doch nicht so verzweifelt, wie man es von deutscher Seite sah. Dowding machte sich nicht so sehr Sorgen um die Zahl der verlorenen Maschinen – vom 24. August bis zum 6. September hatte die Royal Air Force 292 Flugzeuge in der Luft oder am Boden verloren, die Luftwaffe dagegen 331 –, sondern es waren der Mangel an Piloten und die Schäden auf den Flugplätzen, die den Einsatz der Jägergruppen beeinträchtigten. Trotz der ständigen deutschen Angriffe liefen die hohe Produktion und der Reparaturbetrieb an Jagdflugzeugen weiter; Dowding brauchte nur ein wenig Zeit, eine Pause, um aufzufüllen und die Schäden auf den Sektor-Flugplätzen, von denen aus die Einsätze gelenkt wurden, zu beheben.

Die Erfolgsmeldungen der deutschen Bomber waren übertrieben und die angerichteten Schäden bei weitem nicht so groß wie sie selbst englische Quellen hinstellten. Ein hoher Prozentsatz der Bomben verfehlte das Ziel oder landete als Blindgänger. Viele versprengte oder fliehende Bomber warfen ihre Last irgendwo über der Landschaft oder auf eine beliebige Stadt ab. Darunter hatte besonders die Bevölkerung von Kent und Sussex zu leiden, auch wenn die Mehrzahl dieser Bomben in freies Feld fiel.

Die Zahl der getöteten Zivilisten bei diesen Bombenabwürfen war allerdings besonders hoch, denn sehr viele ließen es sich nicht nehmen, die Luftkämpfe zu verfolgen, statt in Deckung zu gehen. Sie wollten sehen, wie die Eindringlinge abgeschossen wurden, und begleiteten jede Rauchfahne, die aus einer deutschen Maschine schlug, mit Jubel, während der Absturz einer eigenen Maschine die Bitterkeit und den Haß auf die Deutschen noch vertiefte. Die vielen Junkers, Dornier, Heinkel und Messerschmitt, die bald die Landschaft verunzierten, wurden zu Ausflugsobjekten; in der satirischen Zeitschrift Punch erschien in jenen Tagen eine Karikatur, in der einem Mann, der nach dem Weg fragt, abgeschossene Maschinen als Wegzeichen angegeben werden: »Hinter der Junkers biegen Sie rechts ab, dann bis zur Messerschmitt...«

Es gab kaum eine Gegend in Kent, in der keine Bomben fielen. Bei einem Angriff auf den Flugplatz Manston landeten viele Bomben im Zentrum des fünf Kilometer entfernten Ramsgate. Doch die Bevölkerung war gewarnt gewesen und hatte in dem ausgedehnten Stollensystem unter der Stadt Schutz gefunden, so daß keine Opfer zu beklagen waren. In Gravesend fielen mehrere Bomben in die Ortsmitte und tötete zwei Zivilisten, eine Bombe schlug während des Sonntagsgottesdienstes neben der Kirche ein und zerschmetterte die wertvollen Kirchenfenster; in Ashford detonierte eine Reihe von Bomben in der Nähe des Bahnhofs, doch nur ein Haus fiel in Trümmer; in Maidstone, Folkestone und vielen anderen Orten wurden Wohnhäuser zerstört und ihre Bewohner getötet. Und immer war mit dem Schock auch die Furcht verbunden, daß dies der Auftakt zur Invasion sei.

Trotzdem war jeder bemüht, sich selbst und anderen zu beweisen, daß das Leben weiterging. Der Gedanke an eine Kapitulation lag allen so fern wie der Kontinent. Anfang September beginnt in Kent die Zeit des Hopfenpflückens. Da viele Bewohner der Grafschaft evakuiert waren, mußten sich die Hopfenbauer die Pflücker aus ganz England zusammenholen – und es kamen mehr als man erwartet hatte. Ohne Störungen ging die Ernte nicht ab, da es immer wieder vorkam, daß Tiefflieger die Menschen auf den Feldern und Bauernhäuser beschossen oder gar bombardierten. So mußten für die Pflücker Luftschutzunterstände neben den Feldern ausgehoben werden. Die Arbeiter und Arbeiterinnen nahmen das ohne zu murren in Kauf, denn sie betrachteten ihre Arbeit auch als Beitrag zur Landesverteidigung. Der Hopfenbauer Major S. C. Berry in Brenley bei Faversham bot den Ertrag von zwei Hektar Hopfen für den »Spitfire Fund«, mit dem die Gemeinde Faversham der Royal Air Force einen neuen Jäger finanzieren wollte. Freiwillige Helfer aus der Stadt arbeiteten fünf Wochen in den Feldern und erzielten mit dem geernteten Hopfen einen Ertrag von über tausend Pfund Sterling.

Die Bevölkerung wußte um die schwierige Lage des Fighter Command. Die Angriffe auf die Flugplätze waren weithin sichtbar, und täglich waren die Bewohner Kents Zeugen der Luftkämpfe über den Dächern ihrer Häuser. Sie wußten sehr wohl, daß die abgeschossenen Maschinen, die mit langen Rauchfahnen vom Himmel fielen, nicht nur deutsche waren. Den geschönten Abschußzahlen, die die BBC täglich durchgab, mißtraute man, denn danach hatte die deutsche Luftwaffe in den beiden Wochen vom 24. August bis 5. September 562 Flugzeuge über England verloren – fast doppelt soviel wie es tatsächlich der Fall war.

XXI. Mit dem Angriff auf London verspielt Göring die letzte Chance

Der geringfügige Navigationsfehler eines deutschen Bomberverbandes sollte die Niederlage der Luftwaffe einleiten und damit die Invasion der Britischen Inseln vereiteln. In der Nacht vom 24. zum 25. August, einem Samstag, war von den 170 über England operierenden deutschen Bombern ein Verband zu den Flugzeugwerken in Rochester und den Öltanks von Thameshaven unterwegs. Die Besatzungen hatten diesen Einsatz schon geflogen und ihre tödliche Last auch ins Ziel gebracht; diesmal zogen sie seelenruhig über ihr Ziel weg und lösten die Bomben erst dreißig Kilometer weiter westlich aus. Statt der Öltanks an der Themsemündung und des Flugzeugwerkes trafen sie die Innenstadt Londons. Die große Einkaufsstraße Oxfordstreet mit ihren vielen Warenhäusern wurde schwer in Mitleidenschaft gezogen, eine Kirche zerstört und weitverstreut brachen in der Stadt Brände aus.

Hitler erfuhr zunächst nichts davon, daß London gegen seinen ausdrücklichen Willen angegriffen worden war. Göring bemühte sich, einem Wutanfall seines Herrn zuvorzukommen, und schickte am nächsten Morgen ein Telegramm an die Luftflotte, die es sofort an die eingesetzten Verbände weiterleitete: »Es ist unverzüglich zu melden, welche Besatzungen Bomben in den Sperraum London geworfen haben. Der Ob. d. L. behält sich vor, die betreffenden Kommandanten selbst zu bestrafen und zur Infanterie zu versetzen.«

Das Unheil war damit nicht aufzuhalten. Der Chef des Luftstabes in London rief Churchill auf dessen Wochenendsitz in Chequers an und holte sich die Einwilligung für einen Vergeltungsschlag. Noch in der Nacht vom Sonntag zum Montag flogen 81 Wellington und Hampden Bomber nach Berlin und luden über der Reichshauptstadt ihre Bomben ab, zum Teil wenigstens, denn über zwanzig der Maschinen nahmen ihre Bomben wieder mit zurück, weil sie kein Ziel hatten ausmachen können, die anderen warfen ihre Bomben zumeist in freies Gelände, 150 Brandbomben landeten in einer Laubenkolonie. Der Berliner Sicherheitshilfsdienst zählte nur 80 Einschläge und schätzte den Sachschaden auf 3000 Reichsmark. Einige der Bomber warfen statt Bomben Flugblätter ab. Unter anderem stand da zu lesen: »Berliner! Habt Ihr den Verstand verloren? Habt Ihr vergessen, daß es ein britisches Weltreich gibt, in dem 492 Millionen gegen Hitler geeinigt sind? Habt Ihr vergessen, daß von den 200 Millionen Sklaven Hitlers mindestens 80 Millionen besiegte Völker sind, die ihre Unterdrücker hassen und auf ihre Stunde warten; und 44 Millionen sind nur Italiener?! Habt Ihr unsere Luftwaffe vergessen, die in Deutschland herumfliegt, wie es ihr paßt, und im Juli allein 37 000 Bomben auf militärische Ziele an der Ruhr und im Rheinland abgeworfen hat? Die Bomben, die mit diesen Flugblättern zusammen abgeworfen wurden, sagen Euch: Der Krieg, den Hitler anfing, geht weiter! Dieser lange Krieg – der 1933 anfing, denn Krieg ist die einzige Aufgabe der nationalsozialistischen Diktatur – wird nicht aufhören, wann Hitler es mag. Wann und wie dieser Krieg aufhört, das bestimmen wir und mit uns die ganze Welt!«

Davon, daß der Angriff ein Vergeltungsschlag war für die nächtliche Bombardierung Londons, stand in dem Flugblatt nichts zu lesen, denn es war schon einige Wochen alt und ursprünglich als Reaktion auf Hitlers »Friedensangebot« vom 19. Juli gedacht. Im Stab des Bomber Command hatte man sich um den Inhalt der Flugblätter nicht gekümmert, zumal der Gedanke an Vergeltung dort keinen besonderen Widerhall gefunden hatte. Sir C. Portal, der Chef des Bomber Command hatte sich zwar der Notwendigkeit einer solchen Aktion nicht entziehen können, aber ihm lag es nicht, wie das bei Churchill der Fall war, sich von einer Situation fortreißen zu lassen und sich in geradezu biblische Dimensionen hineinzusteigern. Nach dem einen Nachtangriff am 25. August ging man deshalb in der britischen Bomberflotte zur Tagesordnung über, die als nächstes Ziel Leipzig vorsah.

Als Churchill am 26. August aus dem Wochenende zurückkam und erfuhr, daß man Leipzig statt Berlin bombardieren wollte, rief er sofort bei Luftmarschall Portal an: »Jetzt, da sie anfangen, unsere Hauptstadt zu behelligen«, sagte er, »möchte ich, daß Sie hart zuschlagen – und Berlin ist die Stelle, an der Sie sie hart treffen können!« Sir C. Portal gehorchte, und am 28. August flogen die R.A.F. Bomber Berlin an. Am 30. und 31. August wiederholten sie ihre Angriffe. Auf deutscher Seite hatte man keine Ahnung, daß sie als Vergeltung gedacht waren. Der deutsche Wehrmachtsbericht hatte den versehentlichen Angriff auf London verschwiegen und meldete jetzt nur »Angriffe auf die Reichshauptstadt mit geringen Schäden«.

Hitler, der sich in diesen Tagen auf dem Berghof bei Berchtesgaden aufhielt, erfuhr angeblich erst am 30. August von den Luftangriffen auf die Reichshauptstadt. Statt zu einer Konferenz nach Wien, flog er vor Wut außer sich nach Berlin. In der Reichskanzlei erging er sich in wüsten Beschimpfungen der Briten. Im OKW übersetzte General Jodl die Zornestirade für General Warlimont: »Der Führer will nunmehr bei günstiger Wetterlage Vergeltungsangriffe mit zusammengefaßten Kräften durchführen lassen.« Am 4. September wurde Hitler in einer Rede deutlicher: »Wenn sie unsere Städte angreifen, dann werden wir ihre Städte ausradieren.«

Die Bevölkerung von London wartete schon seit dem 25. August, als die ersten Bomben in die Stadt fielen, darauf, daß die Deutschen wiederkamen. Nun hatten sie die Gewißheit, daß sie das nächste Ziel waren und jeden Tag, jede Stunde die deutschen Bomber über der Stadt auftauchen konnten. Sie wußten, was das bedeutete, denn fünfundzwanzig Jahre zuvor, von 1915 bis 1918, hatten viele von ihnen schon einmal Bombentage und -nächte erlebt.

Auch damals hatte das deutsche Reich Großbritannien mit seiner Luftwaffe auf die Knie zwingen wollen, und wie 1940 war der Anstoß dazu von der Kriegsmarine gekommen. Im September 1914 hatte der damalige Stabschef der Kriegsmarine in einem Memorandum verlangt: »... wir sollten nichts unversucht lassen, um England niederzuringen ... in Anbetracht der dort bereits herrschenden Nervosität der Bevölkerung wären erfolgreiche Luftangriffe auf London ein wertvolles Mittel, dieses Ziel zu erreichen.« Am 9. Januar 1915 gab Kaiser Wilhelm II. seine Erlaubnis zur Durchführung solcher Angriffe, die »ausdrücklich auf Marinewerften und Militärarsenale, Hafenbecken und allgemeine militärische Anlagen beschränkt« bleiben sollten. »London selbst soll nicht angegriffen werden«, verfügte der oberste Kriegsherr in einem vorübergehenden Anflug von Großmut. Diese Anordnung blieb, wie die gleichlautende seines Nachfolgers zweieinhalb Jahrzehnte später, ein frommer Wunsch. Am 9. September 1915, einem sonnigen Tag, tauchte zur Mittagszeit das deutsche Luftschiff L 13 unter Kapitänleutnant Heinrich Mathy über den Dächern der belebten Innenstadt von London auf. Gemächlich brummend zog es seine Bahn, wie ein Wesen aus einer anderen Welt. Sein Anblick versetzte die Londoner in große Aufregung. Dann wurde aus dem scheinbar friedlichen Schauspiel brutale Wirklichkeit: Aus dem Bauch der Gondel fielen nacheinander zehn Zentnerbomben in das quirlende Leben der Metropole und richteten – für damalige Verhältnisse – schreckliche Verwüstungen an. Es gab Dutzende von Toten und Verletzten.

Bomben auf wehrlose Zivilisten zu werfen, widersprach allen damaligen Vorstellungen von einer ritterlichen Kriegführung und wurde den Deutschen in der ganzen Welt böse angekreidet. Das hinderte die Luftschiffer jedoch nicht, ihre Angriffe fortzusetzen. Im Januar 1916 griffen neun Zeppeline die Midlands an, im April flogen Marinezeppeline bis nach Schottland. Beide Angriffe kosteten 150 Männer, Frauen und Kinder das Leben. Im September 1916 griffen elf Luftschiffe die Britischen Inseln an, L 32 wurde dabei von der britischen Luftabwehr abgeschossen. Brennend begrub die Hülle des Zeppelins die Gondel unter sich, als er bei Dungeness an der Südküste abstürzte.

Im Juni 1917 wurde die Luftoffensive durch den Einsatz der neuen Gotha-Bomber, mächtiger viermotoriger Doppeldecker, verstärkt. Einundzwanzig dieser Ungetüme griffen die Hauptstadt unbehelligt an und töteten 162 Menschen, 426 wurden verletzt. Im Juli warfen sie wieder zehn Tonnen Bomben auf die Stadt, wobei 250 Zivilisten den Tod fanden. Bei Tag und bei Nacht setzten nun Luftschiffe und Bomber ihre Angriffe auf London fort, bis zum 18. Mai 1918, als 43 Gotha-Bomber zum letztenmal in diesem Krieg ihre Ladung über der Stadt abwarfen. Sechs der Angreifer wurden von britischen Jägern und den neuentwickelten Flugabwehrkanonen abgeschossen.

Nach anfänglicher Ratlosigkeit hatten die Briten seit 1917 verzweifelt an einer Luftabwehr gearbeitet. Mit Erfolg, denn im Sommer 1918 war London die erste Großstadt der Welt, die über ein modernes Flugabwehrsystem mit 284 Geschützen, 371 Scheinwerfern, elf Jagdstaffeln und einigen Dutzend Fesselballonen verfügte. In den zwanziger und dreißiger Jahren änderte sich daran allerdings nicht viel. 1939 bestand die Flugabwehr unter dem Kommando von General Sir Frederick Pile aus sieben Flakdivisionen, die sich auf die gesamte Ausdehnung der Britischen Inseln verteilten. Die Initiative von Duncan Sandys hatte zwar einiges in Bewegung gebracht, aber sie war viel zu spät gekommen. Trotzdem sahen die Londoner mit erstaunlicher, im Rückblick erschreckender Gelassenheit dem nächsten deutschen Luftangriff auf ihre Stadt entgegen.

Der 7. September war, wie schon jener »Zeppelintag« im Ersten Weltkrieg, ein sonniger und sehr warmer Herbsttag. Da es ein Samstag war, hatten die Geschäfte längst geschlossen, als um 16.43 die Sirenen in den Straßenschluchten der Innenstadt widerhallten. Nur zögernd suchten die Menschen die Schutzräume auf; in den Parks saßen auf den Bänken und im Gras ungerührte Zeitungsleser, strickende Frauen mit Kinderwagen, und an Bäume gelehnt flirteten junge Paare. Sie alle wären weniger sorglos gewesen, wenn sie einen Blick über den Kanal hätten werfen können.

Am Steilufer von Cap Gris Nez stand Göring mit seinen Generälen und beobachtete, wie seine »Walhallas« hoch über den Klippen von Dover nach Westen verschwanden. 625 Kampfflugzeuge, sowie 648 Jäger und Zerstörer waren für diesen Tag und die Nacht auf die britische Hauptstadt angesetzt. Welle auf Welle sollten sie vierzehn Stunden lang Vergeltung für die Angriffe auf Berlin üben und der Entscheidung in der großen Luftschlacht einen großen Schritt näherkommen. »Ich habe persönlich die Führung der Luftwaffe im Kampf gegen England übernommen«, hatte Göring verkündet. Er war felsenfest davon überzeugt, daß seine Luftwaffe allein mit den Engländern fertigwerden und eine Invasion überflüssig machen würde.

Die Spitzen der Bomberverbände erreichten London unangefochten kurz nach 17.00 Uhr. Vergeblich schoß die Flak Dauerfeuer, zwischen den weißen Flakwölkchen tauchten die Kondensstreifen der ersten britischen Jäger auf, deren Maschinengewehrfeuer sich in die Detonationen der Bomben mischte. Verband um Verband lud seine tödliche Last über den Docks von Woolwich, Deptford, Poplar und Wapping ab. Docks, das waren die riesigen Becken des Londoner Hafens, eines der größten der Welt. Über etwa zehn Kilometer zogen sie sich zu beiden Seiten der Themse von Woolwich bis zur Tower Bridge im Herzen der Stadt; alle gesäumt von den Armen- und Arbeitervierteln Ost-Londons – und genau in der Anflugschneise der von Frankreich kommenden Bomber. Die Bombenschützen brauchten nur zu warten, bis London und die erste Themseschleife in Sicht kam, um auf den Auslöser zu drücken: Ihre Last fiel fast automatisch in die Docks, und jede Bombe, die danebenging, traf ebenso automatisch die sich eng an die Docks schmiegenden Armenviertel und Slums.

In der Einsatzleitung der 11. Fighter Group war man zu spät auf die Richtung des konzentrierten Angriffs aufmerksam geworden. Die alte Taktik der Zurückhaltung in der Absicht, die Feindverbände nur dort anzugreifen, wo es sich lohnte, hatte sich gegen die Briten gekehrt und der Luftwaffe eine Einflugschneise offengehalten. Keith Park bot, als einmal die deutsche Absicht erkannt war, in größter Eile 21 Staffeln auf, zwei weitere Staffeln der westlich London liegenden Kanadier und Polen kommandierte er zum Schutz der Flugplätze der 11. Gruppe. Doch er kam zu spät, seine Jäger konnten den massierten Angriff nicht mehr abfangen. Ihnen blieb nichts anderes übrig, als dem abfliegenden Gegner nachzusetzen und ihn bis über die Küste hinaus zu verfolgen. Dabei gelang es ihnen immerhin noch, 38 deutsche Bomber und Jäger abzuschießen, selbst verloren sie aber 28 Maschinen.

Der Angriff der ersten deutschen Bomberwelle dauerte keine halbe

Stunde, und allzu voreilig wurde um 18.15 Uhr im Zentrum Londons Entwarnung gegeben. Über Woolwich stand am Himmel jedoch ein Kondensstreifen in der Form einer riesigen Acht. Denen, die das Zeichen gesehen hatten, wurde der Zusammenhang allerdings erst hinterher klar. Die Rettungsarbeiten waren in vollem Gang, als die Alarmsirenen wieder ertönten. Es war acht Uhr, und kurz darauf dröhnten die Motoren der deutschen Bomber wieder über der Stadt. Der Schein der Brände, verursacht durch Tausende von Brandbomben am Nachmittag, stand als leuchtender Wegweiser am Londoner Himmel, der jetzt pechschwarz war. Rosa stachen die Fesselballons von der schwarzen Wand ab, und als die Dunkelheit vollends hereingebrochen war, blieb es in der Innenstadt so hell, daß man in der Shaftesbury Avenue noch hätte Zeitung lesen können.

Die Flak konnte nur nach dem Motorengeräusch schießen, das gebündelte Licht der Scheinwerfer verlor sich in den Rauchwolken. Die Spitfire und Hurricane Jäger waren dazu verdammt, am Boden zu bleiben – es gab nur zwei Staffeln Blenheim Nachtjäger, eine davon – die 600. in Hornchurch – konnte nicht starten, weil sich dicke Rauchschwaden über den Platz wälzten. So konnten die Kampfflugzeuge der 2. Luftflotte fast ungehindert in dieser Nacht 250 Einsätze über London fliegen. Wieder waren es die Docks und das Royal Arsenal in Woolwich und die Wohngebiete der Umgebung, die die Wucht des Angriffes traf. Aber auch der Victoria- und der Charing-Cross-Bahnhof, das Battersea Kraftwerk, ein Themsetunnel und eine Themsebrücke wurden neben vielen anderen Gebäuden der Innenstadt getroffen.

In den Luftschutzbunkern der Innenstadt drängten sich verschreckte Menschen, viele von ihnen waren in den Restaurants beim Abendessen überrascht worden. Um 22.00 Uhr gab es noch immer keine Entwarnung. Noch witzelten einige Unentwegte: Die Pubs würden bald schließen und man würde nach all der Aufregung nicht mal mehr zu seinem Beruhigungsdrink kommen. Gegen Mitternacht begann sich die Stimmung jedoch einem Nullpunkt zu nähern, und Angst zeichnete sich auf einigen der Gesichter ab. Keiner hatte damit gerechnet, länger als eine Stunde im Bunker zubringen zu müssen; es gab keine Decken, nur wenige trugen Mäntel, weil es ein so warmer Abend gewesen war. Auf Bänken saßen sie eng aneinandergedrückt, standen fröstelnd herum oder hockten auf am Boden ausgebreiteten Zeitungen, hungrig und müde, und die Luft wurde immer schlechter. Sollte das Grollen der Bombenexplosionen ewig so weitergehen, bis nichts mehr übrig war? War das der Anfang vom Ende? Würden am Morgen die Fallschirmspringer und Panzer kommen?

Wie nahe dieser Gedanke lag, hatte sich an diesem Abend schon um 20.07 Uhr gezeigt, und es war gut, daß die Leute in den Bunkern und Kellern nicht davon wußten. Um diese Uhrzeit war nämlich das Codewort »Cromwell« über die Nachrichtendrähte der Heimatstreitkräfte gegangen. »Cromwell« war das Schlüsselwort dafür, daß die Bedingungen für eine Invasion gegeben waren und alle Einheiten, die das Signal erhielten, sich in ihre Verteidigungspositionen zu begeben hatten. Seit dem 3. September hatte man nämlich auf Luftaufnahmen der belgischen und französischen Küste die Schiffe und Prähme entdeckt und ihr »starkes Anwachsen« festgestellt. Und irgend jemand hatte dann aus dem Angriff auf London den falschen Schluß gezogen. Die so lang aufgestaute Spannung entlud sich in einem falschen Alarm, der ganz England und Teile von Wales erfaßte. »Cromwell« war nicht nur an bestimmte Teile der Heimatstreitkräfte gegangen, sondern war über sämtliche Drähte und Nachrichtenverbindungen gelaufen.

In vielen Dörfern und kleinen Städten wurden in dieser Nacht die Kirchenglocken geläutet. Seit dem 13. Juni waren sie auf höheres Geheiß stumm geblieben, nur im Ernstfall sollten sie zum Sturm gegen die Eindringlinge rufen. Typisch dafür war ein kleines Dorf in Dorset, in dessen Pfarrei um 23.45 Uhr das Telefon klingelte. Ein dem Pfarrer bekannter Admiral war am Apparat, bat den Pfarrer, die Kirchenglocken zu läuten, und hing ohne weitere Erklärungen wieder auf. »Das bedeutet Invasion«, sagte der Pfarrer tonlos und lief hinüber zur Kirche, wo er mit aller Kraft in die Glockenseile griff. Seine Schwester war ihm nachgeeilt und hielt eine Sturmlaterne. Wie zur Antwort ertönten kurz darauf auch die Glocken der Nachbarorte. Der Pfarrer setzte sich dann in seinen Wagen und fuhr zu den umliegenden Gehöften, um die Home Guard zu mobilisieren. Im Haus fragte die Pfarrersfrau ihre Schwägerin: »Ich soll eine Erste-Hilfe-Station einrichten. Wie soll ich das tun?« »Na ja, Schockbehandlung. Setz erst mal den Wasserkessel auf!« »Was? Tee? Für die Deutschen?« fragte die Pfarrersfrau entgeistert zurück.

Es war eine Nacht der Ratlosigkeit. Für die Home Guard war das Signal nicht bestimmt, aber überall tauchten Männer mit den Armbinden auf und bemannten »Pillboxes« (Einmann-Bunker) und Straßensperren. Einige verminte Brücken flogen in die Luft, weil übereifrige Pioniere das Signal mißverstanden hatten; an der Ostküste wurde eine Straße gesprengt, wobei mehrere Offiziere der Home Guard getötet wurden. Ein Meldefahrer raste auf seinem Motorrad durch die Nacht und setzte in fünf Dörfern die Kirchenglocken in Bewegung. An den Stränden erschienen mit Gewehren bewaffnete Posten und lauschten in die Dunkelheit, damit ihnen das Knirschen landender Boote nicht entgehe. Noch um vier Uhr morgens wurden Armeeoffiziere aus den Betten geholt: »Cromwell ist da!« Erst als zwei Pionieroffiziere die Gleisanlagen der Nordost-Bahn am Bahnhof in Lincoln in die Luft jagen wollten, begann sich das Knäuel zu lösen. Der Bahndirektor bestand darauf, sich vorher bei seiner Verteidigungszentrale zu vergewissern und erfuhr, daß es sich um einen falsch verstandenen Alarm handelte.

Als am Morgen des 8. September um 6.15 Uhr die Entwarnungssirenen ertönten und die Londoner bleich, übermüdet und hungrig aus den Kellern stiegen, wurde draußen auf dem Land auch »Cromwell« wieder abgeblasen. »Cromwell« sollte nie wieder in Erscheinung treten, doch die Bombennächte hatten für die Londoner gerade erst angefangen. Die Feuerwehren, Luftschutzwarte, Home Guard, Polizei und Hunderte freiwilliger Helfer hatten die ganze Nacht über im Hagel der Bomben gearbeitet, um die Feuer zu löschen, Verschüttete auszugraben und die Verwundeten in Krankenhäuser zu bringen. 448 Tote und mehr als tausend Verletzte hatte der Angriff gekostet. Außer dem Osten der Stadt waren auch alle Docks getroffen worden, vier davon schwer. Am Victoria Bahnhof hing ein großes Schild: »Geschlossen wegen Störungen.« Diese kühle Feststellung kennzeichnete die Haltung der Bevölkerung, nachdem der erste Schock überwunden war: Den Deutschen war es nicht gelungen, die Flugplätze der Royal Air Force zu zerstören, noch die Industrieproduktion zu beeinträchtigen. Wenn sie nun glaubten, die Bevölkerung demoralisieren zu können, sollten sie sich getäuscht haben.

In der nächsten Nacht kamen die Bomber wieder. Diesmal leerten sich die Straßen in Minutenschnelle, jeder, der oben nicht gebraucht wurde, suchte den nächsten Keller oder Bunker auf. In den übervölkerten Armenvierteln und Slums des Ostens hatten die Häuser keine Keller, noch gab es in dieser Gegend Bunker. Unter dem Eindruck der vergangenen Nacht machten sich Tausende auf den Weg in die schützenden Gewölbe der Untergrundbahn. In der Liverpool Street Station preßten sie sich in der Schalterhalle gegen die Scherengitter der Absperrung. Die Bahnverwaltung ließ Soldaten rufen, um der Menge Herr zu werden; doch der Andrang war zu groß, und die Soldaten mußten sich zurückziehen, während über ihnen die erste Welle der Bomber hinwegdröhnte. Als die ersten Bomben fielen, gab die Bahnverwaltung nach und öffnete die Gitter. Unter Siegesjubel strömten die verängstigten Menschen über die Rolltreppen in die sichere Tiefe und besetzten die Gewölbe der U-Bahnsteige. »Sieg für die Arbeiterklasse!« riefen einige. Es waren die ersten Anzeichen eines sich anbahnenden Aufstandes, der dem tiefverwurzelten Klassenbewußtsein der Briten entsprang. Sie machten »die da oben« dafür verantwortlich, daß die Armenviertel des Ostens die ganze Wucht des deutschen Angriffs zu tragen hatten. »Warum wir, und nicht die Reichen im Westen?« fragten die Arbeiter und Arbeitslosen der Slums. Erst als auch der Buckingham Palast getroffen wurde und sich dicke Rauchschwaden um die St. Paul's Cathedral legten, begannen die Gemüter sich zu beruhigen. König Georg war mit der Königin am 13. September von Windsor nach London zurückgekommen, gerade als die deutschen Bomber zu einem Angriff ansetzten. Da einige Fenster in den Wohnräumen des Königs durch vorangegangene Bombeneinschläge in der Nähe des Palastes geborsten waren, zog sich das Königspaar in Wohnräume in den oberen Stockwerken zurück, von wo sie den großen Rasenplatz des Palastes überblicken konnten. Plötzlich hörten sie das Heulen eines im Sturzflug herunterkommenden Flugzeuges. Nur etwa siebzig Meter entfernt detonierten die Bomben auf dem Rasen und warfen gewaltige Krater auf, aus einem spritzte ein starker Wasserstrahl gegen die Fassade des gegenüberliegenden Flügels, dessen sämtliche Fenster zu Bruch gegangen waren. Zum Glück hatten die Fenster im Zimmer des Paares offengestanden, was sie vor Verletzungen durch fliegende Glassplitter bewahrte. Hastig suchten König und Königin Schutz auf dem Korridor, denn im Buckingham Palast gab es keinen Luftschutzraum.

Insgesamt waren sechs Bomben auf das Palastgelände gefallen: zwei auf den Rasen, zwei im Vorhof, eine im Garten und eine verwüstete die Palastkapelle. König Georg machte Churchill gegenüber kein Hehl daraus, daß er froh war, die Gefahr zu teilen, in der seine Untertanen schwebten. Die Kunde von der Bombardierung des Palastes und der Haltung des Königspaares verbreitete sich in der Stadt wie ein Lauffeuer, und der soziale Frieden wurde vollends wiederhergestellt, als König Georg und Königin Elizabeth nun jeden Tag die am schwersten getroffenen Stadtteile aufsuchten und zwischen Trümmern und Schutt den Londonern Mut und Trost zusprachen – ohne Rücksicht auf die Gefahr, in der sie selber schwebten.

Die U-Bahnschächte wurden das Zuhause der Ausgebombten und der Luftschutzkeller jener, die jeden Morgen nach oben krochen, um zu sehen, ob ihre Wohnung noch stand. In den Schächten hing der starke Geruch von Desinfektionsmitteln, der durch die Lüftungen der Gleisanlagen wehte. Mit Decken und Kissen, Schlafsäcken und Zeitungen machten sich die Familien dicht an dicht gedrängt ihre Lager, tranken Tee aus Thermosflaschen und lebten von Butterbroten – wenn sie einen Platz gefunden hatten. Die immer neu nachdrängenden Mengen wurden von Soldaten in die Züge geschoben, die weiter regelmäßig über die Gleise rumpelten und in den schwarzen Röhren der Tunnels verschwanden, um ihre Passagiere auf der nächsten, der übernächsten oder einer dritten, vierten Station zu entlassen, wo immer noch Platz war.

In den folgenden Monaten und Jahren entwickelten sich dort Gemeinsamkeiten, die viel später im Rückblick sogar diese harte Zeit verklärten. Sie betrafen jedoch nur einen geringen Prozentsatz der Gesamtbevölkerung Londons. Die Mehrzahl der in kellerlosen Einfamilien- und Reihenhäusern lebenden Londoner mußte sich mit den sogenannten Anderson Shelters begnügen, die sich in allen Gärten wie Maulwurfshügel über den Rasenflächen wölbten. Schon lange vor Kriegsausbruch hatten die Luftschutzbehörden den Bau dieser Unterstände angeregt und sogar Material zur Verfügung gestellt. In wochenlanger Arbeit hatten die Männer in Nachbarschaftshilfe sich gegenseitig beim Ausheben der 2 x 2 Meter Gruben von etwa 80 cm Tiefe geholfen, in die eine Wellblechhütte gestellt und dann mit Erde überhäuft wurde. Kulinarisch Eingestellte pflanzten Gurken und Kürbisse auf diesen Hügeln, andere ließen einfach Gras und Unkraut über den Schandfleck in ihrem Garten wachsen.

Sobald die Sirenen ertönten, zogen die Familien mit Schlafsäcken, Decken und Teekesseln in diese Höhlen und verbrachten dort ihre Nächte. Viereinhalb Jahre sollten sie diese Tortur durchstehen, denn nach den Bomben kamen die V1- und V2-Raketen. Vor allem die Menschen, die in der Anflugschneise, der sogenannten Bomb Alley, lebten, konnten es nicht wagen, die Nächte in ihren Häusern zu verbringen, der Anderson Shelter wurde zu einem Teil ihres täglichen Lebens.

Das um die Gesundheit wie um die Kampfmoral der Bevölkerung besorgte Innenministerium gab für den Winter 1940 eine Anleitung zur Verbesserung der Gartenunterstände heraus, die voraussetzte, daß man die Wellblechwände durch solche aus Ziegeln ersetzt hatte, was nur in sehr wenigen Fällen zutraf. »Tapezieren Sie die Wände und streichen Sie die Decke weiß. Eine selbstgefertigte Behelfsheizung besteht aus zwei mit der Öffnung aufeinandergesetzten großen Blumentöpfen mit einer brennenden Kerze darin.« Gegen die Kälte sollte man Kopfschützer tragen und Schlafsäcke aus alten Armeedekken anfertigen, die mit Zeitungspapier gefüllt wurden. So sollte man Erkältungen und einer Unterkühlung vorbeugen. Doch es gab nichts, was den Aufenthalt in einem Anderson Shelter auch nur annähernd gemütlich gemacht hätte.

Wichtiger als das eigene Wohlergehen ist für viele Briten von jeher das ihrer »pets«, der vierbeinigen Familienmitglieder, aber auch der Wellensittiche und Kanarienvögel. Hunde brauchten nicht an die Unterstände gewöhnt zu werden. »Unser Hund Stumpy wurde nervös, lange bevor die Sirenen aufheulten«, erinnert sich eine Londonerin, »er kratzte an der Tür zum Garten und wollte in den Unterstand. Auch wenn die Familie beschloß, den Alarm zu ignorieren und im Haus zu bleiben, verschwand er dort. Er konnte unsere eigenen von Feindflugzeugen unterscheiden, und wenn in einer Unterhaltung das Wort Hitler fiel, fing er an zu bellen.« Katzen gingen gewöhnlich ihre eigenen Wege. Die Unterstände waren ihnen zu dumpf und zu kalt, denn von den Wellblechwänden tropfte sommers wie winters das Kondenswasser. Statt einer Tür schützte den Eingang nur ein offener Splitterschutzwall.

Prof. Julian Huxley, der Vorsitzende der Zoologischen Gesellschaft Londons, beobachtete die Reaktionen der Zootiere und stellte zu seiner Überraschung fest, daß die meisten sich sehr schnell an Sirenen, Bomben und Flakfeuer gewöhnten. Kamele erhoben sich nicht einmal mehr, wenn Bomben nur wenige Meter neben ihrem Gehege niedergingen. Ebensowenig waren die Schimpansen durch das Krachen der Explosionen aus der Ruhe zu bringen, aber sie fingen an fürchterlich zu kreischen, wenn die Sirenen ihr infernalisches Geheul ertönen ließen. Vögel dagegen brachte der Lärm von Bomben und Flakschüssen aus dem Häuschen, vor allem Krähen, Eichelhäher und Elstern brauchten lange, bis sie sich wieder beruhigten. Die Papageien des Zoos gingen dazu über, die Sirenen zu imitieren; und weil sie es oft vor dem eigentlichen Alarm taten, war anzunehmen, daß sie die Flugzeuge lange vor ihren Wärtern hören konnten. Das traf übrigens auch auf Hunde, Gänse, Enten und Seemöwen zu.

Derlei Beobachtungen waren für die Briten typisch. Auch in Augenblicken größter Gefahr kümmerten sie sich um das Nächstliegende. Die Tiere waren ein wichtiger Teil ihres Alltags, Hausgenossen und nicht bloß Gegenstand einer sentimentalen Tierliebe. Die Katze oder der Hund standen ihnen näher als der Eindringling am Himmel und trugen sehr viel dazu bei, daß es unter den Schlägen der Luftwaffe zu keiner Panik kam. Bezeichnend dafür sind auch die letzten Verfügungen der Piloten des Fighter Command, die sie in der Schreibstube oder bei Kameraden deponierten: Fast immer waren darin auch der Hund oder die Katze erwähnt, mit denen sie ihr Quartier teilten und deren Versorgung sie geregelt wissen wollten. Das war als psychologisches Bindeglied genauso wichtig wie die Tatsache, daß sie über Heimatboden kämpften.

XXII. Heer und Marine sind bereit zum Sprung über den Kanal

Die Südostküste Englands liegt im strahlenden Sonnenschein. Spielerisch kreisen Möwen vor den weißen Klippen über menschenleerem Strand. An einem Wachhaus stehen zwei britische Soldaten mit Stahlhelm und Gewehr und unterhalten sich.

In einem Schwenk der Kamera über die offene See nach Osten ändert sich das scheinbar so friedliche Bild: Aus dem Dunst des Horizonts tauchen in langen Reihen Sturmboot-Trägerboote auf (Schnellboote, an denen außen an Backbord und an Steuerbord je ein Sturmboot angehängt ist), dahinter Flottillen von Siebel-Fähren, die auf ihren breiten Decks Panzer und 8,8cm Geschütze tragen, und eine ganze Armada von Landungsbooten, die mit Truppen vollgepackt sind. Die Luft ist angefüllt mit dem Dröhnen näherkommender Bombergeschwader, voran die gefürchteten Stukas. Die Stunde Null der deutschen Invasion Englands ist angebrochen, versichert die Stimme des Sprechers, die sich bei der aufgeregten Beschreibung der Einzelheiten fast überschlägt.

Kurz vor den Stränden platschen die Sturmboote aus ihren Halterungen und preschen in hohen Gischtwolken auf das Land zu. Das feindliche Abwehrfeuer setzt ein. MG-Garben peitschen über das Wasser, Artilleriegeschosse reißen riesige Fontänen zwischen den Booten auf. Doch die deutschen Gebirgsjäger lassen sich nicht beirren: Zwischen hochgehenden Minen nehmen sie den Strand und stürmen auf die dahinterliegende Steilküste zu, während die Bomber die feindliche Küstenverteidigung mit ihrer Last eindecken.

Unter feindlichem Feuer werden die ersten Verwundeten im Sand niedergelegt und versorgt. Gefangene britische Soldaten werden in langen Reihen abgeführt, eine »geschlagene Armee«. Langsam mahlen nun auch die Ketten der Panzer über den Strand, fressen sich in den Boden der verhaßten Insel, auf der bald überall die deutsche Fahne wehen wird.

Dann wurde es auf der Leinwand dunkel, und die Zuschauer, untergeordnete Beamte des Reichspropagandaministeriums, räkelten sich, einige nickten einander begeistert zu: So würde die Sache ablaufen und keinen Deut anders.

Der Film war getürkt. Der erste Filmbericht von der Landung an der englischen Küste hätte sich unter Feindeinwirkung und bei wahrscheinlich sehr schlechten Lichtverhältnissen kaum vor Ort drehen lassen. Goebbels hatte deshalb ein Filmteam an die französische Küste geschickt, wo seit August die Invasionsvorbereitungen auf vollen Touren liefen und die einzelnen Truppenteile ständig Landungsübungen durchführten. Er ließ die Landungsszenen filmen und dazu einige packende Kampfsequenzen inszenieren. Die Bomber wurden später hinzugefügt, denn Luftkriegsmaterial gab es noch aus Spanien, Polen und dem Westfeldzug zur Genüge. Die britischen Gefangenen waren den deutschen Truppen ein paar Wochen zuvor bei Dünkirchen in die Hände gefallen. Der Film war für die Wochenschau nach dem 15. September bestimmt gewesen, aber erst dreißig Jahre später stöberten Journalisten der BBC diese Glanzleistung der Goebbels-Propaganda im Deutschen Filmarchiv auf.

Was der Film nicht zeigte, nicht zeigen konnte, war der Umfang der Vorbereitungen und die gewaltige Kraftentfaltung, die hinter diesem Unternehmen stand. In nur zwei Monaten war auf deutscher Seite fast alles, was schwimmen und fliegen konnte, aufgeboten, um dem Heer die Landung auf den Britischen Inseln zu ermöglichen.

Der deutsche Generalstab war über die Verteidigungsmaßnahmen der Briten recht gut informiert. Der deutsche Heeresnachrichtendienst hörte ständig den Funkverkehr des britischen Heeres ab, so daß die Standorte und Einsatzräume der britischen Divisionen bekannt waren: Einer Coastal Defence Force von geringer Stärke fiel die Aufgabe zu, aus Kleinverteidigungsanlagen eine Landung zu verzögern, während die Mobile Defence Force auf der Linie Leicester – London – Midhurst – Salisbury die eigentliche Verteidigungslinie aufgebaut hatte. Aus den abgehörten Funksendungen wie auch aus Presseberichten wußte man, daß die Briten nicht an die Möglichkeit einer Verhinderung der Landung dachten, sondern ihr erst im Hinterland mit allen zur Verfügung stehenden Mitteln begegnen wollten. Sie mußten ja auch mit dem massenhaften Auftauchen von Fallschirmspringern und Luftlandetruppen rechnen. Die deutsche Heeresführung konnte deshalb davon ausgehen, daß Brückenköpfe unter verhältnismäßig geringen Verlusten zu gewinnen waren. Die erste Phase der Invasion war in erster Linie eine Transportfrage: So schnell wie möglich eine größtmögliche Zahl von Truppen an die englische Küste zu bringen, um die Brückenköpfe auszuweiten, ehe der Feind sie eindrücken konnte.

Für das Übersetzen waren fünf Wege abgesteckt worden, auf denen 145 Dampfer, 1939 Prähme, 422 Schlepper, 994 Motorboote und eine Anzahl von Siebel-Fähren die verstärkten Regimentsgruppen des Heeres über den Kanal bringen sollten. Raum A war die Küste von Deal bis Ramsgate – Überführung von Ostende; Raum B reichte von Folkestone bis Dungeness – Überführung von Dünkirchen und Calais; Raum C von Dungeness bis Cliff End – Überführung von Calais; Raum D reichte von Pevensey bis Beachy Head, der von Boulogne aus angefahren werden sollte; Raum E umfaßte die Strecke von Brighton bis Selsey Bill, deren Absprunghafen Le Havre war. Die auf die Absprunghäfen verteilten Dampfer sollten nicht nur mit Material und Truppen beladen werden, sondern außerdem noch je zwei beladene Prähme in Schlepp führen, daneben fuhren Schlepper mit je zwei Prähmen auf dem Haken und begleitet von Motorbooten, die als Stoßboote und Zubringer bei der Landung dienen sollten. Sechs solcher Schleppzüge bildeten eine Gruppe unter einem Gruppenführer in einem schnellen Motorboot (Zollwachboot). Die mit schwerem Gerät und Panzern beladenen Siebel-Fähren hatten ihren Platz hinter den Truppenkonvois.

Am S-Tag, dem Tag der Landung, sollte diese gewaltige Armada mit etwa 100 000 Mann in See stechen und wie weiland schon die Römer und die Normannen über die englische Küste herfallen. Der S-Tag war zuletzt auf den 21. September festgelegt worden. Der Befehl zur Invasion sollte nicht später als S minus 10 Tage erfolgen, das war der 11. September – also vier Tage vor dem Zeitpunkt, an dem die Marine ihre Vorbereitungen abgeschlossen haben wollte.

Schon Mitte August wurden die Armeeoberkommandos ungeduldig und ließen ihre Marine-Verbindungsoffiziere bei der Seekriegsleitung anfragen, wann endlich Schiffe zum Üben zur Verfügung gestellt würden. Für die Einhaltung des Zeitplanes war es wichtig zu wissen, was man in welchem Zeitraum verladen konnte. Man mußte den Verladevorgang mit Truppen, Material und Pferden exerzieren. Die Seekriegsleitung mußte aber das Heer immer wieder vertrösten, denn noch waren die Schiffe längst nicht alle an ihrem Einsatzplatz. Koordinierte Übungen liefen erst im September an. In der kurzen Zeit, die noch bis zum 15. September – geschweige denn bis zum 11. September – blieb, war es der Initiative einzelner Truppenkommandeure überlassen, sich mit Hafenkapitänen und den örtlichen Kriegsmarinedienststellen zu einigen und das Be- und Entladen von Schiffen mit ihren Einheiten auf eigene Faust zu proben.

Die Resultate waren nicht ermutigend und zeigten, wie notwendig solche Übungen waren. Verhältnismäßig einfach gestaltete sich das

Beladen großer Schiffe. Bei Benutzung von vier Ladeluken konnten zum Beispiel 854 Mann, 62 Pferde, 88 Krafträder, 21 PKW, 34 LKW, 5 Panzerabwehrkanonen, 8 Feldküchen, 6 Feldwagen, 28 Karren und 30 Fahrräder in etwa sieben Stunden auf einen Dampfer gebracht werden. Die Beladung eines Prahms mit etwa 150 Mann und Gerät dauerte nur eine bis anderthalb Stunden. Schwierigkeiten machten die Pferde, die bereits in großer Zahl herangebracht worden waren. Etwa 60 000 dieser Vierbeiner sollten mitgenommen werden, um Munitions- und Verpflegungskarren, Geschütze und Feldküchen über die heckengesäumten Landwege und durch die Obstgärten Südenglands zu ziehen. Bei den Verladeübungen verweigerten viele den Gehorsam, wenn es darum ging, die Laderampen zu betreten, andere scheuten, wenn sie den Klang ihrer Hufe auf dem Stahlblech der Schiffsböden hörten. Generalstabschef Halder ordnete deshalb an, wenigstens die Reiterschwadron auf Fahrräder zu setzen und diese Pferde zurückzulassen.

Natürlich legte die Heeresführung größten Wert darauf, möglichst viele Panzer an die britische Küste zu werfen und damit in der gewohnten Blitzmanier die Verteidiger zu überrennen. An Panzern und kampferfahrenen Besatzungen bestand kein Mangel, aber noch nie waren Kampfwagen über die See transportiert und an einer offenen Küste gelandet worden. Die Verladung mit hafenseitigem Geschirr war kein Problem, aber die wenigsten Schiffe hatten eigenes Ladegeschirr, mit dem man sie auch wieder entladen konnte, was an der offenen Küste ohnehin nicht möglich war. Das Problem wurde durch Unterbringung auf Prähmen gelöst, über deren aufgeschnittenen Bug die Panzer auf einer Rampe ausgeladen werden konnten. Doch beim Ausfahren an freier Küste mußten sie bei Wassertiefen von vier bis sechs Meter ins Wasser – also brauchte man amphibische Panzer für das Unternehmen.

Unterwasserkampfwagen gab es schon in der Sowjet-Union, wo man seit Jahren mit diesem Panzertyp erfolgreich experimentierte, um ihn bei Flußüberquerungen einzusetzen. In Deutschland waren solche Versuche gerade erst angelaufen. Eine Anzahl Panzer III waren mit Gummidichtungen und langen elastischen Schnorcheln versehen worden, die an einer Boje über Wasser gehalten wurden. Die Abdichtung der Türme und der Sehschlitze bereitete besonders große Schwierigkeiten, und nur allmählich gelang es, die Panzer zu Unterwasserfahrzeugen zu machen.

Fahrversuche in Schillig an der Jade erwiesen, daß die Panzer zwar bis sechs Meter Wassertiefe in die See vordringen und auch wieder herausfahren konnten, doch wenn sie im Watt bei abgelaufenem

Wasser zu einer Kurve ansetzten, versank die Innenkette im Schlick und der Panzer blieb stecken. Und immer wieder gab es Probleme mit den Dichtungen, so daß die Panzer geflutet wurden und die Besatzungen mit Tauchrettern aussteigen mußten. In einem solchen Fall machten zwei Oberleutnants, ein Gefreiter und ein Monteur den Verlust von zwei Armbanduhren, einer Taschenuhr, einem Hemd und einer Hose geltend, die ihnen großzügig ersetzt wurden.

Bei Abnahmeprüfungen in der Ostsee bei Neuruppin im Juni fuhr der Kommandeur der Versuchstruppe mit Panzern in die See, an denen erst in der Nacht davor eine neue Sehschlitzabdeckung eingebaut worden war. Nach einer kurzen Fahrt parallel zur Küste preschten die Panzer mit Vollgas wieder auf den Strand, doch die Sehschlitze öffneten sich nicht. Blind rasten die Panzer durch mehrere Vorgärten der Villen am Strand in eine Baumgruppe, wo sie beträchtlichen Flurschaden anrichteten, bevor sie zum Stehen kamen. Ernstliche Verzögerungen gab es jedoch nicht; im Juli und August wurde der Umbau von Panzern III und IV vorangetrieben. Die ersten Panzer III wurden bereits am 15. Juli an die Kanalküste verladen, bis 1. August waren 90 Panzer III und 29 Panzer IV fertiggestellt, weitere 90 U-Panzer III folgten vierzehn Tage später. Bis 15. September verfügte die Heeresgruppe A über 250 amphibische Panzer zum Einsatz gegen die britische Küste.

Dank der guten Karten der Kriegsmarine konnte man auch die Terrainschwierigkeiten bei der Landung umgehen, zum Beispiel die steilen Kiesstrände, die überall an der englischen Küste anzutreffen sind. Vor Deal, einem der bevorzugten Landeplätze, dessen Untauglichkeit schließlich auch das OKH hatte einsehen müssen, türmte sich der lose Kies am Strand meterhoch und bildete ein für Panzer uneinnehmbares Hindernis. Auch so ungewöhnliche Hindernisse wie der unterseeische Wald mit torfigem Schlick zwischen St. Leonards und Dungeness war bekannt, so daß man sich auf die passierbaren Sandstrände konzentrieren konnte.

Nichts hatten die Organisatoren dieses Feldzuges vergessen. Sogar Brieftauben mit ihren Verschlägen waren in die Verladung eingeplant – sie sollten die Siegesnachrichten über den Kanal zurückbringen. Eines Tages kamen in Dünkirchen auch 72 Schutzhunde an, die auf die Divisionen verteilt wurden – zur Jagd auf Heckenschützen. Das Futter für diese Tiere wurde genauso bereitgestellt wie das für die 60 000 Pferde. Und die Marschverpflegung für die Truppe? Die Quartiermeister machten Überstunden, um die Einsatzverpflegung nach der Einsatzwehrmachtsverpflegungsvorschrift zu portionieren und seefest zu verpacken. Die Rationen waren üppig, denn zur regulären Ration gab es pro Tag und Mann 250 Gramm Fleisch, eine zweite Abendportion, eine zweite Getränke- und Tabakportion sowie 100 Gramm Schokolade.

Zwei Wochenrationen waren vorgesehen, denn die Armeen waren angewiesen, soweit irgendmöglich von den Vorräten des Landes zu leben, um den Nachschub über den Kanal während der ersten Phase des Kampfes gering zu halten. »Die Belange der Truppe gehen denen der Zivilbevölkerung vor«, hieß es in dem Befehl des Oberbefehlshabers des Heeres. Lediglich ordnungsgemäße Empfangsbescheinigungen in deutscher Sprache sollten für alle »entnommenen oder beschlagnahmten Sachen (Lebensmittel, Kraftfahrzeuge usw.)« ausgestellt werden. Zugleich erging die Warnung: »Wegnahme von Gütern für private Zwecke ohne Bezahlung wird als Plünderung bestraft.« Das war die kriegsübliche Prozedur. Doch mehr noch als durch die Blockade wären nach der Besetzung die überseeischen Lieferungen vor allem von Nahrungsmitteln nach Großbritannien zum Erliegen gekommen. Die besetzten Kanalinseln geben für diese Situation eine interessante Fallstudie ab. Wahrscheinlich auch, um überflüssige Esser loszuwerden, ordnete das OKH an, daß »sämtliche Kriegsgefangene so schnell wie möglich mit Leertransporten auf das Festland abgeschoben werden«.

Nur an Medikamente gegen Seekrankheit scheint niemand gedacht zu haben, obwohl man damit rechnen mußte, daß ein hoher Prozentsatz der Soldaten deswegen ausfallen konnte. Die dreizehn Lazarettschiffe, die man aufgeboten hatte, waren jedenfalls nicht für Seekranke bestimmt; sie sollten hinter der Landeflotte kreuzen, um Verwundete und Schiffbrüchige aufzunehmen, falls die Landeflotte angegriffen wurde. Sie verfügten insgesamt über tausend Betten und waren besonders für den Transport von Schwerverletzten eingerichtet. Für die Operationen an Land waren Feldlazarette bereitgestellt.

Die Ausrüstung der Streitmacht, ihre Verladung und der Transport waren für die Heeresstäbe im Grund Routinesache. Vierzig Jahre zuvor hatte man ein ganzes Heer mit Schiffen nach China geschickt und es war gut gegangen, und nur wenige Monate zuvor hatten Schiffe deutsche Truppen zum Einsatz nach Norwegen gebracht und dabei sogar der britischen Flotte getrotzt. Dagegen nahmen sich die dreißig Kilometer Ärmelkanal wahrhaftig wie eine Flußüberquerung aus. Aber auch nach der Entwicklung der Schwimmpanzer blieb die Ausladung an der offenen feindlichen Küste ein großes Problem, denn das hatte bisher noch niemand exerziert.

Nach etwa dreizehn Stunden Überfahrt mußte in der Morgendämmerung entladen werden. Zuerst sollten die Sturmboote, von den

Motorbooten gelöst, mit den Vorauskommandos an Bord hoch auf die Strände preschen. Jeder wußte, daß Watt und Strände vermint waren und daß man sich nicht damit aufhalten konnte, sämtliche Minen vorher unschädlich zu machen. Eine der Aufgaben des Vorauskommandos war es, lediglich minenfreie Gassen zu schaffen. Das OKH rechnete bei den zuerst gelandeten Truppen mit Verlusten von 30 bis 50 Prozent.

Inzwischen würden die Dampfer in einigem Abstand von der Küste in einer Dwarslinie vor Anker gehen und ihre Ladung an die mitgeführten Prähme übergeben, die dann mit eigenem Antrieb oder von Motorbooten bugsiert neben den von Schleppern herangebrachten Prähmen auf den Strand gesetzt werden sollten. Sobald die Prähme aufsaßen, sollten die am Bug befestigten Rampen ausgebracht und die Truppen mit ihrem Gerät – MGs, Geschützen, Nebelwerfern und Fahrzeugen – an Land gehen und sofort in den von den Vorauskommandos eröffneten Kampf eingreifen.

Eine der wenigen Übungen im Verband fand vor Boulogne statt. Etwa 50 Schiffe – Dampfer, Schlepper, Prähme, Motorboote, Sturmboote – waren daran beteiligt. Sie sammelten sich weit draußen auf der Reede und setzten sich dann mit 5 Seemeilen Geschwindigkeit mit Südkurs in Marsch. Nur wenige Kilometer südlich dieser Position drehte der Verband auf die Küste zu und setzte zur Landung an. Für die vielen Zuschauer – unter ihnen General von Manstein und Generaloberst Strauß – war es ein imposantes Schauspiel, als sich die Armada lautlos und drohend den Stränden näherte, wie sich die Prähme öffneten und Hunderte von Soldaten wie Ameisen die umliegenden Hügel erklommen.

Die Manöverkritik zeigte jedoch, daß noch manche Übung nötig war, bis sich die Absichten des Heeres und die Fähigkeiten der Marine im Einklang befanden. Die Schiffsführer, wie fast alle Bootsbesatzungen Zivilisten, hatten zum Beispiel aus Furcht vor Kollisionen die Abstände zwischen den einzelnen Schiffen schon auf dieser kurzen Fahrtstrecke immer größer werden lassen. Damit wäre im Ernstfall der Geleitschutz der Landungsflotte während der Überfahrt fast unmöglich gemacht worden; ebenso wäre eine der Hauptbedingungen des Landungserfolges in Frage gestellt, nämlich, daß möglichst viele Truppen gleichzeitig an den Stränden abgesetzt wurden.

Auch die Soldaten auf den geschleppten Prähmen machten einiges falsch. Sie drängten sich auf dem Vordeck der Prähme und hinderten die Besatzung an der Bedienung der Schleppleine; dabei setzten sie sich lieber der Gefahr aus, beim Brechen der Leine verletzt zu werden, als im Dunkel des Schiffsinneren darauf zu warten, daß das

Fahrzeug unterging. Bei den folgenden Übungen wurde deshalb streng darauf geachtet, daß die Truppen sich unter Deck bei dem Gerät aufhielten und nur abwechselnd zum Luftschöpfen an Deck kamen. Ausstiegsluken und Luftöffnungen sollten den Landratten die Gewißheit geben, daß sie nicht in einen schwimmenden Sarg eingeschlossen waren. Bei aufkommendem schlechtem Wetter mußten alle Heeresangehörigen unter Deck, und die Luken wurden geschlossen. Die einzige Erleichterung, die ihnen gewährt werden konnte, war, daß sie ihre Ausrüstung während der Überfahrt ablegen durften.

Viel mehr riskierten die für die Sturmboote eingeteilten Mannschaften, die kurz vor der Küste in die zu Wasser gelassenen Boote umsteigen und damit auf den Strand zupreschen mußten. Viele Bootsführer hatten Angst, beim Auflaufen Motor und Schraube zu ruinieren, und legten den kräftigen Außenbordmotor vor der Brandung zur Seite, so daß sie in einem eleganten Schwung parallel zur Brandung aufsetzten. Die Boote legten sich quer, kenterten und warfen die Mannschaft ins Wasser. Wieder und wieder mußte das Landemanöver geübt werden, bis alle den Mut fanden, die Brandung mit hoher Fahrt senkrecht anzugehen und sich hoch auf den Strand tragen zu lassen, womit die Besatzung trockenen Fußes an Land gehen konnte.

Beim Aufsetzen der Prähme gab es weniger Probleme, da diejenigen mit eigenem Antrieb gar keine andere Wahl hatten, als senkrecht auf den Strand zu steuern, um ihre Rampe auszubringen. Prähme ohne eigenen Antrieb waren auf das Geschick der Schlepper angewiesen, die nur zu oft ihre Leinen zu früh loswarfen, so daß der Kahn quer zur Küste geworfen wurde und kenterte, oder aber schräg aufkam, so daß ein Ausbringen der Rampe unmöglich wurde und im Ernstfall Geschütze, Panzer und andere Fahrzeuge nutzlos mit dem Schiff im Schlick steckten.

Aus Prähmen ohne Bugrampe mußten die Truppen bei der Landung über Lotsenleitern auf mitgeführte Floßsäcke umsteigen, was übrigens auch für die Soldaten galt, die mit Motorbooten von Schiffen und Schleppern geholt wurden.

An alles war gedacht, auch an Schwimmwesten, von denen Tausende bereitlagen. Sie reichten für die Ausstattung der ersten Welle (1.Treffen) und mußten für die zweite Welle von den Schiffen wieder zurückgebracht werden. Wie das vor sich gehen sollte, war niemandem recht klar, denn die Schwimmwesten wurden unter dem Sturmgepäck getragen und für die an Land gehenden und dort sofort in den Kampf verwickelten Infanteristen würde es kaum eine Möglichkeit geben, sich am ungeschützten Strand dieses Bekleidungsstückes zu entledigen. Auf der anderen Seite konnte man Sturmboot- und Floßbesatzungen oder Truppen, die in tiefem Wasser gelandet wurden, die Westen nicht schon auf den Schiffen und Prähmen abnehmen. Fraglich war auch, wer sie an Land einsammeln und in die Boote zurückbringen sollte. Wahrscheinlich hätte sich das Problem mit der Errichtung der Brückenköpfe von selbst gelöst, denn die Landung der nachfolgenden Truppen wäre weniger hektisch und ohne Feindeinwirkung verlaufen.

Ernstliche Differenzen zwischen Marine und Heer gab es in der Frage der Nebelverwendung. Die Armee wollte aus taktischen Gründen soviel künstlichen Nebel wie möglich verwenden, denn an den offenen Stränden würde er den einzigen Schutz gewähren. Für Seeleute aber bedeutet Nebel, gleichgültig ob künstlich erzeugt oder natürlich, von jeher eine besonders große Gefahr. Die schwerfällige Landungsflotte konnte praktisch lahmgelegt werden, wenn eine künstliche Nebelwand statt auf das Land auf die See zutrieb. Bei einem Planspiel der 9. Armee kam es zu lebhaften Auseinandersetzungen zwischen Generaloberst Strauß und den verantwortlichen Offizieren der Kriegsmarine. Strauß bestand darauf, daß der Einsatz der Nebelwerfer allein von den Truppenführern nach taktischen Erfordernissen anzuordnen sei, während nach Meinung des Marinestabes nur der Transportflottenführer diese Entscheidung je nach Wetterlage treffen konnte, um die Flotte nicht in Gefahr zu bringen. Einig war man sich nur darin, daß Nebelwerfer eingesetzt werden mußten.

Auch in 10 Downing Street dachte man in diesen Tagen an den Nebel. Lord Ismay, Sir Hugh Dowding und Lord Gort waren bei Churchill zum Dinner, und das Gespräch wandte sich bald der Invasion zu. Churchill meinte, der gefährdetste Küstenabschnitt sei der vom North Foreland bei Ramsgate bis Dungeness, und die für die Briten gefährlichste Wetterlage sei dichter Nebel. Ismay glaubte zwar, daß die Deutschen unter diesen Bedingungen kaum Kontakt miteinander halten könnten, doch Lord Gort war bereit zu schwören, daß er selbst im dichtesten Nebel eine Landung zuwege bringen würde; die Deutschen brauchten nur sofort ins Hinterland vorzustoßen. Wichtig war dabei, daß man sie durchließ und sich nicht darauf versteifte, eine Verteidigungslinie zu halten, wie das die Franzosen getan hatten, die dabei ihre fürchterliche Niederlage einsteckten. Lord Gort hatte auch eine sich mit den deutschen Plänen deckende Vorstellung davon, daß die Voraustruppe leicht bewaffnet sei und mit schnellen Booten gelandet würde, danach Panzer aus den mit Bugrampen versehenen Landungsbooten und als dritte Welle Artillerie und die Masse der Infanterie an Land kommen würden; die ersten beiden Wellen würden vor Tagesanbruch und noch bevor der Nebel gelichtet hatte, ihre ersten Ziele erreichen. Churchill zeigte sich von dieser Aussicht sehr beunruhigt. Fortgesetzt rief er in der Admiralität an und erkundigte sich nach der Wetterlage über dem Kanal. Einen Tag später ergaben Luftbildauswertungen, daß die Deutschen sich vom Wetter unabhängig machten und bei ihren Landungsübungen künstlichen Nebel verwendeten.

Der Eindruck, daß auf der französischen Kanalseite sehr intensive Invasionsvorbereitungen im Gang waren, ging auch aus anderen Luftbildern hervor, die deutlich die im Bau befindlichen massiven Siebel- und Herbert-Fähren zeigten. Die Auswerter glaubten, daß es den Deutschen gelingen könnte, mit diesen großen Plattformen Hunderte von Panzern mit großer Geschwindigkeit über den Kanal zu bringen und direkt auf die Strände zu setzen. Ein Gespräch mit den Fachleuten der deutschen Kriegsmarine hätte diese Befürchtung leicht zerstreut, denn letztere hatte für diese Fähren nur wenig übrig. Sie waren von Heerespionieren konzipiert und gebaut worden und schon deshalb der Marine ein Dorn im Auge, die allein für die Transportflotte verantwortlich war. Die Fähren wurden später zwar der Marine unterstellt, die grundsätzlichen Einwände gegen die Fähren wurden damit nicht ausgeräumt.

Die Abteilung Kriegsschiffbau des O. d. M. hatte die Herbert-Fähren begutachtet und festgestellt, daß man bei dem »viereckigen Fahrzeug« mit »harten Bewegungen in allen Richtungen und nassen Decks schon bei geringem Seegang« rechnen müsse. »Die Verbindungsstreben zwischen den Pontons werden ... den dynamischen Beanspruchungen bei Seegang nicht gewachsen sein«, hieß es in dem Gutachten. Auch die Holzplattform war den Marinefachleuten nicht geheuer, denn sie lag nur einen Meter über der Wasseroberfläche, so daß schon bei geringem Seegang die Wellen von unten dagegenschlugen und Beschädigungen verursachen konnten, die die Fähre zum Sinken bringen würden; der sich bei der Fahrt zwischen den Pontons bildende Wasserstau würde diese Gefahr noch verstärken. Die um einiges größere und besser motorisierte Siebel-Fähre hielt der seemännischen Kritik eher stand, obwohl sie wegen ihrer stumpfen Bugteile sehr schlecht zu manövrieren und nur in einem weit auseinandergezogenen Verband einzusetzen war – vorausgesetzt die See war ruhig. Bei einer Überführungsfahrt von Rotterdam nach Le Havre schlugen die Pontons einer Fähre schon bei leichtem Seegang voll, und das Fahrzeug sank. Eine andere Fähre wurde bei schwerem Seegang bei Boulogne an der Steilküste zerschmettert.

Dem Landser, der mit dem Gewehr in der Faust den feindlichen Strand stürmen sollte, lagen diese Probleme so fern wie die englische Küste. Er kannte weder die Operationspläne noch die logistischen Probleme dieser »Flußüberquerung«. Anfang September herrschte entlang der Kanalküste von Biskens in Holland über Ostende, Dünkirchen, Calais und Boulogne bis Le Havre und Cherbourg unter den deutschen Truppen Aufbruchstimmung. Infanteristen und Pioniere bestimmten das Bild an Stränden und in den Häfen. Überall wurden große Mengen von Kriegsmaterial entladen, von Waggons auf Schiffe, von Schiffen auf Lastwagen und umgekehrt. Die Soldaten wurden von Gefechtsübung zu Gefechtsübung gehetzt und bei Landungsübungen durch die Brandung gejagt. Sie stürmten Attrappen der Küstenverteidigung, preschten in Sturmbooten vor den Stränden auf und ab, übten in den Häfen an Schiffen und Prähmen, schossen von schaukelnden Booten auf schwankende Ziele – und sahen mit Neid auf ihre Kameraden in Paris und im Hinterland, die das Besatzerleben in vollen Zügen genossen.

Zu letzterem trug auch der Umstand bei, daß sie sich auf das Wasser wagen mußten, um an den Feind heranzukommen. Die wenigsten Offiziere und Mannschaften hatten je das Meer gesehen und keine Ahnung von der Gewalt des Wassers. Ebbe und Flut waren ihnen so neu, daß z. B. die Fahrer einer bayerischen Transporteinheit ihre Fahrzeuge bei Ebbe weit draußen im Watt parkten, weil sie sich dort vor Saboteuren sicher wähnten, und sich dann auf Quartiersuche machten. Der zurückgelassene Posten hielt gewissenhaft Ausschau landeinwärts – bis Wasser um seine Füße plätscherte. Als er um den Wagen, an den er sich gelehnt hatte, herumging, stand ihm das Wasser schon bis zu den Knien. Um Hilfe rufend lief der Nichtschwimmer um sein Leben und rettete sich gerade noch auf den Strand. Die Lastwagen waren verloren. Auf diese Weise nahm auch der standergeschmückte Stabswagen General von Mansteins ein unfreiwilliges Bad.

Schon im Juli hatte das OKH das Problem erkannt und eine von Feldmarschall von Brauchitsch unterzeichnete Anweisung »Gewöhnen an die See« herausgegeben, in der es hieß: »Mittel hierzu sind unter anderem Fahren mit Sturmbooten und Motorbooten auf der See und in der Brandung, Baden, Schwimmen, Unterweisung im Gebrauch der Rettungsgeräte (Schwimmwesten, Rettungsgürtel, kleine Floßsäcke).« Gewissenhafte Kompaniechefs machten es sich deshalb erst einmal zur Aufgabe, ihren Leuten das Schwimmen im Meer beibringen zu lassen, was von der Truppe in den herrlichen Sommertagen nur zu bereitwillig aufgenommen wurde. Leider stimmten Gezeiten und Dienstplan nicht immer überein: Wenn um sieben Uhr morgens Ebbe herrschte, trabte man über das Watt dem Wasser nach, bis man schwimmen konnte. Die Erfahrung mit der einsetzenden Flut machte diesem Spiel bald ein Ende, denn jedesmal gerieten dabei die Nichtschwimmer in Lebensgefahr.

Im allgemeinen herrschte ein ungutes Gefühl vor, nämlich, daß alles viel zu schnell ging. Jeden Tag konnte mitten in diese Vorbereitungen und Übungen der Befehl S minus 10 Tage platzen und die große Maschinerie, wenn auch unter vielem Ächzen, mit unaufhaltsamer Kraft gegen die fremde Küste in Bewegung setzen. Tag und Nacht dröhnten die Bomber der Luftwaffe über den Kanal nach Westen, und im Heer bestand kein Zweifel daran, daß die Luftwaffe bald die Oberhand über ihren Widersacher gewinnen und den Luftraum über den Landeständen von feindlichen Flugzeugen freihalten würde. Die Stoßarmeen standen jedenfalls bereit: Sechs Divisionen der 16. Armee und drei Divisionen der 6. Armee auf dem linken Flügel.

Die zur 16. Armee gehörende 17. Infanterie Division General Lochs war im August von Dijon nach Ostende und Dünkirchen marschiert. In den ersten Tagen am Kanal hatte niemand genau gewußt, wie es weitergehen sollte, Befehle und Gegenbefehle folgten einander, fremde Einheiten tauchten auf, deren Kommandeure behaupteten, ab sofort der 17. Division unterstellt zu sein: Pioniere, Artillerie, Zahlmeister und Besatzungen von Schnorchelpanzern – ohne Panzer. Erst ein vorläufiger Korpsbefehl brachte einigermaßen Ordnung in das Durcheinander und wies jeden an seinen Platz. Nun stand auch fest: Die 17. Division wird neben der 35. Division im Abschnitt Hythe – Dymchurch auf dem offenen rechten Flügel kämpfen. Der Kampfabschnitt wird von Fallschirmtruppen unterstützt.

In den Häfen von Ostende und Dünkirchen lagen bereits die Schiffe und Prähme, die sie hinüberbringen sollten, dicht an dicht wie Zigarren in einer Kiste. Allein in Dünkirchen waren schon 180 Schiffe fertig zum Auslaufen – die jeweilige Ladung der Prähme sollte aus 70 bis 150 Mann mit Waffen und Fahrzeugen bestehen. Bei den Fahrzeugen handelte es sich zumeist um Pferdekarren, denn weder die 17. noch die 35. Division war voll motorisiert. In der Nähe von Ostende, in Bellem, hatte General Loch sein Hauptquartier aufgeschlagen. Fast täglich besprach er sich mit dem Chef der Kriegsmarinedienststelle Ostende, Kapitän z. S. Lehmann, denn auch für ihn waren Seetransport und Landungsoperationen Neuland. Auf seiner Kommandoebene war die Zusammenarbeit mit der Kriegsmarine weit weniger problematisch als beim OKH oder den Heeresgruppen. Über der handfesten Tagesarbeit der Verladeübungen und dem »Gewöhnen an die See« kamen Prestigefragen und Vorurteile nicht zum Vorschein. Von Lehmann erfuhr Loch, daß der Kapitän vorgeschlagen hatte, mittelgroße Dampfer vor der englischen Küste als Wellenbrecher zu versenken – aber seine Vorgesetzten waren dagegen gewesen. So wurde die Idee eines künstlichen Hafens im Landungsgebiet im Keim erstickt. Erst bei der Invasion der Alliierten 1944 sollte dieser Gedanke eine große Rolle spielen und entscheidend zum Erfolg des Gegenunternehmens beitragen.

Der Stab der 17. Division hatte vom Korps eine Information über die Feindlage erhalten, mit der nicht viel anzufangen war. Die Verteidigungslinie der britischen Armee erstreckte sich in mindestens 60 Kilometer Abstand von der Küste, und es war offensichtlich, daß sie im Augenblick der Landungen in Bewegung geraten und ihre Teile in Zangenbewegungen auf die Brückenköpfe vorstoßen würden. In welcher Stärke und aus welcher Richtung sie kommen würden, war für den Angreifer nicht vorherzusagen.

Um Kräfte der Verteidiger an anderen Stellen zu binden, hatte das OKH großangelegte Täuschungsmanöver geplant. Der Fall »Grün« betraf eine Scheinlandung in Südirland. Ein großer Konvoi der Kriegsmarine sollte Teile der 4. und der 7. Armee aus dem Küstenabschnitt Lorient– Loiremündung an die Südostküste der Insel bringen. An der freien Küste zwischen Wexford und Dungarvan hoffte man mit verhältnismäßig schwachen Verbänden einen Brückenkopf zu bilden, denn man rechnete nicht damit, daß die neutralen und eher deutschfreundlichen Iren Widerstand leisten würden. Der Brückenkopf sollte schnell nach Norden ausgedehnt und die Häfen an der Ostküste in Besitz genommen werden; sie waren als weitere Absprunghäfen gegen England gedacht.

Unter dem Stichwort »Herbstreise« waren weitere Ablenkungsmanöver in der Nordsee vorgesehen. Aus dem Raum Oslo – Bergen sollte die Gruppe XXI zwischen Newcastle-upon-Tyne und Edinburgh gewaltsam landen und einen Scheinangriff vortragen, um möglichst starke feindliche Kräfte zu binden. Einen ähnlichen Auftrag hatte das höhere Kommando XXXVII, das aus den niederländischen Häfen bis zur Western Schelde an der gegenüberliegenden englischen Küste zwischen Wash und Harwich landen und im Rücken der britischen Verteidigungslinien nach Westen vorstoßen sollte.

Für alle drei Unternehmungen waren genügend Truppen und Gerät vorhanden, doch der Seetransport konnte nicht ohne weiteres sichergestellt werden. Die Kriegsmarine hatte für das »Unternehmen Seelöwe« schon sämtliche Reserven an geeignetem Schiffsraum aufgeboten. Nach vielen Verhandlungen mit dem Heer um eine Verringerung der Truppenkontingente suchte die Marine nun auch die letzten Seelenverkäufer – zehn Dampfer für den Raum Norwegen und vier für die Deutsche Bucht – zusammen, deren Seetüchtigkeit nur mit größtem Optimismus bejaht werden konnte, und brachte sie in die Bereitstellungshäfen. Nicht viel besser stand es um die Sicherung der Konvois auf See, denn alle drei Scheinmanöver liefen durch von der Royal Navy beherrschtes und vermintes Seegebiet. Seit der Niederlage der 5.Luftflotte am 15.August war es auch fraglich, ob den Scheinverbänden auf der Nordsee Geleitschutz aus der Luft gegeben werden konnte.

General Loch erfuhr nichts von den geplanten Täuschungsmanövern, in die nur die höheren Stäbe der beteiligten Heereseinheiten eingeweiht waren. Er mußte sich darauf gefaßt machen, auf konzentrierten Widerstand zu stoßen. Das Gelände, das er vorfinden würde, war für einen schnellen Vormarsch wie in Polen oder Frankreich denkbar ungeeignet: Ein von Gräben durchzogenes Marschland mit wenigen Ansiedlungen und entsprechend wenigen Straßen, deren beste die Küste entlang führte. Hinter den Stränden würden sie nur einige Erholungsplätze mit mehr Strandbuden als Häusern vorfinden, die kaum als Stützpunkte geeignet waren. Vor dem kleinen Ort Dymchurch erstreckte sich kilometerlang die etwa zehn Meter hohe, aus Quadern gefügte Dymchurch Wall, ein befestigter Deich, der nur wenige Auffahrtrampen für Boote hatte und von den Martellotürmen mit Geschützen und MG-Feuer bestrichen werden konnte. Die Türme waren als erstes zu nehmen, falls die Luftwaffe mit ihnen nicht schon vorher kurzen Prozeß gemacht hatte. Einer seiner Offiziere hatte Loch auf den Military Canal aufmerksam gemacht, der sich von Hythe bis Rye quer durch die Romney Marsh zieht. Für Napoleon mochte er noch ein Hindernis gewesen sein, die Pioniere würden damit leicht fertigwerden.

Lochs Divisionsstab hatte die Operation bis in die letzten Einzelheiten ausgearbeitet. Das 21. und das 55.Infanterieregiment sollten als erste stürmen, während das 95. in Reserve blieb. Hinter dem 55.Regiment würden nahe der Grand Redoubt, dem mächtigsten der Martellotürme, die deutschen Schnorchelpanzer aus der See kriechen und die als wahrscheinlich angenommene Schlacht um den Weg nach Norden entscheiden. Schon lange vorher hätten Stukas die Artillerie von Sandgate und Folkestone ausgeschaltet.

Für die erste Welle waren je 1250 Mann Infanterie der beiden stürmenden Infanterieregimenter geplant, sowie Kampfpioniere mit Flammen- und Nebelwerfern, leichte Feldartillerie und eine Nachrichtentruppe. Die Parole lautete: Die Strände räumen und die Höhen hinter dem Kanal gewinnen. Bis zum Einbruch der Nacht war ein Brückenkopf von mindestens fünf Kilometer Tiefe zu erkämpfen. Danach würde die Division zusammen mit der inzwischen gelandeten Verstärkung nach Nordosten auf Dover und nach Norden auf Ashford vorstoßen. Die Besetzung Londons bliebe demnach zum Bedauerns Lochs und seines Stabes der 9. Armee vorbehalten. Aber man konnte ja nie wissen – und im übrigen würde der Englandfeldzug genauso schnell vorüber sein wie der gegen Polen oder Frankreich, denn die Luftwaffe würde die Briten mürbe machen. Nur manchmal beunruhigte ihn der Gedanke an die »künstlichen Ölbrände«, mit denen man bei der Landung zu rechnen hatte. Lehmann hatte ihm gesagt, daß jeder Hafenkommandatur fünfzig Motorfeuerspritzen zugeteilt worden waren, nachdem der Nachrichtendienst erfahren hatte, daß die Briten vor den Stränden Öl in die See pumpen und in Brand setzen würden. Lehmann meinte, daß das sehr schwierig sei und sicher nur an wenigen Stellen gelingen würde, doch sicherheitshalber solle man die Truppen vor dem Einschiffen darauf vorbereiten und ihnen entsprechende Verhaltensmaßregeln mitgeben.

XXIII.
Die Royal Air Force gewinnt die Oberhand London bleibt unbezwungen

Den deutschen Piloten, die in diesen entscheidenden Tagen London anflogen, fehlte die Eingebundenheit in eine Heimatbasis, der Halt einer vertrauten Umgebung. Sie starteten in einem fremden Land, das nur mit den oberflächlichen Zerstreuungen eines Besatzerdaseins aufwarten konnte, und sie flogen über die See, gleichsam den nassen Tod ständig unter sich, und von dem Augenblick an, in dem sie die feindliche Küste überflogen, mußten sie von Minute zu Minute damit rechnen, abgeschossen zu werden. Wenn Churchill von den Briten sagen konnte, sie stünden in diesen Tagen allein, so traf das auf die deutschen Piloten in viel größerem Maß zu. Wenn sie gestartet waren, hatten sie nicht einmal mehr die moralische Unterstützung einer Sprechfunk-Verbindung zu ihrer Bodenstation; sie waren abgeschnitten und ganz auf ihren Kampfeswillen und Todesmut angewiesen. Das mag auf jede Eroberungsstreitmacht zutreffen, aber hier kam die wachsende Einsicht hinzu, daß die eigenen Mittel zur Erfüllung ihres Auftrags nicht hinreichten. So klar ihr Kampfauftrag auch war, die Erfahrung und die hohen Verluste zeigten, daß sie für seine Durchführung nicht genügend gerüstet noch vorbereitet waren.

Als Begleitschutz für die Bomber war die Me 109 zu schnell und im Luftkampf nicht wendig genug, so daß Galland nach den ersten Einsätzen über England seinen Oberbefehlshaber mit der Forderung konfrontierte: »Geben Sie mir ein Geschwader Spitfire!« Die geringe Flugdauer der Me 109 von nur 80 Minuten erwies sich als ein weiterer Nachteil. Als ein Bomberverband über England von der Flak zu einem langen Umweg auf dem Heimflug gezwungen wurde, endete für dreizehn seiner Begleitjäger der Flug mit leeren Tanks und stehendem Propeller im Wasser des Ärmelkanals, mehrere andere konnten ihre Flugzeuge gerade noch zu einer Bruchlandung auf den Strand der französischen Küste setzen.

Am 7. September hatten sich 21 Staffeln Spitfire und Hurricane den Deutschen entgegengeworfen und 35 Bomber und Jäger abgeschossen. Die leeren Plätze in den Pilotenunterkünften wirkten demoralisierend; da half auch das Wissen nicht, daß man 31 Feindmaschinen abgeschossen hatte und daß die 249. Hurricane Staffel bei einem Kampf mit 60 Me 109 sechs Maschinen verloren hatte, ohne einen eigenen Luftsieg zu erringen. Die Frustration innerhalb der Luftwaffe wuchs von Tag zu Tag. Theo Osterkamp sagte in einem Brief aus den Tagen nach dem 7. September: »Es war deprimierend, wenn die Kommodore der Geschwader zur Besprechung bei mir waren und immer wieder erklärten: Wir können abschießen soviel wir wollen, es werden nicht weniger!«

In der Luftwaffenspitze dagegen herrschte Wunschdenken vor. General Jeschonnek war davon überzeugt, daß es eine einzige Bombe sein würde, die das Faß zum Überlaufen und die Briten an den Verhandlungstisch zwingen würde. Welle um Welle wurden die deutschen Bombengeschwader nach London geschickt, und einige Verbandsführer glaubten schon ein Nachlassen der britischen Jagdabwehr feststellen zu können. Das lag jedoch nicht daran, daß das Fighter Command am Boden festlag, sondern hatte seine Ursache darin, daß sich Jagdabwehr und Flak noch nicht aufeinander eingestimmt hatten.

Derart massierte Angriffe auf London hatten die Briten nicht erwartet. General Pile mußte erkennen, daß seine Abwehr nicht stark genug war, und ordnete am 8. September an, jedes nur entbehrliche Flakgeschütz auf den Britischen Inseln nach London zu bringen. So gelang es ihm, innerhalb von 48 Stunden die Flakbatterien um London zu verdoppeln. Am Abend des 9. September, als diese neuen Geschütze in Stellung gebracht worden waren, rief Pile alle Kommandeure und Feuerleitoffiziere zu einer Konferenz zusammen und schwor sie auf die neue Taktik ein: Der Luftraum über London würde nun von eigenen Jägern freigehalten werden, so daß alle Batterien beim nächsten Angriff Sperrfeuer schießen konnten.

Am 10. September flogen die deutschen Bomber zum erstenmal gegen einen »Vorhang aus Stahl und Eisen«. Als die ersten Maschinen die Außenbezirke Londons erreichten, brach unter ihnen die Hölle los. Alle Batterien schossen, was die Rohre hergaben. Die Londoner, die bisher mehr Bombenexplosionen als Flakfeuer gehört hatten und sich sehr unbeschützt vorgekommen waren, atmeten auf. Endlich schoß man zurück, endlich würde man es den Deutschen zeigen. »In dieser Nacht habe ich zum erstenmal ruhig geschlafen«, schrieb ein Leser am nächsten Tag an die Times.

Der militärische Erfolg war gering, und die Verantwortlichen mußten sich mit der psychologischen Wirkung auf die Bevölkerung begnügen. Wegen der schlechten Witterung waren nur kleinere Verbände eingeflogen, wenn auch der Wehrmachtsbericht am folgenden Tag verkündete: »Kriegswichtige Anlagen in der Stadt und am Hafen von London blieben auch gestern wichtigste Ziele der deutschen Vergeltungsangriffe. Zahlreiche neue Brände traten zu den bisherigen hinzu. Daneben wurden noch andere kriegswichtige Ziele, insbesondere Hafenanlagen, Flughäfen und Industrieanlagen im Südosten der Britischen Inseln mit Bomben belegt.« Letzteres stimmte nur insoweit, als eine Anzahl der eingeflogenen Bomber wegen des starken Flakfeuers sich ihrer Last schon in den Einflugschneisen entledigt hatte.

Die Flugplätze des Fighter Command waren nun schon seit über einer Woche nicht mehr angegriffen worden, und fieberhaft arbeitete man daran, Rollfelder, Werkstätten und andere Gebäude wieder instand zu setzen. Die Schutzwälle für die geparkten Maschinen und die Einsatzzentralen wurden verstärkt und die Nachrichtenverbindungen erneuert. Für Keith Park war es eine mehr als willkommene Pause, in der es ihm auch gelang, seinen Pilotenstand aufzufrischen, erschöpfte Staffeln abzuziehen oder durch ausgeruhte aus dem Norden zu verstärken. Unter den neuen Piloten fanden sich eine ganze Anzahl gut ausgebildeter Polen und Franzosen. Besonders die Polen zeichneten sich in den kommenden Einsätzen durch hervorragendes fliegerisches Können und Tollkühnheit aus. Dank Lord Beaverbrook wurden auch die großen Verluste an Jagdmaschinen mehr als ausgeglichen.

Noch gab es Pannen, denn das verstärkte Eingreifen der Flak hatte die Taktik der Jäger durcheinandergebracht. Als bei Angriffen am 11. September die Jagdstaffeln zu spät und zu tief eingesetzt wurden, gelang es den deutschen Jägern, 31 Spitfire und Hurricane abzuschießen, bei nur 22 eigenen Verlusten. Danach arbeiteten Dowding und Pile eine neue Taktik aus, die Einsatzgebiete und Einsatzhöhen für beide Waffengattungen genau festlegte. Jäger würden nun nur noch weit vor dem Flakgürtel operieren und ihn, wenn nötig, in sehr großen Höhen überfliegen. Die Bewährungsprobe für die neue Taktik kam vier Tage später.

Nach den regnerischen und stürmischen Tagen davor lag am Morgen des 15. September, einem Sonntag, über der englischen Kanalküste ein feiner Dunstschleier, der sich aber bald auflöste. Ein herrlicher Spätsommertag brach an.

Winston Churchill war an diesem Morgen mit seiner Frau »an die Front« gefahren, nach Uxbridge, einen der westlichen Außenbezirke Londons. Hier befand sich mehr als zehn Meter unter der Erde die Einsatzleitung der 11. Jagdgruppe, das Hauptquartier von Vize-

Marschall Keith Park, der die 25 Staffeln der Gruppe vor sechs Monaten übernommen hatte.

Dutzende von Telefonkabeln lagen an den Wänden des Niederganges, über den Park seine Gäste in einen etwa 100 Quadratmeter großen, fast taghell erleuchteten Raum brachte. Auf zwei riesigen Tischen waren Karten des Einsatzgebietes angebracht. An ihnen saßen sich jeweils zehn Luftwaffenhelferinnen (W. A. A. F.) gegenüber. Sie trugen Kopfhörer und hatten Mikrofone umgehängt. Vom Filter-Raum, in dem Radar- und Beobachtermeldungen zusammenliefen, erhielten sie die Positionsangaben der feindlichen Verbände. Mit langen Zeigestöcken schoben sie dann bunte Holzscheiben, die ein großes weißes Hakenkreuz trugen, über die Planquadrate der Karten.

Auf einem etwa 50 cm hohen, über die Länge des Raumes reichenden Podium saßen andere Helferinnen, die die Bewegungen an den Tischen an verschiedene Stellen weitergaben. Wieder etwas erhöht dahinter, von einer Balustrade abgegrenzt, saßen die Offiziere der Einsatzleitung und dirigierten die Staffeln der einzelnen Flugplätze an den Feind. Neben ihnen nahmen Churchill und Keith Park Platz. An der Wand ihnen gegenüber hing eine große, mit langen Reihen von bunten Glühbirnen besetzte Tafel. Sie leuchteten auf, sobald eine Staffel gestartet war, zeigten aber auch an, in welchem Bereitschaftsstand sich die Maschinen im Augenblick befanden, so daß die Einsatzleiter immer wußten, welche Staffel an der Reihe war. Dieses einzigartige und äußerst wirkungsvolle Jäger-Leitsystem war schon vor dem Krieg von Luftmarschall Dowding in weiser Voraussicht entwickelt worden. Ohne diese Möglichkeit des gezielten Einsatzes hätte die R. A. F. dem Ansturm der Luftwaffe nicht standhalten können.

»Ich weiß nicht, ob heute etwas passieren wird«, sagte Keith Park zu seinen Gästen, nachdem er ihnen das System erklärt hatte. »Im Augenblick ist alles sehr ruhig.« Das war kurz vor elf Uhr. Nur wenige Minuten später kam plötzlich Leben in die »Plotters« an den Tischen. Die Zeigestöcke huschten über die Tische. Mehr als vierzig Feindmaschinen waren im Anflug aus dem Raum Dieppe gemeldet worden. Auch an anderer Stelle wurden Scheiben über die Küstenlinie geschoben: »mehr als zwanzig« hier, »mehr als sechzig« dort, auch zwei Hakenkreuzscheiben, die »mehr als 80« bedeuteten, tauchten auf. Die Glühbirnen auf der Staffeltafel leuchteten auf: Die Schlacht konnte beginnen.

Zwölf Staffeln Spitfire und Hurricane griffen die Deutschen schon über Canterbury an, sechs weitere Staffeln kreisten hoch über London. Zweihundert Maschinen der R. A. F. waren jetzt in der Luft. Vizemarschall Park war noch nicht zufrieden, denn bald mußten die ersten seiner Jäger zum Nachtanken und Nachmunitionieren landen – die Briten flogen nicht mit vollen Tanks, um Gewicht zu sparen. Park bat die 12. Gruppe um Verstärkung, und in wenigen Minuten war Wing Commander Douglas Bader, der beinlose, aber berühmteste Jagdflieger der Briten, mit weiteren 60 Spitfire und Hurricane über der Stadt. Unter dem Ansturm der Briten brachen die deutschen Bomberformationen auseinander. Von einem gezielten Abwurf konnte nicht mehr die Rede sein. Viele warfen ihre Ladung über freiem Gelände ab, als sie sahen, wie die Maschinen ihrer Kameraden in der Luft explodierten oder brennend abstürzten. Einer nach dem anderen drehte ab, um – von den Jägern verfolgt – im rettenden Tiefflug die Küste zu erreichen.

Gegen 14.30 Uhr kamen wieder 300 deutsche Bomber. In zwei Wellen überquerten sie die Küste zwischen Dover und Dungeness, aufmerksam vom britischen Radar verfolgt. Diesmal waren fast alle Jäger außerhalb Londons eingesetzt. Als sich die erste Welle Chatham und der Themsemündung näherte, waren schon 50 Maschinen abgedrängt. Die restlichen Do 17 flogen in dichter Formation genau auf die Stellungen der schweren Flak bei Malling zu, die im richtigen Moment einen dichten Sperrgürtel schoß. Sofort teilte sich die Formation der Bomber, um den gefährlichen weißen Wolken auszuweichen.

Vierzig Maschinen flogen auf Chatham zu, Höhe 6000 Meter, Geschwindigkeit 340 Kilometer. Von den Zinnen einer alten Befestigung, die einmal gebaut worden war, um eine holländische Invasion abzuwehren, beobachteten die Offiziere des Flakleitstandes das Schauspiel. Die Stadt und der Hafen lagen wie ausgestorben vor ihnen in der prallen Nachmittagssonne. Nur das stete Dröhnen der Bomber war zu hören.

Als die Flakgeschütze das Feuer eröffneten, schlug den Bombern ein Inferno entgegen. Die erste Maschine kippte steil über die Fläche ab, eine dünne weiße Rauchfahne aus der Kanzel hinter sich herziehend, auch die zweite Maschine ereilte ihr Schicksal. Die Bomber änderten ihren Kurs und zogen steil in die Höhe, wobei sich die Formation fächerförmig ausbreitete und einen imposanten Anblick bot. Noch eine dritte Dornier holte die Flak von Chatham aus dem Verband, der sich jetzt dem Bereich der Flaksperre von Dartford näherte. Der Gefechtslärm war ohrenbetäubend und schien mit jeder Sekunde zuzunehmen.

Die Formation der Dorniermaschinen löste sich endgültig auf. Einzeln versuchten sie ihre Bomben loszuwerden. Und das war der Moment, in dem die Spitfire und Hurricane über ihre Beute herfielen.

Die Flak verstummte, die Jäger kamen aus der Sonne und stürzten sich auf die einzelnen Maschinen. Immer mehr Fallschirme abgesprungener deutscher Besatzungen hingen am Himmel.

Einer nachfolgenden Welle He 111 erging es nicht besser, eher schlechter. Diesmal schossen die Kanoniere von Chatham innerhalb von dreißig Sekunden drei Maschinen ab. Die Bombenlast der führenden Heinkel erhielt einen Volltreffer. Die Maschine explodierte in einem orangefarbenen Feuerball, der sich selbst gegen den Sonnenhimmel leuchtend abhob. Die Heinkel hatte wie schon die Dorniers die Reichweite der englischen Flak unterschätzt und war in einer Höhe von 6500 Metern erwischt worden.

Das Getümmel hielt den ganzen Nachmittag über an. Die Kampfmoral der Briten war jetzt so hoch wie nie zuvor. Die gefürchtete Luftwaffe hatte ihren Stachel verloren. Im Tiefflug flohen die Feindmaschinen auf die See hinaus. Gegen 17.30 Uhr tauchte die letzte Do 17 über Faversham an der Themsemündung auf. Sie flog so niedrig, daß sie fast die Hausdächer streifte. Mit ihren Bordwaffen bestrich sie die Hauptstraße der kleinen Hafenstadt, ehe sie sich in einer Rechtskurve zur See wandte. Am Ortsausgang stand eine Bofors-Batterie, die sofort das Feuer eröffnete und beide Motoren traf. Nach wenigen hundert Metern stürzte der Bomber in die benachbarte Whitstable Bay. »Es war wie ein Ausrufezeichen hinter diesem Tag!« erinnerte sich einer der Kanoniere noch fünfundvierzig Jahre später.

Die Luftwaffe verlor an diesem einen Tag 56 Maschinen. Damit war der Bann gebrochen. Zehn solcher Tage hätten eine halbe Luftflotte ausgelöscht – das konnte sich die Luftwaffe nicht leisten.

Am Montag, dem 16. September, meldete der deutsche Wehrmachtsbericht: »Am 15. und in der Nacht zum 16. September wurden unter schwierigen Wetterverhältnissen die Vergeltungsflüge gegen London fortgesetzt. Kampfflieger griffen Docks und Hafenanlagen an, trafen mit einer Bombe schweren Kalibers das Gaswerk Bromley, setzten ein Öllager in Brand und erzielten Treffer auf Bahnhöfe sowie kriegswichtige Industrieanlagen in Woolwich und anderen Stadtteilen. Im Laufe dieser Angriffe kam es zu heftigen Luftkämpfen. Die Gesamtverluste des Feindes betrugen gestern 79 Flugzeuge. 43 eigene Flugzeuge werden vermißt.«

Von nun an sollte kein Tag mehr vergehen, an dem der Wehrmachtsbericht nicht von »Vergeltungsangriffen« gegen London zu berichten wußte. In der zweiten Septemberhälfte waren die Londoner noch überzeugt, daß diese Angriffe Vorspiel der befürchteten Invasion seien, was dazu beitrug, daß sie das Bombardement mit Gleichmut erduldeten, denn sie glaubten, Schlimmeres würde bald folgen. John Colville, der am Mittag des 15. September von einem kurzen Urlaub auf dem Land zur Downing Street zurückkehrte, bemerkte nur: »Ich kam in London gerade zu dem Luftangriff zurecht, und der Lärm der Geschütze und Bomben die Nacht hindurch war ohrenbetäubend. Das Haus bebte, und die Abschüsse der Flak-Kanonen waren so laut, daß man glaubte, sie stünden nebenan im Garten.«

Der Amerikaner Raymond Lee schlug ähnliche Töne an: »Und wenn ich mich auf den Kopf stelle, kann ich mir nicht erklären, worauf die Deutschen aus sind. Da haben sie die große Luftmacht und vergeuden sie in fruchtlosen und ziellosen Angriffen über ganz England. Sie müssen eine übersteigerte Vorstellung von dem Schaden haben, den sie anrichten, und von der Wirkung auf die Moral der Bevölkerung. Nach einem Monat dieses Blitzkrieges sind die Briten stärker und in einer besseren Position als vorher.« Von dem pausenlosen Bombardement, das London an diesem Tag erschütterte, hielt er nur das irische Zimmermädchen für bemerkenswert, das, nachdem es das Bett aufgedeckt hatte, zum Victoria-Bahnhof wanderte, um den dort abgestürzten deutschen Bomber zu betrachten.

Sicher wollte er damit nicht das menschliche Leid verharmlosen, das die Bomben über London brachten. Lee war versessen darauf, seine Vorgesetzten in Washington von der hohen Kampfmoral der Briten zu überzeugen, um US-Hilfeleistungen auf den Weg zu bringen. Die Londoner machten ihm das leicht. Lord Gort war schon zweimal ausgebombt worden und war ungerührt in ein Hotel umgezogen; den todkranken Chamberlain hatte Churchill nur mit Mühe dazu überreden können, das Stadtzentrum zu verlassen. Aber auch die Arbeiterfamilien des East End, die anfangs noch bei jedem Fliegeralarm mit Sack und Pack in den Westen gezogen waren, weil sie sich dort sicherer wähnten, blieben nun in ihren zerbombten Behausungen oder drängten sich in den Lagern für Ausgebombte, die schnell in großen Schuppen und Lagerhallen eingerichtet worden waren, um die unterzubringen und zu verpflegen, die kein Dach mehr über dem Kopf hatten. Klagen wurden nicht laut. Die deutschen Bomben hatten genau das Gegenteil dessen erreicht, was man eigentlich von ihnen erwartet hatte: England friedensbereit zu machen. Die ohnmächtige Wut der ersten Tage war in blanken Haß umgeschlagen, als die Luftwaffe dazu überging, Luftminen zu werfen. Sie trieben an Fallschirmen ziellos vom Himmel und landeten nur zu oft in Wohn- und Geschäftsvierteln, wo sie schreckliche Verwüstungen anrichteten. Niemand konnte nun mehr glauben, daß die Deutschen es auf kriegswichtige Ziele abgesehen hatten.

Für besonders heimtückisch hielt man die »Zeitzünder«. Ein Abgeordneter war auf dem Rückweg vom Unterhaus, das trotz der Bomben seine Sitzungen abhielt. Es war längst Entwarnung gegeben worden, als ganz in seiner Nähe eine gewaltige Explosion die Luft zerriß. Ein Polizist wollte während des Alarms eine Bombe auf den Buckingham Palast fallen gesehen haben und meinte nun, daß es ein Zeitzünder gewesen sei, um das Königspaar zu treffen. Es stellte sich jedoch heraus, daß Feuerwerker eines Sprengkommandos einen Blindgänger im Palastgarten in die Luft gejagt hatten. Die Zahl der Blindgänger unter den deutschen Bomben war übrigens horrend.

In London gab es bald keinen Stadtteil, kein berühmtes Gebäude mehr, das noch nicht in Mitleidenschaft gezogen war. Kaum eine der großen Straßen war unversehrt. St. Paul's Cathedral, der Palast, das Parlamentsgebäude hatten schwere Treffer erhalten, der Leicester-Square glich einem Trümmerhaufen, die Pall Mall war beschädigt und das Carlton war eingestürzt. Die Regierungsgebäude in Whitehall zierten Bombenkrater und geborstene Fassaden. Churchill und sein Stab harrten trotzdem in der Downing Street aus, als gelte es eine Stellung zu halten. Die Kabinettssitzungen wurden in dem betongesicherten Central War Room gehalten, und wenn es zu schlimm wurde, schickte der Premier die Angestellten in den Luftschutzunterstand über die Straße, mit seinen engeren Mitarbeitern arbeitete er unverdrossen weiter.

Am 17. Oktober saß Churchill mit Freunden bei einem späten Dinner im Gartenzimmer von 10 Downing Street. Die Stahlläden vor den Fenstern waren geschlossen, dämmten aber kaum den Knall der in der Nähe explodierenden Bomben. Als eine, wie es schien, nicht mehr als hundert Meter entfernt auf dem Paradeplatz der Horse Guards explodierte, stand Churchill abrupt auf und ging hinüber in die Küche, wo das Personal noch beschäftigt war, als ob es der Lärm nichts anginge. Die Küche war außerordentlich hoch und hatte ein riesiges, etwa sechs Meter hohes Fenster. Churchill befahl dem Butler, die Speisen auf den Rechaud im Speisezimmer zu stellen und mit den Angestellten sofort den Schutzraum aufzusuchen. Dann setzte er sich wieder zu seinen Freunden an den Tisch.

Wenige Minuten später erschütterte eine laute Detonation in nächster Nähe den Raum, die Möbel wackelten bedenklich, Gläser fielen um, und von nebenan hörte man das Splittern von Glas und ein dumpfes Krachen. Churchill und seine Freunde gingen hinüber und besahen sich den Schaden: Die Anrichte, die Küche und die Büros auf dieser Seite lagen in Trümmern. Eine Bombe großen Kalibers hatte das gegenüberliegende Schatzamt getroffen und mit ihrem Druck auch das riesige Küchenfenster in tausend Splittern in den Raum gefegt, schwarz-brauner Schutt hatte sich über Herde, Tische und die von den Regalen gerissenen Töpfe und Pfannen gelegt. Churchills Vorahnung hatte die Angestellten vor schweren Verletzungen bewahrt.

Ohne weiter Zeit zu verlieren, setzten sich Hausherr und Gäste ihre Stahlhelme auf und stiegen auf das Dach des Anbaus, um sich ein Bild vom Ausmaß des Angriffes zu machen, der noch andauerte. Die Nacht war klar, und vor ihnen lag das Panorama der brennenden Stadt. Die Pall Mall schien zur Hälfte in Flammen zu stehen, die St. James' Street und Piccadilly waren von Bränden ebenfals hell erleuchtet, und auf der anderen Seite des Flusses war der Schein vieler Feuer über den Docks sichtbar. Später würden sie erfahren, daß diese Nacht 500 Menschen das Leben kostete und etwa zweitausend verletzt wurden.

Der »Blitz« war in vollem Gang, und er galt nicht nur London, sondern auch den Industriezentren und Flugzeugwerken von Southampton, Bristol und Liverpool. Die Produktion im Spitfire-Werk in Woolston wurde für kurze Zeit unterbrochen, als einem Ju 88 Verband ein Überraschungsangriff gelang, der schwere Schäden verursachte und 98 Menschenleben forderte. Eine spürbare Wirkung auf das Industriepotential der Briten hatten diese, meist von der Luftflotte 3 geführten, Angriffe nicht.

Seit sich die britische Jagdabwehr mit der Flak eingespielt hatte, hatte sie tagsüber wieder die Oberhand im britischen Luftraum, griff nun in größerer Konzentration die deutschen Bomberverbände schon beim Anflug über Kent an und hinderte sie am Anflug auf die Metropole. Die Bevölkerung dieser Grafschaft, die schon die Kämpfe um die Flugplätze des Fighter Command hatte über sich ergehen lassen müssen, war nun Zeuge, wie täglich Dutzende von Maschinen vom Himmel fielen. Die Kampfmoral spiegelt sich in den übertriebenen offiziellen Abschußzahlen, die über die BBC verbreitet wurden: Allein im September hatte die Luftwaffe angeblich 1005 Flugzeuge verloren. Tatsächlich wurden in der Zeit vom 7. September bis 31. Oktober 647 deutsche Maschinen abgeschossen, während die Royal Air Force 373 Verluste zu verzeichnen hatte.

Angesichts der weit geringeren Produktionszahlen konnte die Luftwaffe diese hohe Verlustquote nicht verkraften, sie wäre allmählich ganz aufgerieben worden – ein Schicksal, daß sie eigentlich ihrem Gegner zugedacht hatte. Die Tagesangriffe der Bomber wurden immer spärlicher. Dafür ergriff Göring eine verzweifelte Maßnahme, die nun auch seine vielgeliebten Jäger den Briten vor die Rohre lieferte. Er ließ, mit Zustimmung Hitlers, die Me 109 zum Bombenträger umrüsten und setzte sie zu Tagesangriffen auf London ein. Das Resultat war katastrophal: Durch die Zulast war die Messerschmitt schwerfällig und langsam geworden und erreichte kaum noch 5000 Meter Höhe. Nur eine von drei oder vier Maschinen kam an der britischen Jagdabwehr vorbei, die nur zu bald herausgefunden hatte, daß die beladene Messerschmitt im Luftkampf hilflos war. So wurde eine nach der anderen schon im Anflug abgeschossen.

Theo Osterkamp, der Jagdführer der Luftflotte 2, beklagte sich bei Stabschef Jeschonnek, der ihm nur entgegenhielt: »Ich kann daran nichts ändern, der Führer hat es persönlich befohlen.« Das war das Alibi für alle Fehlentscheidungen der Wehrmacht. Osterkamp ließ seiner Verbitterung freien Lauf – später sollte er deswegen in Ungnade fallen, was ihn seinen Posten und seinen Rang kostete: »Bisher halte ich unseren Führer noch für einen Mann, der diesen Irrsinn nicht befehlen würde, wenn er wüßte, wie sich das auswirkt. Ich mache folgenden Vorschlag: Ich verfüge zur Zeit mit Gottes Hilfe noch über 384 Jäger, das sind sechsundneunzig Schwärme. Von diesen schicke ich zweimal jeden Tag zu verschiedenen Zeiten einen Schwarm los, mit Bomben unterm Bauch. Die kommen auch ans Ziel, denn solche kleine Einheiten mogeln sich überall durch. Über dem Ziel stürzen sie auf 400 Meter runter, steigen mit dem Fallschirm aus und lassen die Flugzeuge mit der Bombe in die Docks knallen. Die Piloten gehen in Gefangenschaft. Erfolg 1: Die Bomben werden, was ihr für ›kriegsentscheidend‹ haltet, in die Docks geworfen. Erfolg 2: Ihr wißt dann wenigstens genau, wann die Jägerei völlig zerschlagen ist, nämlich nach 48 Tagen. Am 49. Tag gehe ich mit meinen Adjutanten denselben Weg. Dann habt ihr endlich Ruhe. Eins ist dann aber wenigstens erreicht: Daß nicht meine Jungens ihr Leben für eine Utopie hergegeben haben.«

Bald darauf wurden die Jagdbomberangriffe auf London eingestellt, die Schlacht um England begann sang- und klanglos einzuschlafen. Die Luftwaffe kämpfte praktisch nur noch um ihr eigenes Überleben, von der Erringung der Luftherrschaft sprach niemand mehr.

Noch während des Kriegs, im Frühjahr 1944, fertigte Hauptmann O. W. Bechtle eine Analyse der »Schlacht um England« als Stabsarbeit für die Luftkriegsakademie in Gatow an. Seine Schlüsse zeigen, mit der damals angebrachten Vorsicht, deutlich die Schwächen auf, denen die Luftwaffe ihre verheerende Niederlage verdankte. Er zieht dabei die britische Meinung heran: »Der Feind hat der ›Schlacht‹ um Britannien entscheidenden Einfluß auf den Kriegsverlauf beigemessen und führt für das Scheitern der deutschen Luftoffensive folgende Gründe an: 1. Ungenügende Abwehrkraft der deutschen Kampfflugzeuge, 2. deren ungenügende Bombenzuladung und 3. Zersplitterung bzw. ungenügende Folge der Angriffe auf ein bestimmtes Ziel.« Auch für den tieferen Grund des Versagens führte Bechtle damals eine feindliche Quelle an: »Der in Amerika geschätzte Flugzeugkonstrukteur Seversley ... stellt fest ... (daß) Deutschland es versäumt (habe), rechtzeitig die zweckentsprechende Waffe zu entwikkeln.« Bechtle fand in diesen Ansichten ein »Körnchen Wahrheit«. Aus damaliger Sicht war es nicht möglich, das Bauprogramm und die Führung der Luftwaffe zu kritisieren, Bechtle führt statt dessen die kurze Zeitspanne von zwei Monaten an, die zur Erringung der Luftherrschaft zur Verfügung stand, und daß man die britische Jagdabwehr, an der die deutschen Tagesangriffe und damit die Erreichung des Zieles scheiterten, »vielleicht unterschätzt« habe.

Damals waren die Folgen der verlorenen Schlacht nicht abzusehen, denn der Kampf ging weiter, wenn auch mit anderen Vorzeichen und auf anderer Ebene. »Nach dem abgebrochenen Ringen um die Luftherrschaft wurde der Wirtschaftskrieg mit fast pausenlosen Angriffen gegen London begonnen. Die Wucht des damaligen Luftkrieges läßt sich aus der Tatsache erkennen, daß in der Zeit vom 7. September bis 17. November in jeder Nacht (ausgenommen sieben) Angriffe gegen London erfolgten, die mit einer durchschnittlichen Stärke von 166 je Nacht geführt wurden.« Doch auch aus damaliger Sicht mußte Bechtle einschränken: »Die Widerstandskraft des Feindes war stärker als die Angriffsmittel. Vielleicht wird hinsichtlich der Moral der Zivilbevölkerung die Wirkung des Luftkrieges zu hoch eingeschätzt.« Dem wäre eigentlich nichts mehr hinzuzufügen.

In der Analyse sind alle Faktoren enthalten, die auch aus heutiger Sicht erklären, warum die Luftwaffe damals ihr Ziel, wenn auch nur knapp, verfehlt hat: Das Bauprogramm war modernen Anforderungen und dem Kriegsziel nicht angemessen, denn die Me 109 hatte eine zu kurze Reichweite und konnte nicht über London operieren, die Ju 87 und die Me 110 waren zu langsam, die Bomber zu verwundbar. Der bedingungslose Einsatz der Piloten machte viel davon wett, doch die unfähige Führung machte das wieder zunichte. Sie führten den falschen Krieg zur falschen Zeit mit den falschen Mitteln.

Die Schuldigen an diesem Debakel wurden nie zur Rechenschaft gezogen. Niemand verlor seinen Posten – nur der Ankläger Osterkamp. Auf der britischen Seite dagegen wurden die Sieger der Schlacht, die nicht zu Unrecht als Retter Englands bezeichnet wurden, Opfer einer Intrige. Im November 1940 wurde Sir Hugh Dowding gegen seinen Willen pensioniert, Keith Park zum Ausbildungskommando der R. A. F. versetzt und später nach Malta geschickt. Und was wurde aus der Invasion? Die conditio sine qua non war entfallen, der Adler war gerupft und wagte sich nur noch nachts aus seinem Horst, ehe er auf den Schlachtfeldern Rußlands ein neues Blutopfer bringen und ein unwürdiges Ende finden würde.

XXIV.
Die Besetzung der Kanalinseln
Ein Vorgeschmack

Abseits von »Unternehmen Seelöwe« hatten am 1. Juli deutsche Truppen britisches Territorium im Kanal besetzt: Die Kanalinseln Jersey, Guernsey, Sark und Aldernay. Die Inseln, im Golf von St. Malo vor der französischen Halbinsel Cotentin gelegen, waren kleine verträumte Paradiese; geschützt von Steilküsten, produzierte ihre sanftgewellte, fruchtbare Gartenlandschaft Gemüse, hauptsächlich Tomaten, und die berühmte Rinderrasse, während der Fischfang nur eine zusätzliche Einnahmequelle war. Da man auf den Inseln wenig Steuern zahlte und das Leben billig war, zogen es viele wohlhabende Engländer und Schotten vor, hier in Landhäusern mit gepflegten Gärten ihren Lebensabend zu verbringen, in einer Idylle hoch über dem Meer, mit einem angenehmen Klima und einer wohltuenden Mischung aus britischer und französischer Lebensart, was im Sommer Tausende von Touristen auf die Inseln lockte.

Die Beschaulichkeit dauerte bis zum 18. Juni 1940. An diesem Tag gab die britische Regierung die Demilitarisierung der Inseln bekannt und zog die dort stationierten kleinen Marinekommandos zurück. Angesichts der bedrohlichen Lage – die französische Küste ist von Guernsey etwa 50, von Jersey 25 Kilometer Luftlinie entfernt – wurden in den folgenden zwei Wochen mehrere tausend Kinder, Jugendliche und Mütter mit Kleinkindern nach England und Schottland evakuiert. Unter den etwa 90 000 Bewohnern der Inseln herrschte große Unruhe und begreifliche Furcht vor den Deutschen, seit der Kampflärm von Cotentin herüberdrang, so daß viele Erwachsene von dem Angebot Gebrauch machten, die Inseln ebenfalls zu verlassen. Die Royal Navy hatte für diesen Zweck 22 Schiffe und zehn Leichter zur Verfügung gestellt. Insgesamt waren es etwa 20 000 Menschen, die panikartig nach England aufbrachen, darunter viele, die ihren Lebensunterhalt auf dem nunmehr verlorenen französischen Festland verdient hatten und nun für ihr Auskommen fürchteten.

Am Freitag, dem 28. Juni, hatten sich Hunderte von Einwohnern

Guernseys in der Smith Street von St. Peter Port, der kleinen Hafenstadt an der Ostküste versammelt, um eine Rede des Bailiffs (Inselvorstehers) über die Evakuierung anzuhören. Plötzlich wurde Flugzeuggeräusch vernehmbar und kurz darauf rauschte eine Bombe durch die Luft und schlug ins Hafenbecken. Maschinengewehrfeuer bellte über den Köpfen der Versammelten, die in panischer Angst auseinanderstoben und in den Häusern Schutz suchten. Zwei- bis dreihundert Männer, Frauen und Kinder, die am Kai auf das Postboot gewartet hatten, um mitgenommen zu werden, brachten Hafenbeamte zwischen den Betonpfeilen am Hafendamm in Sicherheit, die bei der gerade herrschenden Ebbe trockenlagen.

Sechs deutsche Flugzeuge stürzten sich auf die wehrlose Stadt. Ihre Bomben fielen zum Glück fast alle in das Hafenbecken und in die See. Im Tiefflug griffen sie mit ihren Bordwaffen die ankernden Schiffe und eine Lastwagenkolonne vor den Hafenschuppen an, Fenster und Türen der Hotels und Läden an der Promenade zersplitterten unter den vielen Einschüssen. Noch während die Flugzeuge über ihnen kurvten, rasten Feuerwehr und die Ambulanzen der Johanniter zum Hafen, um die Verwundeten zu bergen, und gerieten selbst in das MG-Feuer der Flugzeuge. Der Angriff dauerte fünfzehn Minuten, in denen 31 Menschen getötet und 47 verletzt wurden. Zur selben Zeit spielte sich fast das gleiche in der Hafenstadt St. Helier auf Jersey ab, wo bei einem Luftangriff elf Menschen umkamen und viele verletzt wurden. Der deutsche Wehrmachtsbericht meldete dazu: »Besonders wirkungsvoll waren auch Bombenangriffe auf Truppensammlungen und Verladungen auf den britischen Kanalinseln Jersey und Guernsey, wo in den Hafenanlagen große Brände und starke Explosionen beobachtet wurden.«

In die Trauer und den Schock mischte sich bei der Bevölkerung die Sorge, daß es nun so weitergehen würde, bis die Inselorte Trümmerhaufen und der letzte Einwohner getötet war. Doch zwei Tage lang geschah nichts. Am 1. Juli landeten auf den kleinen Inselflugplätzen deutsche Transportmaschinen und luden Truppen aus. Auf Guernsey gab es dabei einige Schwierigkeiten, denn ein Viehzüchter hatte eine Kuhherde auf die Piste getrieben und der Pilot der ersten Maschine mußte in mehreren Landenanflügen zuerst die gemächlich grasenden Tiere verscheuchen. Die gelandeten Soldaten betätigten sich als Kuhhirten, um die Piste für die nachfolgenden Transporter freizuhalten, ehe sie ihre Maschinengewehre in Stellung bringen und den Flugplatz besetzen konnten. Im deutschen Wehrmachtsbericht des folgenden Tages las sich das etwas dramatischer: »Am 30. Juni bzw. 1. Juli wurden die britischen Kanalinseln Jersey und Guernsey im Handstreich durch Teile der Luftwaffe genommen und anschließend durch Stoßtrupps der Kriegsmarine und nachfolgende Abteilungen des Heeres besetzt. Hierbei schoß ein deutsches Aufklärungsflugzeug zwei britische Kampfflugzeuge vom Muster Bristol-Blenheim im Luftkampf ab.«

Die Gruppe von Luftwaffenoffizieren, die sich in einem gekaperten Wagen vom Flugplatz in die Stadt begab, konnte man kaum als Stoßtrupp bezeichnen: Mit ausgesuchter Höflichkeit forderten sie die im Rathaus versammelten Honoratioren der Inseln zur Übergabe auf, was sich innerhalb weniger Minuten vollzog. Dann wurde das Besatzungsstatut laut vorgelesen und seine Veröffentlichung in der nächsten Ausgabe der Inselzeitung verlangt. Der Vorgang lief auf beiden Inseln synchron und auf die gleiche Weise ab.

Den eingeschüchterten Zivilisten blieb nichts anderes übrig, als zu allem Ja und Amen zu sagen. Zu Gewalttaten kam es nicht, niemand wurde vergewaltigt, geschlagen oder erschossen. Die deutschen Offiziere waren hart und sachlich und zeigten mit Nachdruck, daß sie jetzt die Herren der Inseln waren. Eine Sperrstunde von 23.00 Uhr bis 06.00 Uhr wurde verhängt, ein Alkoholverbot erlassen, Waffen mußten abgeliefert werden, das Benzin wurde rationiert, alle Privatwagen und Schiffe stillgelegt; die Fischerboote durften nach Vorhaltungen der Inselbehörden unter Aufsicht ausfahren. Die Schulen wurden als Truppenunterkünfte eingerichtet und Privathäuser, von denen jetzt viele leerstanden, wurden für die Offiziere beschlagnahmt.

Am Anfang konnten sich die Inselbewohner über ihre Besatzer kaum beklagen: Offiziere und Mannschaften waren höflich, hielten sich zurück und machten einen sehr disziplinierten Eindruck. Sie glaubten nicht, lange auf der Insel bleiben zu müssen, denn bald würden sie das britische Mutterland besetzen. Ein Luftwaffenoffizier ließ sich im Postamt von Guernsey gegen Reichsmark hundert englische Pfund geben, weil er in den nächsten Tagen in der Londoner Bond Street für seine Verlobte einkaufen wolle.

Doch die Deutschen blieben und ließen die aus Briten und normannischen Franzosen gemischte Einwohnerschaft zunehmend spüren, was es hieß, besetzt zu sein. Die erste alle gleichermaßen treffende Maßnahme war die Zensur der Inselzeitungen; die gleichgeschalteten Blätter waren jetzt von deutschen Verordnungen gefüllt und brachten den deutschen Wehrmachtsbericht nebst propagandistischen Kommentaren. Die einheimischen Redakteure der englischen und französischen Ausgaben mußten ihre Beiträge den in die Redaktionen abkommandierten Presseoffizieren zur Genehmigung vorlegen, was oft zu grotesken Situationen führte. Die für Heimwerker gedachte Anleitung zur Reparatur eines Hammers wurde gestrichen, weil sie neben einer Anzeige mit der Überschrift »Seid bereit« stehen sollte und als Aufruf zur Sabotage verstanden wurde. Trotzdem fuhr die Bevölkerung fort, die Blätter zu kaufen, weil es noch genügend Nachrichten von den Inseln gab, und schließlich mußte man wissen, was die Deutschen nun wieder unter Strafe gestellt hatten.

Für die Besetzung des Mutterlandes nach dem »Unternehmen Seelöwe« hatte sich das Reichssicherheitshauptamt der SS bereits vorgenommen, das Informationsministerium in London sowie die großen Presseagenturen schließen zu lassen und die Redaktionen aller Zeitungen zu besetzen, soweit sie nicht wegen früherer anti-deutscher Hetze (zum Beispiel die Beaverbrook-Presse) ebenfalls zu schließen waren. Da es jedoch damals 900 Zeitungen in Großbritannien gab, gerieten die Planer in Schwierigkeiten, denn Englandkenner gab es unter den SD-Intellektuellen nur wenige. So blieb nur eine vage Hoffnung auf Kollaborateure; von der Times wußte man, zum Beispiel, daß sie die Judenverfolgung in Deutschland und Polen totgeschwiegen hatte, woraus man auf Nazi-Sympathisanten in der Redaktion schloß.

Die BBC wäre wahrscheinlich Goebbels zugeschlagen worden, der sie mit dem Personal des englischen Sprachdienstes des deutschen Rundfunks besetzt hätte, um den Briten die Lehre vom Germanentum näherzubringen und die Vorzüge der Neuen Ordnung in Europa schmackhaft zu machen. Auf den Kanalinseln blieb der Empfang der BBC sehr lange ungestört, bis ihn Generalleutnant Graf von Schmettow, der Kommandeur der Kanalinseln, auf sehr einfache Weise unterband: Er ließ sämtliche Radiogeräte konfiszieren, um diesen Herd der Feindpropaganda zu eliminieren, denn die Sendungen der BBC wurden angesichts der sich häufenden deutschen Niederlagen immer peinlicher. Der erste Befehl zur Abgabe der Radioempfänger erging am 27. September 1942, kurz nachdem U 156 im Atlantik die Lakonia mit 1800 italienischen Kriegsgefangenen und 1200 anderen Passagieren und Mannschaften versenkt hatte, was wieder eine weltweite Protestwelle gegen die deutsche Kriegführung auslöste. Der Zeitpunkt für die Beschlagnahme war gut gewählt, denn kurz darauf landeten die Alliierten in Nordafrika und schlugen Rommels Afrikakorps zurück und zwei Monate danach war die 6. Armee mit 250 000 Soldaten in Stalingrad eingeschlossen, Nachrichten, die man der feindlichen Bevölkerung am besten vorenthielt.

Die Inselbewohner traf der Zugriff auf ihre letzte Verbindung mit dem Mutterland hart. Aus Angst vor der Strafe, die mit 30 000

Reichsmark oder sechs Monaten Haft festgesetzt war, packten viele ihre Empfänger in Decken und Kartons und gaben sie »zur Aufbewahrung« ab, wie es geheißen hatte. Den deutschen Militärbehörden fiel auf, daß die Zahl der abgelieferten Empfänger in keinem Verhältnis zur Zahl der Haushalte stand, und sie veranlaßten rigorose Hausdurchsuchungen, die zwar einige Geräte zutage förderten, die Bevölkerung aber noch mehr gegen die Besatzungsmacht aufbrachten. Die BBC wurde in Verstecken, auf Dachböden und Schuppen zum Teil mit selbstgebastelten primitiven Detektor-Empfängern trotzdem weitergehört und die Nachrichten unter der Hand verbreitet. Dabei kam es zu Denunziationen, die die Atmosphäre noch weiter vergifteten. Das Mißtrauen traf vor allem die Männer und Frauen, die des hohen Lohnes und der besseren Verpflegung wegen bei den Deutschen arbeiteten; dazu zählten auch die vielen Prostituierten, die aus Frankreich herübergeholt und in neu eingerichteten Bordellen für die Truppen untergebracht worden waren. Selbst in den Milch- und Brotschlangen vor den Geschäften wagten die Leute nicht mehr, sich über politische und militärische Ereignisse zu unterhalten. Eine Kellnerin, die sehr unfreundliche Bemerkungen über Hitler gemacht hatte, wurde von einem ausländischen Kollegen bei den Deutschen angezeigt und erhielt mehrere Monate Haft. Die Gefängnisse waren bald überfüllt, obwohl ständig Gefangene auf das Festland und nach Deutschland deportiert wurden.

Meistens steckten hinter den Denunziationen private Eifersüchteleien oder die Hoffnung, bei den deutschen Truppen dadurch Vorteile zu erlangen; echte Kollaborateure, Überzeugungstäter gab es nur wenige und keine in verantwortlicher Position. Die Militärbehörden der Kanalinseln waren darauf auch nicht angewiesen, da die Einwohnerzahl überschaubar war und der militärische Druck ausreichte. Die zivile Verwaltung war einfach den Kommandanturen unterstellt worden, wie man das in den anderen besetzten Gebieten bereits mit Erfolg getan hatte.

Im britischen Mutterland würde man jedoch keine intakte Regierung und Verwaltung vorfinden, wie in Frankreich, wo Pétain und Laval willige Kollaborateure waren. Man mußte annehmen, daß König und Regierung außer Landes waren – mit wem sollte man verhandeln? Im OKW, im Sicherheitsdienst der SS und im Außenministerium wurden in diesen Tagen Überlegungen angestellt und sogar Listen angefertigt von Leuten, die man für genügend deutschfreundlich hielt, um ihnen die Regierung anzuvertrauen, wie das in Norwegen mit Quisling gelungen war. Allen voran rangierte natürlich der damals 43jährige Führer der britischen Schwarzhemden, Oswald

Mosley, der im Herbst 1940 wegen seiner politischen Unzuverlässigkeit noch im Gefängnis saß. Mosley hätte den Besetzern jedoch eine bittere Enttäuschung bereitet, denn er war in erster Linie Brite und dann erst Faschist. »Ich wäre aus dem Gefängnis geflohen, hätte meine alte Armeeuniform angezogen und bis zum Ende gegen die Deutschen gekämpft«, bekannte er später. Unter den von Churchill mit Mosley eingesperrten britischen Faschisten befand sich keiner, der eine Regierung hätte führen können, und die meisten dachten so wie Oswald Mosley. Der Staatssekretär im britischen Außenministerium Sir Alexander Cadogan meinte, daß der frühere Außenminister Sir Samuel Hoare ein möglicher Quisling gewesen wäre, weil er zum Beispiel im Pakt mit Laval 1935 Teile Abessiniens an Italien abtreten wollte – weshalb er zurücktreten mußte. Aber es ist mehr als fraglich, ob Cadogans Vermutung stichhaltig war, Hoare war nämlich Jude. In Unkenntnis der wahren Einstellung Harold Nicolsons setzte man im Reichssicherheitshauptamt auch große Hoffnungen in diesen Diplomaten, ein Beweis, wie wenig man von den führenden britischen Politikern und ihrer Mentalität kannte. Die Liste hätte man beliebig fortsetzen können, ohne bessere Resultate zu erzielen. Am Ende wäre wahrscheinlich Ribbentrop Reichsprotektor für Großbritannien geworden, der in London nach Hitler und Göring unbeliebteste Exponent des Naziregimes.

Selbst als die Invasionsfurcht auf ihrem Höhepunkt angelangt war, hatte man in Großbritannien keine Vorstellung von den Folgen einer Besetzung. Leute mit Erfahrung und Weitblick wie Harold Nicolson bildeten die Ausnahme, denn unter dem Eindruck der militärischen Macht der Deutschen erwartete die Mehrheit der Bevölkerung einen Kampf auf Leben und Tod, der in jeder Straße und um jedes Haus ausgefochten würde, und Churchill tat alles, um diesen äußersten Kampfeswillen zu stärken. Das Wort Besetzung kam im damaligen Sprachschatz nicht vor, weshalb »die armen Kanalinseln« einfach abgeschrieben wurden als vorläufig unerreichbare Beute der Deutschen.

Der Widerstand ließ sich um so leichter organisieren, als es auf der Seite der Angreifer nichts gab, was sich als Verlockung oder Befreiung angeboten hätte. Von dem aus englischer Sicht exotischen Germanentum war nichts zu erwarten als nackte Gewalt, die Zerstörung der überkommenen Lebensart und der Verlust des persönlichen Besitzes. Die in aller Welt respektierte deutsche Tüchtigkeit und Ordnungsliebe mißbrauchte Hitler zur Zerstörung Europas, um seine als »Neue Ordnung« getarnte Diktatur zu etablieren. Das war »der Fluch dieses Mannes«, von dem Churchill die Welt befreien wollte.

So wenig die Briten an ein Leben unter den Deutschen dachten, so sehr bemühte man sich in Berlin um Vorstellungen, wie das Leben auf den Britischen Inseln gleichzuschalten sei. Da man von der humanen Lebensart der Briten keine Ahnung hatte, konzentrierte man sich auf administrative Maßnahmen, die zwar stümperhaftes Stückwerk blieben, aber selbst als solches verheerende Folgen für die Briten gehabt hätten. Das Reichssicherheitshauptamt der SS plante eine Säuberung des öffentlichen Lebens von allen »schädlichen Elementen«, Persönlichkeiten aus Politik und Wirtschaft, die für ihre anti-deutsche Haltung bekannt waren oder den Nazis verhaßten Institutionen wie der Heilsarmee, den Freimauerlogen oder den Quäkern angehörten. Die verschiedenen Abteilungen des Reichssicherheitshauptamtes hatten dazu Verhaftungslisten zusammengestellt, die den Eindruck erwecken, als hätte man alte Telefonbücher abgeschrieben. Winston S. Churchill stand obenan, Beaverbrook und Vansittart folgten. Letzteren hielt man für den Chef des Geheimdienstes, wahrscheinlich weil Chamberlain ihn wegen seiner Gegnerschaft zur Beschwichtigungspolitik aus dem Außenministerium hinauskomplimentiert und in eine dubiose Beraterfunktion befördert hatte.

Besonders Innenminister Anderson sollte um jeden Preis dingfest gemacht werden, denn in ihm vermutete man den Kopf des britischen Sicherheitsdienstes, den es gar nicht gab. Harold Nicolson stand auch auf dieser Liste neben anderen Angehörigen des Außenministeriums, die sich bei den Nazis unliebsam gemacht hatten. Nicolson hatte sich schon für den Fall der Fälle »ein Quentchen Gift« besorgt, in der richtigen Vorahnung, daß die Nazis ihre Gegner aufspüren und unschädlich machen würden. »Wichtig ist es, sich der Dienerschaft der gefangenen Engländer zu versichern«, riet das Münchener Büro des Sicherheitsdienstes. »Jeder prominente Engländer hat einen Diener, oft gediente Soldaten, der über private und dienstliche Angelegenheiten seines Herrn gewöhnlich sehr gut unterrichtet ist.« Diese Meinung hatte sich der Autor offensichtlich aus der Lektüre von Kriminalromanen gebildet. Das beweist nur, wie wenig Ahnung man von den tatsächlichen Verhältnissen hatte. Auffällig ist auch, wie viele Namen aus der britischen Oberschicht auftauchen, die sich in keinen politischen oder militärischen Zusammenhang bringen ließen und wahrscheinlich einfach dem »Who's Who« entnommen worden waren, um die Liste länger zu machen. Selbstverständlich galt das besondere Augenmerk der SS den Juden. Die Rothschilds waren vermerkt wie auch Sigmund Freud, der schon 1939 verstorben war.

Eine Liste der von den Briten internierten Emigranten besaß die SS zu ihrem Leidwesen nicht. Sie hätte ihr eine reiche Ernte an Juden und Regimegegnern beschert. »Putzi« Hanfstaengl und Brüning, den Reichskanzler von 1930 bis 1932, wollte man haben; Brüning war allerdings schon seit 1935 Professor an der Harvard Universität in den Vereinigten Staaten. Heydrich verlangte von Dr. Franz Six, dem Leiter der Abteilung II im Reichssicherheitshauptamt, sofort nach der Besetzung Londons mit einem Einsatzkommando im Innenministerium in Whitehall die Unterlagen der Emigranten sicherzustellen und die Flüchtlinge nach Deutschland zurückzubringen.

Der Staatsrechtler Prof. Dr. Franz Six war als Chef des Sicherheitsdienstes für Großbritannien vorgesehen. Six war ein Günstling Görings, mit dem er die Vorliebe für die Kunstschätze eroberter Länder teilte. Six plante in diesem Herbst nicht nur die Errichtung von SD-Büros in London, seinem Hauptquartier, Birmingham, Bristol, Liverpool, Manchester und Edinburgh; er war auch mit der »Sicherstellung luftfahrttechnischer Forschungsergebnisse und wichtiger Geräte« betraut. Unter seiner Anleitung sollten »germanische Kunstgegenstände« sichergestellt werden, zu deren Schöpfern auch Holbein, Rubens und Rembrandt gezählt wurden; in Klarschrift hieß das, die Kunstschätze der Briten sollten den Besitzer wechseln. Das British Museum, die National Gallery, das Ashmolean Museum wollte der SD durchforsten und spielte sogar mit dem Gedanken, die Nelson-Säule auf dem Trafalgar Square nach Berlin zu transportieren und dort als Siegessymbol aufzustellen, wie weiland Napoleon den ägyptischen Obelisk auf dem Place Étoile in Paris errichtet hatte.

Im OKW ging man mit den Besatzungsplänen weniger dilettantisch um. Wenngleich die Errichtung einer Militärverwaltung in einem besetzten Land nun schon fast zur Routine geworden war, wurden die Anweisungen für die Anwendung des Militärrechts und das Vorgehen der Feldkommandanten bis ins kleinste erneut festgelegt. Im Gegensatz zum Verhalten der Militärbehörden in Frankreich, wo vieles der Vichy-Regierung überlassen blieb, hatte man nicht vor, die Zivilbevölkerung auf den Britischen Inseln mit Samthandschuhen anzufassen. Das OKW nahm die »Heckenschützen« ernster als das Propagandaministerium und rechnete mit dem bewaffneten Widerstand der Zivilbevölkerung, den man dadurch zu brechen hoffte, daß man sämtliche Männer im Alter von 17 bis 45 Jahren gefangennahm und ohne Verzug ins Reich brachte. Diese Maßnahme hätte damals elf Millionen Briten betroffen, fast 25 Prozent der Bevölkerung, und die britische Wirtschaft lahmgelegt, abgesehen von den vielen jüngeren Ärzten, Apothekern, Anwälten, Geistlichen und Angehörigen anderer wichtiger Berufe.

Auf den Kanalinseln, wo man Heckenschützen nicht zu fürchten brauchte, weil es keine Home Guard gab, kam es im Lauf der Zeit zu noch drakonischeren Maßnahmen, die zeigen, wie ernst diese Überlegungen des OKW zu nehmen waren – und daß Deportationen ein wesentlicher Teil der deutschen Kriegführung waren. Für die Kanalinseln erließ der Feldkommandant Oberst Knachfuss am 15. September 1942 den Befehl, daß alle nicht auf der Insel geborenen Briten im Alter von 16 bis 70 Jahren mit ihren Familien die Inseln zu verlassen hätten. Der Befehl erschien am selben Tag in den Inselzeitungen auf der ersten Seite. Jeweils zwei Feldgendarme, begleitet von einem einheimischen Polizisten, stellten den Befehl den einzelnen Familien zu. Der erste Transport mit 1200 Personen von Jersey und 450 von Guernsey sollte die Inseln bereits am 21. September verlassen, weitere 1000 Personen sollten zwei Tage später folgen. Deutsche Offiziere versicherten, daß alle innerhalb zwei Wochen über Spanien und Portugal im Austausch gegen deutsche Internierte nach England gebracht würden, doch daran glaubte niemand.

Die konsternierten Opfer erfuhren, daß sie nur Kleidung und persönliche Bedarfsartikel mitnehmen durften; Kameras, Fotos und Schmuck, soweit er nicht getragen wurde, mußten zurückbleiben, und mehr als zehn Reichsmark durfte keiner bei sich haben. Die Feldkommandanturen wurden von aufgeregten, weinenden Menschen belagert, die eine Ausnahme zu erreichen suchten. Die meisten wurden abgewiesen, nur wenige konnten einen Aufschub erreichen. Die Ärzte Dr. Rose und Dr. Sutcliffe in Guernsey erboten sich, den Transport zu begleiten, doch die Feldkommandantur bestand darauf, zwei andere Ärzte zu deportieren; einer der beiden war Dr. McGlashe, der sich bei den Deutschen unbeliebt gemacht hatte, weil er als Leiter des Gesundheitsamtes sich geweigert hatte, die Nervenheilanstalt den deutschen Truppen als Lazarett zu überlassen, und erst unter lautstarkem Protest nachgegeben hatte.

Die zurückbleibende Bevölkerung mußte in ohnmächtiger Wut zusehen, wie ihre Freunde und Nachbarn aus ihrem Heim vertrieben wurden. Für die ärmeren, oft kinderreichen Deportierten veranstaltete sie eine Sammlung von Schuhen und warmer Kleidung und brachte außerdem noch 1500 englische Pfund zu ihrer Unterstützung auf. Die wohlhabenderen der Deportierten versuchten in aller Eile ihre Habe zu verkaufen, damit sie während ihrer Abwesenheit nicht in deutsche Hände fiel.

Als die ersten an Bord gingen, kam es im Hafen von St. Peter Port zu herzereißenden Szenen, und auf dem ersten der beiden Schiffe stand eine kleine Gruppe, die sang »There will always be an England« (Ein England wird es immer geben). In St. Helier hatten die deutschen Behörden schon vorgebaut: Soldaten hatten die Zufahrtswege abgesperrt und ließen nur die Deportierten durch. Wenn es auf den Inseln Leute gegeben hatte, die gut von den Deutschen sprachen, so war jetzt unter der einheimischen Bevölkerung nur noch Haß zu spüren, denn man erinnerte sich auch daran, daß nur wenige Monate zuvor die auf den Inseln lebenden Juden, meist kleine Händler und Handwerker, zuerst registriert und mit einem Berufsverbot belegt, dann nach und nach deportiert worden waren. Während die Juden ihren Leidensweg durch die Konzentrationslager antreten mußten, kamen die Briten in Internierungslager nach Biberach, Laufen und Compiègne.

Der Bevölkerung der Kanalinseln waren Hände und Füße gebunden; sie konnten sich nur mit passivem Widerstand und wenig wirkungsvollen Einzelaktionen wehren. So tauchte später im Krieg an allen deutschen Einrichtungen das V-Zeichen (für victory) auf, wogegen selbst massive Drohungen der Feldkommandanturen nichts vermochten. Erst als die Wehrmacht selbst dazu überging, alle Häuser und Fahrzeuge mit einem eigenen V-Zeichen im Lorbeerkranz zu verzieren, ließen die Inselbewohner davon ab. Im Frühjahr 1945 gelang es dem sich bildenden Widerstand, das Palace Hotel in St. Helier mit 24 deutschen Offizieren in die Luft zu sprengen. Im Gegensatz dazu war der Widerstand in Großbritannien bereits organisiert, als sich das OKW noch mit der Kanalüberquerung beschäftigte.

XXV. »Unternehmen Seelöwe« schläft – bis zur Invasion der Alliierten

Wenn auch der 15. September eine Wende im Luftkrieg einleitete und es von Tag zu Tag deutlicher wurde, daß die Luftwaffe die Luftherrschaft über den Britischen Inseln nicht erringen konnte, lebte die Invasionsfurcht in England weiter, so wie auf der deutschen Seite die Organisation Seelöwe weiterbestand. »Wenn er bis zum 15. September nicht kommt, wird es mit Hitler abwärtsgehen«, hatte ein amerikanischer Beobachter in London bemerkt, doch das war mehr Wunschdenken um ein magisches Datum – das übrigens zum »Battle of Britain Day« und Volksfeiertag in Großbritannien erkoren wurde –, weil damals die Tragweite des Erfolges der britischen Jagdwaffe nicht abzusehen gewesen war.

In einer geheimen Sitzung des britischen Parlaments am 17. September stellte Churchill die kommenden Wochen als ernst und bedrohlich dar. Mit überraschender Gründlichkeit und in einem gigantischen Ausmaß hätten sich die Deutschen darauf vorbereitet, einen Großangriff auf die Inseln zu unternehmen, 1700 Kähne mit eigenem Antrieb und 200 große Schiffe stünden in den besetzten Häfen bereit. Bei Bombenangriffen der R. A. F. seien einige dieser Schiffe mit ungeheurer Explosionskraft in die Luft geflogen, was beweise, daß sie mit Munition für die Landungstruppen vollgeladen seien, Munition für eine halbe Million Mann, die nur darauf warteten, die Briten zu schlagen und sich untertan zu machen.

Churchill machte kein Hehl daraus, daß die Deutschen in der Lage sein würden, Brückenköpfe zu errichten, auch wenn viele Schiffe auf der Überfahrt versenkt und viele Soldaten ertrinken würden. Aber für ihren Empfang sei alles vorbereitet und auch dafür, daß ihr Nachschub abgeschnitten würde. »So sicher wie die Sonne morgen aufgehen wird, werden wir gewinnen«, sagte er am Schluß seiner Rede und dachte dabei vielleicht an die riesigen Mengen Senfgas, die in Kent und East Anglia gelagert waren und dessen Abwurf die Royal Air Force schon Wochen zuvor mit einem rosa Pulver über der Küste geprobt hatte. Der Abgeordnete Harold Nicholson bemerkte zur Beredsamkeit seies Premiers lakonisch: »Wenigstens versucht er nicht, uns mit falschen Hoffnungen Mut zu machen.«

Erst mit dem Ausbleiben der Tagesangriffe und dem Einsetzen der Herbststürme begann die Invasionsfurcht abzuebben; sie lebte nur hin und wieder bei einem falschen Alarm auf. Spät nachts am 22. September weckte der Bürovorsteher einen der Privatsekretäre Churchills mit einem Telegramm von Roosevelt, der aus »zuverlässiger Quelle« erfahren haben wollte, daß die Invasion an diesem Morgen um 3.00 Uhr stattfinden werde. Churchill wurde nicht geweckt, denn es goß in Strömen und ein Weststurm peitschte über den Kanal. Wenn die Deutschen unbedingt Selbstmord begehen wollten, konnte sich das der Premier auch nach dem Frühstück noch ansehen, war die einhellige Meinung in Churchills Büro. Später stellte sich heraus, daß die »zuverlässige Quelle« der amerikanische Geschäftsträger Kirk in Berlin war, der auch die Invasion Hollands und Belgiens bis auf 24 Stunden genau vorausgesagt, sich diesmal jedoch im Gestrüpp der S-Tage verheddert hatte.

Die Amerikaner saßen wie bisher »auf dem Zaun«, eine Haltung, zu der die pessimistischen Berichte Joseph Kennedys viel beitrugen. Als die Briten ankündigten, im nächsten Monat die Burma-Straße wieder zu öffnen, ließ der US-Außenminister verlauten, ob man Großbritannien bei etwaigem Ärger mit den Japanern in dieser Sache unterstützen werde, hinge vom Fortschritt in der Schlacht um England in den nächsten Wochen ab. »Die Amerikaner haben noch immer nicht bemerkt, daß ihr eigenes Schicksal wie das der zivilisierten Welt vom Ausgang dieser Schlacht abhängt«, schrieb John Colville in sein Tagebuch. »Es bringt nichts, bloßen ›Goodwill‹ zu verströmen und, wie neulich einer ihrer Journalisten, zu sagen, die Angriffe auf London machten die Amerikaner ›ganz übel vor lauter Wut‹.«

Zur gleichen Zeit, als Churchill seine warnende Rede im Britischen Unterhaus hielt, notierte der deutsche Sicherheitsdienst in den »Meldungen aus dem Reich«: »Fast täglich warten die Volksgenossen am Lautsprecher auf die entscheidende und ›erlösende‹ Sondermeldung vom Beginn der Invasion.« Die wachsende Ungeduld in der deutschen Bevölkerung entsprang nicht etwa Eroberungsgelüsten oder einem besonderen Haß auf die Briten; Invasion bedeutete Kriegsende, denn der einfache Volksgenosse rechnete mit einem vielleicht drei, vier Wochen dauernden siegreichen Englandfeldzug, der den Krieg zu einem guten Ende bringen würde. Man wollte keinen zweiten Kriegswinter erleben. Diese Hoffnung schwand jedoch sehr schnell, und schon am 24. September berichtete der Sicherheitsdienst von einer »gewissen enttäuschten Ungeduld«: »Durch das Ausbleiben größerer Kampfhandlungen hat die Bildung von Gerüchten und Kombinationen in den letzten Tagen erheblich zugenommen. Im Mittelpunkt stehen die Landungsvorbereitungen an der Kanalküste und die Rußlandfrage. Besonders die von der Bevölkerung mit Interesse verfolgten dauernden Truppenverschiebungen nach dem Osten geben ständig neuen Anlaß zu Vermutungen über eine bevorstehende Änderung des deutsch-russischen Verhältnisses.«

Die Gerüchte machten auch an der Kanalküste die Runde, denn schon im August waren die ersten Divisionen aus Frankreich »nach Osten« abgezogen worden, am 10. September sogar zwei Divisionen (die 56. und die 299.) der Heeresgruppe A, der sie als Reserve für das Landungsunternehmen hatten dienen sollen. Die Vorbereitungen für die Invasion beeinträchtigte das offenbar nicht, denn am 25. September fand in St. Germain im Hauptquartier der Heeresgruppe A ein Planspiel zum »Unternehmen Seelöwe« statt, dem von Rundstedt, Halder, v. Sodenstern, die Chefs der 16. und der 9. Armee, die Befehlshaber der Luftflotten 2 und 3 sowie der Kommandierende Admiral Frankreich und der Chef des Marinegruppenkommandos West beiwohnten. Die große Aufgabe einer Landung an der britischen Küste wurde plangemäß gelöst, und General v. Sodenstern, der Leiter des Planspiels, stellte fest: »... wenn die politische Führung diese Unternehmung auch nicht für notwendig erachtet, so kann sie nach weiterer Zermürbung des Feindes, vornehmlich der Zivilbevölkerung, jederzeit noch vom Führer befohlen werden.«

Die Verbitterung, die aus der Schlußbemerkung v. Sodensterns spricht, war verständlich, denn mehr als zwei Monate hatte die Wehrmacht mit Hochdruck an den Vorbereitungen gearbeitet, ein riesenhaftes Unternehmen aufgezogen und bis ins kleinste durchorganisiert – und nichts war geschehen, um das Heer diesen großen, kriegsentscheidenden Schlag führen zu lassen. Vom 10. bis 13. September hatten von Brauchitsch und Halder bei der Heeresgruppe und den beiden Armeeoberkommandos die letzten vorbereitenden Besprechungen geführt, so daß die Heeresgruppe am 14. September ihren ersten Befehl für die »Durchführung von Seelöwe« herausgeben konnte. Am Stichtag, dem 15. September, war alles absprungbereit, nur die Luftwaffe hatte die Briten noch immer nicht vom Himmel gefegt.

Im Gegenteil, die Briten kamen jetzt Tag und Nacht herüber und griffen die Schiffsansammlungen in den Kanalhäfen an. Admiral Schniewind hatte das schon am 4. August kommen sehen, denn ein am 20. Juli abgeschossener britischer Pilot hatte angeblich gesprächsweise geäußert, daß sein Bomberverband den Auftrag hatte, in der Umgebung von Rotterdam zusammengezogene Leichter, die ersten der sich bildenden Invasionsflotte, anzugreifen. Schniewind hatte vor der Gefahr gewarnt, die derartige Angriffe für das »Unternehmen Seelöwe« darstellten: »Eine zeitliche Reserve ist bei dem jetzt feststehenden Termin nicht mehr verfügbar ... eine materielle Reserve von nennenswertem Umfang kann nicht bereitgestellt werden, so daß jede Beschädigung oder jeder Ausfall von Transportraum sich schwächend schon auf das erste Landungstreffen auswirken muß.«

Der Admiral benutzte diese Feststellung, um nochmals auf die Dringlichkeit »einer baldigen Erringung der Luftherrschaft« über England hinzuweisen; er wollte gleichsam die Luftwaffe vor dem erwarteten »Adlertag« anfeuern. Genützt hat das alles nichts. Nachdem die Briten seit Ende August das Anwachsen der Schiffsbelegung in den Kanalhäfen durch ihre Luftaufklärung entdeckt hatten, wurde das Bomber Command beauftragt, diese Ansammlungen systematisch zu bombardieren. Die Angriffe begannen um den 13. September und zeitigten überraschende Erfolge, weil die deutsche Jagdabwehr ohne Radar nicht vorgewarnt werden konnte und jedesmal zu spät kam; nur mit der Flak konnte man sich bei Tag zur Wehr setzen. Allein am 15. September versenkte die R. A. F. im Hafen von Antwerpen vier Dampfer. Das Kriegstagebuch der Heeresgruppe A verzeichnete jeden Tag »beträchtliche« und »schwere« Schäden. Mehrere Munitionslager, darunter viel Beutemunition, waren in die Luft geflogen, die Brände in den Hafenanlagen erhellten weithin die Nacht; die britischen Bomberbesatzungen nannten diese Nachteinsätze den »Blackpool-run«, weil die Küste so strahlend hell und bunt erleuchtet war wie in Friedenszeiten die Piers des Vergnügungsortes Blackpool an der Küste von Lancashire. In wenigen Wochen büßte die Invasionsflotte fast zehn Prozent ihres Transportraumes ein: 21 Dampfer, 194 Prähme und viele Schlepper, Küstenmotorsegler und Motorboote fielen den feindlichen Luftangriffen zum Opfer. Um nicht die ganze Flotte zu verlieren, wurden die Kriegsmarinedienststellen angewiesen, soweit es ging, die Fahrzeuge in die mit den Häfen verbundenen Kanäle des Hinterlandes zu verlegen und dafür zu sorgen daß sie auch dort beladen wurden.

Hitler erfuhr davon vorerst nichts; in einer Führerbesprechung am 14. September bestand er auf der Fortführung der Vorbereitungen im bisherigen Rahmen. Raeder berichtet, daß Hitler am 13. September mit dem Gedanken gespielt habe, das Unternehmen abzublasen, es sich dann aber doch anders überlegt hatte. Am Tag zuvor war nämlich Göring zu einem vertraulichen Gespräch bei Hitler gewesen und hatte ihm von der Schlagkraft und den Erfolgen seiner Luftwaffe vorgeschwärmt. Zur Führerbesprechung am folgenden Tag brauchte er deshalb nicht zu erscheinen, sondern begnügte sich damit, Jeschonnek zu schicken. Hitler aber gab nur Görings Einflüsterungen wieder, als er vor Raeder, Jeschonnek und von Brauchitsch verkündete, daß die Luftwaffe schon sehr große Wirkung erzielt habe, bei gutem Wetter wäre der Erfolg sogar noch größer gewesen. Deshalb habe er es sich auch anders überlegt. »Seelöwe« dürfe man, wenn man einen Prestigeverlust vermeiden wolle, erst im Augenblick der stärksten Lufterfolge abbauen – dann sei »Seelöwe« nicht mehr nötig. Raeder und Jeschonnek wußten, daß diese Erfolge noch lange auf sich warten lassen würden, und plädierten dafür, nun endlich auch Wohngebiete zu bombardieren, denn die bisherigen Angriffe hätten nicht ausgereicht, um »Massenpsychosen und Auswanderung« bei den Briten zu erzeugen. Hitler wies planmäßige Terrorangriffe auf Wohngebiete jedoch zurück, dieses Druckmittel wollte er sich als Vergeltung für englische Angriffe auf deutsche Städte aufbewahren. Im übrigen wollte er am 17. September über eine Verschiebung des S-Tages auf den 27. September entscheiden.

Dazu kam es nicht, denn inzwischen hatte sich von Brauchitsch beim OKW darüber beschwert, daß die britischen Luftangriffe auf die Kanalhäfen nicht nur gegen die Schiffe gewütet, sondern auch zu »unverhältnismäßig hohen Verlusten an Soldaten und Wehrmachtgütern« geführt hatten. Das OKW reagierte sofort und antwortete nach Rücksprache Keitels bei Hitler: »Der Führer und Oberste Befehlshaber der Wehrmacht hat angeordnet, daß alle Maßnahmen getroffen werden, um derart schwerwiegende Folgen feindlicher Luftangriffe ab sofort auszuschließen. Hierzu sind Ansammlungen von Truppen und Wehrmachtgütern, die nicht aus Gründen der Kriegführung in diesem Bereich untergebracht sind, von dort fernzuhalten. Die im Zusammenhang mit der Kriegführung gegen England getroffenen Maßnahmen sind weitgehend aufzulockern. Soweit sich dabei die bisher für das ›Unternehmen Seelöwe‹ gültige Anlauffrist von S-10 Tagen nicht aufrecht erhalten läßt, ist das in Kauf zu nehmen.«

Kurz darauf wurde die Vorwarnungsfrist für das Unternehmen auf S-15 Tage verlängert. Damit war »Seelöwe« vorläufig auf Eis gelegt, denn das Planspiel am 25. September hatte eine Übersetzdauer von einem Monat ergeben, ehe alle 13 Divisionen über den Kanal waren. Bei einem Beginn am 15. Oktober wäre die Landungsflotte in die Herbststürme geraten und verloren gewesen. Trotzdem wurden Verlade- und Landungsübungen eifrig fortgesetzt. Am 1. Oktober verloren mindestens sechs Soldaten der 6. Gebirgsdivision dabei ihr

Leben, einer von vielen Unfällen, die als unvermeidlich in Kauf genommen wurden und neben den Verlusten durch Feindeinwirkung nicht ins Gewicht fielen.

Am 12. Oktober wurde ein Geleit von zwölf Siebel-Fähren mit Schleppern von Antwerpen in die Einsatzhäfen Boulogne und Le Havre übergeführt. Sie waren mit den Flakbatterien beladen, die sie später auch nach England bringen sollten. Voraus liefen Minenräumboote, Vorposten und Schnellboote umkreisten die kleine Flotte, die sich mit weniger als 5sm Geschwindigkeit fortbewegte und erst am Abend Vlissingen erreichte; am zweiten Tag schaffte sie es bis Dünkirchen, wo sie in einen Fliegerangriff geriet, aber keinen Schaden nahm. Danach mußte sie wegen der Minenfelder bis in die Mitte des Kanals fahren, wo sie abermals von britischen Bombern angegriffen wurde, ehe sie Boulogne erreichte, von wo ein Teil weiter nach Le Havre geschleppt wurde.

Diese zum Teil bei schlechtem Wetter durchgeführte Fahrt war eine seemännische und organisatorische Meisterleistung, die bewies, wie gut Heer und Marine zusammenarbeiten konnten; sie hatten die schwer zu manövrierenden Fähren im Verband gegen Wind und Seeströmung, zwischen Minen und feindlichen Bomben und im Anblick der britischen Küstenartillerie ohne Verluste sicher ans Ziel gebracht – sie hätten genausogut über den Kanal die Küste von Kent ansteuern und erreichen können.

Die Kriegsmarine blieb von dem großen Erfolg unbeeindruckt; nicht alle Schiffe waren zum Schutz vor Magnetminen entmagnetisiert wie die Fähren – und Minen waren gefährlicher als Nebel. Die Briten warfen sie bei Nacht aus der Luft vor und in die Kanalhäfen. Deutsche Minenräumer waren ständig unterwegs, um sie unschädlich zu machen, konnten aber nicht verhindern, daß mehrere Schiffe auf die tückischen Sprengkörper liefen und sanken. Den »Zeitbedarf für minensuchmäßige Vorbereitung der Transportwege bei Fehlen jeder Feindeinwirkung auf dem Wasser, aus der Luft und von der Feindküste« hatte man mit drei Wochen angesetzt – und auch das nur bei ruhigem Wetter. Als einige Minenräumer bei Tag eine Stichfahrt von Cap Gris Nez nach Dover unternahmen, wurden sie von britischen Schnellbooten und Flugzeugen vertrieben, noch ehe sie die feindlichen Minenfelder erreicht hatten. Das Problem ist nie gelöst worden. Hätte Hitler in diesem Spätsommer den Befehl zum Angriff gegeben, wäre wahrscheinlich ein Teil der Landungsflotte Minen zum Opfer gefallen, britischen wie deutschen, die von Marinefliegern in großer Zahl vor der englischen Küste abgeworfen worden waren.

Am 12. Oktober konnte man nicht mehr umhin, zuzugeben, daß die fehlende Luftüberlegenheit und das einsetzende Schlechtwetter das Unternehmen vorerst unmöglich machten. Keitel ließ die drei Wehrmachtteile wissen: Das Unternehmen Seelöwe bleibt für den Winter nur als politisches und militärisches Druckmittel gegen England bestehen, die Durchführung bleibt jedoch für das Frühjahr oder den Frühsommer weiterhin möglich. Der Winter sollte zur Verbesserung der Vorbereitungen genutzt werden.

Das »Unternehmen Seelöwe« war also nicht zu Grabe getragen, sondern nur in einen Winterschlaf versetzt worden. Die Übungen liefen weiter, wenn auch nicht mehr so intensiv wie in den Wochen zuvor. Jedenfalls beantragte der Oberbefehlshaber West am 24. Oktober bei der Kriegsmarine die Bereitstellung eines Übungsverbandes, der aus 22 Dampfern, 202 Prähmen, 81 Schleppern, Küstenmotorseglern und Motorbooten bestehen und auf die Häfen zwischen Rotterdam und Caën verteilt werden sollte. Die Anforderung war deshalb nötig geworden, weil die Marine damit begonnen hatte, vor allem die Schlepper ins Reich zurückzuführen, die in der Wirtschaft dringend gebraucht wurden. Die zumeist mit Betonböden ausgegossenen Landungsprähme waren aber in der Binnenwirtschaft nicht mehr zu gebrauchen und blieben in ihrer Bereitstellung auf den verschiedenen Kanälen Belgiens und Nordfrankreichs.

Allmählich machten sich auch Personalprobleme bemerkbar. Die Marine hatte 329 qualifizierte Seeoffiziere in der Organisation »Seelöwe« eingesetzt. Die meisten von ihnen wurden sehr nötig zur Bemannung von Schlachtschiffen, Zerstörern und U-Booten sowie zur Ausbildung gebraucht und deshalb nach und nach abgezogen. Auch das Heer, das nun »andere wichtige Aufgaben« hatte, wollte seine der Organisation überstellten Offfiziere nicht länger entbehren. »Seelöwe« wurde langsam skelettiert.

In den Stäben und Offizierskasinos machte sich offenbar Resignation breit, denn der Kommandierende Admiral Frankreich wies seine Untergebenen mehrfach darauf hin, daß »Seelöwe« nicht abgebaut sei. Im Gegenteil müßte damit gerechnet werden, daß »jederzeit zu einem dem Führer günstigen Zeitpunkt der Befehl zur Durchführung des Unternehmens gegeben werden kann«. Die Auflockerung der Verbände stellte er nur als Verschleierungstaktik hin, die den Gegner über den beabsichtigten Schwerpunkt im unklaren lasse. Das OKW kam dem Admiral zu Hilfe und ordnete am 21. November Verladeübungen für den Fall »Grün« (das Täuschungsmanöver in Irland) an, die an der westlichen Kanalküste und an der Biscaya diesmal von der 6. Armee abgehalten werden sollten.

Mitte November begann die Kriegsmarine, sich auf das Frühjahr zu konzentrieren, und meldete die Entwicklung ein Transportprahms mit 13 bis 15 sm Geschwindigkeit für drei Panzer. Sie verwies dabei auf die Pioniere, die einen ähnlichen Prahm mit nur 5 sm Geschwindigkeit für einen Panzer bauten, und Oberst v. Schell baue sogar Tragflächengleitboote in Konkurrenz zur Marine. Wieder verlangte Raeder von Hitler, daß alle Neubauten der Marine unterstellt werden sollten. Die Anweisung erging auch, befolgt hat sie niemand.

Raeders Respekt vor der Royal Navy war fast grenzenlos; wahrscheinlich war es sein ständig wiederkehrender Alptraum, daß die übermächtige britische Flotte nachts in seine Landungsflotte stieß und mit ihr kurzen Prozeß machte. So ließ er den Oberbefehlshaber der Luftwaffe wissen, »Luftangriffe auf England haben bisher die Vorbedingungen für die Durchführung Seelöwe nicht geschaffen. Häfen wie Portsmouth und Plymouth sind noch mit Kriegsschiffen belegt. Dies müßte vor erneutem Anlaufen von Seelöwe geändert werden. Ferner müssen nun auch die Schlachtschiffneubauten auf den Clyde-Werften usw. angegriffen werden, um die Seelage im nächsten Jahr günstig zu gestalten.« Eine Antwort erhielt die Seekriegsleitung darauf nicht, denn Göring hatte schon Wochen zuvor bei einer OKW-Besprechung kundgetan, daß ihn das »Unternehmen Seelöwe« nicht interessiere, weil er es nicht für durchführbar halte.

Aufgabe des OKW wäre es gewesen, solche Gegensätzlichkeiten zu überbrücken und die Operationen der einzelnen Wehrmachtteile zu koordinieren, doch Keitel und Jodl fungierten nur als Sprachrohr Hitlers, der es vorzog, immer nur mit einem Oberbefehlshaber zu sprechen und sie dann gegeneinander auszuspielen, oder ihre Meinung als die seine auszugeben. Churchill hatte seine Oberbefehlshaber fast ständig um sich, ebenso ihre Stabschefs und andere wichtige Persönlichkeiten, entweder zu zwanglosen Besprechungen, zu Drinks oder zum Dinner; wenn es spät wurde, schlief der eine oder andere auch in einem der Gästezimmer in 10 Downing Street. Für Hitler wäre das undenkbar gewesen, abgesehen davon, daß Keitel, Göring, Raeder und von Brauchitsch sich gegenseitig nicht ausstehen konnte.

Im Juli hatte Hitler den Oberbefehlshaber des Heeres mit der Ausarbeitung von Plänen für einen möglichen Angriff auf Rußland beauftragt, den er am liebsten noch im Herbst 1940 in Gang gebracht hätte; aber dazu war die Vorbereitungszeit zu kurz und der Winter stand vor der Tür. Im Dezember waren die Aufmarschpläne fertig und bereits in Planspielen erprobt. Am 18. Dezember erging die Führerweisung Nr. 21 für den Rußlandfeldzug, den Fall »Barbarossa«.

Doch das »Unternehmen Seelöwe« blieb am Leben. Am 28. Dezember 1940 stellte der Kommandierende Admiral Frankreich fest, daß »die ursprünglich vorgesehene Bereitstellungsfrist von 30 Tagen für das Wiederanlaufen Seelöwe nicht ausreicht«. Wohl konnten je 100 Transportdampfer, Fischdampfer, Seeschlepper und 200 Prähme in dieser Zeit aus den Bereitstellungen herangebracht werden, doch für andere Schiffstypen würden etwa 45 Tage nötig sein. Der Admiral empfahl, die etwa 500 Motorfischkutter ab Anfang März in Abständen von etwa zehn Tagen, beginnend mit den entferntesten Ostseehäfen, nach Emden zu beordern und von dort gruppenweise zu den Einsatzhäfen in Marsch zu setzen. Die Anlaufzeit für »Seelöwe« zog sich immer mehr in die Länge, denn kurz darauf meldete der Oberbefehlshaber der Marine eine Anlaufzeit von zwei Monaten, bei Einbeziehung des inzwischen konzipierten Prahm-Neubauprogramms sogar sechs Monate.

Den Oberbefehlshaber des Heeres verdroß das nicht. Er wies am 4. Februar 1941 darauf hin, daß es besonders wichtig sei, den Aufmarsch im Osten so lange wie möglich als großes Täuschungsmanöver zur Ablenkung von »Seelöwe« erscheinen zu lassen. Er befahl sogar kurz darauf, die vom Wirtschaftsrüstungsamt im Herbst 1940 für das »Unternehmen Seelöwe« als Berater vorgesehenen Kenner der britischen Wirtschaft von ihrer demnächst beabsichtigten Einberufung zu informieren. Täuschen ließ sich davon niemand, aber »Seelöwe« lebte weiter.

An der Kanalküste brach die große Langeweile aus. Niemand glaubte mehr daran, daß das Unternehmen gegen die Britischen Inseln stattfinden würde, und gemächlich richtete man sich auf eine ständige »Bereitschaft« ein. In den zerstörten Hafenstädten war kaum Unterhaltendes zu finden. In Dünkirchen zum Beispiel wurden dreimal wöchentlich Kinovorstellungen für die Besatzungen der Schiffe und die Truppen gegeben, mit Wochenschauen, die mindestens zehn Wochen alt waren. Hin und wieder kam ein Frontvarieté, und zeitweise fuhren Lautsprecherwagen auf, die die fremde Umgebung mit Heimatklängen berieselten.

In den Unterkünften gab es nur wenig Lesestoff; die Flugblätter, die britische Flugzeuge im vergangenen Sommer ballenweise abgeworfen hatten, hatten längst ihren Reiz verloren. Sie zu lesen war streng verboten, denn die Briten leisteten sich makabre Scherze mit den deutschen Landsern. Tips für Englandreisende waren es gewesen, mit Redensarten in Englisch: »Where is the next tank?« (Wo ist der nächste Panzer?), »Was that a bomb – a torpedo – a shell – a mine?« (War das eine Bombe – ein Torpedo – eine Granate – eine

Mine?) »How much do you charge for swimming lessons?« (Wieviel verlangen Sie für Schwimmunterricht?) »We are seasick. Where is the basin?« (Wir sind seekrank. Wo ist die Schüssel?) »See how briskly our captain burns!« (Schau, wie lebhaft unser Kapitän brennt!)

Die Englandhandbücher wanderten wieder in die Spinde und Koffer, denn was sollte man jetzt noch mit dem Stadtplan von Dover oder Hastings, oder mit den physikalischen Karten, die besagten, daß die Salisbury Plain für Panzervorstöße ideal, die heckenbewachsenen Landwege von Devon jedoch zu vermeiden waren. Das Interesse an der Britischen Insel versiegte und man wandte sich – meist per Fahrrad – den Freuden zu, die das Hinterland, die Städte Flanderns und der Pas de Calais boten, deren Bevölkerung freundlich war und die Engländer nicht leiden konnte.

»Seelöwe« schlief weiter, denn niemand ordnete an, daß man nun nicht mehr bereit zu sein brauche. Am 5. Februar 1944 raffte sich die Seekriegsleitung zu einem letzten Seelöwe-Befehl auf: »Die Fertigungen (und nur die) für die Vorbereitungen für Seelöwe sind bis auf weiteres stillzulegen.« Die Anlauffrist von acht bis zehn Monaten wurde auf zwölf Monate ausgedehnt, wogegen ein Admiral sofort protestierte. Zwölf Monate seien zu kurz, und er verlangte: »Es muß entschieden werden, ob die Planung Seelöwe weiterbesteht oder nicht.« Dazu hieß es jedoch nur: »Die personellen und materiellen Bereitstellungen können zur Verwendung für andere dringende Zwecke aufgelöst werden.« Aber nicht einmal ausgeschlachtet wurde »Seelöwe« – bis er sechs Monate später von der Invasion der Alliierten, seinem Gegenstück, überrannt wurde.

XXVI.
Schlußfolgerungen aus einer fatalen Unterlassungssünde

Das dem Ausmaß seiner Vorbereitungen nach größte Unternehmen der deutschen Kriegsgeschichte hielt die Welt einen Sommer lang in Atem: Eine Invasion der Britischen Inseln durch die deutsche Wehrmacht war nach der schnellen Niederringung Frankreichs nur der logische nächste Schritt, denn Großbritannien war jetzt als einziger Gegner übriggeblieben. In London hielt man die Invasion für schlechthin unvermeidlich. Am 30. Juni, bei einem sonntäglichen Mittagessen in Chequers, dem Landsitz der britischen Premiers im idyllischen Buckinghamshire, beschäftigten sich Churchill und der Kommandeur des in Kent stationierten XII Korps, General Thorne, mit der Invasion und den Möglichkeiten einer Verteidigung. Thorne glaubte, daß die Deutschen etwa 80 000 Mann zwischen Thanet, dem nordöstlichen Vorsprung Kents, und Pevensey bei Eastbourne in Sussex, den beiden Außenpunkten seiner Verteidigungslinie, landen würden. Churchill warf zwar ein, daß dabei die Royal Navy auch ein Wörtchen mitzureden habe, mußte aber zugeben, daß die Gesamtlänge der Küste nicht zu halten war. Der Gegner würde die weichen Stellen herausfinden und durchstoßen. Thorne, der auch Militärattaché in Berlin gewesen war, glaubte sich mit der deutschen Mentalität genügend vertraut, um vorauszusetzen, daß die Deutschen ihre Hauptmacht gegen einen einzigen Punkt richten und an anderen Stellen nur Scheinangriffe führen würden. Guderians Durchbruch bei Sedan dürfte ihm dazu als Beispiel gedient haben. Thorne wußte, daß er unter diesen Umständen nur seinen linken Flügel bei Ashdown Forest halten, auf dem rechten die Deutschen aber nicht daran hindern konnte, durch Canterbury geradewegs auf London vorzustoßen. Eine Rettung gab es anscheinend nicht.

Ein noch düstereres Szenario beschrieb der amerikanische Botschafter Joseph Kennedy in seinen Berichten nach Washington. Er stellte nicht nur die Wirksamkeit der militärischen Verteidigung in Frage, sondern hielt das Inselreich für so morsch und dekadent, daß auch jeder innere Widerstand unter einer deutschen Invasion zusammenbrechen würde. Bei Außenminister Cordell Hull und im amerikanischen Generalstab fand er für sein Klagegeschrei offene Ohren. In der zweiten Junihälfte glaubte man im amerikanischen Generalstab, daß man sich auf den schlimmsten Fall vorbereiten müsse: Die Verteidigung der eigenen Hemisphäre ohne die Briten und ihre Flotte. General Marshall, der Oberkommandierende des amerikanischen Heeres, hielt die Zeit für gekommen, das Ersatzheer zu mobilisieren und die militärischen Hilfeleistungen an die Briten einzustellen, weil er Munition und Waffen für die mobilisierten Verbände brauchte. Ein Lagebericht der militärischen Planer kam Ende Juni zu dem Schluß: Auch eine aktive Beteiligung der Vereinigten Staaten am Krieg in Europa kann die Niederlage Großbritanniens nicht verhindern.

Vor diesem Hintergrund fällt es auf, wie schwer es der deutschen Kriegführung fiel, eine Entscheidung zu treffen; größte Eile schien geboten, wollte man die einmalige Chance nutzen und den Krieg mit einem kurzen Englandfeldzug beenden, zumal das britische Heer schon in Dünkirchen geschlagen war. Noch im August tobte jedoch die Auseinandersetzung zwischen Heer und Kriegsmarine um die Länge der Landungsfront und zwang die Seekriegsleitung, die Transportflotte auf eine große Zahl von Absprunghäfen zu verzetteln und ihre geringen Sicherungsstreitkräfte so weit auseinanderzuziehen, daß sie wirkungslos zu werden drohten.

Hier zeigte sich, wie neu amphibische Operationen für das Heer waren und daß die Planung und Koordination der Wehrmachtteile für das gemeinsame Unternehmen mehr als zu wünschen übrig ließ. Im Grunde war versäumt worden, eine für beide Wehrmachtteile gültige Strategie festzulegen: Entweder das moderne Konzept eines Stoßkeiles mit beweglichen schnellen Truppen oder die Errichtung einer breiten Front mit vielen Brückenköpfen. Das Heer hatte das moderne Konzept mit dem Manstein-Plan in Frankreich erfolgreich exerziert, für die Invasion versteifte sich das OKH jedoch wieder auf die traditionelle Strategie. Halder verlangte von der Marine »hinreichende Übersetzmittel zum raschen Hinüberwerfen zahlreicher Angriffsspitzen auf breiter Front«, während Raeder immer wieder für einen schmalen Übersetzraum plädierte. Hitler gab zuerst der Marine recht, dann dem Heer und dann wieder der Marine. Man hätte bei Churchill anfragen sollen, der in diesen Dingen mehr Erfahrung hatte: »Die Schwierigkeit«, sagte er, »eine Insel gegen einen Einfall über die See zu verteidigen, hat immer darin bestanden, daß der Angreifer mit einer Übermacht an dem einen oder anderen Punkt ansetzen kann. Dehnt er seine Kräfte zu weit aus, wird seine Hauptmacht bei

Erreichen der Küste gegen eine gleichwertige oder gar überlegene Verteidigung entlang der Küste stehen.« Ein Kompromiß für das »Unternehmen Seelöwe« fand erst in der umfangreichen OKH-Anweisung vom 30. August seinen Niederschlag.

Trotz all dieser Hemmnisse waren Flotte und Truppen am 15. September absprungbereit. Wie schon vor Dünkirchen sah man ein Ziel deutlich vor sich und hatte zum Schlag ausgeholt – nur auf die Luftwaffe mußte man noch warten. Und man wartete geduldig, niemand beschwerte sich darüber, daß die Luftherrschaft noch nicht errungen sei. Im Gegenteil, man kann den Eindruck gewinnen, daß der Zustand der Vorbereitung dem der Durchführung vorgezogen wurde; vielleicht weil »Seelöwe« als Garantie dafür angesehen wurde, daß man nicht nach Rußland mußte. Weder im Heer noch in der Marine schien man von der Niederlage der Luftwaffe Notiz zu nehmen; es hieß immer nur »da die Luftwaffe die Luftherrschaft noch nicht errungen hat«, und Jeschonnek war nicht der einzige, der glaubte, schon »die nächste Bombe könne das Faß zum Überlaufen« bringen. Darüber verstrich der günstige Absprungtag im letzten Septemberdrittel. Der nächste Termin Ende Oktober kam wegen der zu erwartenden schlechten Wetterlage nicht mehr in Frage. So wurde das »Unternehmen Seelöwe« wegen des Wetters auf das Frühjahr oder den Frühsommer 1941 verschoben und nicht etwa wegen des Versagens der Luftwaffe, denn dieses Eingeständnis hätte auch den späteren Versuch ohne Nachrüstung von vorneherein illusorisch gemacht.

Im Rückblick sieht es so aus, als sei das »Unternehmen Seelöwe« lediglich das Opfer einer für ihre Aufgabe nicht gerüsteten und schlecht geführten Luftwaffe geworden. Bedenkt man, wie nahe die Luftwaffe daran war, die Luftherrschaft über England zu erringen, und daß nur die sinnlosen Angriffe auf London sie davon abhielten, drängt sich die Frage auf, ob eine rechtzeitige Planung und Koordination innerhalb des OKW den Kampf zu einem anderen Ende geführt hätte. Noch im Juni bestand bei keinem der drei Wehrmachtteile das geringste Interesse an einer Invasion – am 13. Juli war Raeder überzeugt, »Seelöwe« ein für allemal beerdigt zu haben. Dann geschah das Unglaubliche: Innerhalb weniger Tage hatte das Heer die militärische Konsequenz aus dem vorangegangenen Triumph über Frankreich gezogen und Hitler die Zustimmung zu einem Invasionsplan entlockt. Zwei Monate später standen 150 000 Mann und mehrere tausend Seefahrzeuge bereit, um an die englische Küste überzusetzen. Hätten sich die drei Oberbefehlshaber Anfang Juli auf einen Plan einigen können und wäre die Luftwaffe schon ab 10. Juli, statt sie in dem wenig sinnvollen Kanalkampf Schiffe versenken zu lassen, konzentriert auf Radarstationen, Jagdflugplätze und Flugzeugwerke angesetzt worden, wäre aus dem »Unternehmen Seelöwe« bereits im August ein Englandfeldzug geworden.

Von selbst wäre eine Einigung der drei Oberbefehlshaber sicher nie zustande gekommen, nur ein Führerbefehl hätte sie erzwingen können; doch Hitler dachte im Juni noch weniger an eine Invasion der Britischen Inseln als Raeder, von Brauchitsch und Göring. Und einmal ins Leben gerufen, war das »Unternehmen Seelöwe« die einzige von allen anderen großen Operationen des Krieges, um deren Planung er sich nicht kümmerte und die er nicht eigenhändig zu verbessern suchte. Hatte er die Feldzüge zuvor noch jedesmal gegen den Willen seiner Generäle durchgesetzt, ihnen bei jeder Kleinigkeit dreingeredet, so begnügte der Oberste Befehlshaber der Wehrmacht sich jetzt damit, die Pläne in Bausch und Bogen zu akzeptieren und lediglich nach außenhin die politische Begleitmusik zu machen, d. h. die Briten mit Drohungen zu überhäufen. Hitler hatte nie die Absicht, in Großbritannien einzufallen.

Göring, der Hitler aus jahrelangem vertrautem Umgang sehr viel besser kannte als Raeder oder von Brauchitsch, wußte das und hielt sich aus dem Unternehmen ganz heraus. Die beiden anderen hatten den großen Rhetoren jedoch beim Wort genommen und eine furchterregende Kriegsmaschinerie in Gang gesetzt, bereit, Tausende von Soldaten in den Tod zu schicken, um eine im Grunde leere Drohung wahrzumachen. Sie waren Opfer einer verzeihlichen politischen Ignoranz geworden: Sie hatten beide »Mein Kampf« nicht gründlich gelesen, noch richtig zugehört, wenn Hitler die Themen seines zweiten Buches expostulierte.

Seit er sich entschlossen hatte, Politiker zu werden, träumte Hitler davon, zusammen mit dem »germanischen Brudervolk« jenseits des Kanals die Welt zu regieren. Neben Italien hielt er England für den »einzig möglichen Bundesgenossen« in Europa. Der Inhalt des möglichen Bündnisses ging jedoch nicht über eine gegenseitige stillschweigende Tolerierung hinaus: Großbritannien sollte zur See sein Weltreich beherrschen, er wollte auf dem Kontinent sein Großreich errichten. »Ich gestehe offen, daß ich schon in der Vorkriegszeit es für richtiger gehalten hätte, wenn sich Deutschland unter Verzicht auf die unsinnige Kolonialpolitik und unter Verzicht auf Handels- und Kriegsflotte mit England im Bund gegen Rußland gestellt hätte und damit von der schwachen Allerweltspolitik zu einer entschlossenen europäischen Politik kontinentalen Bodenerwerbs übergegangen wäre.«

Diesen Blickwinkel hat Hitler nie aufgegeben. Er war Hauptbestandteil seiner Ideologie und prägte somit auch seine praktische Politik. Die Briten waren für ihn, der unter einem Germanenwahn litt, ein germanisches Herrenvolk, das den Deutschen gleichwertig war. Die Briten stattete er mit allen gängigen Klischees aus, die im »Gentleman in Uniform« gipfelten, der über Jahrhunderte bewiesen hatte, daß er zu erobern und zu herrschen verstand. Er bewunderte den britischen Parlamentarismus als »erhabene Selbstregierung eines Volkes«, die Stabilität der britischen Außenpolitik, die Public Schools und immer wieder die Tapferkeit und das große Selbstbewußtsein der Briten, die er zuerst in den Gräben Flanderns kennengelernt haben wollte, als ihm ein britischer Gasangriff beinahe das Augenlicht geraubt hätte.

Der Autodidakt Hitler schmeichelte sich, die Fehler der »Gott-strafe-England-Politiker«, wie er die Regierenden der Kaiserzeit verächtlich nannte, erkannt zu haben: Die Beteiligung Deutschlands an der Weltwirtschaft, der Kampf um Kolonien, Absatzmärkte und Rohstoffquellen seien Utopien gewesen. Jeder derartige Versuch Deutschlands müsse die Todfeindschaft Englands auf sich ziehen. Diesen Fehler werde er nicht machen. »Wie schwer es ist, England zu bezwingen, haben wir Deutsche zur Genüge erfahren.«

Sein Zukunftsziel sei, sagte Hitler in seinem zweiten Buch, seinem Volk genügend Lebensraum für die nächsten hundert Jahre zuzuweisen – und dieser Raum könne nur im Osten liegen. Das setze große militärische Machtmittel voraus, bringe Deutschland aber nicht in Konflikt mit sämtlichen europäischen Großmächten. Daß er sich hier im Irrtum befand, zeigte sich während der kriegerischen Auseinandersetzung in Abessinien und im spanischen Bürgerkrieg, die beide das deutsch-britische Verhältnis stark belasteten, besonders als der deutsche Bombenangriff auf die spanische Stadt Guernica in der britischen Presse angeprangert wurde.

Damals löste auch die Abdankung Edwards VIII. wütende Reaktionen in Berlin aus, weil man anti-deutsche Machinationen Baldwins dahinter vermutete. Als der Ex-König als Herzog von Windsor Hitler auf dem Obersalzberg besuchte, versicherte der ihm wiederholt, daß unter einem Edward VIII. eine Verständigung über die Interessensphären zwischen Deutschland und Großbritannien längst erreicht wäre. Von Baldwin konnte Hitler keine Sanktionierung seiner Expansionsabsichten erhalten und beschwerte sich bitter darüber bei Lord Lothian, der im Mai 1937 zu Sondierungsgesprächen nach Berlin gekommen war. Hitler zeigte sich verbittert über die »Sturheit« und »Unvernunft« der britischen Regierung. Doch hartnäckig hielt er an seiner Idealvorstellung fest und versuchte Lord

Lothian, der vollkommen ungerührt blieb, damit zu ködern: »Die vereinte Kraft von 120 Millionen Germanen würde eine unwiderstehliche Macht bilden.« Die britische Seemacht und die unübertreffliche deutsche Armee könnten zusammen eine kraftvolle Garantie für den Frieden geben. Daß er selbst für den Briten das Anathema war, kam ihm dabei nicht in den Sinn.

Hitlers Ausfälle gegen die britische Regierung häuften sich. Sie entsprachen der blinden Wut eines enttäuschten Liebhabers, der deshalb jedoch nicht seiner Liebe abschwört. Nie hat er seine Vorliebe für die Briten aufgegeben. »Sie sind von beispielloser Frechheit, aber ich bewundere sich doch; da haben wir noch viel zu lernen!« sagte er einmal bei einem Tischgespräch in der Wolfsschanze, als seine Truppen schon tief in Rußland standen.

Die englische Mentalität hat er nie verstanden, noch jemals eingesehen, warum Großbritannien seiner sauberen Teilung Europas in ein Seereich und ein Landreich nicht zustimmen konnte und ihm schon beim ersten Ansatz zur Verwirklichung seiner Ideen den Krieg erklärte. Die Britischen Inseln zu besetzen, wäre ihm nicht im Traum eingefallen, denn damit hätte er fürs erste sein großes Ziel, den »Lebensraum« im Osten, preisgeben müssen: »Wir schrecken wohl automatisch davor zurück, die ungeheure Aufgabe auf uns zu laden, sowohl in Europa wie im britischen Empire die Macht anzustreben. Erobern wir England – aber was dann und wofür?« Dem Heydrich-Vertrauten Walter Schellenberg versicherte er: »Ich will auf keinen Fall die Briten vernichten. Ich will sie kleinkriegen und sie sollen lernen, die Dinge von unserem kontinental-europäischen Standpunkt aus zu sehen, so wie wir sie sehen.« Wie Bismarck einst Österreich, wollte Hitler Großbritannien mit Waffengewalt in eine Allianz zwingen.

Hitlers Todfeind war Frankreich. Nach Frankreich kam nicht England an die Reihe, wie es die militärischen Erfolge im Mai und Juni 1940 zu diktieren schienen, sondern Rußland, wie es »Mein Kampf« vorgezeichnet hatte: »So wie wir heute auch alle die Notwendigkeit einer Auseinandersetzung mit Frankreich erkennen, so wirkungslos bliebe sie in der großen Linie, wenn sich in ihr unser außenpolitisches Ziel erschöpfen würde. Sie kann und wird nur Sinn erhalten, wenn sie die Rückendeckung bietet für eine Vergrößerung des Lebensraumes unseres Volkes in Europa.« Über das Wo ließ Hitler auch damals keinen Zweifel: »Wir setzen dort an, wo man vor sechs Jahrhunderten endete. Wir stoppen den ewigen Germanenzug nach dem Süden und Westen Europas und weisen den Blick nach dem Land im Osten.«

Wie stark ihn dieser Gedanke beherrschte, beweist eine Bemerkung, die er machte, während der Frankreichfeldzug noch in vollem Gange war. Am 2. Juni war er in das Hauptquartier der Heeresgruppe A in Charleville gefahren, um sich über die anlaufende zweite Phase des Frankreichfeldzuges, den großen Stoß nach Süden und Südwesten zu informieren. Mit von Rundstedt und dessen Stabschef von Sodenstern ging er vor dem Gebäude des Hauptquartiers auf und ab, während sich die Kommandeure und Stabsoffiziere im Konferenzsaal versammelten. Mitten in der Unterhaltung über Aufmarschpläne und Nachschubfragen sagte Hitler beiläufig: »Jetzt, da England wahrscheinlich friedensbereit ist, können wir daran denken, mit den Bolschewisten abzurechnen.« Der Satz beunruhigte von Rundstedt, obwohl man doch annehmen muß, daß er schon vorher von Hitlers Geopolitik gehört hatte. Am Abend dieses aufregenden Tages, der voller näherliegender Probleme gewesen war, vertraute er sich von Sodenstern an: Eine Kampagne gegen Rußland überfordere seiner Meinung nach die militärische Kraft Deutschlands.

Sein oberster Kriegsherr hatte da weniger Skrupel. Am 31. Juli, zwei Wochen nachdem die Weisung zur Vorbereitung zu einer Invasion ergangen war, schrieb Halder in sein Tagebuch, was Hitler an diesem Tag verlautbart hatte: »Englands Hoffnung ist Rußland und Amerika. Wenn Hoffnung auf Rußland wegfällt, fällt auch Amerika weg, weil Wegfall Rußlands eine Aufwertung Japans in Ostasien in ungeheurem Maß folgt. Rußland braucht England nie mehr zu sagen, als daß es Deutschland nicht groß haben will, dann hofft England wie ein Ertrinkender, daß in sechs bis acht Monaten die Sache ganz anders sein wird. Ist aber Rußland zerschlagen, dann ist Englands letzte Hoffnung getilgt. Der Herr Europas und des Balkans ist dann Deutschland – Entschluß: Im Zuge dieser Auseinandersetzung muß Rußland erledigt werden. Frühjahr 1941.«

Mit dieser Schlußfolgerung überfuhr Hitler seine Generäle, indem er ihnen als Alternative zu »Seelöwe« einen neuen Kriegsschauplatz eröffnete und die Herrschaft über das kontinentale Europa einschließlich der Sowjetunion als Köder vorhielt. Widerspruch brauchte er nicht mehr zu befürchten, denn spätestens seit dem Triumph in Frankreich war auch vielen Zweiflern klargeworden, daß er die »Vorsehung« auf seiner Seite haben mußte. Niemand konnte in Frage stellen, daß eine Bedrohung Deutschlands durch die Sowjetunion den Briten half. Doch diese Bedrohung existierte nur in der Vorstellung Hitlers und seiner Gefolgsleute. In London sah man die Sache ganz anders: Churchill fürchtete seit dem Scheitern der britisch-sowjetischen Verhandlungen 1939 nichts mehr als eine Allianz

Deutschland-Sowjetunion-Japan. Stalin machte offensichtlich große Anstrengungen, sich mit Hitler auf guten Fuß zu stellen, schickte nach jedem deutschen Sieg Glückwunschadressen, hatte kein gutes Wort für die Briten und versorgte das Deutsche Reich mit Lebensmitteln und Rohmaterial.

Bei einem Besuch Molotows in Berlin im November 1940 bot Ribbentrop dem sowjetischen Außenminister die Aufteilung des Britischen Empire an, da England so gut wie besiegt sei und nur noch eines Fangstoßes bedürfe. Molotow ging darauf nicht ein und meinte nur, daß man nicht von einem Sieg sprechen könne, solange noch britische Bomben auf Berlin fielen – die Gespräche fanden zum Teil im Luftschutzbunker des Reichsaußenministeriums statt. Ernsthaft wurde ein Viermächtepakt Deutschland-Italien-Japan-Sowjetunion avisiert, dessen Bedingungen für die Sowjets wenig befriedigend waren, so daß Molotow mit leeren Händen nach Moskau zurückfuhr, doch die für Großbritannien gefährliche Konstellation war noch immer gegeben. Hitler konnte Churchill keinen größeren Gefallen tun, als eine Front in Rußland zu eröffnen.

Die große Gefahr, die Deutschland von den Britischen Inseln drohte, sah Hitler nicht. Nach dem Zusammenbruch Frankreichs und noch bevor auf deutscher Seite »Seelöwe« eine beschlossene Sache war, plante der britische Generalstab den beschleunigten Aufbau einer 55 Divisionen starken Offensiv-Armee für Aktionen auf dem Kontinent; die Royal Air Force sollte auf den gleichen Stand wie die deutsche Luftwaffe gebracht werden, um auf dem Kontinent die Luftüberlegenheit zu erringen.

Die Mittel dazu waren vorhanden, denn noch immer verfügte Großbritannien weltweit über erhebliche Hilfsquellen: Kanada, Australien, Südafrika und Indien stellten ein kaum zu erschöpfendes Reservoir an Menschen und Material dar. Aus den Dominions und dem Kolonialbesitz floß ein stetiger Strom von Stahl, Gummi, Baumwolle, Lebensmitteln und anderen wertvollen Gütern, den die deutschen U-Boote zwar empfindlich störten, was aber unschwer ausgeglichen werden konnte. London verhandelte mit Washington über den Neubau von drei Millionen BRT billiger Transportschiffe, die zusammen mit den 1,25 Millionen BRT britischer Neubauten den kalkulierten Verlust von 4,5 Millionen BRT durch U-Boote versenktem Schiffsraum kompensieren sollten.

Bereits im Oktober 1940 arbeitete die britische Admiralität an Landungsbooten für Panzer, von denen allein über tausend in den USA gebaut wurden; später entstand in Großbritannien eine ganze Industrie, in der 70 000 Menschen am Bau von Landungsbooten aller Typen für die Landung in der Normandie arbeiteten. Auch die riesigen Bomberflotten, mit denen die Alliierten bald Deutschland angreifen würden, waren bereits im Entstehen begriffen: Die Produktion von Langstreckenbombern war in Großbritannien seit Juni 1940 auf 1600 Maschinen pro Monat gesteigert worden.

Im Gegensatz zu Hitler, der im August den Engländern zugerufen hatte: »Beruhigt euch: Er kommt!«, prahlte Churchill nicht, aber seine Mitarbeiter wußten, mit welcher Entschlossenheit er den Angriffsgedanken verfolgte: »Selbst wenn der Mann am Kaspischen Meer steht – und es gibt nichts, was ihn daran hindern könnte –, werden wir ihn zurückbringen und er wird seinen Hinterhof in Flammen finden; wir werden aus Deutschland eine Wüste machen, ja eine Wüste!« Und wenn Hitler die Chinesische Mauer erreichte, würde ihm das nichts nützen, solange Großbritannien nicht geschlagen sei.

Was Hitler nicht sehen wollte oder konnte, war, daß er in dem Augenblick, in dem er sich gegen Rußland wandte, einen tödlichen Feind in seinem Rücken zurückließ. Er hatte den schlafenden britischen Löwen geweckt, doch er glaubte, ihn mit seiner Luftwaffe, die auch weiterhin ihre nächtlichen Bombenangriffe flog, und mit der Kriegsmarine, deren U-Boote die Blockade im Atlantik verstärkten, niederhalten zu können. Er wollte die Briten »in ihrem eigenen Saft schmoren lassen«, während er sich seiner eigentlichen großen Aufgabe zuwandte und aus dem Ostraum das machte, »was Indien für England« war.

In seiner Begründung zum Beginn des Rußlandfeldzuges übersah Hitler geflissentlich sämtliche Gefahrenmomente. Er beging nicht nur den Fehler, vor dem er selber immer wieder gewarnt hatte, nämlich der Eröffnung eines Zweifrontenkrieges, bei dem er überdies die Westfront völlig offenließ, ehe er seinen – dann schon überflüssigen – Atlantikwall baute. Er unterschätzte die Entschlossenheit der Briten, ihn zum Kampf zu stellen, ebenso wie die militärische Potenz der Sowjets, obwohl sie seine Panzer- und Flugzeugbesatzungen ausgebildet hatten; und er unterschätzte die Gefahr, die Deutschland von den Vereinigten Staaten von Amerika drohte.

Hitler erlag der Täuschung, daß ein durch den »Wegfall« Rußlands aufgewertetes Japan die USA im Pazifik binden und vollauf beschäftigen würde. Dieser Gedanke hatte sicher eine gewisse Berechtigung und fand auch seinen Niederschlag in den strategischen Planungen der US-Marine und des US-Heeres. Als entscheidend aber erwiesen sich die engen wirtschaftlichen, politischen und verwandtschaftlichen Beziehungen zwischen Briten und Amerikanern. Viele Frauen der britischen Oberschicht waren Amerikanerinnen, wie z. B. auch

Churchills Mutter, so daß enge persönliche Beziehungen zur amerikanischen Führungsschicht bestanden. Hinzu kamen die historischen Bindungen, der Respekt, den man in Amerika Old England bezeugte. Britische und amerikanische Firmen waren von jeher eng miteinander verflochten, so daß ein reger Geld- und Warenverkehr über den Atlantik bestand – von der gemeinsamen Sprache ganz abgesehen.

In Deutschland hat man diese Beziehung immer unterschätzt, wohl auch weil das deutsche Element in den USA solche Bindungen zur Heimat nur in ganz geringem Umfang besaß. Dafür wurden Unstimmigkeiten in den anglo-amerikanischen Beziehungen hochgespielt und damit der Blick für die Verbundenheit verstellt. Als Churchill die britischen Besitzungen im Westatlantik gegen 50 alte Zerstörer eintauschte, registrierte man das in deutschen Kommandostellen mit Kopfschütteln und Schadenfreude. Wahrscheinlich hätte man sich die Hände gerieben, wenn man gewußt hätte, daß der Kreuzer »Emerald«, dessen Auslaufen aus Greenock mit Kurs auf Kanada der deutsche Marinenachrichtendienst am 24. Juni meldete, den britischen Staatsschatz in Goldbarren und Wertpapieren an Bord hatte; der Schatz blieb in der Neuen Welt und diente der Bezahlung amerikanischer Hilfslieferungen. Um diese Zeit lief auch ein amerikanisches Kriegsschiff in Capetown ein und nahm dort lagernde britische Goldreserven an Bord. Die Briten waren im Winter 1940 in verzweifelten Geldnöten, weil die Amerikaner bei jedem Bolzen, jeder Patrone auf Barzahlung bestanden. Am Ende waren die Briten so verschuldet, daß sie »ihre Zukunft wahrscheinlich auf ewig verpfändet hatten«, wie ein englischer Autor feststellte.

Auf der anderen Seite taten die neutralen Amerikaner alles, um ihre eigenen Gesetze zu umgehen und ihren Vettern zu helfen. Das Kriegsministerium gab die Produktion von Munition in Auftrag, die es nie benötigen würde und verkaufte sie als »Überschuß« an die Briten; zugleich kaufte es britische Waffenfabriken in den USA auf und ließ sie weiter unter britischer Regie auf britische Rechnung arbeiten. Viele US-Schiffe fuhren für die Briten über den Atlantik, und manches wurde dabei von deutschen U-Booten versenkt, ohne daß sich deshalb in den Vereinigten Staaten ein Geschrei erhoben hätte. Auch von der enormen, noch offenen Kriegsschuld des Vereinigten Königreichs aus dem Ersten Weltkrieg sprach man nicht ernsthaft. Es blieb alles in der Familie. Die reiche Verwandtschaft wird immer ausgebeutet, das war nichts Neues, aber man half einander auch selbstlos, wenn Not am Mann war, wie jetzt, und wenn man von einem so blendenden Redner wie Churchill von der Notwendigkeit der Hilfe überzeugt wurde. Und bald sollten Zehntausende von Bombern und die bestausgerüstete Armee der Welt den Atlantik überqueren, um zusammen mit den anderen Deutschland zu zermalmen.

Hitler zog es vor, die Vereinigten Staaten zu ignorieren. Er lebte in den Grenzen von 1914 bis 1918 und in der Unordnung der Nachkriegszeit. Er kämpfte noch immer den Ersten Weltkrieg zu Ende: Nach Frankreich war Rußland an der Reihe. Und wenn die Sowjets ausgeschaltet waren, gab es nur noch einen Feind, wie Hitler in einem Tischgespräch 1941 verkündete: »Ich werde es nicht mehr erleben, aber ich freue mich für das deutsche Volk, daß es eines Tages mit ansehen wird, wie England und Deutschland vereint gegen Amerika antreten. Deutschland und England werden wissen, was einer vom anderen zu erwarten hat. Und wir haben dann den rechten Bundesgenossen.« Das war keine plötzliche prophetische Eingebung oder gar ein Ablenkungsmanöver, sondern Gedankengut der Wirtschaftspolitiker der zwanziger Jahre. In »Mein Kampf« hatte Hitler damals geschrieben: »Alle verwandtschaftlichen Bindungen vermögen in England ... nicht ein gewisses Gefühl neidischer Besorgtheit gegenüber dem Anwachsen der amerikanischen Union auf allen Gebieten internationaler Wirtschafts- und Machtpolitik zu verhindern. Aus dem einstigen Kolonialland, dem Kind der großen Mutter, scheint eine neue Herrin der Welt zu entstehen. Man versteht, wenn England heute seine alten Bündnisse überprüft und die britische Staatskunst mit Bangen einem Zeitpunkt entgegenstarrt, an dem es nicht mehr heißen wird: ›England über den Meeren‹, sondern ›Die Meere der Union‹.«

Die amerikanische Presse schien Hitler recht zu geben. Im Juli hatte das Time Magazine in New York noch orakelt, daß ein von Deutschland besetztes Großbritannien sich zusammen mit den Deutschen verbittert gegen Amerika wenden würde. Wie sollte das militärisch unterentwickelte Amerika Deutschland jemals gefährlich werden? Daran änderte in Hitlers Augen auch die Lieferung der fünfzig Zerstörer nichts; ihm, der sich noch immer in der Vorstellungswelt des Ersten Weltkrieges bewegte, war die schemenhafte, wenig wirkungsvolle Präsenz der Amerikaner auf den Schlachtfeldern von Flandern nur zu gut in Erinnerung. Aber er hätte wissen müssen, daß sich die Zeiten geändert hatten und daß Amerika jetzt ein riesiges Wirtschaftspotential besaß, das den Briten bald ganz zur Verfügung stehen sollte.

Der Umschwung in der öffentlichen Meinung der Vereinigten Staaten geht auf das Nichtzustandekommen des »Unternehmens Seelöwe« und die damit verbundene Niederlage der Luftwaffe im

September zurück. Am 16. September landete das britische Flugboot Clare – ein Post- und Passagierflugzeug der British Overseas Airways – von Poole in Dorset kommend im Hafen von New York. Die Flugkapitäne waren überrascht von dem überwältigend herzlichen Empfang, der ihnen zuteil wurde. Sie wurden mit Glückwünschen überhäuft, denn am Morgen war in New York bekanntgeworden, daß die Royal Air Force am Tag zuvor 185 deutsche Maschinen abgeschossen und die Luftwaffe entscheidend geschlagen hatte. Die deutsche Botschaft hatte vergeblich versucht, diese übertriebene Zahl zu korrigieren, eine Welle der Sympathie schlug den Briten für ihren Kampf entgegen. In einer ganzseitigen Anzeige in der New York Times forderte eine Gruppe pro-britischer Amerikaner eine politische Union mit den »sechs britischen Demokratien«, denn jetzt habe man es nicht mehr mit Georg II., sondern mit Adolf zu tun.

Zur gleichen Zeit kehrte auch der amerikanische Heeresplanungschef Strong aus London in die Staaten zurück und bestätigte die positive Entwicklung: »Die R. A. F. ist stark genug, und der Bombenschaden an den für das Überleben der Briten wichtigen militärischen Einrichtungen verschwindend gering gegenüber dem, was die deutsche Propaganda behauptet.« Sein und Admiral Ghormleys Bericht über die militärische Stärke der Briten und ihre Kampfmoral bildeten die Grundlage für eine Analyse des Stabschefs der amerikanischen Marine, die am Vorabend der Wahl in Roosevelts Händen war.

»Amerikas Sicherheit hängt zu einem sehr großen Teil vom Schicksal Großbritanniens ab«, lautete der erste Grundsatz der Analyse. »Wenn Großbritannien entscheidend gegen Deutschland gewinnt, können wir überall gewinnen, aber wenn es verliert, werden wir sehr großen Problemen gegenüberstehen, wir werden dann nicht überall verlieren, aber kaum irgendwo gewinnen können.« Für die Briten bedeutete diese Feststellung mehr als die Erklärung einer politischen Union. Zum erstenmal wurde die aktive Beteiligung der Vereinigten Staaten an diesem Krieg erörtert: Die Briten würden den Krieg allein nicht gewinnen können, also mußte man das amerikanische Potential an Truppen und Material einsetzen. »Ich glaube«, sagte Admiral Stark, »daß die Vereinigten Staaten außer der Hilfe zur See große Land- und Luftstreitkräfte nach Europa oder Afrika oder beiden, schicken müssen, um in die (notwendig werdende) Landoffensive einzugreifen.« Das Schwergewicht der militärischen Präsenz Amerikas wurde vom Pazifik zum Atlantik verlegt. Das geplante Kriegsziel entsprach umgekehrt haargenau dem des deutschen »Unternehmens Seelöwe«: die militärische Niederlage Deutschlands durch Luftangriffe und eine Invasion des Kontinents herbeizuführen.

Hitler hätte dieser Entwicklung nur mit einer Invasion der Britischen Inseln entgegenwirken können. »Er wird kommen müssen – oder untergehen«, hatte Churchill in den kritischen Wochen gesagt und damit nur ausgesprochen, was viele diesseits und jenseits des Atlantik dachten. Man kann nicht ein Schwert aufheben, um es in dem Augenblick wegzulegen, in dem der Gegner das seine erhebt. Görings Überheblichkeit hatte das Unternehmen tausendfach erschwert, trotzdem hätte die Landung versucht werden müssen. Aus den Reaktionen der Briten kann man heute schließen, daß sie gelungen wäre. Doch sie aufzugeben war Selbstmord, die militärische Bankrotterklärung noch vor Eröffnung des Rußlandfeldzuges.

Das alles war auch aus damaliger Sicht vorhersehbar. Der ehemalige deutsche Botschafter in Rom, Ulrich von Hassell, ein aktiver Widerstandskämpfer aus dem Kreis um Goerdeler, Beck und Oster, notierte am 29. September 1940 in seinem Tagebuch: »In allen Unterhaltungen ... fragen wir uns vergebens, ob die Generäle denn nun nicht endlich merken, was gespielt wird und welch furchtbare Verantwortung sie sowohl für die innere Entwicklung wie für den Ausgang des Krieges tragen. Wir sind uns alle darüber klar, daß jetzt noch einmal alles getan werden muß, um sie zu überzeugen, daß sie die Dinge nicht weiterlaufen lassen dürfen, wenn wir nicht plötzlich vor oder in einer Katastrophe stehen wollen.«

Die Landung in Großbritannien hätte fürs erste den Krieg beendet und vielleicht Millionen Menschen das Leben gerettet, aber Millionen andere zu Sklaven gemacht und die Herrschaft eines Größenwahnsinnigen über Europa gefestigt, eine Alternative, die sich aller Wertung entzieht. Auch das »Unternehmen Seelöwe« war ein Produkt jener Unmenschlichkeit, die Deutschland zwölf Jahre lang regierte.

Anhang: Dokumente und Zahlen

Der Führer und Oberste Befehlshaber der Wehrmacht
OKW/WFA/L Nr. 33 160/40 g. Kdos. Chefsache

F. H. Q., den 16.7.1940.

Geheime Kommandosache!
Chefsache – Nur durch Offizier!

7 Ausfertigungen
2. Ausfertigung.

Weisung Nr. 16 über die Vorbereitungen einer Landungsoperation gegen England.

Da England, trotz seiner militärisch aussichtslosen Lage, noch keine Anzeichen einer Verständigungsbereitschaft zu erkennen gibt, habe ich mich entschlossen, eine Landungsoperation gegen England vorzubereiten und wenn nötig, durchzuführen.

Zweck dieser Operation ist es, das englische Mutterland als Basis für die Fortführung des Krieges gegen Deutschland auszuschalten, und wenn es erforderlich werden sollte, in vollem Umfang zu besetzen.

Hierzu befehle ich folgendes:

1) Die Landung muß sich in Form eines überraschenden Überganges in breiter Front etwa von Ramsgate bis in die Gegend westlich der Insel Wight vollziehen, wobei Teilen der Luftwaffe die Rolle der Artillerie, Teilen der Kriegsmarine die Rolle der Pioniere zufallen wird. Ob es zweckmäßig ist, vor dem allgemeinen Übergang Teilaktionen, etwa zur Besetzung der Insel Wight oder der Grafschaft Cornwall zu unternehmen, ist vom Standpunkt jedes Wehrmachtteils aus zu prüfen, und das Ergebnis mir zu melden. Die Entscheidung behalte ich mir vor.
   Die Vorbereitungen für die Gesamtoperation müssen bis Mitte August abgeschlossen sein.
2) Zu diesen Vorbereitungen gehört auch, daß diejenigen Voraussetzungen geschaffen werden, die eine Landung in England möglich machen:
   a) Die englische Luftwaffe muß moralisch und tatsächlich so weit niedergekämpft sein, daß sie keine nennenswerte Angriffskraft dem deutschen Übergang gegenüber mehr zeigt.
   b) Es müssen minenfreie Wege geschaffen sein.
   c) Durch eine dichte Minensperre muß die Straße von Dover in beiden Flanken sowie der Westeingang des Kanals etwa in der Linie Alderney – Portland abgesperrt sein.
   d) Durch starke Küstenartillerie muß das Küstenvorfeld beherrscht und artilleristisch abgeschirmt sein.
   e) Die Fesselung der englischen Seestreitkräfte kurz vor dem Übergang sowohl in der Nordsee als auch im Mittelmeer (durch die Italiener) ist erwünscht, wobei schon jetzt versucht werden muß, den englischen See-

streitkräften, die sich im Mutterland befinden, durch Luft- und Torpedoangriffe nach Kräften Abbruch zu tun.

3) Organisation der Führung und der Vorbereitungen. Unter meinem Befehl und nach meinen allgemeinen Weisungen führen die Herren Oberbefehlshaber die von ihren Wehrmachtteilen anzusetzenden Kräfte.
Die Führungsstäbe des Ob. d. H., Ob. d. M. und Ob. d. L. müssen sich vom 1. 8. an in einem Umkreis von höchstens 50 km von meinem Hauptquartier (Ziegenberg) befinden.
Zweckmäßig erscheint mir die gemeinsame Unterbringung der engeren Führungsstäbe des Ob. d. H. und des Ob. d. M. in Gießen.
Der Ob. d. H. wird daher zur Führung der Landungsarmeen eine Heeresgruppe einschalten müssen.
Das Unternehmen führt den Decknamen »Seelöwe«.
Bei der Vorbereitung und der Ausführung des Unternehmens fallen den Wehrmachtteilen folgende Aufgaben zu:
   a) Heer:
   stellt den Operationsplan und den Übersetzplan zunächst für alle zu verschiffenden Verbände 1. Welle auf. Die mit der 1. Welle überzusetzende Flak-Artillerie wird dabei solange dem Heer (den einzelnen Übersetzgruppen) unterstellt, bis sich eine Teilung der Aufgaben in Unterstützung und Schutz der Erdtruppe, Schutz der Ausschiffungshäfen und Schutz der zu besetzenden Luftstützpunkte durchführen läßt.
   Das Heer verteilt ferner die Übersetzmittel auf die einzelnen Übersetzgruppen und legt die Einschiffungs- und Landungsstellen im Einvernehmen mit der Kriegsmarine fest.
   b) Kriegsmarine:
   stellt die Übersetzmittel sicher und führt sie entsprechend den Wünschen des Heeres nach den seemännischen Gesichtspunkten in die einzelnen Einschiffungsräume zu. Soweit als möglich ist auf Schiffe der niedergeworfenen feindlichen Staaten zurückzugreifen.
   Sie stellt jeder Übersetzstelle den zur seemännischen Beratung nötigen Marinestab mit Begleitschiffen und Sicherungsstreitkräften. Sie schützt, neben den zur Überwachung eingesetzten Luftstreitkräften den gesamten Kanalübergang in den beiden Flanken. Über die Regelung der Befehlsverhältnisse während des Übersetzens folgt Befehl. Es ist ferner Aufgabe der Kriegsmarine, den Aufbau der Küstenartillerie, d. h. aller für die Bekämpfung von Seezielen in Betracht kommenden Batterien sowohl des Heeres wie der Kriegsmarine einheitlich anzuordnen und die Feuerleitung im Großen zu organisieren. Eine möglichst große Zahl schwerster Artillerie ist zur Sicherung des Überganges und der Abschirmung der Flanken gegen feindliche Einwirkung von See her so schnell als möglich einzusetzen. Hierzu ist auch die Eisenbahnartillerie (ergänzt durch alle verfügbaren Beutegeschütze) ohne die nur zur Bekämpfung von Zielen auf dem englischen Festland vorgesehenen Batterien (K 5 und K 12) heranzuziehen und unter Benutzung von Eisenbahndrehscheiben einzubauen. Unabhängig hiervon sind die verfügba-

ren schwersten Bettungsbatterien gegenüber der Straße von Dover so unter Beton einzubauen, daß sie auch schwersten Luftangriffen widerstehen können und damit die Straße von Dover unter allen Umständen auf die Dauer, innerhalb ihrer Wirkungsmöglichkeit, beherrschen. Die technischen Arbeiten obliegen der Organisation Todt.

c) Aufgabe der Luftwaffe ist es:
das Eingreifen der feindlichen Luftwaffe zu verhindern.
Küstenbefestigungen, die gegen die Landungsstellen wirken können, niederzukämpfen, den ersten Widerstand feindlicher Erdtruppen zu brechen und im Anmarsch befindliche Reserven zu zerschlagen. Für diese Aufgabe ist engste Zusammenarbeit einzelner Verbände der Luftwaffe mit den Übersetzgruppen des Heeres nötig.
Ferner:
wichtige Transportstraßen zum Heranführen feindlicher Reserven zu zerstören, und feindliche Seestreitkräfte, die sich im Anmarsch befinden, schon weit ab von den Übersetzstellen anzugreifen. Über die Verwendung von Fallschirm- und Luftlandetruppen ersuche ich, mir Vorschläge zu machen. Dabei ist in Verbindung mit dem Heer zu prüfen, ob es hier zweckmäßig ist, Fallschirm- und Luftlandetruppen als eine im Notfall rasch einzusetzende Reserve vorerst zur Verfügung zu halten.

4) Die notwendigen Vorbereitungen für die Nachrichtenverbindungen von Frankreich nach dem englischen Festland trifft der Wehrmacht-Nachrichtenchef.
Der Einbau der restlichen 80 km Ostpreußen-Kabel ist in Verbindung mit der Kriegsmarine vorzusehen.

5) Die Herren Oberbefehlshaber ersuche ich, mir sobald als möglich vorzulegen:
   a) die Absichten der Kriegsmarine und der Luftwaffe, um die Voraussetzungen für den Kanalübergang zu schaffen (siehe Ziffer 2),
   b) den Aufbau der Küstenbatterien im einzelnen (Kriegsmarine),
   c) einen Überblick über den einzusetzenden Schiffsraum und die Methode der Bereitstellung und Herrichtung. Beteiligung ziviler Stellen? (Kriegsmarine),
   d) die Organisation des Luftschutzes in den Bereitstellungsräumen der Übersetztruppen und der Übersetzmittel (Luftwaffe),
   e) den Übersetz- und Operationsplan des Heeres, Gliederung und Ausrüstung der 1. Übersetzwelle,
   f) Organisation und Maßnahmen der Kriegsmarine und der Luftwaffe für die Durchführung des Überganges selbst, seine Sicherung und die Unterstützung der Landung,
   g) Vorschläge für den Einsatz der Fallschirm- und Luftlandetruppen, sowie für die Unterstellung und Führung der Flak-Artillerie, nachdem ein ausreichender Raumgewinn auf englischem Boden erzielt ist (Luftwaffe),
   h) Vorschlag für die Plätze der Führungsstäbe des Ob. d. H. und Ob. d. M.,

i) eine Stellungnahme von Heer, Kriegsmarine und Luftwaffe, ob und welche Teilaktionen vor der allgemeinen Landung für zweckmäßig gehalten werden,

k) Vorschlag von Heer und Kriegsmarine über die Befehlsführung während des Übersetzens.

(gez.) Adolf Hitler

Verteiler:

Ob. d. H.	1. Ausfertigung
Ob. d. M.	2. Ausfertigung
Ob. d. L.	3. Ausfertigung
O. K. W.	
WFA	4. Ausfertigung
L	5.–7. Ausfertigung

17.

Der Führer und Oberste Befehlshaber der Wehrmacht
OKW/WFA/L Nr. 33 210/40 g. Kdos. Chefs.

Führerhauptquartier, 1.8.1940

Geheime Kommandosache
Chefsache
Nur durch Offizier

10 Ausfertigungen
4. Ausfertigung

Weisung Nr. 17 für die Führung des Luft- und Seekrieges gegen England.

Um die Voraussetzungen für die endgültige Niederringung Englands zu schaffen, beabsichtige ich, den Luft- und Seekrieg gegen das englische Mutterland in schärferer Form als bisher weiterzuführen.

Hierzu befehle ich folgendes:

1) Die deutsche Fliegertruppe hat mit allen zur Verfügung stehenden Kräften die englische Luftwaffe möglichst bald niederzukämpfen. Die Angriffe haben sich in erster Linie gegen die fliegenden Einheiten, ihre Bodenorganisation und Nachschubeinrichtungen, ferner gegen die Luftrüstungsindustrie einschließlich der Industrie zur Herstellung von Flakgerät zu richten.

2) Nach Erringung einer zeitlichen oder örtlichen Luftüberlegenheit ist der Luftkrieg gegen die Häfen, hierbei insbesondere gegen die Einrichtungen der Lebensmittelbevorratung, und ferner gegen die Einrichtungen der Lebensmittelbevorratung im Innern des Landes weiterzuführen.
Angriffe gegen die Häfen der Südküste sind mit Rücksicht auf eigene beabsichtigte Operationen in möglichst geringem Maße anzusetzen.

3) Der Kampf gegen feindliche Kriegs- und Handelsschiffe aus der Luft kann demgegenüber zurücktreten, soweit es sich nicht um besonders günstige Augenblicksziele handelt oder soweit im Rahmen der Angriffe zu Ziff.2) zusätzliche Wirkung erzielt wird oder soweit er zur Ausbildung von Besatzungen für die weitere Kampfführung notwendig ist.
4) Der verschärfte Luftkrieg ist so zu führen, daß die Luftwaffe zur Unterstützung von Seeoperationen auf günstige Augenblicksziele mit genügend starken Kräften jederzeit herangezogen werden kann. Außerdem muß sie für das Unternehmen »Seelöwe« kampfkräftig zur Verfügung stehen.
5) Terrorangriffe als Vergeltung behalte ich mir vor.
6) Die Verschärfung des Luftkrieges kann ab 5.8. beginnen. Der genaue Zeitpunkt ist von der Luftwaffe je nach Beendigung der Vorbereitungen und je nach Wetterlage selbst zu wählen.
Der Kriegsmarine wird die vorgesehene Verschärfung der Seekriegsmaßnahmen gleichzeitig freigegeben.

(gez.) Adolf Hitler

Verteiler: [P] K[eitel]

Ob. d. L.	1. Ausfertigung
Ob. d. M.	2. Ausfertigung
Ob. d. H.	3. Ausfertigung
OKW Chef WFA	4. Ausfertigung
Chef WiRüAmt	5. Ausfertigung
Chef L	6. Ausfertigung
IL	7. Ausfertigung
IK	8. Ausfertigung
IH	9. Ausfertigung
Ktb	10. Ausfertigung

[P] W[arlimont]

APPEAL
to the population of England

§ 1

English territory occupied by the German Armed Forces will be placed under German Military Administration.

§ 2

The military Commanders will take all necessary steps to ensure the security of the Armed Forces and for the maintenance of public order and security.

§ 3

Provided that the population behaves in an orderly manner, the Armed Forces will respect person and property.

§ 4

Provided that they maintain an honourable attitude, the local authorities will be allowed to continue to function.

§ 5

Any ill-considered act, any form of sabotage, any resistance, active or passive, against the German Armed Forces will be met with the sharpest possible reprisals.

§ 6

I hereby warn all civilians aginst the commitment of any hostile acts agaist the German Armed Forces. Such acts will be remorselessly punished by sentence of death.

§ 7

The orders of the German Military Authorities are to be obeyed. Disobedience will be severely punished.

The Commander-in-Chief of the Army

AUFRUF
an die Bevölkerung Englands

§ 1

Das von deutschen Truppen besetzte englische Gebiet wird unter deutsche Militärverwaltung gestellt.

§ 2

Die militärischen Befehlshaber werden die zur Sicherung der Truppe und zur Aufrechterhaltung der allgemeinen Sicherheit und Ordnung nötigen Anordnungen erlassen.

§ 3

Die Truppen werden, wenn sich die Bevölkerung ordnungsgemäß verhält, Personen und Eigentum schonen.

§ 4

Die Landesbehörden dürfen, wenn sie sich loyal verhalten, weiterarbeiten.

§ 5

Alle unbesonnenen Handlungen, jede Art von Sabotage, passiver oder aktiver Widerstand gegen die deutsche Wehrmacht haben schärfste Vergeltungsmaßnahmen zur Folge.

§ 6

Ich warne alle Zivilpersonen vor Kampfhandlungen gegen die deutsche Truppe. Sie werden unnachsichtlich mit dem Tode bestraft.

§ 7

Den Anordnungen der deutschen Militärbehörden ist Folge zu leisten. Ungehorsam wird schärfstens bestraft.

Der Oberbefehlshaber des Heeres

Britische Verlustliste der an der Evakuierung aus Dünkirchen beteiligten Schiffe:

Britische Schiffe	Beteiligt	Versenkt	Beschädigt
Flak-Kreuzer	1	-	1
Zerstörer	39	6	19
Korvetten, Kanonenboote	5	1	1
Minensuchboote	36	5	7
Trawler	77	17	6
Spezialboote	3	1	-
Vorpostenboote	3	1	1
Torpedoboote	4	-	-
Holl. Prähme (brit. Bes.)	40	4	k.A.
Yachten (Royal Navy)	26	3	k.A.
Truppentransporter	45	8	8
Lazarettschiffe	8	1	5
Motorboote	12	6	k.A.
Schlepper	22	3	k.A.
Andere kleine Fahrzeuge	372	170	k.A.
	693	226	
Alliierte Schiffe			
Kriegsschiffe	49	8	k.A.
Andere Fahrzeuge	119	9	k.A.
	168	17	
Ingsgesamt	861	243	

Private Schiffe, die den Kanal auf eigene Faust überquerten, sind nicht mitgezählt

Flugzeugverluste in der »Schlacht über England«:

	RAF	Luftwaffe
10. Juli bis 11. August	124	274
12. Aug. bis 23. Aug.	133	283
24. Aug. bis 6. Sept.	264	298
7. Sept. bis 15. Sept.	127	174
16. Sept. bis 31. Okt.	246	463
	894	1492

Geheime Kommandosache 10 10 7

Oberkommando des Heeres
Gen St d H Op.Abt.(Ia)

Nr. 380/40 g Kdos

H.Qu. OKH, den 12.Juli 1940

4 Ausfertigungen
1.Ausfertigung.

Chef-Sache!
Nur durch Offizier!

Betr.: Kriegführung gegen England
Bezug: OKW WFA/L Nr.33 124/40 g Kdos vom 2.7.1940

An

Oberkommando der Kriegsmarine - Seekriegsleitung -	1.Ausf.
Generalstab der Luftwaffe	2. "
O K W (L) nachrichtlich	3. "
Op.Abt.(E) = Entwurf	4. "

Ob. d. M.
p 1019 /40
Eing.: 15.7.40
Anlagen: –

OKH GenStdH dankt für das mit Nr. 1.Skl. I op 998/40 g Kdos vom 8.7.40 übersandte Schreiben.

Die Auffassung, daß es sich bei dem geplanten Unternehmen um einen "Flußübergang" großen Stils handelt und daß dementsprechend die Vorbereitungen zu treffen sind, deckt sich völlig mit der Ansicht des OKH.

Die Überlegungen für die Durchführung dieser Aufgabe werden - soweit das Heer in Frage kommt - demnächst dem Führer zur Billigung vorgetragen werden.

Anschließend werden die von der Seekriegsleitung gestellten Fragen beantwortet werden. Hierbei wird es sich zunächst nur um grobe Anhaltszahlen handeln können, da Einzelangaben erst auf Grund örtlicher Erkundungen und Einzelvorarbeiten möglich sind.

Nach Auffassung des Heeres werden diese groben Angaben aber auch für die zunächst zu treffenden Maßnahmen der Kriegsmarine genügen. In der Frage des Transportraumes wird es sich zunächst darum handeln, möglichst viel geeigneten Schiffsraum frühzeitig zu erfassen; denn je mehr zur Verfügung steht, umso stärker und wendiger kann das Heer den Ansatz seiner Kräfte gestalten. Ergänzung des von Kriegsmarine aufgebrachten Schiffsraums durch Flöße und andere vom Heere geschaffene Übersetzmittel ist beabsichtigt.

Örtliches

- 2 -

11

Örtliches Zusammenarbeiten den Stellen des Heeres mit denen der Kriegsmarine im Einladebereich ist daher unentbehrlich und muß baldigst sichergestellt werden. Zentrale Regelung von Einzelheiten durch die Oberkommandos der Wehrmachtteile könnte zu Zeitverlust führen, der bei der Kürze der verfügbaren Vorbereitungszeit nachteilig wirken müßte.

Vorgesehen ist deshalb, sogleich bei den für die Landung zunächst in Frage kommenden drei A.O.K. örtliche Arbeitsgruppen einzurichten, die nach den allgemeinen Weisungen von Heer und Marine die Aufgaben ihrer Angriffsgruppen im Einzelnen bearbeiten.

OKH bittet für diesen Zweck, zu den A.O.K. fachmännisch geschulte Offiziere, die mit Transportfragen und Landungsverhältnissen vertraut sind, zu kommandieren. Ebenso wäre OKH dankbar, wenn die bisherige Stelle des Verbindungsoffiziers beim OKH für die Dauer der Vorbereitung durch Kommandierung geeigneter Offiziere zu einer selbständigen Arbeitsgruppe ausgebaut würde, die nach den Richtlinien des OKM bevollmächtigt ist, Vereinbarungen mit OKH zu treffen.

I.A.
Halder

Geheime Kommandosache

Oberkommando des Heeres | H.Qu. OKH, den 15. Juli 1940
Gen St d H Op.Abt. (E)
Nr. 380/40 g Kdos II.Ang.

Chef-Sache! Nur durch Offizier!

4 Ausfertigungen
1. Ausfertigung.

I op E 1

Betr.: Landung in England.

Bezug: 1) OKM SKL B Nr.1.Skl.I op 998/40 g Kdos v.8.7.40
2) OKH GenStdH Op.Abt.(Ia) Nr.380/40 g Kdos v.12.7.40.

An

Oberkommando der Kriegsmarine - Seekriegsleitung -	= 1.Ausf.
Generalstab der Luftwaffe	= 2. "
O K W (L) na-chrichtlich	= 3. "
GenStdH Op.Abt.(E) = Entwurf	= 4. "

Ob. d. M.
I op 1039 / 40
Eing.: 18.7.40
Anlagen: 8

Nach grundsätzlicher Billigung der operativen Absichten des Heeres durch den Führer wird anliegend eine Zusammenstellung über den voraussichtlichen Transportbedarf übersandt.

Im Einzelnen wird hierzu bemerkt :

a) Ein- und Ausladebereiche sind lediglich nach der Karte als die den Absichten des Heeres am meisten entsprechenden angegeben.

Das Fassungsvermögen der Häfen ebenso wie die Landungsmöglichkeiten an den genannten Küstenabschnitten - vom seemännischen Standpunkt aus betrachtet - sind OKH nicht bekannt. Um Klärung dieser Fragen und um Angabe hiernach etwa erforderlich werdender Änderungen wird gebeten.

b) Die in den Anlagen enthaltenen Transportstärken und Kriegsgliederungen stellen nur einen groben Anhalt dar. Die Stärken sind jedoch Mindeststärken.

c) Nicht berücksichtigt sind bisher in den Anlagen :

Heerestruppen, vor allem schwere Artillerie,
Nachschubtransporte und
die Bedürfnisse der Luftwaffe.

Für alle diese Transporte erscheint Ausladung in Häfen unerläßlich.

d) OKH wäre für überschlägige Angaben über den Zeitbedarf für die Ein- und Ausladung einer Jnfanterie-Division
einer mot.Division
einer Panzer-Division

dankbar.

J. A.

Halder

- 8 Anlagen -

50 50

Anlage 1 zu OKH GenStdH Op.Abt.(E)

Geheime Kommandosache Nr. 419 /40 g.K

Oberkommando des Heeres den 27.Juli 1940

Gen St d H Op.Abt.(E) Chef-Sache! 35 Ausfertigungen

Nr.402/40 g.Kdos. Nur durch Offizier! 34. Ausfertigung

46

Betr.: Landungsunternehmen England.

1.) Für das Landungsunternehmen England ist der Deckname " Seelöwe " vom OKW befohlen worden.

2.) Um innerhalb des Heeres bei Vorbereitung und Durchführung des Unternehmens "Seelöwe" einheitliche Begriffe zu schaffen, wird die Anwendung folgender Bezeichnungen angeordnet:

a) 1. Treffen: die Landungsdivisionen mit den ihnen vorgesetzten Generalkommandos, ferner Teile schneller Verbände.

b) 2. Treffen: die schnellen Verbände und die ihnen vorgesetzten Generalkommandos, soweit sie nicht im 1.Treffen übergesetzt werden.

c) 3. Treffen: Reserven (der A.O.K.-s und H.Gr.Kdo.)

d) 4. Treffen: OKH-Verbände.

Heerestruppen, Nachschubeinheiten pp. werden nach Bedarf durch die A.O.K.'s in die Treffen eingegliedert.

3.) Vorgesehen sind:

a) Landungsdivisionen: 7, 8., 12., 17., 26., (28.,) 30., 31., 32., 34. und 35. J.D., 1. und 6.Geb.Div.

Sie werden geführt von den Gen.Kdo.:II., VII., VIII., X., XIII. und XXXVIII.A.K.

b) Schnelle Verbände: 1., 3., 4., 7., 8. und 10. Pz.Div., 20. und 29.(mot.) Div., SST-Div.

Sie werden geführt von den Gen.Kdo.: XV., XXII. und XXXXI. A.K.

c) Reserven (der A.O.K. und H.Gr.Kdo.): Gen.Kdo. IV., IX., XXIV. und XXXXII.A.K.

Geheime Kommandosache

1 Anlage zu O. K. M. I op 1107/40

6.

6., 15., 24., 45., 58., 78., 87., 164. und
256. J.D.

d) OKH-Verbände: Gen.Kdo. V., VI., XXIII. und XXIX.A.K.,
3., 10., 14., 18., 19., 25., 27. und
33. I.D.

4.) Die Divisionen gliedern sich im Transport in Staffeln. Für die Divisionen des 1.Treffens (Landungsdivisionen) sind Gliederung und Ausrüstung der 1. und 2. Staffel besonders festgesetzt worden (Anhalt) . Falls die Divisionen eine weitere Unterteilung der Staffeln vornehmen, ist hierfür die Bezeichnung Gruppe zu verwenden. Der Ausdruck Welle ist zu vermeiden, da er ein organisatorischer Begriff ist.

I.A.
Gez. H a l d e r
F. d. R.
[illegible]
Major i.G.

V e r t e i l e r :

1. - 33. Ausf. pp.
OKM 34. "
Oberst v. Witzleben 35. Ausf.

Nachtangriffe der Luftwaffe auf London
7. September bis 13. November 1940

		Zahl der Flugzeuge	Tonnen Sprengstoff	Brand-kanister
September	7	247	335	440
	8	171	207	327
	9	195	232	289
	10	148	176	318
	11	180	217	148
	12	43	54	61
	13	105	123	200
	14	38	55	43
	15	181	224	279
	16	170	189	318
	17	268	334	391
	18	300	350	628
	19	255	310	533
	20	109	154	79
	21	113	164	329
	22	123	130	476
	23	261	300	611
	24	223	256	384
	25	219	260	441
	26	180	218	224
	27	163	167	437
	28	249	325	303
	29	246	294	136
	30	218	287	104
Oktober	1	214	250	115
	2	105	130	300
	3	44	61	-
	4	134	190	236
	5	177	242	176
	6	7	8	-
	7	179	211	143
Zwischensumme		5265	6453	8469

Übertrag		5265	6453	8469
Oktober	8	208	257	264
	9	216	263	245
	10	222	269	718
	11	132	213	126
	12	119	148	24
	13	211	249	131
	14	242	304	299
	15	410	538	177
	16	280	346	187
	17	254	322	134
	18	129	172	132
	19	282	386	192
	20	298	356	192
	21	100	115	52
	22	82	98	40
	23	64	65	-
	24	64	75	-
	25	159	193	193
	26	203	253	176
	27	114	127	40
	28	146	176	111
	29	186	236	109
	30	125	178	92
	31	67	48	83
November	1	181	227	130
	2	102	117	126
	3	-	-	-
	4	157	184	16
	5	119	139	-
	6	192	223	4
	7	193	242	9
	8	125	133	-
	9	125	124	-
	10	171	212	7
	11	23	17	16
	12	126	165	92
	13	25	28	-
Summe		11117	13651	12586

Bibliographie

Alte Kameraden, Jg 11 Nr. 2,4, 1963
Ansel, Walter, Hitler Confronts England
Ardizzone, Edward, Diary of a War Artist, Bodley Head, London 1974
Army Quarterly, Jan 1952, July 1957
Assmann, Kurt, Unternehmen Seelöwe, Wiesbaden 1951
Bevan, Aneurin, In Place of Fear, Heinemann, London 1952
Bishop, Edward, The Battle of Britain, George Allen and Unwin, London 1960
Blake, John W., The Threat of Invasion, Belfast 1956
Blaxland, Gregory S. E., Britain Eternal Battleground, Maresborough Books, London 1981
Blond, Georges, England im Krieg, Berlin 1942
Boberach, Heinz (Hrsg), Meldungen aus dem Reich Bd 1–17
Boorman, H. R. P., Hell's Corner, Kent Messenger, Maidstone
Brassey's Naval Annual 1948
Bullock, Alan, Hitler, a Study in Tyranny, Odhams Press, London 1952
Carr, Edward H., Conditions of Peace, MacMillan, London 1942
Churchill, Winston, The World Crisis, Four Square Books, London 1960
Churchill, Winston, Great Contemporaries, Fontana Books, London 1959
Churchill, Winston, The Second World War, Vol. II, Cassel, London 1951
Churchill, Winston, Blood, Sweat and Tears, Putnam N. Y. 1941
Ciano, Diaries 1939–1943
Codesley, Peter G., 1940 The Story of No.11 Group Fighter Command, Robert Hale, London 1983
Collier, Basil, The Defence of the United Kingdom, London 1957
Collier P./Horowitz D., The Kennedys, Secker & Warburg, London 1984
Colville, John, The Fringes of Power, Hodder & Stoughton, London 1985
Cooper, Duff, Old Men Forget, London 1954
Cortvriend, V. V., Isolated Island, Guernsey 1947
Cottrell, Leonard, The Great Invasion, Readers Union, 1960
Damals, Jg 10 H8 1978
Deighton, Len, Luftschlacht über England, Heyne 1982
Der Nürnberger Prozeß, Delphin 1947
Deutsche Rundschau, Jg 69 H3 1946 Jg 70 H5/6 1947
Die Wehrmachtberichte 1939–45 Bd 1–III, DTV Stuttgart 1985

Donnison, F. S. V., Civil Affairs and Military Govt., London 1966
Dover Express
Eade, Charles (Ed.), Reden 1940–41 Winston S. Churchill, Zürich 1947
Eade, Charles (Ed.), Secret Session Speeches, London 1946
Erfurth, Die Geschichte des dt. Generalstabes, 1918–45, Göttingen 1957
Fest, Joachim, Hitler, Ullstein 1978
Fleming, Peter, Invasion 1940, Rupert Hart-Davis, London 1957
Foot, Michael, Aneurin Bevan, Vo.I Readers Union 1963
Foster, Jane, An Unamerican Lady, Sidgwick & Jackson 1980
Galland, Adolf, Die Ersten und die Letzten, Schneekluth 1955
Gallo, Max, La cinquième colonne, Editions Complexe 1980
Gegenwart Jg 2 1947
Gillman, P. and L. Collar the Lot, Quartet London 1980
Goebbels, Josef, Tagebücher, Hoffmann & Campe Hamburg 1977
Graves, Charles, The Home Guard of Britain, London 1943
Greiner, Helmut, Oberste Wehrmachtführung 1939–45, Wiesbaden 1951
Grinnel/Milne, The Silent Victory, Bodley Head London 1958
Guderian, Heinz, Panzer Leader, Fortuna 1974
Guedalla, Philip, Mr Churchill – A Portrait, Pan Books 1951
Hall, H. D., North American Supply, London 1955
Hanfstaengl, Ernst, Zwischen Weißem u. Braunem Haus
Hanfstaengl, Ernst, Hitler in der Karikatur der Welt, Berlin 1933
Hassell, Ulrich v., Vom Andern Deutschland, Atlas Freiburg 1946
Hay, Ian, The Post Office Went to War, H. M. Stationery Office 1946
Henke, Josef, England in Hitlers politischem Kalkül, Boldt 1973
Hitler, Adolf, Mein Kampf, Volksauflage 1936
Hitler, Adolf, Monologe im Führer-Hauptquartier, Knaus, Hamburg 1980
Hitler u. die Industrie, Hrsg. Bundesvorstand des dt. Gewerkschaftsbundes 1963
Hubatsch, Walther, Hitlers Weisungen für die Kriegsführung 1939–45, Bernard u. Graefe 1983
Hyde, H. M., Zimmer 3603, Blick u. Bild 1965
Irving, David, Die Tragödie der Deutschen Luftwaffe, Ullstein 1970
Isherwood, Christopher, Goodbye to Berlin, Penguin 1945
Jones, R. V., Most Secret War, Hamish Hamilton, London 1978
Julian, Marcel, The Battle of Britain, London 1956
Kesselring, Albert, Soldat bis zum letzten Tag, Bonn 1953
Kent, Roberts, Greenfield, Command Decisions, USA 1960
Klee, Karl, Das Unternehmen Seelöwe, 1958
Klee, Karl, Studien u. Dokumente zur Geschichte des 2.Weltkrieges Bd 4a
Knopp/Wiegmann, Warum habt ihr Hitler nicht verhindert? Fischer 1983
Kozaczuk, Wladyslaw, Enigma, London 1984
Kuehner, Otto-Heinrich, Wahn und Untergang, Stuttgart 1956
Ladd, J. D., Assault from the Sea 1939–45, Vancouver 1976
Langer/Gleason, The Undeclared War, Royal Institute of Int. Affairs 1953
Leasor, James, The Clock with Four Hands, N. Y. 1959

Lee, Raymond E., The London Observer, Hutchinson, London 1972
Legerkoerier Jg 2
Le Mois Suisse A3 No. 27 Juin 1941
Leverkuehn, Paul, Der geheime Nachrichtendienst der dt. Wehrmacht im Kriege, Frankfurt a. M. 1957
Lewin, Ronald, Hitler's Mistakes, Cooper, London 1984
London Illustrated News Vol. 197 1940
Londonderry, England blickt auf Deutschland, Essen 1938
Longmate, Norman, If Britain Had Fallen, Arrow, London 1975
Longmate, Norman, Home Front 1938–45, Chatto & Windus, London 1981
Lord, Walter, Das Geheimnis von Dünkirchen, Scherz, München 1982
MacKensey, A. J., Propaganda Boom, Right Book Club, London 1938
Macksey, The German Invasion of England, London 1940
Marine Rundschau Jg 57 Nr. 1 1960
Maugham, R. C. F., Jersey Under the Jackboot, Allen, London 1946
McAllister, Ralph, Report on England, USA 1941
Military Affairs Vol.38 1974
Montgomery, Field Marshall Bernard, Memoirs, Fontana, London 1960
Mosley, Leonard, Göring, Desch, München 1975
Munson, Kenneth, Die Weltkrieg II Flugzeuge, Motorbuch, Stuttgart 1984
Newcastle Herald & Miners' Advocate NSW 1940
Nichaus, Werner, Die Radarschlacht, Motorbuch, Stuttgart 1977
Nicholas, H. G., The United States and Britain, University of Chicago Press
Nicolson, Harold, Tagebücher und Briefe, 1930–41, Fischer 1967
Nicolson, Harold, Diaries & Letters, Vol.II, N. Y. 1967
Nürnberger Dokumente, Hamburg 1947
Official Story of Britain's Anti-Aircraft Defences 1939–40, H. M.Stationery Office 1943
Osterkamp, Theo, Durch Höhen u. Tiefen jagt ein Herz, Heidelberg 1952
Piekalkiewiez, Janusz, Spione, Agenten, Soldaten, München 1969
Pioniere H. 1 1967
Pont, The British Carry On, Collins, London 1940
Raeder, Erich, Mein Leben, Tübingen 1957
Reynolds, Quentin, A London Diary, Random House N. Y. 1941
Roeseler, Joachim, Die dt. Pläne für eine Landung in England, 1964
Roosevelt – Churchill Secret Wartime Correspondence, London 1975
Rootes, Andrew, Front Line County, London 1980
Rowland, John, The Radar Man, London 1963
Schellenberg, Walter, Memoirs, London 1956
Schramm, Percy (Hrsg.), Kriegstagebuch des OKW Band 1
Shulman, Milton, Defeat in the West, Secker & Warberg 1947
Spiegel Nr. 21, 22. Mai 1957
Süddeutsche Monatshefte Jg 25 H7 München 1928
Teissier du Cros, Janet, Divided Loyalties, London 1962
Thomas, Leslie, Ormerod's Landing, London 1979
Townsend, Peter, Duel of Eagles, Weidenfeld 1970

Toynbee, Arnold, War and Civilisation, Oxford University Press 1951
Unimare Jg 1 H2/3 März 1951
War Monthly Vol.7 No.67 1979
Wehrwissenschaftliche Rundschau Jg 17 H7 1967
Wheatley, Denis, Stranger Than Fiction, London 1959
Wheatley, Ronald, Operation Sea Lion, Oxford Clarendeon Press 1958
Widemann, Unser Kampf in Frankreich, München 1941
Williamson, James, The English Channel, London 1959
Wilmot, Chester, The Struggle for Europe, London 1952
Wilson, Hugh R., A Career Diplomat, USA 1948

Bundesarchiv – Militärarchiv Freiburg
Public Record Office London
Imperial War Museum London

Personenregister